珍藏文学记忆

巴金研究集刊卷九

陈思和 李存光 主编

上海三联书店

主　　办：巴金研究会

主　　编：陈思和　李存光

执行副主编：周立民

编　委　会：（以姓氏笔画为序）

　　　　　　山口守　　王安忆　　冯沛龄　　李存光　　李　辉

　　　　　　李国㷛　　坂井洋史　陈思和　　陆正伟　　周立民

　　　　　　徐　钤　　栾梅健　　辜也平　　臧建民

执 行 编 辑：蒋珊珊

投 稿 信 箱：**bajinyanjiujikan@163.com**

目　录

论　　坛

纪念《收获》创刊五十五周年暨巴金编辑生涯回顾学术研讨会论文小辑

3　李　辉　巴金在出版史上的意义
7　孙　晶　个人生命的开花结果
　　　　　　——巴金与现代出版
22　黄发有　巴金编辑生涯与编辑思想研究的几个问题
26　周立民　珍藏半个世纪的文学记忆
36　蔡兴水　《收获》杂志的能量之源
　　　　　　——再论巴金与《收获》的关系
40　徐　妍　在《收获》这家"食府"，我"品尝"到了什么
49　陆晓婷　"十七年"时期《收获》长篇小说栏目的创获及原因
62　李秀芳　社会主义改造中的平明出版社
74　李存光　硕士、博士学位论文中的《收获》研究简介

97	唐吉·拉米奥	巴金的《憩园》和卢梭的《新爱洛伊丝》
110	马玉红	《憩园》:忏悔与饶恕的爱的挽歌
120	金 进	《家》·五四精神·人道主义
		——从巴金及其信仰变化透视二十世纪三十年代的文学视界
134	付 平	巴金序跋中的"大哥"与《家》中的"觉新"
148	马怀强	巴金新型家庭伦理关系探究
158	王爱军 吴 尽	《舞姬》与《家》之共通性
164	黎保荣 梁德欣	光背后的阴影
		——《寒夜》和《金锁记》中的"光"意象比较
173	张义奇	大后方文学的双城记
		——《寒夜》与《天魔舞》异质同构的悲剧叙事
180	张一玮	无政府主义者的旅行:对巴金《旅途随笔》的文本分析
188	宋祖建	评巴金散文的艺术美
197	吴竞红	论巴金散文中的个体生命意识
207	周金星	论巴金小说影视改编的叙事走向
217	杜竹敏	青春是动人的
		——青年版越剧《家》
221	杨道金	施以浪漫主义重彩带来别具一格的《家》
226	孙丽洁	虚幻的力量
		——舞蹈《凤悲鸣》诠释经典

232	胡川英	巴金对当代的四川文化影响力研究
		——以影视文化为例
236	杨理沛	二十世纪三四十年代巴金书信中的精神世界
243	胡景敏	巴金晚年的道德危机
257	周立民	作家不是为了受长官的表扬而写作的
		——《随想录》写作背景考察
289	吕汉东	忧郁性情感的对象化
		——对巴金与艾青情感个性和创作路径的比较考察
303	齐 佳	论巴金创作对80后的现实意义

史　料

资　讯

309	戚亚男 罗俊荷	卢剑波：巴金眼中的"中国甘地"
314	贾玉民 张玉枝	巴金赴朝有关史实正误
333	曹树钧	经典话剧《雷雨》诞生的曲折
339	李治墨	花怜人瘦　人比花愁
		——从兰陵三秀看汤氏女性文化传承
346	王伟歌	商务版《说部丛书》新考
358	张韶华	美国人演的《家》感动中国人
363	朱自奋	复旦举办《巴金与日本作家图片展》
365	孙丽萍	巴金与井上靖后人重温先辈友情

记　事

368　巴金文学馆　"巨匠的风采——徐福生镜头里的巴金"主题摄影展开幕

370　詹　皓　还原巴金在沪的一天
　　　　　　　——"巴金大型回顾展"11月10日开幕

371　钟华生　"忘不了——巴金·深圳图片文献展"开幕

374　孙丽萍　中国著名文学双月刊《收获》迎来创刊五十五周年

376　巴金文学馆　"青春是美丽的——巴金图片文献展"在上海大学开幕

379　刘　慧　文坛佳话，细节传递温暖
　　　　　　　——巴金藏名家书画杭州展出

382　张　静　"生命的开花——巴金文献图片展"昨开幕

385　朱银宇　巴金研究会召开第三次会员大会

386　刘力源　两万余册巴金藏书无处展示封存纸箱
　　　　　　　——市政协委员呼吁建立上海文学馆展示申城文学财富

390　张滢莹　"激流人生·巴金的故事"文献图片展举行

391　楼乘震　《随想录》是八十年代的"百科全书"

394　朱自奋　展现上海独一无二的文学气质
　　　　　　　——专家呼吁建立巴金文学馆

396　编后记

Contents

Forum

Collection of Papers of Commemorating the Fiftieth Anniversary of *Harvest* & Ba Jin's Editing Career's Review Academic Symposium

Li Hui Ba Jin's Significance in the History of
　　　　　Publication ·· 3

Sun Jing Flowering and Fruiting of Individual Life
　　　　　——Ba Jin and Modern Publication ················ 7

Huang Fayou Some Problems of Research of Ba Jin's
　　　　　Editing Career and Thoughts ······················ 22

Zhou Limin Literary Memory Treasured for Half a
　　　　　Century ·· 26

Cai Xingshui The Source of Energy of the Magazine *Harvest*
　　　　　——Further Discussion on the Relationship
　　　　　between Ba Jin and *Harvest* ··············· 36

Xu Yan What I Have "Tasted" in This Food Hall
　　　　　Harvest ··· 40

Lu Xiaoting Unprecedented Achievements of the Novel
　　　　　Column of *Harvest* in the Period of
　　　　　"Seventeen Years" and Its Reason ··············· 49

Li Xiufang Pingming Press in the Socialistic Transformation
　　　　　·· 62

Li Cunguang Brief Introduction of the Research of *Harvest*
　　　　　in the Master and Doctor Dissertations ·········· 74

Tanguy Lamiot   Ba Jin's *Garden of Repose* and Rousseau's
 Julie, ou la nouvelle Héloïse 97
Ma Yuhong   *Garden of Repose*: Love's Elegy of Repentance
 and Forgiveness 110
Jin Jin   *Family* · May Fourth Spirit · Humanism
 ——Intensive Study of Literary Horizon of the 1930s
 From Ba Jin and His Belief Change 120
Fu Ping   "Eldest Brother" in Ba Jin's Preface and Postscript
 and "Juexin" in *Family* 134
Ma Huaiqiang   Reflection and Exploration of Ba Jin's New
 Family Ethical Relations 148
Wang Aijun Wu Jin   The Intercommunity of *Geisha* and
 Family 158
Li Baorong Liang Dexin   Shadow Behind the Light
 ——Comparison of the Image
 "Light" in *Cold Nights* and
 The Golden Cangue 164
Zhang Yiqi   A Tale of Two Cities of the Great Backing
 Area Literature
 ——The Tragic Narration of Isomorphism
 of *Cold Nights* and *Demons Dance* 173
Zhang Yiwei   Travel of the Anarchists: the Text Analysis of
 Ba Jin's *Proses in Journey* 180

Song Zujian   On the Artistic Beauty of Ba Jin's Proses 188
Wu Jinghong   On the Individual Life Consciousness in Ba
 Jin's Proses 197

Zhou Quanxing   On the Narrative Trend of the Adaption of
 Film and Tele of Ba Jin's Novels 207
Du Zhumin   Youth Is Appealing
 ——Youth Version of Yueju Opera *Family* ... 217

Yang Daoquan	Romantic Color Brings *Family* With a Unique Style	221
Sun Lijie	Illusory Power ——Dance*Phoenix is Wailing* Interprets the Classics	226
Hu Chuanying	Research on Ba Jin's Influence Over Contemporary Sichuan Culture ——Taking Film and Television Culture as an Example	232
Yang Lipei	The Spiritual World in Ba Jin's Letters in 1930s and 1940s	236
Hu Jingmin	The Moral Hazard in Ba Jin's Late Years	243
Zhou Limin	Writers Write Not for Senior Official's Praise ——Investigation of the Writing Background of *Random Thoughts*	257
Lü Handong	Objectification of Melancholic Emotions ——Comparable Investigation on Ba Jin and Ai Qing's Emotion, Personality and Creation Path	289
Qi Jia	On the Realistic Meaning of Ba Jin's Creation to the 80's Generation	303

Historical Data

Information

Qi Yanan Luo Junhe	Lu Jianbo: "Chinese Gandhi" in Ba Jin's Eye	309
Jia Yumin Zhang Yuzhi	Historical Facts About Ba Jin's Visit in North Korea	314
Cao Shujun	Twists and Turns of the Birth of the Classic Modern Drama *Thunderstorm*	333

Li Zhimo	Flowers Take Pity on Withered People; People Are More Depressed than Flowers ——The Cultural Continuity of Tang's Females From the Angle Of Three Excellent Women of Lanling	339
Wang Weige	New Analysis of Shuobu Series (Commercial Press Version)	346
Zhang Shaohua	*Family* Performed by Americans Affected Chinese	358
Zhu Zifen	*Photo Exhibition of Ba Jin and Japanese Writers* was Held in Fudan University	363
Sun Liping	Descendants of Ba Jin and Yasushi Inoue Recalled the Friendship of Their Elder Generation	365

Adversaria

Ba Jin Museum of Literature	"Charm of the Great Master ——Ba Jin in Xu Fusheng's Shot" Photographic Exhibition Opened	368
Zhan Hao	Reproduction of One of Ba Jin's Days in Shanghai ——"Ba Jin Large Retrospective Exhibition" Opened on 10th. November	370
Zhong Huasheng	"Can't Be Forgotten——Ba Jin · Shen Zhen Photo and Document Exhibition" Opened	371
Sun Liping	Famous Chinese Literary Bimonthly *Harvest* Ushered in Its Fiftieth Anniversary	374
Ba Jin Museum of Literature	"Youth Is Beautiful——Ba Jin Photo and Document Exhibition" Opened in Shanghai University	376

Liu Hui	Literary Anecdotes; Detail Transfers Warmth ——Calligraphies and Paintings of Celebrities Collected by Ba Jin Is on Show in Hangzhou	379
Zhang Jing	"Blossom of Life——Ba Jin Photo and Document Exhibition" Opened Yesterday	382
Zhu Yinyu	Ba Jin Literary Association Held the Third General Assembly	385
Liu Liyuan	More Than Twenty Thousand Ba Jin's Collection of Books Have No Place to Display, and Could Only Be Sealed in the Paper Box ——Shanghai CPPCC Members Advocated the Establishment of Shanghai Museum of Literature to Display Shanghai's Literary Wealth	386
Zhang Yingying	"Torrent of Life · Ba Jin's Stories" Photo and Document Exhibition Opened	390
Lou Chengzhen	*Random Thoughts* Is an "Encyclopedia" of the 1980s	391
Zhu Zifen	Showing the Matchless Literary Temperament of Shanghai ——Experts Are Appealing to the Establishment of Ba Jin Museum of literature	394

Afterword

Translator of the Content: Zhang Jingwen ············ 396

论 坛

纪念《收获》创刊五十五周年暨巴金编辑生涯
回顾学术研讨会论文小辑

李 辉

巴金在出版史上的意义

在二十世纪中国,巴金不仅是一位成就卓著的文学家,同时也是成就卓著的出版家、编辑家。

1935年9月,巴金担任文化生活出版社总编辑,并为文化生活出版社推出的第一套丛书"文化生活丛刊",撰写了《缘起》,其中写道:

> 在欧美,学问的各部门已经渐渐普及到了大众中间,在那里我们遇见过少数的劳动者,他们的学识比得上一位中国大学教授。但是在我们这里学问依旧是特权阶级的专利品,无论是科学、艺术、哲学,只有少数人可以窥见它的门径,一般书贾所看重的自然只是他们个人的赢利,而公立图书馆也只以搜集古董自豪,却不肯替贫寒青年作丝毫的打算。……我们刊行这部丛刊,是想以长期的努力,建立一个规模宏大的民众的文库。把学问从特权阶级那里拿过来送到万人的面前,使每个人只出最低廉的代价,便可以享受到它的利益。……

巴金用来参照的是他留学法国时了解的情况,他所愤愤不平的是图书馆对古董的偏爱。他所努力做到的是文化与大众共享。

率先推出的"文化生活丛刊"是一套以翻译为主的丛书,包括小说、诗歌、剧本、回忆录、历史等。率先推出的有丽尼翻译法国作家纪德的《田园交响曲》、鲁迅翻译高尔基的《俄罗斯童话》、巴金翻译柏克曼的《狱中记》等。随后,文化生活出版社又推出"文学丛刊"、"译文丛书"等。从1935年到1949年十多年的时间里，在巴金等人的努力下，文化生活出版社成就斐然，出版了数百种重要著作，在现代文学史和出版史上，均占据了一个重要位置。

三十年前，我与陈思和就读复旦大学时对巴金的研究，可几乎与文化生活出版社的资料搜集和人物访谈同步。我们第一次从贾植芳先生那里系统地了解到文化生活出版社的概况。一次谈话中，他这样对我们说：

文化生活出版社的作者有三个系统。

1. 鲁迅系统。萧红、萧军、周文（后在陕甘宁边区任过秘书长）、艾青、张天翼、茅盾、黎烈文（主编《中流》）、孟十还（主编《作家》）、黄源（主编《译文》）。

2. 京派系统。1933—1934年，巴金在北京办《文学季刊》，结识了一批人，大多是北大、清华的。还有《水星》杂志。像何其芳、曹禺、郑振铎、卞之琳、李广田、靳以。

3. 巴金在上海的一些朋友（海派）。丽尼、朱洗、吴朗西、陆蠡、芦焚。

今天再看我的当年记录，不难看到，贾先生闲谈之中，其实为我们描绘出了巴金的出版活动的一幅场景广阔的画面。

如同走向文学之路是政治生活的延续一样，热衷于出版，同样是巴金政治生活的延续，而且，在很大程度上带有更多的寄寓理想与信仰的成分。与现代出版史上其他一些著名出版社有很大不同，文化生活出版社是典型的同人出版社，主要参与者，如巴金、吴朗西、伍禅、丽尼、陆蠡、朱洗等，赢利不是他们的目的，有的工作人员甚至分文不取。在文化生活出版社鼎盛时期，那是一个和谐、友好、无私的集体，就如同巴金过去梦想过的境界一样。

似乎是矛盾的现象。在以偏激的言辞批判传统文化的同时，成为作家和出版家的巴金，又实际上是在履行着文化创造的使命，是在以显赫的业绩汇入文化的长河。

巴金对艺术、对传统文化所做的那些批判，是在特定历史范畴内特意表现出革命的姿态，甚至还可看作他在因现实的郁闷、刺激而发泄不满时,特意选定的表述方式。但我们也应看到这一思想带来的副作用。正由于早在十几岁时就选择了来自西方的思潮,巴金所熟悉的和研究的大多是西方的历史与文化,他感兴趣并予以描写和赞美的也以外国人物居多。相对而言,中国的历史与文化传统方面的修养,是他的弱项。他很少用毛笔写字,在同时代的作家中,茅盾、冰心、沈从文等擅长书法,而巴金却远远不及。他的作品中,很少看到中国古典文学的影响,也较少引用古诗古文,更不习惯于使用典故,而这在不少作家那里则是必不可少的手段。

　　随着年岁增长,巴金身上的激烈情绪渐渐淡化,自文化生活出版社成立之后,我们便可以看出巴金对传统文化的态度有所转变。在他的堆满着外文书籍的书橱里,也开始出现了明代万历刻的线装本《批点唐诗正声》。传统旧戏也不再被他视作攻击对象了。尤其是川戏,成为他的业余爱好。据他的朋友回忆,五十年代初他在兴致好的时候,可以随口背诵许多古诗,包括《长恨歌》、《琵琶行》那样的长篇,这很使人想起巴金在幼年时候,由他母亲亲自教诵《白香词谱》的情景。也许到了中年以后,母亲在无意中留给作家的古典文学的修养方始开出了灿烂之花,这些美学趣味上的变异,与作家的生活环境、政治情绪都有密切的关系。

　　对于年轻时候的行为,晚年巴金作了认真的反省:"我年轻时候思想偏激,曾经主张烧毁所有的线装书。今天回想起来实在可笑。"他对简化汉字表示了不同的看法,认为如果汉字走向拼音化,"这样我们连李白、杜甫也要丢掉了。"然后他说:"我们有那么多优秀的文化遗产,谁也无权把它们抛在垃圾箱里。"他的这番话,与1932年的激烈,形成了鲜明对照。

　　随着偏激思想与情绪的消退,浓厚的文化兴趣与独特的艺术鉴赏力,在巴金身上凸现出来。在翻译克鲁泡特金等人的著作的同时,他翻译了历来被认为是唯美作家王尔德的童话;他酷爱买书、藏书,在同时代作家中其藏书量名列前茅。最突出的贡献,莫过于他作为编辑家、出版家的业绩。

　　陈丹晨先生在《巴金传》中认为,巴金一生的编辑出版活动,从1934年创办《文学季刊》到主持文化生活出版社,再到1957年创刊的

《收获》，无形之中形成了一个以他为中心的文化圈。这是一个宽泛的文化圈。不是流派，不是团体，没有明确的、一致的文学主张，但巴金以绝不惟利是图的严肃出版理念，以杰出的文化判断力和认真的编辑态度，以真诚、热情的友谊，把一大批作者吸引在他的周围。

丹晨先生说得不错。当年，曹禺、萧乾、鲁彦、刘白羽、何其芳、卞之琳、罗淑、严文井、荒煤……一批作家的处女作或代表作，都是由巴金发表和出版。八十年代初，从维熙、谌容、张洁、冯骥才、沙叶新、张一弓、张辛欣等不少在新时期走上文坛的作家，同样得到了巴金的扶持、鼓励和保护。特别每当有年轻作家受到不公正的批评时，巴金总是公开站出来发表文章，声援他们，为他们辩护。从而在八十年代文坛，对于那些受惠于巴金的作家们来说，作为编辑家、出版家的巴金，无疑也是一棵为他们挡住风沙的大树。

在我后来接触到的萧乾、严文井、荒煤、卞之琳、谌容、从维熙、沙叶新、张辛欣等作家那里，我不断地听到他们发自内心的对巴金的敬重与感激。

谈到处女作《大墙下的红玉兰》的发表，从维熙对巴金充满感激之情：

> 当时，党的十一届三中全会刚刚召开，"两个凡是"正在与"实事求是"殊死一搏的日子，面对我寄来的这部描写监狱生活的小说，如果没有巴老坚决的支持，在那个特定的政治环境下，怕是难以问世的——正是巴老义无反顾，编辑部才把它以最快的速度和头题的位置发表出来。当时，我就曾设想，如果我的这部中篇小说，不是投胎于巴老主持的《收获》，而是寄给了别家刊物，这篇大墙文学的命运，能不能问世，我能不能复出于新时期的中国文坛，真是一个数学中未知数 X！（《巴金箴言伴我行——贺巴金九九重阳》）

因此，如果我们将文化生活出版社与《收获》纳入一起考察，便不难看出，巴金在二十世纪的出版史上的确占据着一个极为重要的位置，因此，对巴金编辑思想、编辑风格的研究乃至传承，在当下出版社业面临困境之时，在文化普遍存在浮躁之时，实有必要。

孙　晶

个人生命的开花结果
——巴金与现代出版

一　从作家到编辑家

1935年8月,巴金一生中一个重要的转折点到来了。

巴金早年是个安那其主义者,当中国安那其主义运动失败后,巴金从国外回来,感到前途渺茫,不得不用笔写作,倾诉自己的苦闷与反抗。不过,他只是把写作视为他的社会政治活动的延续,所以别人越是称赞他的小说,反倒使他深深陷于不被理解的痛苦之中。因为在他看来,凡是一个主义者,思想、言论、行动三者必须一致。他觉得自己有安那其主义的思想,行动上却干别的事,写小说去了。于是他不断地"忏悔",用沉默来传递自己的困惑。

1934年里他几乎有半年不曾提笔,而是到一些昔日的同志、朋友那里去旅行,寻找自己适合的位置。这段时间巴金先后去了江苏南京、浙江的台州和长兴煤矿,去了山东青岛,还曾三次南下福建,一次还去了广东、香港,他也曾三次北上平津。其中尤以三访泉州留下的印象。

上世纪三十年代初期的福建泉州和广东新会等地,一度曾是年轻的安那其主义者们的活动中心。这些年轻人在海外侨胞的捐赠支持下,创办了两所中学。巴金十分留恋这里,他的新老朋友吴克刚、卫惠林、陈范予、叶非英、郭安仁、陆蠡等都先后在这里工作过。巴金说,他的朋友们用工作征服疾病,用信仰克服困难,他崇敬他们。回到上海,他被那许多执著于自己的理想和信念的朋友深深感动,于是便写下了小说《爱情的三部曲》。写完全书,巴金感到了欣慰,但同时更感到了失落。他认为自己与那些朋友不同,他依旧是一个旁观者,他渴望做更多的事来发散它们。

　　而一家在中国出版社史上有着特殊地位的出版社的出现,从根本上改变了巴金此时的生活状况和心理状态。这就是文化生活出版社。1935年5月,留日学生吴朗西、伍禅等人创办了文化生活出版社。由于吴朗西等认为"巴金在当时已是拥有广大读者的有名作家,他有搞编辑工作的经验,他做事认真、负责",便邀请巴金回国主持文化生活出版社的工作。出任文化生活出版社的总编辑之后,巴金对政治的热情完全转换成一种新的实践兴趣。如果说,写作仅仅是他政治社会理想不自觉的宣泄,被他视为社会政治活动的延续;三十年代已经开始的部分期刊编辑活动使他的热情有所寄托;那么,在文化生活出版社的编辑出版工作则成了他完成知识分子自我转型的新岗位。

　　这主要取决于文化生活出版社的性质。文化生活出版社不同于一般商业性质的出版机构,也不是某种政治团体的出版机构,它是一个安那其主义社会理想的实验机构。在这里,政治激情转换为伦理激情,传统的庙堂政治价值转换为民间的文化工作价值取向。出版社的主要成员都不是以义务工作的方式来体现安那其主义的互助和奉献精神,而是为了一个共同的理想,把自己奉献给社会和文化。这种实验与当时泉州等地的安那其主义者从事教育的实验一样,充满了崇高的理想色彩和献身精神。巴金在文化生活出版社的编辑工作中"不但找到了人格理想与文学事业相一致的道路,而且确定了自己文坛上的位置"[①]。

　　这样,巴金从事编辑的意义便与其他杰出的编辑们区别开来了。其他的杰出编辑,如陈独秀编《新青年》,是为宣传他的启蒙理想,唤起整个国民的伦理觉醒;又如胡风编《七月》和《希望》,是为了贯彻他的文学理论主张,在文坛上凝聚起一股新的力量。而巴

---

① 王辛笛:《我所了解的巴金》,《新文学史料》2001年第5期。

金从事编辑却没有仅仅局限在他的安那其主义者的政治理想之上,而是将政治理想转换为工作精神,去建构新的知识分子的民间价值系统。由于其政治理论及时转换为伦理上的工作精神,所以巴金所编辑的出版物并不受其政治信仰的影响。尽管也有一些宣传安那其主义的书籍和含有安那其主义精神的书籍,但总体上则是受到出版事业一般规律的制约,以文学创作为主题,以中外文学名著为对象,也正源于此才为三十至四十年代的中国文学发展做出了极其重要的贡献。作为一个文学编辑,从文学的意义上,巴金坚持出版了一大批优秀的具有艺术价值的作品,来抗衡当时污浊的文化空气;从出版意义上他从事平凡的文化积累工作,坚持用好书来抗衡险恶的现实环境。正像他自己所说的:"我们谈理想,是要努力地把理想变成现实;我们要为理想脚踏实地做些事。"①

二 文学丛书②

陈思和教授曾经指出:"很难设想,如果没有文生社,我们的现代文学史将会是怎样一种写法。"③理解了编辑工作在巴金人生道路上的意义,才能进一步理解他的编辑思想及其特点。由于巴金将他的政治信仰转化为工作精神,使他主持的编辑出版工作超越了一般职业编辑的意义,形成了中国文坛一股虎虎有生气的新生力量;又因为他不是将政治热情贯穿到具体的编辑工作中去,而使编辑工作能够成为一种较纯粹的文字工作。巴金不是个理论家,

---

① 田一文:《我忆巴金》第5页,四川文艺出版社1989年版。
② "文学丛刊"前后跨度十四年(1935年11月至1949年6月),共出版了十集一百六十种作品(笔者注:第四集中收录了周文的长篇《烟苗季》,后来他又作《烟苗季后部》也收入第四集中。这样第四集则实有十七本,若以此计算,则整套"文学丛刊"应为一百六十一本。后来1941年6月,两部《烟苗季》重版时合而为一,若以此版本为依据,则是一百六十种)。其内容之丰、销量之大、影响之广,不仅堪称文化生活出版社最重要的一套大型丛书,也是现代文学史上规模最大的一套文学丛书。
③ 陈思和:《理想与希望之孕》,《牛后文录》第177页,大象出版社2000年版。

对文学理论也没有兴趣。这对一个文学编辑倒不是坏事,他对图书的选择标准更多地是取自于潜在的艺术本能。巴金本来就是个艺术感觉敏锐的作家,几乎是无师自通地走上写作道路,而且一举成名,这不能不归功于他的语言艺术天才。但长期的政治热情使他在理智上遮蔽了对艺术的关注,他在相当长的一段时间里,对自己的创作成就不屑一顾,而且故意贬低艺术技巧的作用。但是一进入文化生活出版社的编辑出版领域,他的政治意识就自觉地退避三舍,而艺术感觉明显地占了上风。这表现在他主编的大型丛书"文学丛刊"中。这是三十至四十年代一套极其重要的文学丛书,在战争的磨难和文化萧条的岁月里,它几乎独立支撑了纯文学的创作,推出了一大批优秀作家的作品,甚至可以说,缘了这套丛书,才使许多中国作家在文学史上留下名字。巴金为这套丛书定下的编辑宗旨是"这丛刊里面没有一本使读者读了一遍就不要再读的书"。这样的自信恰恰来自他对艺术的自信。

若以"文学丛刊"为个案,我们倒不难看出巴金编辑思想的一个重要特点:善于发现和推荐新人新作,发掘彰显无名后进。

善为伯乐本来是职责的标志之一,任何优秀编辑都会做到这一点。巴金这一特点便是从他的第一位责任编辑叶圣陶先生那儿继承过来的,他在晚年曾满怀深情地回顾说,叶圣老"作为编辑,他发表了不少新作家的处女作,鼓励新人怀着勇气和信心进入文坛"[1]。巴金最为崇敬的鲁迅先生在编辑活动中也是如此。鲁迅常常留心发现新作家、发现人才。许广平在《鲁迅和青年们》一文中回忆说:"鲁迅先生每编一种刊物,即留心发现投稿中间可选之才,不惜奖掖备至,倘可录用,无不从优。"[2]但巴金的特别之处是,他把坚持发现和介绍新人的处女作作为自己编辑的风格追求,这在一个重名人名作的商业社会里不能不冒很大的风险。

巴金曾断言:"编辑的成绩不在于发表名人的作品,而在于发

---

[1] 巴金:《致〈十月〉》,《巴金全集》第 16 卷第 332 页,人民文学出版社 1991 年版。

[2] 转引自倪墨炎《鲁迅与书》第 30 页,天津人民出版社 1984 年版。

现新的作家,推荐新的创作。"①在1935年"文学丛刊"的发刊词中,他直言不讳地说:"我们编辑这一部"文学丛刊",并没有什么大的野心,我们既不敢捐起第一流作家的招牌欺骗读者,也没有胆量出一套国文范本贻误青年,我们这部小小的丛书虽然也包括文学的各部门,但是作者并非金字招牌的名家,编者也不是文坛上的闻人。"这里,巴金有意将"第一流作家"、"名家"甚至是"国文范本"统统作为"攻击"的目标,表示出他与之对立的立场。其实这并不全是事实。"文学丛刊"里打头的有鲁迅、茅盾等大作家,巴金自己当时也被人称作是文坛的"巨子",当然不像他所说的都是无名小卒。但他的话却表达了某种现实的针对性。当时一些与新文学关系比较密切的出版社,都有明确的文学圈子,如生活书店,出版《文学》、《译文》等都不脱文学研究会的老牌作家圈子,开明书店的也是以文学研究会与"白马湖作家群"为主,也兼有编教科书的工作(即"国文范本"),北新更是以"五四"一代的老作家为主,现代书局和良友图书公司都是后起的出版社,编辑也都是年轻人,他们出于对文坛著名作家的尊敬和打开销路的商业目的,或多或少都有以名家为招牌的意思。资深的商务印书馆同样是把名家和古籍作为主打的重头戏。②

而巴金编"文学丛刊"毕竟出手不凡,第一集中便有三分之一是新人(至少在上海文坛上是陌生的名字),他干脆以"新人"为招牌来与"老牌"、"名家"对立,同样自然也是为了取得某种商业上的

---

① 巴金:《致〈十月〉》,《巴金全集》第16卷第332页,人民文学出版社1991年版。

② 实际上,三十年代的其他一些影响深远的丛书,大都是编辑已成名作家的集子。如"良友文学丛书"便特别申明"约请第一流作家执笔",对于刚露头角的青年作者的作品,则另辟丛书予以出版。"创作文库"则在每本书后的介绍中说:"本文库以宏大规模,陆续选刊现代名家创作之专集,选集,合集"。"开明文学新刊"也直言:"本丛刊集国内名作家的文学新著而成。"鲁迅先生曾于1935年4月19日致赵家璧的信中,推荐何谷天(即周文)的小说集,而最后仍是由"文学丛刊"出版了周文的作品《多产集》,后来又出版了他的《烟苗季》。从这里,我们能够更清楚地看到"文学丛刊"注重培养青年作家的突出特点。

效应。这样做势必要冒一定的风险，但很快证明他获得了成功。巴金后来回忆说："我当年编'文学丛刊'，就是靠着一股理想，那时也有人反对，说编这类书不赚钱，结果我还是编了，不但没赔本，还销得很好。这说明好书总是有人读的……"[①]这套丛书的第一集推出的年轻作家都是当时文坛最优秀的人才，他们的集体亮相令文坛耳目一新，使得"推荐新人"成为这套丛书的显著特色。

在巴金的主持下，"文学丛刊"挖掘了一批新人新作，仅出版新作家的处女作就达三十六部，包括：曹禺的《雷雨》，芦焚的《谷》，何其芳的《画梦录》，罗淑的《生人妻》，刘白羽的《草原上》，端木蕻良的《憎恨》，何谷天（周文）的《分》，卞之琳的《鱼目集》，艾芜的《南行记》，丽尼的《黄昏之献》，陆蠡的《海星》，毕奂午的《掘金记》，柏山的《崖边》，袁俊的《小城故事》，方令孺的《信》，郑敏的《诗集·一九四二——一九四七》，吴伯箫的《羽书》，汪曾祺的《邂逅集》，等等，几乎占到"文学丛刊"作品总量的四分之一。这为这些年轻人提供了纵马扬帆的良机，也为现代文学输入了新鲜的血液。可以说，"文学丛刊"通过出版作品而形成了自己的作家群，它虽然不是什么文学团体，但实际上参与了三四十年代作家群（尤其是青年作家）的培养与建构。

倚借"文学丛刊"的助力，一个个文学青年缘此登上文坛，与读者见面；继而扩大影响，为读者所喜爱。扶植、奖掖新作家是"文学丛刊"的风格，但"文学丛刊"绝非是为造某种而特意标新立异，而是怀抱为促进文学发展的心愿，尽一份自己的职责，因而其所出版的新人新作都经过严格选择精心编辑，质量上乘，很少水准不够的作品。1936年9月，《大公报》设立文艺奖金，由杨振声、朱自清、叶圣陶、巴金、凌叔华、沈从文、朱光潜、靳以、李健吾、林徽音组成评委会。评选结果是：戏剧奖归属曹禺的《日出》，小说奖归属芦焚的《谷》，散文奖则是何其芳的《画梦录》。这三部作品都是三位年轻作家的处女作，也都是由"文学丛刊"推向市场的。巴金主编"文学

---

① 转引自陈思和《余思牧和他的〈作家巴金〉》，《写在子夜》第173页，上海人民出版社1997年版。

丛刊"的眼光与实力,从这桩文坛盛举中可见一斑。

"文学丛刊"成为青年作家成长的摇篮,它不但为那些后来在文学史大放异彩的作家(如曹禺、李健吾、何其芳、吴组缃等)开辟了道路,也为一些不幸夭折如流星一般飞逝文坛的年轻人留下了宝贵的生命痕迹。出于对这些默默笔耕的青年人的一份纪念,巴金替他们整理文稿,结集出版。如青年女作家罗淑颇具才情,1938年2月患产褥热不幸去世,留下一大堆残稿碎笺。为了回忆与哀悼,为了"罗淑的作品活下去,她的影响长留,则她的生命就没有灭亡,而且也永不会灭亡",巴金不但编出了《生人妻》,还怀着悲痛的心情把遗稿修整编辑,分别以《地上的一角》、《鱼儿坳》为题,收入另外一套"文学小丛书",并写下了情感真挚的后记。其他如在浦东塘口战役中牺牲的宋樾,在贫寒与磨难中不幸早逝的郑定文等人的遗稿,巴金都以这种方式收入了"文学丛刊"。"文学丛刊"中集存下来的不只是这一些年轻人的作品,更是他们不屈不挠的精神。巴金通过文字记录了他们的人生经历,刻下了他们的生命印迹。这不仅使文学史更为丰富与真实,同时也使文学这项神圣的事业带有一份更为浓厚的人文色彩。

需要指出的是,巴金即使强调了以"新人"为主的编辑特色,并收集编辑了一些不幸青年的遗稿,但他始终强调的是作品的艺术质量。如文学青年郑定文溺水而死后,他的友人王元化、丁景唐、魏绍昌等人为出版他的遗稿而奔走,巴金接受了遗稿,感怀于这位文学青年"写作的才能与良心",根据其友人提供的作品,巴金做了认真的阅读和筛选,出版了单行本《大姊》。在《大姊·后记》中,巴金说:"其中两篇类似文艺杂论而又写得不好的东西,我没有采用。"从这种严格的编辑态度中,我们可以看到"文学丛刊"为什么既突出了"新人"主体又不失艺术水准的原因。

此外,"文学丛刊"还有一些十分显著的特点,比如它的编辑方式十分讲究,最有效地发挥了丛书这一整体编辑形式的优越性,体现出一种大气和才智。"文学丛刊"大胆推举新人,发表新作,很大程度上是得到了丛书这种形式的帮助。在出版新作家作品的时候,"文学丛刊"每一集总有几位知名作家"压阵"。例如第一集中便有鲁迅、茅盾、郑振铎等老作家的加盟。这样,既为这套丛书做了很好的宣传,又为这套丛书的质量提供坚实的保障。在这一前提下,每一集中大量推出的新人新作除了以自身水准取胜外,在客观上借助老作家的带动,迅速扩大影响与知名度。这样就有力地支持了青年作家的成长,同时也有利于丛刊的经营。

此外,"文学丛刊"还有效地借助了期刊与图书的互动,通过期刊作先行的宣传,再迅速地推出图书的单行本,收到了很好的推广作用,巴金这一理念也为"文学丛刊"的脱颖而出奠定了基础。而"文学丛刊"作为丛书的整体编辑形式也有助于推动文学各门类的发展。在"文学丛刊"的发刊词中,巴金专门提到,这部丛书"包括文学的各部门"。确实,"文学丛刊"最大可能地包容了现代文学的各种样式。小说、散文、诗歌、戏剧、书信、评论、报告文学、电影文学等等,举凡现代文学发展中所生成的各种文体,"文学丛刊"都有收录。事实上,当时也有其他丛书收入多种文学体裁。比如生活书店的"创作文库"即称"包含长短篇小说、剧本、诗歌、散文、批评,举凡文学之诸部门,无不应有尽有"。但就所涉及的文学样式而言,"文学丛刊"除"生活文库"所包含者之外,尚有报告文学、电影剧本诸种形式。其涉及之广,涵盖之全,堪称三四十年代丛书出版执牛耳者。这又是另一种的博大。"文学丛刊"所包容的多种文学体式,既使这套丛书显得生动活泼,有助于读者得到不同类型的阅读体验与感受,也有力地带动了诸多非小说体裁的发展,对推进现代文学各种门类的整体前行起到了十分重要的作用。尤其是散文、诗歌、戏剧这些经济方面获利不大的体裁,以及报告文学、电影剧本这样新生的样式,"文学丛刊"对它们的重视,自然是因为巴金做出版不唯利润的胸襟,因为他的气魄与胆识,而客观上"文学丛刊"对这些门类的成功运作,使其产生巨大的影响力,则与巴金巧妙地借用了丛书形式分不开。

三 封面与广告词

除去精神层面的无私奉献之外,巴金还是一个罕见的全能型编辑。

在担任文化生活出版社的总编辑期间,因为人手不够,巴金除了组稿、审稿外,还做诸如校对、跑印刷所等具体的工作。他曾经逐字校对过《人生采访》那样的五六百页甚至更大部头的书。对于译作,他必定会对照原文仔细校订,如孟十还译的果戈理、普希金的作品和许天虹译的《大卫·科柏菲尔》的译稿,都被他认真地校改。编辑工作中,他事必躬亲,对文生社出版工作中的每个环节都一丝不苟地对待。他曾经回忆说:"我还记得为了改正《草原故事》(高尔基原著)中的错字,我到华文印刷所去找排字工人求他当场改好。那个年轻人因为下班后同女朋友有约会,显得很不耐烦,但是我缠住他不放,又讲了不少好话,终于达到了目的。"[①]

除了看校样,巴金连图书的装帧设计、插图和排版格式都要负责。他喜欢藏书,热衷于收藏名家名著的各种版本,并收集了一些国外图书装帧设计方面的资料,以便在工作中作参考。他很重视插图,有时为了替一个译本搜集几种版本的不同插图,他不惜花许多时间在自己的藏书中细细寻找。比如说,巴金主持编辑的"文学丛刊"的封面、装帧设计,也别有新意。该丛书三十二开本,纯白色带勒口的封面,外加褐色护封。封面印上书名、作者、丛刊名称,字体、颜色不同,显得醒目、大方。又如"现代日本文学丛书",另在封面上外加一黄色书腰,介绍书的内容等,显得新颖别致。"译文丛书"则设计为二十五开本,版式大而略带方形,封面有作者画像和内容介绍,这一有特色的设计出版后受到好评。翻译家李文俊青年时期爱读文生版的"译文丛书"。他回忆说:"'译文丛书'开本短而宽,而且往往是厚厚的一大册,像个脾气和蔼的矮胖子,给人一种敦实可靠的感觉。"[②]范用曾说:"我想起巴金先生的文化生活出版社,他印的书,'译文丛书'《死魂灵》的封面就只有黑颜色三个字。'文学丛刊',曹禺的《雷雨》《日出》,封面简简单单,除了书

---

① 巴金:《上海文艺出版社三十年》,《巴金全集》第16卷第411页,人民文学出版社1991年版。

② 李文俊:《纵浪大化集》第73页,九州图书出版社1997年版。

名、作者名，没有更多的东西，一直到现在，也还觉得非常好。"范用还谈到台湾作家痖弦曾经说过，"直到现在我还觉得二十年代文化生活出版社出版的书'文学丛刊'、'文化生活丛刊'是最美的。"①

在图书的整体设计方面，巴金经常会及时借鉴一些国外的出版经验，例如《贵族之家》一书附赠的两颗小卡片，一是人物简介，一是人物表，便"是从日本出版物里学来的"。巴金曾说："欧美的出版物对二十年代的上海出版界有影响，但不大，主要是吸收了日本出版物的影响。"②

谈起封面的装帧，巴金在致姜德明的一封信中说："您问起文学丛刊及小丛刊、文季丛书的封面的事，分别答复如下：文学丛刊是我设计，由丽尼修改决定的。小丛刊和文季丛书都是我参考《少年读物丛刊》的封面设计的。……《烽火》丛书是我设计的。字是请钱君匋写的，图是从别的书上找来或者是《烽火》上用过的图。"③由于巴金的努力，文生社的书在装帧设计上显得自然、朴素、大方，形成了自己独具的风格。

不惟如此，巴金还亲自过问图书的宣传推销。文化生活出版社除了在书后环衬、版权页、封套、勒口等处刊登新书预告、内容简介外，还印制图书目录和其他宣传品。文化生活出版社所出图书的内容介绍及广告词，大多出自巴金、丽尼等人之手。巴金撰写的广告词，语言精炼，文笔优美，颇吸引读者。诚如姜德明所说："我原以为文化生活出版社的书刊广告都是作者或译者们自己顺便写出来的，没想到巴金为丽尼、陆蠡、曹禺、高植等人的译作都写过广告。这既表现出他对新文学事业的热心，也是对朋友们的一种友情。"④

现代作家中为作品写广告的不少，如鲁迅、茅盾、胡风、黎烈文、孟十还、李霁野等等。而像巴金和文化生活出版社的同人如此

---

① 转引自范用《谈文学书籍装帧和插图》，《出版史料》2002年第4期。
② 参见姜德明《沪上草》，《王府井小集》第129页，作家出版社1988年版。
③ 巴金：《关于"文学丛刊"等书籍的封面设计》，姜德明：《与巴金闲谈》第88—89页，文汇出版社1999年版。
④ 同上。

密集地为图书撰写广告的倒是并不多见。巴金曾为《屠格涅夫选集》的六部长篇①、冈察洛夫的《悬崖》、托尔斯泰的《安娜·卡列尼娜》、王尔德的《快乐王子集》、库普林的《亚玛》……写了数十则广告词。丽尼不仅替自己《田园交响乐》写广告,还摹仿鲁迅文笔替别的图书撰写介绍。田一文替李霁野翻译的《简爱》写的简短介绍,好像一首散文诗,曾受到老记者黎丁的赞赏。对此,李济生分析说:"像文生社这样一个民间创办的小出版社,不经常利用各种宣传手段介绍自己的出版物,怎能让广大读者知道并取得他们的信任?不如此又何以面向大众,为新文化争夺阵地,为文化建设和积累作出贡献,以达到产生社会效益的目的?书也是一种商品,也要面对市场,能不去适应那个时代、那个社会的市场经济?否则又如何取得经济效益?书卖不出去,出版社岂不要关门?何言其他。所以巴金笑说:作家和读者是我的衣食父母。"②

据统计,收入《巴金全集》第18卷"集外编"(上)中的图书广告文章,共计26篇。"其中,1929年6篇;1935年5篇;1937年2篇;1938年4篇;1940年1篇;1942年1篇;1944年1篇;1948年3篇;1949年3篇。""另据纪申选编的《巴金书话》③,收录了《全集》中没有的图书广告5篇,分别是刊载于1936年12月《罗亭》初版本护封上的《屠格涅夫选集》(小说六种),刊载于1946年1月《文艺复兴》创刊号的《〈憩园〉》,刊载于1949年4月出版的屠格涅夫的《春潮》第九版护封二上的广告,刊载于1949年2月出版的屠格涅夫的《文学回忆录》护封上的该书广告,刊载于1948年出版的库普林的《亚玛》护封上的该书广告。这样,我们现在能看到的巴金写作的图书广告文案就有31篇。"④

其实,巴金所撰写的广告文字还要更多一些。《刊行"文化生

---

① 巴金在晚年谈论到《屠格涅夫选集》时,还特别说:"我还为这套选集写了书刊广告。"
② 李济生:《巴金与文化生活出版社》第102页,上海文艺出版社2003年版。
③ 纪申编选:《巴金书话》,北京出版社1996年版。
④ 范军:《巴金的图书广告艺术》,《大学出版》2002年第2期。

活丛刊"的缘起》等一类文字应该也可记入巴金的广告文字。①除此之外,一些文化生活出版社出版图书的护封上,还有一些巴金所写的文字。如巴金为《伪币制造者》(纪德著,盛澄华译)所写的广告便刊自1943年版《地粮》沪三版护封。为《莫洛博士岛》(威尔斯著,李林、黄裳译)写的文字刊自1948年《莫洛博士岛》初版护封。②此外,一些研究者的书中也散落有一些巴金的广告文字。③相信随着对民国时期报刊资料的新的检阅,还会发现巴金这一方面更多的佚文。

四　结　语

巴金说过这么一段话:"我们工作,只是为了替我们国家、我们民族作一点文化积累的事情。这不是我自我吹嘘,十几年中间经过我的手送到印刷局去的几百种书稿中,至少有一部分真实地反映了当时我国人民的生活。它们作为一个时代的记录,作为一个民族发展文化、追求理想的奋斗的文献,是要存在下去的,是谁也抹煞不了的。这说明即使像我这样不够格的编辑,只要去掉私心,也可以做出好事。那么即使终生默默无闻,坚守着编辑的岗位认真地工作,有一天也会看到个人生命的开花结果。"④这"个人生命的开花结果",来自法国居友的学说,也正是安那其主义社会的伦

---

① 范军提到了"集子中有几篇虽没有标明广告字样,如《刊行"文化生活丛刊"的缘起》等,实际上是属于广告的",但是并没有纳入统计范围。本书则将此也记入统计。

② 参见李济生《巴金与文化生活出版社》第99页,上海文艺出版社2003年版。

③ 例如姜德明曾在1948年5月26日的上海《大公报》上,发现一组推荐文字,有长有短,因为是作为电影厂的广告形式出现的,一直没有引起人们的注意,其中有叶圣陶、郑振铎、陈望道、熊佛西、臧克家、唐弢、景宋、靳以、徐铸成等人的文字。巴金也写了一段。参见姜德明《秋日漫话》,《与巴金闲谈》第41页,文汇出版社1999年版。

④ 巴金:《上海文艺出版社三十年》,《巴金全集》第16卷第411页,人民文学出版社1991年版。

理学基础之一,由此可以见出,巴金是怎样将信仰伦理化,并与具体的编辑工作无缝地结合起来了。

在文化生活出版社的工作实践中,巴金感受到了作为一个精神播火者的意义,在行动中体会到了这是一件同样值得为之长期奋斗的创造工程。他沉浸在释放自我燃烧自我的兴奋与快乐中,融入了默默垦植与建树的生活中。巴金晚年曾对自己在文化生活出版社十四年的编辑生活有过回顾,他说:"我在文化生活出版社工作了十四年,写稿、看稿、编辑、校对,甚至补书,不是为了报酬,是因为人活着需要多做工作,需要发散、消耗自己的精力。我一生始终保持着这样一个信念:生命的意义在于付出、在于给予,而不是在于接受,也不是在于争取。所以做补书的工作我也感到乐趣,能够拿几本新出的书送给朋友,献给读者,我以为是莫大的快乐。"①萧乾曾说:"看到巴金的文集长达十四卷,有人称他为'多产'。可是倘若他没从1935年的夏天就办起文化生活出版社(以及50年代初期的平明出版社),倘若他没把一生精力最充沛的二十年献给进步的文学出版事业,他的文集也正好应该是四十卷。"②巴金是在新的编辑的岗位上实践着自己人生的理想人生的梦。

1947年巴金为他的朋友安那其主义者卢剑波编辑了一本散文集《心字》并代作了后记。他说:"他自己愿做一个为理想献身的革命家……可是他始终找不着牺牲的机会。……后来他改变了生活方式……做了十几年的中学教师,生活在四川的一个角落里,几乎与外面的世界隔绝……他的生活变得更简单,更平凡,身体更衰弱,观察也更透彻。……他不再被人称为'才子',他也不再显露那火花一现似的锋芒。他的眼界,他的四周扩大了。他的脚步稳定了。正如他自己所说,'一个人的生命有限,而'人'的生命无限,时间无限'。瞭望着将来,他'存蓄着无限的希望'。"③这是在写朋友,写朋友在实际的工作中践约了自己的人生。这何尝又不是巴

---

① 巴金:《上海文艺出版社三十年》,《巴金全集》第16卷第412页,人民文学出版社1991年版。
② 萧乾:《挚友、益友和畏友巴金》,《文汇月刊》1982年第1期。
③ 巴金:《心字·后记》,文化生活出版社1947年版。

金自己此刻心态的自况呢？的确，巴金从事出版是一种岗位意识的切实显现，他是要在平凡的岗位上，朴朴素素地传衍文明。因此，文化萧条时他坚守自己的事业，漫天烽火中依然坚守自己的岗位，以自己的方式去放散个人的生命，照彻更广的人生。

在《知识分子在现代转型期的三种价值取向》一文中，陈思和提出了知识分子"岗位意识"的概念。所谓岗位意识，是指知识分子在自己的岗位上守持一份学术责任与社会责任；并通过这一系列努力，进而去维系一份文化的精血。这是现代知识分子人文价值自我守持、自我实现的一种尝试，是现代知识分子独立价值体系得以确立的一种方式，其存在向我们展示了现代知识分子的一种人生境界以及这种境界具体的现实依托。我们从巴金的编辑事业中深深地感受到了这一切。搞出版、办教育、著书立说都是知识分子对社会的一种贡献，是他们自我人格成全的一种方式。尤其是搞出版，巴金他们弃绝商品利润的诱惑，以自己的实际行动进行文化精神的传衍。他们绝不是为了金钱利益才搞出版，他们恰恰是在文化大萧条时走上这个岗位的。他们也没有要做文坛霸主或出版巨子的心，而是出于一种理想的支持，要为时代留下文明的火种、刻下艺术的印痕。也正因此，即使在战争的烽火硝烟之中，他们仍然踏踏实实地为文学事业作贡献，为人生、为社会、为青年做些事情。不论在何种境况之下，他们心头的那点真那点火始终长存。他们是把人文精神在实际的行动中体现出来，使之不再虚浮，而人格之伟大、人文价值之真切也正是在这一过程中得到体现。这是一种积极入世的人生态度，又是一种实实在在的人生奉献。

今天，我们面对的是一个正处于历史转型期的社会，此时从事人文事业的确可以说是一件有点寂寞的事。不过，今天的知识分子虽然也有这样那般一些困扰，然而其生存境遇实已有了很大变化。从某种意义上说，现今知识分子的危机不来自物质而来自精神，不来自外界而来自本我。在这样的时代，知识分子更应守持一份自己的理想，内心应该保有强大的自信。但更重要的是，这种自信绝不应只是一种空泛的言说，而应在具体的工作中展示出来，应该像巴金那样使自己的理想在平实的岗位得到实现、得到践约，贡献自己的专业知识,发挥社会良知的作用,从而去传衍精神火种,使之永生。也正是从这一角度来讲,巴金他们的编辑生涯与编辑精神为今天的知识分子提供了很好的参照和重要的启示。

黄发有

巴金编辑生涯与编辑思想研究的几个问题

近年,在巴金的编辑生涯与编辑思想研究领域,不断有令人惊喜的成果问世。堪称代表的是李济生编著的《巴金与文化生活出版社》(上海文艺出版社 2003 年版)、孙晶的《文化生活出版社与现代文学》(广西教育出版社 1999 年版)和《巴金与现代出版》(复旦大学出版社 2012 年版)、蔡兴水的《巴金与〈收获〉研究》(复旦大学出版社 2012 年版)。这些成果在史料的发掘、搜集、整理和阐释,以及对巴金编辑思想的深入考察等方面,都已经达到了新的高度。这些标志性的高端成果有引领风气的作用。孙晶作为一个成功的出版人,她的研究包含了一种特殊的意义,她以自己的生命实践去体悟巴金"个人生命的开花结果"的真谛,她对编辑出版业务的精通,也使其研究有了一种"内行看门道"的妙处。我相信孙晶和蔡兴水都会在这一领域不断掘进,作出更大的学术贡献。

就目前的情况来看,巴金编辑生涯与编辑思想研究这一学术领域还需要有更加扎实和牢固的学术基础。2005 年河南大学出版社以"高等学校编辑专业教学参考书"的名义,出版了一套宋应离、袁喜生、刘小敏编的十卷本《二十世纪中国著名编辑出版家研究资料汇辑》,整套书收录了五十四位编辑家的研究资料,包括张元济、高梦旦、梁启超、杜亚泉、陈独秀、鲁迅、夏丏尊、陆费逵、王云五、章锡琛、胡适、舒新城、叶圣陶、孙伏园、邹韬奋、茅盾、胡愈之、汪原放、张静庐、郑振铎、徐调孚、王任叔、贾祖璋、胡风、冯雪峰、张仲实、丁玲、徐伯昕、臧克家、楼适夷、张明养、赵树理、钱君匋、金仲华、赵家璧、黄洛峰、罗竹风、周振甫、姜椿芳、胡乔木、邓拓、何其芳、金灿然、孙犁、张光年、陈翰伯、王子野、秦兆阳、韦君宜、曹辛之、陈原、萧也牧、黄秋耘、龙世辉等,却遗漏了巴金。由此可以看出,巴金编辑生涯与编辑思想的意义,在一些研究者的视野中还没有得到足够的重视。通过检索中国知网的学术资源总库,剔除重复的条目,以巴金的出版与编辑问题为主题的文章只有三十二篇,剔除五篇书讯,真正的研究文章只有27篇,其中还有一篇是换了一个标题重复发表的。就研究质量来说,不少文章还停留在资料梳理的层面。

史料的发掘与整理工作大有可为。从旧版的《巴金全集》来看,建国前巴金和作者、读者的来往书信的数量极为有限,他和编辑出版界人士的来往信件数量也较少。王仰晨和巴金通信的出版,为巴金编辑思想研究提供了第一手的材料。我想新版《巴金全集》的出版,一定会更加完善,将近年发掘出来的史料补充进去,为研究者提供新的材料。首先,从研究角度来说,其实有一些基础工作有非常重要的价值,譬如搜集整理文化生活出版社和平民出版社比较完整的书目资料,这项工作非常繁琐,也有较大的难度,像巴金故居在发掘和整理资料方面做了很多踏踏实实的工作,这项工作也只有由巴金故居牵头或者邀请学者进行合作研究,才能做好。其次,巴金扶持和发现了一大批作家,也影响了很多编辑家,对熟悉巴金的编辑实践和编辑思想的相关人士进行深入访问,这些材料也有不可忽略的学术价值。尤其是一些老作家和老编辑,更应该及时地留下他们的口述实录。再次,研究巴金的编辑生涯与编辑思想,除了他自己的相关著述之外,有更多的材料是相关的作家、编辑、读者的日记、书信和回忆文字,散佚各处,甚至包括一些手稿、档案材料等等,寻找起来极为不便,编辑《巴金编辑出版研究资料》也就显得极为迫切。虽然做这项工作和编辑工作一样,是为人作嫁,但这是推动巴金编辑出版研究工作的基础工作,可谓功德无量。

巴金编辑思想的来源与影响。关于巴金编辑思想的来源,这是较少有研究者涉及的题目。《半月》杂志编辑部的吴先忧是重要的筹资人,关于吴先忧的人格魅力,巴金曾说:"母亲教给我'爱',

轿夫老周教给我'忠实'（公道），朋友吴教给我'自我牺牲'，他还教给我勇气，我虽然到现在也还不能够做到他那样子，但我的行为却始终是受着这个影响的支配的。"由于深受吴先忧无私奉献精神的感动，巴金曾将吴视为自己青年时代的"第三个先生"。叶圣陶编发了巴金的处女作，巴金视叶圣陶为"我一生的责任编辑"，巴金对编辑工作的态度与叶圣陶的影响就有值得重视的关系。鲁迅、茅盾等积极参与编辑出版实践的作家，对于巴金编辑思想的形成与发展，同样产生了深刻的影响。这种薪火相传的精神接力的意义，在编辑出版研究领域尤其值得重视，这也是出版工作推动文化传播和文明进步的具体表现。另一方面，巴金的编辑思想影响了许多作家和编辑家，像巴金在建国前帮助过的曹禺、何其芳、李健吾以及他在新时期以后帮助过的从维熙、谌容，巴金无私奉献的精神潜移默化地影响了他们对人生对文学的态度。至于编辑家范用，因为感念巴金的编辑思想和人格光芒对自己的启示，从巴金表述自己的编辑态度的话语中选取最为关键的词汇，将自己追忆编辑生涯的两本书取名为《泥土　脚印》和《泥土　脚印（续编）》。至于《收获》杂志、上海文艺出版总社等机构的编辑实践，对巴金的编辑思想的继承和发扬，更是值得深入探讨。

　　巴金编辑思想的现实意义。但凡研究巴金的编辑生涯和编辑思想的文章，一定会提到巴金十分重视发现新作者。"文学丛刊"是文化生活出版社出版的标志性丛书。从1935年到1949年，前后出版了十集，每集十六本，推出了八十六位作家的作品，几乎覆盖了所有文学体裁。整套丛书中居然有三十六本是新作家的第一本书，堪称奇迹。巴金确实是在兢兢业业地践行自己所信奉的编辑理念："编辑的成绩不在于发表名人的作品，而在于发现新的作家，推荐新的创作。"[①]1934年，巴金把在靳以处看到的曹禺的处女作《雷雨》推荐给《文学季刊》发表，次年又将其单行本收入"文学丛刊"第一集，随后在第三集中出版了《日出》单行本，在第五集中出版了《原野》单行本。何其芳的第一本作品集《画梦录》、刘白羽第

---

① 巴金：《致〈十月〉》，《十月》1981年第6期。

一本小说集《草原上》，陈光英（荒煤）的第一本书《忧郁的歌》，丽尼的第一个散文集《黄昏之献》，师陀最早的三篇小说《谷》、《里门拾记》、《野鸟集》等都是诞生在"文学丛刊"的摇篮里。司马长风在评说巴金的新文学出版实践时，对"文学丛刊"尤为推崇："破除门户之见，编辑的作品包括各派的作家；其中包括批判巴金小说的刘西渭的作品，尤见巴金的气量与风度。"[1]罗淑是翻译家马宗融的妻子，巴金无意中发现了她的短篇小说《生人妻》，将其发表在《文季月刊》上，把罗淑推上文坛。罗淑病逝后，巴金在战乱中为她整理、抄写一篇篇字迹潦草的原稿，编辑成《生人妻》、《地上的一角》、《鱼儿坳》和译文集《白甲骑兵》四本文集，这种情怀犹如寒夜里的星光，在绝望的离乱岁月不仅告慰亡魂，也给生者带来人性的温暖。此外，"现代长篇小说丛书"也在出版史上写下了光辉的一页，其中的《骆驼祥子》、《淘金记》、《还乡记》、《憩园》等都成为现代文学经典。巴金总是平等地对待作者，把作者当作朋友和衣食父母，他自己对随便修改他的文字的编辑非常反感，当然他非常尊重有理有据的修改意见。形成鲜明对照的是，现在很多编辑随意修改作者的文字，甚至逼良为娼，要求作者完全遵照编辑的意见写作。另一方面，巴金非常尊重读者，他认为为读者服务是自己的天职，一定不能"骗读者"。令人感喟的是，时下"骗读者"的书商随处可见，而一些网站的编辑更是可以将一些"脑残的天书"强推上榜，直到连载了几十万字之后才发现这些文字根本就是在键盘上随意乱敲的文字垃圾。因此，研究巴金的编辑思想，我个人认为应该充分重视其现实意义。

---

[1] 司马长风：《中国新文学史》（中卷）第12页，香港昭明图书公司1980年版。

周立民

珍藏半个世纪的文学记忆

朱红色的封面,喜气又稳重;镂白的"收获"两个大字,呈现出一如既往的大气和刚硬;不一样的是2007年第4期《收获》封面上多出了醒目的烫金数字"50",原来这份记录了中国当代文学发展足迹的大型文学期刊迎来了它五十岁的生日。翻开这期《收获》,首先感到的是一种强烈的历史感,从巴金、靳以两位首任主编创刊时的工作照,到郭沫若、茅盾、老舍、冰心、曹禺等人的照片、手稿,随着这本杂志的成长,我们历览了中国文学半个世纪的风风雨雨。杂志在批批名篇、杰作中成长,而这些作品的培育者——编辑们却在渐渐老去,那些精心的编辑过程最终也将消失在历史的深处,或许这就是这个职业的特点吧?但每一位读者和作者似乎都不应该轻易忘记这样一个舞台和这样一批人——尽管,他们并不在聚光灯下,但在我们珍藏的中国文学五十年的记忆中不应该缺少他们的篇幅。所以,当《收获》五十华诞的时候,我首先想到的不是盘点它曾刊发了多少名篇杰作,而是想打捞在这些闪光的文字背后的一点记忆,权作对它生日的祝福。

一

《收获》是一份承续着五四新文学血脉的杂志,如果五十年来有什么一以贯之的品格、有什么最值得珍视的特点的话,我首先会认为这就是五四新文学精神,这是它的历史传统,也是它与其他文学杂志最为不同的精神气质。什么是"新文学精神"？如果非要界定的话，可以用《收获》老主编巴金的话来概括，那就是"为了真理，敢爱，敢恨，敢说，敢做，敢追求"（《怀念鲁迅先生》）的精神，这样的文学是"讲真话的文学"，"是表现我国人民心灵美的丰富矿藏，是塑造青年灵魂的工厂，是培养革命战士的学校"（《为〈新文学大系〉作序》）。它们与旧文学的最大区别就是《文学研究会宣言》中那句著名的话："将文艺当作高兴时的游戏或失意时的消遣的时候，现在已经过去了。"不论当今学界对所谓的"纯文学"的概念怎么反思，我认为这种不是将文学作为消遣，而是看重它的精神性、不媚时、不媚俗、拒绝商业化的文学精神仍然是最有意义的一种文学追求。

对于新文学精神的承续和发扬，是《收获》在酝酿创刊时有意识的追求。提议创办《收获》的人都是对郑振铎、靳以、巴金等人创办的大型期刊《文学季刊》，以及后来巴金、靳以联手编辑的《文季月刊》、《文丛》等系列期刊充满感情的人，时为中国作协负责人的刘白羽在回忆录就明确地说想恢复《文学季刊》这样"卓然不群"的刊物，为此，他去说服了中宣部领导同意创办这样一份杂志，并明确建议编辑部设在上海，由巴金、靳以主编。从刊物的篇幅、选稿的气度、编辑的风格而言，《收获》与《文学季刊》等三十年代"文"字系列期刊的确一脉相承，更重要的是新文学精神的延续。《文学季刊》创刊的1934年，号称中国的"杂志年"，当年定期出版的杂志约三百多种，百分之八十是文艺或半文艺性质的"软性读物"，用茅盾的话说，它们几乎全是幽默与小品的"合股公司"（《所谓"杂志年"》）。《文学季刊》却是以纯正的严肃的创作为主打，与以切实从事文化建设的决心，远离那些哗众取宠和取媚市场的做法，用作品来说话，用新文学的严肃态度和气度来影响了读者，改变了市场冲击下当时许多刊物那种小摆设、小零食的地位。半个多世纪后，《收获》也面临着同样内外交困的境况，所谓"外"是1987年，他们经历了一次全球性的纸价上涨，本来就微利甚至无利经营的文学刊物迅疾陷入了经济困境；而"内"则是九十年代以后中国文学的市场化倾向越来越严重，文人下海、休闲文学、影视对纯文学的冲击,都使《收获》这样的纯文学杂志面临着一次重要的抉择。此时,要求《收获》"适应市场"的声音也不绝于耳,事实上,许多文学刊物都不得不刊登商业广告,从包装到内容都来一次大"变革",很多刊物就是这么做了,由纯文学变到通俗,甚至到非文学。但困难中《收获》没有轻言"变革",他们选择了坚守。面对这种情况,主编巴金非常坚定地表示:不希望《收获》做商业化的改变。他鼓励编辑部:《收获》是大有希望的,文学是大有希望的。于是《收获》仍然是《收获》,它,一如既往地坚持自己的精神追求。危难时刻方显英雄本色,我常常想《收获》真正辉煌可能不仅是发表了莫言、余华、苏童等人的哪些名篇,更重要的是在这样时刻对于新文学精神坚持的象征意义,从这个角度讲,有了这样的历练之后,《收获》已经不是《收获》,而成为一个符号,它承载着作家、读者对于文学精神性追求的信心。在这一点上,《收获》一下子就在读者的心中拥有了不同的位置。记得好久,我都珍藏着《收获》的一份征订单,上面有这样一句话:在世间所有虚妄的追求都过去以后,文学依旧是一片灵魂的净土。当时,我还是一名大学生,这样的语句和《收获》的气度削减了青春的迷惘和浮躁,给了我热爱文学的信心。特别是1993年第3期的《收获》送到我的手中,看到上面发表的张炜的长篇小说《九月寓言》时,我更坚信了中国文学界是有着抗击这次精神危机的能量的。在那段日子里,每每收到杂志,看到朴素的封面上两个沉静的"收获"大字时,我心中都有一种力量,我相信许许多多《收获》的读者都和我一样有着这样共同的感受。

更为值得赞赏的是坚守新文学的精神,不是固守、死守,更不是僵化、保守。在面临生存危机的时候,他们也勇敢地寻找自己的生机。纸价上涨,刊物先是向上海文化发展基金会借款渡过难关,第二年,在得到读者理解的情况下适当调整刊物定价,结果征订数不仅未跌反而上涨几千份,当年即还清借款。与此同时,他们不是被动地受市场控制,而是主动地在市场中出击。《收获》是国内最早取消了行政拨款靠自己的力量生存的文学期刊之一,不放弃理想、不向商业化文学低头,充分地利用市场条件,化不利为有利,以自己的方式高扬了文学理想,《收获》的探索和成功经验应当成为市场条件下如何发展和繁荣文学期刊和文学事业的一个非常值得关注的范例。

《收获》这样的努力,为文学赢得了尊严,也给了作家们以信心和勇气,大家相濡以沫捍卫着一种文学精神。老作家萧乾当时给主持工作的副主编李小林的信中谈道:"收到你的来信,既佩服你们坚守阵地的勇气,又为文艺前景感到忧虑。""洁若和我近来采取用稿酬或版税来捐献。……目前浙江文艺出版社正在印我译的《里柯克讽刺幽默选》,不久可出版,共十数万字。我想把出书的稿酬(连同《堡》的——请千万勿汇)一并捐给《收获》。""向[像]其他捐款一样,我这点心意不外乎表示对《收获》(它的前身是《文学季刊》、《文季月刊》)的支持和拥护,并借此推动一下。"(萧乾1993年11月15日致李小林信,本信及下文中所引诸信均为首次公开的未刊稿。)这样的支持不在于金钱,而是道义,是一份杂志的价值观为更多热爱它的人所认同。作为文学边缘化时代中的一份文学期刊,《收获》最为难得的是能够将作家和读者的精气神儿凝聚起来,让大家为了共同的文学理想而奋斗。半个世纪以来,《收获》随着时代的脚步常变常新,但也有它始终不变的东西,那就是对新文学精神的倡扬。从某种角度讲,"变"会让一个杂志跟上时代的脚步,而"不变"中又能看出一个杂志的成熟、大气,能够看到一种文化积累的韧性。

二

多少年来,在《收获》的背后始终有着一个高大的身影,那就是巴金先生。谈到与这份杂志的关系,他不断重复的话是:我只是《收获》的挂名主编,当初答应做主编也不过替老朋友靳以助阵而已,"我有一位朋友靳以创办过好几种文艺期刊,我当过他的助手,这就是说在我比较空闲的时候帮他看看稿件,改改校样"(巴金1984年9月21日致丁玲信)。在这样的轻描淡写中显示出的是一位杰出作家的为人本色,也让我们看到了他对待朋友的纯净之心。哪怕老朋友靳以已经去世多年,但谈到《收获》,巴金必然首先想到他。最新出版的一期《收获》上,有一个小细节很让人感动。那是《收获》创刊三十周年(1987年)时冰心的一段题词,她谈到对《收获》的喜爱,其中有一句话原文是这样写的:"因为《收获》是我的好友巴金创办的,我一看到《收获》就想起巴金一家。"现在刊出的手迹中,两处"巴金"前面分别加上"靳以"的名字,而最后"一家"两个字也划掉了。这三处改动分明不是冰心的笔迹,仔细辨认原来这是巴老的改动!巴老从不会为自己争功,他像许多编发了作品杂志上连名字也不曾署上的《收获》的责任编辑们一样,宁愿在后台默默地做着切实的工作。

虽然他不曾参与到杂志的具体编辑工作中,但这位从未领过工资的"挂名"主编,却对《收获》一直非常关心,哪怕在多病的晚年,自己阅读困难的情况下他还是不断听身边的人读《收获》,余秋雨、李辉等人的专栏,还有一些小说,他都认真地读完了。对于《收获》的编辑而言,巴金是这份杂志的灵魂,是将五四新文学精神带到这份杂志中的一面旗帜。对于巴金对这份杂志所发挥的重要精神影响和实际作用,早就有研究者指出过:"他的历史贡献、文化尊严成为卫护《收获》进行一定程度的探索的重要的保护伞。……他虽老迈但强大有力,这是延续了鲁迅的民主、自由的旗帜的象征。""巴金告诉人们要说真话,要以自己的思考来判断事物的正误,使得《收获》保持独立的姿态,不跟潮,不摇摆,不看风向,不屈从权贵,而是保持文学的探索,坚持刊物的品格风貌,昭示着巴金的影响。"(蔡兴水、郭恋东《求真向善 革故鼎新——《收获》三代主编论》)

这样的影响是虚的,也是实实在在的。巴金也会如同当年拍板鼓励靳以消除顾虑推出曹禺的《雷雨》一样,在一些重要时刻和关键作品上给予编辑部以明确的支持。著名作家从维熙就曾满怀深情地回忆起上世纪八十年代,他的中篇小说被一家杂志的主编以"细节过于严酷,吃不准上边精神"为由要求修改,后来,他把稿子另外交给了巴老和李小林,"据小林事后告诉我,巴老不顾长途飞行的疲劳,连夜审读了我的小说,并对小林说下如是的话:'小说展示了历史的严酷,在严酷的主题中,展示了生活最底层的人性之美,不管别的刊物什么态度,我们需要这样的作品,回去我们发表它.'因而,这部遭到封杀的中篇小说,不久就在《收获》上发表了——事实证明了巴老预言的准确,在1984年全国第二届小说评奖中,一度成为死胎的《远去的白帆》,以接近全票的票数,获得了该届优秀中篇小说文学奖"。他也谈到《大墙下的红玉兰》在《收获》上发表后遭到一些思想保守的人的批评,而此时巴老鼓励编辑部要"百无禁忌更进一步","因而使当年的《收获》,成了历史新时期解放思想的一面文学旗帜"。他还举了张一弓的《犯人李铜钟的故事》的例子,"也是在《收获》死而后生的,这又是巴老在文学新时期勇往直前、义无反顾的一个佐证"(从维熙《"巴金星"的光辉》,见《巴金纪念集》,上海文艺出版社2006年10月版)。这样的事情还有很多,贾平凹的长篇小说《浮躁》在《收获》发表后,文坛议论不一,甚至都引起行政领导的关注,在一次万人大会上,一位主要领导点名批评这部作品。巴老得知此事后,立即阅读全文,他的评价是:我觉得这部作品没有什么问题。时间也证明了这一点,《浮躁》还在国外获了大奖,也被文学界公认为是反映城乡时代变迁的最具代表性的作品之一。巴老简短的一句鼓励,给编辑部的是做好工作的更大的信心和动力,《收获》副主编肖元敏就曾说过:"巴老在时,他是我们的主心骨;有了他的护佑,我们的勇气似乎更大一些。现在他不在了,他的精神始终在激励着我们,如何选择、如何取舍有时却会变得难以想象的艰难,但无论如何我们不能偏离前辈们创建的这个圆心和跑道。"

　　巴老不是一个喜欢张扬的人,他对作家和杂志的支持常常是那种春风化雨、润物无声。老作家陈荒煤的散文《梦之歌》抒发内心郁积的情感,原来并不打算立即发表。但巴老了解陈荒煤的心境:新时期以来,荒煤一直支持和鼓励青年作家的写作和探索,然而,他的做法一度不被人理解甚至遭人非议。巴老没有多说什么安慰他的话,只是指示《收获》立即发表荒煤的这篇散文。得知这一情况,荒煤很激动,1984年3月1日给巴金的信上说:"我的散文《梦之歌》,原未打算就发表。没想到,却得到您的鼓励、认可。既然您批准了,就稍作修改寄小林发表吧。""我很高兴,到今天为止,您还鼓励我写点东西!"同日给李小林的信上他又写道:"文化部整党仍在进行中,大部时间都去开会。我今年也七十一了,总想挤点时间写点东西;但实在是疲劳不堪。""此篇原不准发,既然你爸爸觉得还可以,就发吧。我觉得大概不致被认为有污染吧。"(陈荒煤1984年3月1日致李小林信)荒煤的感动不是毫无缘由的,他也一定会想起五十年前,作为一个无名的投稿者巴金将他的作品看后又交给靳以决定在《文学季刊》第三期发表,从此将他领入文坛的往事。想不到,年逾古稀,巴金还在背后默默地支持着他!

有了陈荒煤、从维熙、贾平凹这样的经历,我们才能够体会到青年作家李洱这段话的分量:"对于上世纪八十年代以后的中国文学甚至中国文化,在相当长的时间内,如果没有巴金,其情形都很难想象。这不仅是指巴金给后来的中国文学提供了道德基石,也是指巴金以自己的伟大存在给中国文学提供了必不可少的发展空间。经历了这个时期的文学史家当然会注意到这一点,但未来的文学史家却未必会留意。"(李洱《巴金的提醒》,见《巴金纪念集》)《收获》因为"主编巴金"让人感受了一种历史的沧桑和文学的尊严,在人们的心中也有了不一样的位置。萧乾晚年的重要作品《玉渊潭随笔》在《收获》上开设同名专栏,也是在巴金的无形影响下才写的,且不说这部作品有着《随想录》的对历史的反思精神和直率大胆的文风,就是把这样的专栏放在《收获》也是因为有巴金的存在。萧乾几次在信中提到他的写作动力:"我是怀着对你爸的友情来写的。不能给他丢人。"(萧乾1995年9月25日致李小林信)"在完成六篇之前,我不写旁的。每月一篇,明年一月可写完六篇之后,再干旁的。因为这是你爸爸交下的任务,一定努力完成好——不仅文字,希望有点分量。"(萧乾1995年10月18日致李小林信)而今已名满天下的贾平凹也说过这样的话:"我之所以每写完一部长篇就交给《收获》发表,也都是因为巴金是《收获》的主编,虽然他已只是名誉性主编,但他的文学精神依然是《收获》的灵魂。"(《悼巴金》,见《巴金纪念集》)而作家尤凤伟的话可以说是对巴金与《收获》的关系恰如其分的概括:"从某种意义上说,半个多世纪以来一直深居简出的巴老是通过《收获》这座桥梁与文学界与作家连接沟通的,也是通过《收获》对中国文学施加影响的,这影响深厚而久远。""在中国,作家通常会把重要作品给《收获》发表,觉得发在《收获》作品不会'瞎'。这既是对《收获》的认可、肯定,也是对主编巴金先生的信任与礼赞。我认为,即使巴金在二十世纪下半叶为中国文坛什么也没做,只单单办了一本《收获》,仅此已功不可没。"(《纪念巴金先生》,见《巴金纪念集》)

三

《收获》的这期五十周年的纪念号,目录的上方醒目位置刊发的是巴金先生的一段题词:"《收获》是向青年作家开放的,已经发表过一些青年作家的作品,还要发表青年作家的处女作。"这段第一次公开发表的手迹,是 1979 年巴老为回答外国记者提问时而写下,当时《收获》刚刚复刊不久。无论在当时,还是多年后公开这段话,都表明了《收获》杂志的一贯的开放态度,那就是"不惟名家,不薄新人"。最新一期的《收获》就是最好的例子。这一期推出的主要是一组青年作家的作品,长篇小说是何世华的《陈大毛偷了一枝笔》,中短篇的作者是于晓威、丁伯刚、乔叶、须一瓜、叶弥、田耳、戴来、徐则臣等人,都不是什么文坛宿将,但却是有创作实力的青年作家。浏览《收获》五十年的目录,你能够看到很多在文学界闪光的名字,但你也会发现,其中很多人在《收获》上发表作品的时候并非已经在文坛上红得发紫,包括大家已经非常熟悉的余华、苏童这样一批当年的先锋作家。但这话或许可以这样说,是《收获》给许多优秀作家提供了展示才华的机会,通过《收获》这个舞台,他们才闪光起来了。由此看来,许多人觉得《收获》高不可攀,这个感觉说对,那是在稿件的质量上,《收获》是从来不打折扣的;但说不对,那是恰恰因为这一点,他们的取稿是根据稿件的质量而不是作者的名气大小,《收获》是开放的,尤其是对于生机勃勃的青年创作队伍。

尊重读者,爱护和扶植青年作家是巴金和靳以两位老主编在上世纪三十年代从事编辑工作时就树立的工作作风。在八十年代,巴金不断呼吁:要爱护青年作家,要相信他们,鼓励他们大胆探索,勇于进取,勇于超越老一辈。而当青年作家们受到各种压力的时候,巴老总是挺身而出为他们解压,谌容、水运宪、张洁、张贤亮、张辛欣、白桦等等都曾承受过他的这种恩惠。他的这种品格同样影响了杂志社的同仁们,大力扶植青年作家,推出最有活力的作品,是每个时期的《收获》都坚持的品格,也是它总能光彩夺目的原因所在。

支持青年作家的创作,并非是没有原则的捧场,而是为他们提供舞台、创造机会,是让他们不断完美而不是昙花一现,为此,《收获》的编辑们与作者反复沟通、不断修改稿件,这成了文学界出了名的"编辑特色"。作家格非曾在十四年前撰文谈到过这些:"……但是当作品寄往编辑部之前,稿件中仍会有些不尽人意的地方,这个时候,我们的心情通常比较矛盾。完成一件工作后的喜悦与轻松常使明知存有缺陷,仍然硬着头皮送往编辑部。但是,我的侥幸心理很快就会破灭。"《收获》的编辑不会将这些缺陷轻易放过的。"我的小说,比如《迷舟》、《边缘》、《湮灭》等作品都经历了这样一个修改过程。如果说我从改稿中所学到的东西往往超过创作所得,这也并非是一种夸张之语。"格非还说,就他所知,余华、洪峰、孙甘露等作家都经历过与他相似的改稿经历,在交谈中,他们曾多次谈到编辑们对刊物以及作品一丝不苟的精神给他们留下的深刻印象(格非《李小林和她的〈收获〉杂志社》,《当代作家评论》1994年第2期)。都说"文章是自己的好",都说作家们最忌讳别人动他的稿子,但也不尽然,关键是作者与编辑之间要建立起一种互信、一种坦诚的沟通,还有一点更重要,那就是编辑们的奉献精神、敬业精神也会打动作家们,同时为杂志赢得尊严。在这样一种平等、互信、开放和坦诚的气氛中,《收获》以海纳百川的胸怀迎接着每一位作者,也和每一位作者一起成长。

四

在《收获》创刊的时候,被巴金形容为"像母亲对待子女一样"捧着新杂志的靳以曾经有过雄心勃勃的发展计划,他以激动的心

情给尚在北京开会的巴金写信,信上说:

> "收获丛书"事还望你负责,许多什事我可以帮助你做。现在我们正计划把家璧抓过来,将来搞一个"上海作家出版社",专出创作,独立经营,不设上海作协和北京作家出版社领导,由上海宣传部领导。三个刊物都由这里出。家璧的丛书(约有四套)以外,"收获丛书",《文艺月报》也可以理论小丛为主出一个丛书。《萌芽》也可以来一个丛书,编辑部人不要了,主要是依靠外力编丛书。只要把印刷发行搞好就定了。你看如何?……茅公的稿子还是和他说,迟早无关,只要写好肯定给我们就是了。老舍同志也是如此。从文闻在为《收获》写稿,我已写信去,你见面的时候可再说一声。(靳以1957年7月11日致巴金信)

半个世纪前的宏伟计划到今天仍然有很多实行的价值,可是"反右"正酣的时候,这些又怎么可能实现呢?更令巴金痛心的是第一个《收获》在靳以去世后不到一年就停刊了,靳以可谓壮志未酬便撒手西去。但后来者并没有辜负前辈们的苦心,风风雨雨中《收获》走过了半个世纪,迎来了一个又一个可喜的收获。我听说,最近《收获》要编一套丛书,将它这五十年来的精品之作尽纳其中,这真是一件喜讯,我盼望着能够尽早看到它,珍藏这样一套书,那是珍藏着前辈们的文学心愿,珍藏着一代代编辑的奉献身影,也是珍藏着半个世纪以来的文学记忆。对于多年来喜欢《收获》的读者来说,这不是一件最为值得期待的事情吗?

2007年7月22日

蔡兴水

《收获》杂志的能量之源
——再论巴金与《收获》的关系

今天，当我们纪念巴金，回想他存留人世及离开我们后还存续着的余温时，我特别想起《收获》这本杂志。我特别想谈谈《收获》杂志的能量之源。

以往，我犯了个错误，一方面过于重视巴金对《收获》杂志的外在影响，如他对《收获》杂志经济上的援手，如他为陷入困境中的众多作者撑腰，等等；另一方面，我还过于停留于相信巴金对于杂志社出力不多贡献有限的表白。像这样一个伟大人格的大作家，像这样总是如此谦逊、如此低调的作家的自谦的说辞，怎么能作为一种真实的价值评判的标准呢？

纵观我国数量繁杂的各类期刊，或者仅就数量也十分可观的文学期刊，有哪一份杂志是像《收获》这样的"人刊合一"的呢？有哪份杂志是一个人和一本杂志是如此相似的呢？想想巴金，再想想《收获》，他和"他"几乎是等同的，都是那么低调、那么谦逊、那么纯粹、那么淡泊、那么超然、那么处事不惊、那么自在地发光发亮。我们也有很多人长期办一份刊物或者与刊物有着相当长时间的紧密关联，也有某些人物对刊物有着重大的影响与作用，但是像《收获》杂志这么浓烈、这般久远地映照着主编的精神印记的刊物，我几乎找不出第二本。我认为只有少数具有伟大人格、拥有无限内在精神能量的人，才有可能这样深长滋润、无限影响他身边的人与事与物，才有可能久远不绝地继续存留在人世间，即使是在他的肉体已经告别了我们。

我突然觉得以前对巴金与《收获》的关系的认识太肤浅了,太过于表面化简单化了。我们虽然也指出巴金主编了《收获》,但我们往往把他们看成两个分离或独立的个体来看待,往往只是把《收获》当成巴金创作之余附带兼顾代管的副业(如同他自己说的那样),而不是视他们为紧密相连无法拆解的血肉关系。

我们的确太过于表面看待巴金与《收获》的这种不寻常。其实,巴金与《收获》是水乳交融血溶于水的关系。《收获》是巴金思想和精神的载体,是巴金另外一个生命的倒影。巴金晚年特别重大的作为,一是把生命书写在《随想录》上,另一个是把生命映照在《收获》上,后者的这种关联是常常被我们自我遮蔽了,被我们忽视了。巴金深刻地影响和左右着《收获》的编辑方向、精神信念和文化底蕴,他的精神能量当然也有可能决定着《收获》的存在与发展。

因此,对中国当代文学期刊而言,我们可以很自然地把大型期刊《收获》说成是巴金的《收获》。这样说不是要抹杀另一主创者靳以创刊的功绩和早期劳作的艰辛感人。由于靳以过早的病逝,其影响相形之下就淡化了。而巴金不一样,他不仅是创刊时的双主编之一,而且他在《收获》第二、第三个时期直到2005年去世时近半个世纪一直都是《收获》的主编。巴金对《收获》的影响,不仅一开始就奠定了地位,而且久远蔓延,其持续的渗透几乎不曾中断过,于是他的地位自然而然是无人可以替代的,而且也是难以消解的。我们知道,在当代文学期刊中,甚至在整个中国文学期刊史上,像巴金这样持续久远地担当一家刊物的主编,倘若不是绝无仅有,起码也是十分罕见的。而这样的特殊际遇,也导致了《收获》这本杂志与巴金这样伟大作家无法分割开来的事实。

说起巴金对《收获》的作用,其中部分地也包含了靳以对《收获》的作用,那是他们共同受到润泽的上世纪新文化运动的影响,那是自由精神与民主思想的渗透。但也必须指出这是巴金身上特有的坚韧、淡泊的品性和不羁的气质等因素强有力的投射。当我们试图把巴金与《收获》当成两个话题来谈论时,其实已经不可能了,巴金已经和《收获》成为天然的一个合体。甚至在巴金已经去世的今天,《收获》依然映照着巴金无限的身影。

巴金对《收获》的影响是全方位的、多层面的。巴金与《收获》的关联,既是显明的,又是隐在的,既是空灵的,又是具体的,既是精神的滋养,又是物质的支撑,既是现实的指引,又是文化的承传,既深沉,又久远。正是从来没有一本刊物会像巴金与《收获》这样,所以这是一种"人刊一体"的绝佳境界。翻开《收获》,你有时看不到巴金的身影,就像靳以主持时,就像巴金去世后的2005年后的《收获》,可是你又分明感受到巴金无所不在、无时不在。即使是巴金健在时,即使是他还能关心更多时,我都认为巴金不可能也没必要事无巨细地去参与日常的编辑事务,不可能关注到每一个作者的每一篇文章每一个文字,因为那只能是一般的主编行为,但巴金作为主编,其行为和影响却是既宏观又立体地渗透到刊物的方方面面。这种无处不有的痕迹,恐怕在以前不常见,以后的刊物更是难以重现了。这种影响力既相似于一般刊物的实际岗位上的主编,又超越于普通的主编的强有力的介入和掌控,是交互的,是触及人与刊物灵魂深处的。我总觉得,这是一份不太相似于同时代所有刊物的刊物,它有生命气息,有书香文化底蕴,有纯美肉身,有血有肉,它屹然挺立,它峭拔超然,它刚毅持重,它自在洒脱。所有这些,我们曾经都归之于或许是受益于巴金来自五四新文化运动的影响,归之于受到中西文化碰撞交汇的激荡所致,我们都归之于巴金与其同代人所共有的时代特征和时代品质所赐予,而忽视了作为个体的独立的人的作用,都忽视了巴金作为一个非凡个体所投射注入的超级能量。所以,这样的评价是不够准确的。所以,还应该特别算在巴金这一特殊的人物身上,是他内在强大的精神能量,是他非凡伟大的人格魅力,是他似柔实刚的惊人魂灵,是他造就了这一时代的罕有精品,是他造就了一本与众不同、与世不同的刊物。

巴金走了,这位几乎与上世纪同龄且走进21世纪的《收获》老主编留下孤老的身影,这位亲自扶植并培育了《收获》的前主编眼看着《收获》由幼苗长成一棵参天大树,他可以毫无遗憾地扬长而去。但树欲静而风不止。新的文化体制正在发生惊人的裂变。这是过去仅仅依靠自身的人格魅力就可以办好刊物所截然不同的时代。巴金这位极为崇尚尊严、自由,且以个人的号召力及人格魅力办刊的文化人留下的精神遗产,是一切都在发生变化的时代可以让我们依仗的能量。文化的低俗化、娱乐化等商业气息正在鼓噪涌来,《收获》是否要与新俱新,是否还要葆有传统的纯美信念,这是后巴金时代会一直纠结不清但又必然面临的话题,要果敢直面并解决的矛盾问题。

徐　妍

在《收获》这家"食府",我"品尝"到了什么

今天这个被我们研讨的文学刊物,是一个叙写当代文学史又被当代文学史所叙写的文学刊物。在当代文学中,能够叙写历史,且被历史叙写的刊物仅有数家。不仅如此,它还被业内人士称之为"中国当代文学简写本"[①]。一家文学刊物能够斩获独家殊荣,足见其在当代文学史的位置之重要。对于这样一家分量如此之重的文学刊物,在纪念它创刊五十五周年之际,想说的话题可以有很多个。比如:一家刊物的历史演变与当代文学史的历史变迁;巴金与一家刊物的精神品格与文学精神;一家刊物的变革举措与代际交替;再比如:一家刊物的入选作品与当代文学的经典化;一家刊物的文学品格与当代"纯文学"的生成;由一家刊物栏目的变化看当代文学审美标准的流变;等等。我们还可以将《收获》放置在新世纪无序文化的背景下,探讨它如何由文学的"圣殿"变成文学的"食府"? 读者群如何由学院的专业读者、大众的文学爱好者浓缩为专业研究者和业余"铁杆"粉丝。但考虑到本次研讨会的选题范围,我想说的是作为北大评刊小组中的一员,新世纪之后,我在细读并点评《收获》的过程中的阅读心得,由此思考新世纪之后《收获》编辑的方针、功能与立场。

---

① 陈村语,许多学人引用。

一 以细读和点评的方式表达对《收获》的敬意和期待

作为上世纪八十年代的中文系大学生,我对《收获》一直保有由衷的敬意。这敬意源自我在阅读过程中汲取了它的丰厚馈赠。回想起来,我对《收获》的阅读是从它的1979年1月的第二次复刊开始的。在此之前的1957年7月至1960年5月的创刊期《收获》和1964年1月至1966年的第一次复刊期《收获》并未引起大学时代的我的自觉关注。发表在这两个时期的《收获》的代表作品,大多是通过日后出版的单行本的形式来补读的。当然,多少年后,因从事文学研究,我才知晓1979年以后的《收获》是某种意义上的"脱胎换骨"。但当时,对于《收获》的变化史,我却全然不知。清晰记得:1979年1月以后出版的《收获》,对于八十年代大学生而言,就是一个纯然的文学新生命。那时,毫不夸张地说,1979年1月后出版的《收获》是一代大学生的青春期读物。如同那个时代的大学生相信"纯爱"一样,那个时代的大学生也相信"纯文学"的存在。在这个意义上,通过阅读八十年代的《收获》,我感知到中国当代文学的存在。《收获》比文学史教材更深入我的心灵。从作品认知文学史,可能是八十年代大学生的中文课堂的学习方式。不像今日大学生,宁愿先成为教科书和理论书的接受者和阐释者,然后再阅读作品。也正因为那种没有约束的阅读,八十年代与《收获》相识的日子,真是一段最值得怀念的大学时代读书时光。普通读者的自然、自由、自在,比起后来所谓的专业读者的分析、批评,更让我感受到阅读的幸福。可,一种读法和一段时光一样,有时是不由阅读者自主选择的。一个时段对《收获》表达敬意的方式也是不一样的。自2004年,我参加了北大评刊小组后,对《收获》的敬意的表达是通过细读和点评来实现的。而且,这种方式也让我获取了不同的收益。阅读就不再仅仅从作品本身来考量了。作者、作品、编辑之间的相互关联,乃至栏目背后与一个时代文化的隐秘关系都是不可回避的问题。如果以本次研讨会的中心议题来看,就有这些问题引发我思考。即:在新世纪文学的背景下,被网络、市场、新意识形态多方争夺、也多方排挤的《收获》刊物,编辑的方针是否能够坚持?编辑的功能有何种转换?编辑的自主性如何实现?编辑的限度在哪里?这些问题当然源自我们对《收获》的敬意,同时也寄予了我们对《收获》的期待。

二 编辑方针:由"圣殿"向"食府"转型

《收获》的编辑原则在1957年7月24日的《创刊词》中,就已明确表明:"《收获》的诞生,具体体现了'百花齐放'的政策。《收获》是一朵花,希望它成为一朵香花——有利于社会主义祖国,是人民的有益的精神食粮。"①以后的《收获》,无论身处何种境遇,都始终处乱不惊地遵循着这一总体方针。

不过,《发刊词》所言的"精神食粮"在不同的社会历史文化语境下内含着难言的隐痛。姑且不说"祖国"和"人民"的需求是否原本就难以达成契合,单说"祖国"和"人民"这两个话语单位的内部就处于变动之中。

创刊期时的"精神食粮"是统一在毛泽东提出的"六大标准"之下的。②在这个政治标准之下,《收获》的创刊期才可以发表如下不同题材、不同体裁的"花朵":老舍的话剧《茶馆》(1957年创刊号)、柯灵的剧本《不夜城》(1957年创刊号)、《创业史》、李英儒的小说《野火春风斗古城》(1958年第6期)、郭沫若的剧本《蔡文姬》(1959年第3期)、周而复的小说《上海的早晨》(第一部)(1958年第2期)、柳青小说《创业史》(第一部)(1959年第6期)。即便如此严格地遵循政治标准,这些"花朵"在随后的政治运动中也难免遭遇几度沉浮的命运的风暴。

而到了《收获》的第一次复刊期,"精神食粮"只能统一在"文革"前夕的"三突出"的文学创作原则之下。如:这个时段《收获》

---

① 巴金、靳以:《发刊词》,《收获》,1957年创刊号。
② 钟红明、蔡兴水、沈亦文、梁轶雯:《〈收获〉50年·历史篇——我们就是这样熬过来的》,《南方周末》,2007年9月20日。

发表的代表作浩然的长篇小说《艳阳天》(1964 年第 1 期)和金敬迈的长篇小说《欧阳海之歌》(1965 年第 4 期)显然严格接受了那个时期政治理念的严格规定。

直到1979 年1 月《收获》在"新时期"第二次复刊,《发刊词》所言的"精神食粮"才呈现出新的生机。从维熙的中篇小说《大墙下的红玉兰》(1979 年第 2 期)、谌容的中篇小说《人到中年》(1980 年第 1 期)、张一弓的中篇小说《犯人李铜钟的故事》(1980 年第 1 期)、张辛欣的短篇小说《我在哪里错过了你?》(1980 年第 5 期)、叶辛的长篇小说《蹉跎岁月》(1980 年第 5、6 期)、张洁的中篇小说《方舟》(1982 年第 2 期),路遥的小说《人生》(1982 年第 3 期)、张贤亮的《男人的一半是女人》(1985 年第 5 期)等传递了新时期文学的蓬勃之气,参与并引发了新时期文学的诸多重要思潮,如"伤痕文学"、"反思文学"、"改革文学"、"知青文学"。此后,从八十年代中期到新世纪,《收获》的"精神食粮"丰富、多样、高质,参与、推动了新时期文学的诸多重要文学思潮,如:"现代派"文学、"寻根文学"、"先锋文学"、"新写实小说"、"顽主文学"、"新历史写作"、"女性主义写作"、"解构主义写作"等。直至世纪之交的《收获》风波,《收获》始终参与并推动新时期文学的叙写,并接续"二十世纪中国文学"的流脉。

特别值得称道的是,《收获》无论在创刊期、第一次复刊,还是在第二次复刊,它的编辑方针都一直秉持"精神食粮"的神圣性。即巴金主编的《收获》期刊,固然经历了太多的难以掌控的社会历史变局,但编辑方针中一以贯之的精神追求依旧是"文学的神圣性"。即便在八十年代中后期,"反神圣"倾向在中国日渐走俏,《收获》也还是坚持了文学的神圣性。只是,《收获》所秉持的文学的神圣性,在我看来,并不限制在主题、题材、思想等内容层面,而是内化为由语词、句子、基调、结构等一并构成的文学的先锋精神,即"纯文学"性。在"纯文学"的旗帜下,各种文学的先锋探索都被《收获》所接纳。比如:1987 年《收获》相继发表了贾平凹的长篇小说《浮躁》(1987 年第 1 期)、张承志的《金牧场》(1987 年第 2 期)、余华的《一九八六》(1987 年第 6 期)、孙甘露的小说《信使之函》

(1987年第5期)、苏童的小说《1934年的逃亡》(1987年第5期)、王朔的《顽主》(1987年第6期)、格非的《迷舟》(1987年第6期)等。再如:九十年代《收获》连续推出了诸多名作、力作。余华的《呼喊与细雨》(1992年第5期)、《活着》(1992年第6期)、《许三观卖血记》(1995年第6期)、王安忆的长篇小说《纪实与虚构——创造世界方法之一种》(1993年第2期)、史铁生的长篇小说《务虚笔记》(1996年第1期)、叶兆言的长篇小说《一九三七年的爱情》(1996年第5期)、苏童的长篇小说《菩萨蛮》(1997年第4期)、刘醒龙的长篇小说《爱到永远》(1997年第5期)。基于此故,我更愿意将《收获》看作"中国当代纯文学简本"。

然而,新世纪之后,或者说,在后巴金时期,《收获》的编辑方针经历了严峻的挑战。众所周知的新世纪十年各种价值观的失序,文学位置的边缘化,不仅使得当代文学消散了重大问题的关注点,而且也使得文学的神圣性遭到空前的质疑和消解。特别是,支撑文学的神圣性的精神内核——先锋精神失去了反叛的方向。先锋文学以往所反叛的文学体制在新世纪后暧昧不清。就连当初的反叛者也不禁成为先锋文学精神所反叛的对象。加上新媒体对青年读者群的争夺,曾经发行百万册的《收获》的鼎盛时代一去不复返。种种困境,使得《收获》编辑方针的调整势在必行。"精神食粮"由精神"圣殿"降格为精神"食府"。为此,新世纪以后的《收获》减少了以往精神"圣殿"的神圣感,而增加了曾经让业内人士"纳闷"[1]却的确好看、可口的各式"营养餐"。无论是余秋雨开设的"山居笔记"等文化散文专栏,还是类型化小说与影视剧作品,如周梅森的《国家公诉》(2003年第1、2期)、《我主沉浮》(2004年第2期),张欣的《浮华背后》《深喉》(2004年第1期)、虹影的《上海王》(2003年长篇专号)、六六的《心术》(2010年第4期)、麦家的《刀尖上的步履》(2011年第5、6期)等,都已表明:《收获》已经由"先锋文学"的倡导者,逐渐转向了对大众阅读趣味的关注。但是,在调整过程中,《收获》的盘面总体上扬,一如既往坚持"纯文学"的编辑方针,

---

[1] 过桥:《看〈收获〉·2004年第2期》。

"纯文学"依旧居于主打地位。如王安忆的《启蒙时代》《天香》、李锐的《张马丁的第八天》(2011年第4期)、陈河的《南方兵营》、徐则臣的《跑步穿过中关村》(2006年第6期)、池莉的《托尔斯泰的围巾》等。此外,自2009年第1期开始连载迄今待续的黄永玉的自传体长篇《无愁河的浪荡汉子》确信无疑地表达了《收获》的"纯文学"品质。在新世纪,能够如此耐心地连续刊载这样一部"纯文学"绵密质地的长篇,大概只有《收获》独家。或许,也寄予了它对"纯文学"的挽留和凭悼。只是,《收获》盘中震荡的情况也偶有发生。譬如:纪念五十周年庆典的2007年第4期因质地平平而受到质疑①。甚至,也有评论者对新世纪之后的《收获》方针提出批评,如:"进入新世纪之后,《收获》对时代的发现基本上是停滞的。翻开如今的《收获》,我们很难发现它与十年前的《收获》有怎样的分别。"②

不过,以我近年对《收获》的阅读体验来说,我以为,新世纪以后《收获》所提供的"精神食粮"一如既往地坚持了"纯文学"的底线,同时,在底线之上也适时地扩展了"纯文学"的容量和边界,以期增强"纯文学"这一概念的现实感。真可谓在"纯文学"的底线之上,弹性十足。正因此故,《收获》铁定保障所发作品的艺术品格、人性深度和平民意识,不改版,不登广告。但与此同时,也出现了一个耐人深思的现象:新世纪以后的《收获》很少因率先发起某种思潮而推出作品,却更倾向于采取用作品推进或参与思潮。甚至,新世纪以后的《收获》较之其他刊物,对待思潮的态度和行动更为审慎。比如:在新世纪之后的底层写作、打工文学、青春文学、非虚构写作等主要写作潮流之中,《收获》的反应稍有"滞后"之嫌。同时,在新世纪最初几年里,推出了某些"纯文学"底线之上的平平之作。但在各种潮流中,慎开风气之先,而更愿适时地收割各种思潮中的文学精品,进而成为新世纪的精神"食府",可能是《收获》在新

---

① 刘晓南:《看〈收获〉·2007年第4期》,《西湖》2007年第12期。
② 马季、叶匡政:《仍在坚守还是已经失落》,《中国图书商报》,2009年5月26日。

世纪的编辑方针。

三　编辑功能:从"桥梁"向"经营者"过渡

鲁迅在《看书琐记三》中,曾经将作家和批评家的矛盾关系比喻为"颇有些像厨司和食客"。还风趣地描述了双方斗嘴、互不相让的逼真情境:"创作家大抵憎恶批评家的七嘴八舌。"①"但是,倘若他对着客人大叫道:'那么,你去做一碗来给我吃吃看!'那却未免有些可笑了。"②这比喻特别在行。"厨司"好比作家,批评家则为"食客","食客"可以对"厨司"品头论足,但"厨司"却不能反过来说要"食客"自己来掌勺试试身手。也正因为这样一种关系,作家和批评家总是难以协调。作家和批评家的关系相处得再好,也难免会潜存着怨偶般的隔膜情绪。幸好有编辑。编辑比评论家更懂得作家的甘苦,却又比作家更包容批评家的让人生厌的挑剔的品质。

《收获》作为当代文学史上的历史名刊,在其编辑功能方面,确有一套独到、有效的经验。事实上,巴金先生自主编《收获》起,就以职业编辑家的目光确定了编辑在作者和读者之间的"桥梁"功能③。不仅如此,巴金先生还以身作则地实践了一些具体举措。如:参与见证文学史上的大事件;重视名家,不薄新人;④编辑与作者的"鱼水"关系;原稿退还制度;根据时代变化调整栏目;建立紧密的编读关系;在定价方面,力求低廉,等等。凡此种种具体举措,都形成了《收获》在编辑功能方面的属于自己的优秀传统。

但是,新世纪之后,《收获》如何在多种重压之下继续生存?《收获》固然需要继续继承巴金先生提出的"苦练内功"的编辑理念,也可以出台高稿酬的具体举措,还需要在排版、校对、印刷等编辑流程方面细致用心,但当务之急则是对编辑功能的理念进行转变。即:新世纪之后的《收获》,其编辑功能已由"桥梁"转变为

---

① 鲁迅:《花边文学》,《鲁迅全集》第5集第550页。
② 鲁迅:《花边文学》,《鲁迅全集》第5集第551页。
③ 巴金:《致〈十月〉》,编辑杂谈第2集,北京出版社1983年版。
④ 见巴金、靳以《发刊词》。

"经营者"。为什么？新世纪之后，市场化的强大冲击使得一切文化生产者、传播者，若想生存，就要首先成为经营者。同样，在全球性的文化系统都出现了毛病时，《收获》除了学会经营，没有其他生存之路。

但是，《收获》所意欲经营的效果不是时下流行的商业利益。如畅销书一般的发行量和名噪一时的反响对于《收获》而言算不得什么。《收获》所要经营的是它与作者和读者之间的负责任、守承诺的中介关系。《收获》曾经对文学史承担的、对作家和读者承诺的"纯文学"品质不能改变。因此，《收获》，如果从编辑功能来看，作为文化产品的经营者，有其特殊规定。新世纪以后，《收获》虽然转换为文学产品经营者，但它不是一般意义上的营利性服务的法人和经济组织。一般而言，《收获》编辑部自身并不生产文学产品①，它需要向名家"拉稿"或从自然投稿中发现优质作品。而且，《收获》作为经营者，向读者这一特殊的消费者提供其传播、销售的文学产品不是以营利为目的，而是以提供"精神食粮"为目的。这两个方面的规定，使得《收获》作为经营者必得履行它与作者和读者之间的约定义务。

而《收获》若想履行它与作家之间的约定义务，经营者的判断力至关重要。我非常认同于一位名叫林塞·沃特斯的美国学者所说的："人文学就其根本性质来讲是关乎判断力的。"②也信服于约翰·麦克道尔的话，判断是"富有责任的自由之运用"。对于刊物而言，编辑的判断力是刊物是否能够选取优质稿源的前提。在这个意义上，《收获》对它与作家之间的约定义务的实现程度主要取决于它对作品的判断力的精准程度。譬如《收获》的新浪博客上贴出的最新一期的作品简介，不光介绍内容，而且隐含了《收获》的编辑功能——判断力。但是，《收获》不光对作者的产品作商业价值判断，而且要作审美价值判断。所以，如果必要，一位经营者的编辑功能完全可以坚持《收获》对文学产品提出修改意见的传统。特

---

① 巴金主编时期为解救稿源问题属于特例。
② 林塞·沃特斯：《希望的敌人》第33页，商务印书馆2011年4月版。

别是面对名家的产品时,一位经营者不必松动审美判断力。譬如:叙事一向非常高超、谙熟读者心理的海外女作家张翎的作品就存在着在高难度处取巧的惯性。《生命中最黑暗的夜晚》(中篇,2011年第4期)小说的重头戏——游客讲故事的叙述方式与多丽丝·莱辛的《喷泉池中的宝物》中的讲述方式重合,重要人物徐老师送别亡夫的情节设计与《红与黑》中玛蒂尔德吻别于连头颅前额的场景相似。《何处藏诗》(2012年第4期)看上去是那么光滑,甚至光滑得没有瑕疵,而且,初读时,确实流畅、好看,甚至不乏情感的冲击力,但回头想来,小说中的一切情节要素皆似曾相识,且并没有提供出新知新见。当然,如果仅仅是以一般性的文学水准来判断,这样的作品相当不错。但如果以《收获》的判断力来期待,偶有取巧却错失力作。

同样道理,《收获》若想履行它与读者之间的约定义务,经营者的理解力至关重要。理解意味着某种妥协。为此,新世纪之后,《收获》依据读者的趣味对栏目和作家队伍都进行了局部调整。栏目增加了对话栏目"好说歹说"、"尘土京华梦"、"田野档案"、"一个人的电影"。近年,回忆录、书简更加变身多样、可读,增加了现实感和历史现场感。在作家队伍上,除了推出鲁敏、徐则臣、盛可以、笛安、张悦然、颜歌等70后、80后新人,严歌苓、虹影、张翎、陈河等海外华人军团也被视为一支重要的作家队伍。当然,《收获》对读者趣味的妥协是以坚持"纯文学"底线为前提的。

陆晓婷

"十七年"时期《收获》长篇小说栏目的创获及原因

《收获》于上世纪五十年代中期创刊,1960年至1963年又处于停刊状态,在文学史上的"十七年"阶段有十年多的空白期。虽则时间不长,出版的期数也不多(从1957年创刊至1966年再次停刊,总共才出版32期),但《收获》对"十七年"长篇小说的贡献有目共睹,不容忽视。《收获》在"十七年"间共刊登28部长篇小说,外加两部长篇小说节选,这样的数量是当时其他文学刊物无法企及的。更值一提的是,这些《收获》上刊登的长篇小说,多数在"十七年"产生出相当的影响力,总体上几乎可以代表当时长篇小说所能达到的最高成就。本文拟爬梳、总结"十七年"间《收获》的长篇小说刊登情况,在此基础上阐析《收获》对"十七年"长篇小说发展的重要贡献,并力求结合"十七年"时期的文学、文化生态深入探讨《收获》长篇小说栏目收获成功的原因所在。

一 "十七年"《收获》的长篇小说刊登情况

《收获》曾于1960年停刊,由此将"十七年"期间的《收获》分成两个阶段:第一阶段自1957年7月创刊至1960年5月停刊;第二阶段自1964年1月复刊自1966年3月再次停刊。从两个阶段《收获》的栏目设置来看,"长篇小说"栏目一直是《收获》的重点栏目,而且是最具特色的一个栏目。

"长篇小说"栏目作为"十七年"《收获》一贯的重点栏目,诚然是该杂志得以自立的重要文化标识,但比较两个阶段的《收获》,其地位尚有微妙变化。

第一阶段《收获》长篇小说刊登的篇幅不小,每次刊登的篇幅至少占整本杂志总页数的三分之一甚至一半以上[1]。在第一阶段出版的 18 期中,共刊登了 20 部长篇小说[2],"长篇小说"栏目成为了此阶段《收获》的"重头戏"。

1957 年 7 月的创刊号上,《收获》一下刊登了两部长篇小说,一部是艾芜的《百炼成钢》(计 104 页),一部是康濯的《水滴石穿》(计 135 页),两部长篇合计 239 页,占了杂志超过四分之三的篇幅,因为《水滴石穿》篇幅过长,为照顾其他栏目作品的刊出,剩下的五十多页放在第 2 期《收获》上登出。之后的两期《收获》,仍是每期同时推出两部长篇。从 1958 年起至 1960 年停刊,《收获》每期刊登一部长篇小说,共 16 部。大部分长篇小说都在 100 页以上,甚至有超过 200 页的。

头题作品是期刊目录的第一篇,一般作为每期重点推荐的作品。根据统计,18 期的《收获》有 10 期将长篇小说作为头题作品,其余 8 期《收获》虽然没有将长篇小说作为头题作品,但大部分也是次题作品。

第一阶段《收获》的长篇小说不仅在数量上有明显的比较优势,在艺术水平上更是代表了当时长篇小说的最高水准。此阶段的《收获》刊登了"十七年"间多部重要的长篇小说,如艾芜《百炼成钢》、李劼人《大波》(第一、二部)、周而复《上海的早晨》、李英儒《野火春风斗古城》、柳青《创业史》、周立波《山乡巨变(续篇)》等等。这些作品不仅在当时的文坛颇具影响,深受读者欢迎,至今也依旧有不少读者,并且对当下的长篇小说创作产生着潜移默化的影响。

第二阶段《收获》的长篇小说刊登相比第一阶段有所变化,总

---

[1] 按:《收获》最初 3 期的总页数为 318 页,随后增加到 320 页,直至 1960 年第一次停刊。

[2] 按:1959 年刊登的杨沫所撰《林道静在农村》,为《青春之歌》修改稿中增写的一章,因只是节选,故不计算在内。

共14期中,有11期刊发长篇小说,不同于第一阶段《收获》每期皆有长篇小说,且刊出的9部中7部为完整刊登,1964年第2期邹荻帆的《大风歌》是选载,1965年第6期的《大学春秋》只刊登了一半,未完待续,却再没有续上。不过,长篇小说所占的篇幅还是比较大的,有8期超过一百页,几乎每期都占刊物篇幅的近一半甚至超过一半①。此外,这一时期《收获》刊登的长篇小说作品没有一部是头题作品,短篇小说、诗歌、散文、话剧、评论、政论文等取而代之成为头题主角。

由此可见,长篇小说在第二阶段《收获》中的地位已经有所下降,原先的重要地位被削弱②。尽管如此,其中很多部长篇小说在当时还是具有不小的影响,最为著名的就是浩然的《艳阳天》和金敬迈的《欧阳海之歌》,他们的作品均能以独特的个性色彩,在当时引起不小的轰动。

总之,从第一阶段和第二阶段长篇小说在《收获》上的刊登情况来看,"长篇小说"栏目是《收获》的重点栏目,最能体现该杂志的特色和价值。在此结论的基础上,下文将集中讨论《收获》对"十七年"长篇小说发展的重要贡献,以揭橥长篇小说栏目创获的具体表现所在。

二 《收获》对"十七年"长篇小说的贡献

据统计,"十七年"时期,总共约有二百多部长篇小说出版③。《收获》在"十七年"间刊登的长篇小说达28部之多④,且大部分作

---

① 按:《收获》1964年第1—3期总页数为176页,1964年第4期开始增至256页,直到1966年再次停刊。

② 按:当然,这并不完全出于编者的本意,而是压力下的迫不得已。参详拙作《〈收获〉与"十七年"文学的长篇小说生产》第三章《〈收获〉长篇小说刊登情况变化的原因》。

③ 王蒙、张德林:《中国新文学大系1949—1976》(第三集·长篇小说卷一)第657页,上海文艺出版社1997年版。

④ 按:在《收获》刊登的28部小说中《大学春秋》只刊登了半部,杨沫的《青春之歌》、邹荻帆《大风歌》只是节选故不计算在内。

品都是未出版之前首次在《收获》上刊行,这是当时任何一本纯文学杂志都不可比拟的,正好弥补了《人民文学》等其他文学刊物的不足和缺憾①。不仅如此,《收获》的出现还改变了长篇小说的刊载方式,通常将一部长篇一次性刊登出来,不同于更惯见的连载。

虽然没有直接证据证明《收获》的创办对于"十七年"长篇小说的创作繁荣起到了怎样明显的推动作用,长篇小说的发展也一定是由多重性的综合因素促成的,但《收获》的确在很大程度上加大了人们创作长篇小说的热情。《收获》在创刊之前就已经收到69部中长篇小说作品,创刊后半年左右,又收到133部中长篇小说,可见当时中长篇小说的创作相当热闹,很多人也有发表中长篇作品的愿望。大型文学刊物《收获》的创刊为他们提供了一个很好的平台,这对长篇小说的创作是一种鼓励,推动了作家创作的积极性。

《收获》本着对读者负责的态度,在不受到外界压力的情况下,能够严格把关,阅读仔细并慎重对作品提出修改意见,以选取优秀的作品进行刊登。即使是名家的作品,如果达不到一定的艺术标准也会退稿,现代著名诗人臧克家就曾被靳以退过稿。这表明了《收获》的选稿取向,无形中向作家提出了严格的写作要求,如果想在《收获》上发表文章,作家就要用更加严谨的态度来写作,精益求精。《收获》的编辑态度严谨,自身的文学素养也高,靳以就是一个典型,他在病重时还坚持编辑工作。经过编辑环节,作家的作品在艺术水准上可以有一定提升。

与此同时,《收获》还起到了桥梁的作用。每期作品刊出来以后,《收获》编辑部总能收到很多读者对作品提出意见的信件,编辑部的同志会及时将这些信件转交给作者。一方面,作者可以了解自己作品的受欢迎程度;一方面又可以多渠道地倾听读者的意见,

---

① 按:纵观"十七年"的《人民文学》,它最为关注的是短幅体裁的文学作品,包括诗歌、散文(特写、速写、报告文学等亦在此类)、短篇小说等。受限于篇幅,《人民文学》刊登长篇小说时只能采取连载形式,在"十七年"间,近两百期的《人民文学》总共才刊登了四部长篇小说,分别是《三千里江山》、《淮河边上的儿女》、《三里湾》、《山乡巨变》。

在作品正式出版前进行修改时作一定的参考。通过适当地吸取读者的意见,作者可以发现自己作品中的某些不足,经过适当修改,成为"人民喜闻乐见的作品"。而作者也确实有这方面的需求,浩然在1964年第1期《收获》上发表了《艳阳天》,他在附记中写道:"这部稿子写得很不成熟的,在出版单行本之前,作者要进行一番较大的修改;先发表出来,希望听到同志们的批评意见。"①金敬迈在《欧阳海之歌》的附记中同样提出了类似的请求:"初稿刚刚完成,错误、缺点肯定不少。恳切地希望熟悉欧阳海的同志们和广大读者提出批评,帮助我们再次把小说修改得略好一些。"②

《收获》对于"十七年"长篇小说"经典"题材的拓展也起到了不小的作用。农村题材、革命战争题材是"十七年"文学长篇小说的经典题材,而其"经典"性的产生,某种程度上与《收获》长篇小说栏目的"催生"和"优化"是分不开的。这些作品主要集中在三类题材:农村题材9部,革命历史题材8部,工业题材7部,另外,其他题材有4部。

农村题材小说《创业史》是中国当代文学史上有着里程碑意义的作品,被评价为"我国社会主义文学创作的第一流的作品"③,为当时同类题材小说的农村书写确立了规范和最高标准。1959年最先以《稻地风波》为题在《延河》(月刊)上进行连载。1959年底,经过作者修改之后,改名《创业史》在《收获》上刊载。经过《收获》的第二次推荐,《创业史》得到进一步的推广和普及,影响也随之有所提升。

对于《艳阳天》,《收获》更是功不可没。浩然原是将《艳阳天》初稿送到了人民文学出版社,但是稿件并没有受到重视,人民文学出版社后来就把稿件给了即将复刊的《收获》。作品一经刊出,就引起了很大的反响。试想,如果《收获》当初没有及时将《艳阳天》刊登出来,这部小说的正式出版不会那么顺利,而且很可能就此被埋没,成为"十七年"农村题材小说的一大损失。

---

① 浩然:《艳阳天·附记》,《收获》,1964年第1期第171页。
② 金敬迈:《欧阳海之歌·附记》,《收获》,1965年第4期第256页。
③ 阎纲:《〈创业史〉与小说艺术》第28页,上海文艺出版社1981年版。

李英儒的《野火春风斗古城》在《收获》刊登的革命历史题材小说中成就最高,作品面世后,在文坛和社会上引起了强烈反响,当时叶圣陶一口气读完了小说,并写下了一篇三千多字的热情洋溢的评论文章,认为将其称为"一部激动人心的优秀作品"并非过誉。①小说先后被译成英、日、俄等十多种文字,还被改编成电影、连续剧、大型歌剧、评剧、连环画等,也是广受欢迎。

"十七年"的工业题材小说,往往局限于对于某个工厂、车间、工地这些封闭式的空间,与当时的整个社会有所隔离,很多小说往往成为了"工厂小说"或者"车间小说"。1958 年第 2 期《收获》上发表的《上海的早晨》显现了别样的风貌,一经发表就受到关注,当时许多报刊杂志纷纷刊登评论文章。小说还引起中央领导人的注意,时任副总理的陈毅在外交部的党委会上推荐这部小说,周恩来总理还询问了全书的写作计划并鼓励作者早日写出。

此外,在 1965 年第 6 期的《收获》上刊登的《大学春秋》(上半部)也独具特色,小说刚发表,受到读者的热情欢迎,《收获》竟一时洛阳纸贵,供不应求。可是它的后半部未能刊登出来,在之后的"文革"中还被作为"大毒草"进行批判,到 1982 年人民文学出版社出版,才完整展现在世人面前②。很难想象,如果没有《收获》的刊登,这部小说将是何种命运。

三 《收获》"长篇小说"栏目收获成功的原因

"十七年"时期,《收获》之所以能以其对于长篇小说发展的重要贡献收获巨大成功,个中原因可结合当时的文学、文化生态阐析如下:

(一) 长篇小说创作"正是时候"

1949 年 7 月 5 日,周扬在中华全国文学艺术工作者代表大会上

---

① 叶圣陶:《读〈野火春风斗古城〉》,《读书》1959 年第 2 期。
② 按:《青春之歌》于 1984 年由全国中学生投票评选为"最喜爱的十本书"之一。

作了关于解放区文艺运动的报告,题为《新的人民的文艺》。报告中他提到在革命战争正在激烈进行中时,有资格记录这场伟大战争的作者还顾不上写,那"现在正是时候了"[1],因为革命即将胜利。

中国共产党对文艺十分重视,在新中国成立前夕召开第一次文代会,是要让文艺在整个革命事业以及今后的社会主义建设中起到重要作用。作为新成立的政权,需要通过各种方式来证明自身的合理性、合法性,以获得大多数人的认可和支持,巩固自己的地位,而文艺宣传是行之有效的方式之一。在新中国成立之初,新政权在大力提倡文学表现社会主义新生活的同时,鼓励作家和艺术家们描写共产党领导的各个革命阶段的斗争。在党的号召下,所有的文学艺术都积极参与到这种宣传教育活动中,尤其是对革命历史的宣传。

在各种文学艺术形式中,长篇小说最适合于表现这一时间跨度长、规模庞大的伟大革命战争,它能够全方位、多角度表现出可歌可泣的革命英雄事迹和共产党丰富的斗争经验。当时的文艺方针是"普及第一",需要更能被群众接受的简单易懂的艺术形式,但也重视长篇小说这种相对高级、复杂的文学形式。一部长篇就是一座记录共产党功绩的丰碑,长篇小说同其他文艺形式一起,启发和引导人们歌颂新中国、歌颂共产党。

建国初期,长篇小说的创作便已呈现出蓬勃发展的局面,到了五十年代中期,国内经济逐步恢复,此时的长篇小说创作更是进入了繁荣时期。《收获》于1957年创刊,正好遇上了小说创作的高峰。因而我们也可以反过来说,《收获》这本以刊登长篇小说为主的文学刊物的出现,正是"十七年"文学长篇小说进入创作繁荣期的结果。因此,《收获》的长篇小说栏目虽然不无波折,却能够始终成为它的最大特色。

(二) 和平年代作家的创作热情

新中国成立,饱受战争之苦的人民迎来了和平年代,大家沉浸

---

[1] 周扬:《周扬文集》第1卷第529页,人民文学出版社1984年版。

在这一喜悦之中。文学艺术家们也是饱含激情,拿起他们手中的笔,用一颗真挚的心来记录这一伟大时刻,表达对中国共产党、对刚刚结束的革命斗争和对社会主义道路的歌颂和展望。亲身经历了革命斗争的一大批战地记者、知识分子、文化工作者甚至是战士,都急于将自己的经历、所见所闻付诸文字,他们要用文字赞颂共产党带领下的光辉事业,表现刻骨铭心的革命斗争体验,缅怀在革命斗争中英勇献身的英雄儿女。一些没有亲身经历过革命的老作家,在当时整个社会氛围的浸染下,也有很高的创作热情。虽然他们还不能完全适应这个全新的社会,在写作上也多少有所顾忌,但仍试图有所作为。

除了写作的热情,作家们对待创作也极其严肃认真。在《收获》上的很多长篇小说作品都是老作家经过几年的酝酿撰写才完成的。我们能在《收获》的来稿中"看到许多老作家的极其严肃认真的创作劳动和诚恳谦虚的态度"[1],有些老作家的原稿上是密密匝匝的蝇头小字,能看出是经过多次修改后的成果。即使经过漫长时间的推敲撰写,作品已是比较成熟了,但"还很虚心地要求编辑同志的修改,并诚心诚意倾听广大读者的意见"[2]。

战争时期,由于没有条件进行长篇创作,文艺宣传更多是一些短小篇幅的急就章。1949年,战争结束,新中国成立,意味着和平时代的到来。新政府采取了一系列措施改善作家的生活条件和社会待遇:成立作协,将文学创作者纳入进来接受单位和行政化的管理,同时也享受单位给予的待遇,包括各种福利和著作权益的保护,解决了他们衣食住行的后顾之忧。作家们终于有了充裕的时间,静下心来思考过去,整理素材,安心创作。五六十年代,中国的稿酬制度一直变化不定,但中国的作家仍属于社会上的高收入者,大多数作家不仅有固定工资,还有稿酬可拿。农民作家虽然没有工资,但可通过发表作品挣得工分。和平稳定的生活让作家有条件进行长篇小说的构思和写作,广大读者的阅读需求也成了作家

---

[1] 巴金、靳以:《写在〈收获〉创刊的时候》,《收获》1957年第1期。
[2] 同上。

创作长篇的动力之一。在三年自然灾害时期,在人们连肚子都吃不太饱的情况下,仍然出现读者在新华书店前排起长龙购买《红岩》的盛况。

(三)《收获》自身的办刊优势

作为中国作协名下的全国性刊物,《收获》的情况比较特殊,因为主编巴金、靳以在上海工作、生活,它的编辑部不设在北京,而应靳以之请求放在了上海,因此它也同时接受中国作协上海分会的管辖,具有一定的地方属性。至1964年,《收获》作为中国作协上海分会的机关刊物复刊,便彻底成之为地方性刊物。正是得益于这样一种双重文化身份,它不像一般的地方性文学刊物对上一级刊物亦步亦趋,而可以更多地保留自身独有的特点。尤其是第一阶段的《收获》,虽然因把重点过多放在长篇上而受到来自上海方面的批评,但它毕竟属于中国作协的机关刊物,上海方面的批评不至于给它刊登长篇造成致命的影响。而且,《收获》最初成立了十三人的编委会,虽然仅起到顾问的作用,但其中一些成员是国家文化生产体制中的官员,这种政治身份多少能为具体的办刊工作提供一定的制度保障。

另外,《收获》最早的主编靳以和巴金自身的魅力、丰富的办刊经验以及《收获》一贯秉持的独特的编辑理念,更是《收获》"长篇小说"栏目成功的关键。

《收获》最先由靳以和巴金担任主编。靳以在二十世纪三四十年代就有着丰富的编刊经历,曾经编辑过数十种刊物,通过靳以之手发表了不少作家的处女作甚至成名作,比如曹禺的《雷雨》就是发表在由靳以和郑振铎合编的《文学季刊》第3期上。巴金的编辑生涯始于1935年,编辑经验同样丰富,在他曾编辑过的刊物上向读者推荐了很多优秀的作品,他与靳以在三十年代还共同主编过《文季月刊》。在现代文学时期的编刊经历和一贯秉持的编辑理念,使巴金和靳以能够结交很多的朋友,在文坛积累了很多人脉,很多作家很支持《收获》的创办,愿意将自己的稿件投给《收获》。

作为著名作家,巴金在整个中国文坛享有盛誉,受到读者的爱戴,他是现代文学时期读者最多的作家,在文学爱好者中有着很强的号召力。与此同时他和很多作家建立了很深的友谊,特别是老一辈的作家和他保持着很好的关系。虽然当时文学界还是有着海派、京派这样的门户之见,但因为巴金在文坛的重要影响,很多作家都认可他,由他出任《收获》的主编,就可以团结很多作家,作为《收获》的重要知情人彭新琪就说"他的存在,本身就有无形的无限的价值,很多老作家都是他的朋友,能够吸引很多老作者"[1]。巴金与老作家保持着良好关系,对比他年轻的作家也有着不小的吸引力,大家愿意"围绕在《收获》的周围"[2]。

作为主编,巴金并不像靳以那样主持《收获》的实际工作,这甚至造成他对《收获》不闻不问的误解。其实,在很多关键的时候,巴金发挥了很大的作用。作为作家,巴金也把很多文章交给《收获》发表,在两个阶段的《收获》中,一共发表了包括散文、报告文学、创作谈等十六篇文章。他的供稿就是对《收获》最大的支持,这也是出于一种责任感,既然答应靳以参与《收获》的主编,就必须有所作为,而不仅仅是挂名。《收获》能发表巴金的作品,还起到了吸引其他作者投稿的作用,"他写一篇文章就是一个带头,就是一个标志,让作者知道这是一个什么样的刊物,让读者了解刊物的倾向性、意图,让大家知道这是他编的刊物,知道他的品格"[3],这就带动了更多的作者奉献出好的稿子,同时也扩大了《收获》的知名度和影响力。因为巴金,《收获》即使在六十年代文坛萧条、稿源紧缺的情况下,还是能够将刊物办下去,直到"文革"的到来。

更重要的是,巴金、靳以等《收获》编辑部同人在合理利用区位优势、充分施展办刊经验、大胆延续编辑传统的基础上,以其高度的文化自觉,力图实现作家、作品、读者与刊物间的良性互动而不断求索,形成了十分鲜明而可贵的编辑原则与用稿理念:

---

[1] 蔡兴水:《关于〈收获〉的一组谈话》,《新文学史料》2003年第1期。
[2] 同上。
[3] 同上。

1. 不惟名人,不薄新人

"《收获》应该团结更多的作家,尤其是老作家们"[1],老作家有着更为丰富的创作经验,创作技巧更加娴熟,能写出相对较为成熟的作品,在长篇小说的选稿上,《收获》更多关注的是一些老作家的作品,在创刊之初,长篇小说都是向老作家组稿。作为大型的双月文学期刊,《收获》在一期中把一部长篇小说一次性刊登出来,这就对作品的质量提出了更高的要求,只有成熟的作品才能以这样的方式刊登出来,具有丰富的文学创作经历的老作家能写出更为成熟的长篇小说,刚起步的作家很难胜任。

但《收获》也不会因为是新人的作品而表示不屑和嫌弃,在巴金看来"编辑的成绩不在于发表名人的作品,而在于发现新的作家,推荐新的创作。"[2]在1958年以后《收获》也开始注意了来稿,从中发现了一些不错的稿件并及时向读者进行推荐。中篇小说《泉》就是编辑部在大量投稿中发现的,作者方青是初中教师,原先从未见其有作品发表,但因为作品优秀,就在1958年第2期《收获》上发表了,樊康还特意撰文评介。之后编辑部还寄去约稿信,只可惜作者不久就病逝了[3]。反过来,即使是老作家,只要他的作品没有达到一定的艺术水准,《收获》也不会因为这位作家的名声把作品刊登出来。这种不惟名人、不薄新人的传统,《收获》至今继承着,不曾改变。

在外界压力较轻的情况下,《收获》都会坚持但求作品质量,不问作品出身的选稿标准,严格把关,慎重选稿。"在来稿中,我们看到大多数作者都是态度严肃,企图从不同的角度反映祖国日新月异的面貌,是付出了辛勤的劳动。但是其中许多还不够精炼,很容易把短篇写成中篇,把中篇写成长篇。因为,主要内容不够充实和不善于安排,常常有冗长繁琐之弊,枝节横出,远离了主题。更因为技巧的关系,有时前后不能呼应,顾此失彼。也有个别的作者,

---

[1] 《编后记》,《收获》1957年第1期。
[2] 赵伟:《巴金的编辑理想与职业追求》,《辽宁医学院学报(社会科学版)》2007年第4期。
[3] 樊康:《萧岱与老〈收获〉》,《收获》1989年第3期。

初稿才成,自己都不想看一遍,就匆忙地寄来;也有的在来信中却自诩是'天才'是'将来的作家',事实上他还不过是一个二十岁的中学毕业生。"①《收获》在1958年第1期《编后记》提到的这些来稿情况,指出了写作者写作的不足,也更是表明了刊物对文学性和艺术性的执著追求。

《收获》非常注重团结老作家,它的刊名本身就包含了这样的含义。老作家有着更多的文学创作经历,"他们具有和旧社会旧势力斗争的知识,积累了更丰富的艺术技巧"②,他们的作品可以给广大的读者更多的启示,《收获》要把老作家们的个人收获奉献给广大读者。

虽说《收获》主要关注老作家的作品,但并不意味着它仅仅关注老作家的作品。"收获"还有着另外的含义,"在《收获》中间,我们也盼望有生气勃勃、新鲜活泼的新人的作品……他们的一点一滴的成就,就是新中国的收获,也是我们'收获'的光荣"③。《收获》鼓励老作家继续创作,也在不断发掘和扶持新的作家,这是靳以办刊的一贯理念,一些作家的处女作甚至成名作就是通过靳以之手得以在刊物上发表的④。任大霖在五十年代刚冒头,靳以就发表了他的作品;当时闻捷还没怎么出名,靳以就发了他的《动荡的年代》,还亲自写信向他约稿。巴金同样很爱护青年,不嫌弃青年作家,在1979年接受法国电视二台记者的采访时他再次表达了扶持和培养作家的想法:"《收获》是向青年作家开放的,已经发表过一些青年作家的作品,还要发表青年作家的处女作。"⑤无论是为老作家提供发表作品的平台,还是扶持新作家发表作品,都是《收获》在创刊时提出的"多出人,多出作品"的办刊宗旨的体现,也是表现

---

① 《编后记》,《收获》1958年第1期。
② 《发刊词》,《收获》1957年第1期。
③ 同上。
④ 按:上世纪三十年代,曹禺的《雷雨》发表在由靳以和郑振铎合编的《文学季刊》第3期上,曹禺从此一举成名。
⑤ 《收获》2007年第4期:目录页,为巴金1979年答法国电视二台记者的采访中的部分内容。

了《收获》繁荣中国文学创作的愿望。

2. 尊重作者,慎改作品

作品是刊物的生命,没有作品就无法办刊。要获得投稿,就要和作家打好交道。《收获》编辑部深知这一点,所以对作家相当尊重,如巴金所说"编者和作者站在平等的地位;编辑同作家应当成为密切合作的朋友"①。本着对作者的尊重,靳以经常亲自写信向作家约稿,如果稿件不用需要退稿,也是亲自写信过去说明原因。只要稿件一经采用并排出清样,不等刊物出来,编辑部就立马给作家寄去稿费,这对于作者来说就是很大的鼓舞,在今天看来是不可想象的。

出于对作家辛勤劳动的尊重,《收获》编辑部对作者稿件的处理相当仔细严谨,有些稿件的选用慎之又慎,"经过编辑部半数以上的工作同志仔细阅读,相互研究讨论,才做出最后的决定"②。编辑部也从不妄改作家的作品,如有什么修改意见,会在稿件上留下记号,提出参考意见,语句上有不妥的地方或者有不明白的地方,也是详细列出,连同原稿一起寄还给原作者,请他们自己进行修改。据原在《收获》编辑部工作的樊康回忆,有一次编辑部收到李劼人《大波》第一部的来稿,读完作品之后,发现几处四川土话不是很好懂,列出了一些修改意见去信征求作者意见,李劼人认为不要修改并说明了缘由,编辑部认为有道理,就照原样不做任何改动。③这样的做法得到作家的赞许,赢得了作家的心,他们都愿意把自己认为最好的作品交给《收获》来发表。编辑部还热心作读者与作者之间的桥梁,每期杂志出版后,只要收到读者对作品提出意见的信,《收获》都会及时转给作者,供其参考。

---

① 赵伟:《巴金的编辑理想与职业追求》,《辽宁医学院学报》(社会科学版)2007年第4期。
② 《编后记》,《收获》1958年第1期。
③ 樊康:《萧岱与老〈收获〉》,《收获》1989年第3期。

李秀芳

社会主义改造中的平明出版社

在巴金先生几十年的编辑出版生涯中,平明出版社占有比较重要的地位,平明出版社创办于1949年12月,于1955年11月合并于新文艺出版社(即上海文艺出版社),存在了整整六年。平明设立后就面临着国家对私营出版业的一系列调控,从最初的利用、限制到公私合营,这些整顿和改造政策,都不同程度地对平明经营和出版产生影响,本文试图通过对当时出版政策的分析,略述平明在六年中的经营和出版情况。

在建国初期,国家对出版业的理解是"出版业是宣传社会主义教育群众的重要工具,党必须加以掌握。"1949年10月3—19日,新中国成立后召开了第一次全国出版工作会议。毛泽东主席于9月为大会题词:"认真做好出版工作",并在会议期间接见了全体代表。由此可看出国家对出版业的重视,但是建国初期公私出版社力量对比悬殊,单依靠国营出版社来满足人民群众对文化产品的需要是根本不可能的,必须鼓励私营出版业发展。

平明就是在这样的大环境下设立的。在给中央出版总署的一份报告中平明将1949年12月至1950年8月组织情况进行了介绍:

> 本社是1949年12月由15位对出版事业有志趣之同志出资,根据旧公司法组成平明出版社股份有限公司,实收资本一五八八股,人民币叁仟万元整。大会选出李蒂甘、王辛笛、尤淑芬(李健吾的夫人)、李采臣、陆清源五人为董事,汝及人、徐

成时等二人为监事,并推李芾甘为董事长,巴金为总编辑,李采臣为总经理,海岑为编辑,另聘请了两位职员办理业务。自成立迄今,在组织、资本、人事等各方面都无变动。①

通过该报告可以看到平明的组成人员都是与巴金先生有着长久并深厚的个人关系的。这样一个建立在相互信任基础上的坚实团体为平明日后的发展创造了条件。

关于经济和营业情形,报告中写道:

> 本社的股本金是叁仟万元,开始出书的四个月里,尚能周转,后来因为收进货款时间的加长,对于再造新书,周转方面是稍稍感到有点不大灵活,遂向往来银行接洽透支,计金城银行壹仟万元,中汇银行贰佰万元,中一信托公司贰佰万元,大陆银行叁百万元,共计壹仟柒佰万元整。
>
> 一九四九年十二月的营业额是一一,三七四,〇二五元。一九五〇年一月至八月廿一日止是一八二,二九六,六〇三元,总计是一九三,六七〇,六二八元,平均每月的营业额约贰仟壹佰万元强,其中以三月七月较好,一月五月较差。②

当时国家为了鼓励私营出版业的发展,根据一份统计,上海市从1949年12月至1950年9月,由政府介绍向银行贷款的私营出版单位有73家,贷款额近40亿。虽然还不能确定平明的贷款是由政府介绍的,从统计反映了为解决私营出版业的资金周转问题国家在这一方面所提供的帮助;而且也反映了解放初期,在出版业中普遍存在的一个问题就是资金紧张。根据出版业中工人工资平均计算,一个工人的平均工资需要960单位的营业额,平明在1949年12月到1950年雇佣两个职工,营业额平均每月两千多,也就是说刚刚达到收支平衡。在当时翻译书籍并不是热销图书,能在不到一年的时间里维持收支平衡已经很不错了。

---

① 《平明出版社第一次综合报告》,《上海平明出版社关于综合报经营状况及编辑出版工作中存在问题的综合报告》,上海档案馆藏。

② 同上。

1950年10月28日中央人民政府政务院关于改进和发展全国出版事业的指示中提出：加强出版总署对出版业的领导；为了提高出版物的质量，专营出版工作的出版社，首先是公营出版社，应按照出版物的性质而逐步实行大致的分工。国营出版社和私营出版社应该统筹兼顾，合作分工。出版总署也应当尽可能地协助私营的大出版社确定专业的出版方向，并协助小的出版社在自愿原则下合作经营，以克服出版工作中的盲目竞争和重复浪费现象。

在这一政策指导下平明书店加入了上海通联书店（通俗读物联合书店），成为了该书店的股东书店之一。组织成立这种大联营书店的目的之一就是出版书刊相近的各出版社之间相互协调，避免出版物的重复浪费。

解放初期，国家对私营出版业除了利用之外，还要进行限制。在工商业中的统购包销政策，在出版业中就是发行控制。平明出版社最初的发行除了交由通联书店发行一部分外，"另由各地新华书店、三联书店、开明书店等代为经销"。但"销数不很多。最多的不到三千本，通常都是在一千五百本左右，检讨之下，这是本社的职员少，办事经验缺乏，推销和各地新华书店的联系做得不够，我们已切实地在改进各方面的缺点了。"①1951年上海成立公私合营的上海中国图书发行公司（简称中图），出版、发行、印刷专业化，私营书店和出版社不再有发行机构。全国两大发行机构就是新华书店和中图。1952年后平明出版社的图书全部由新华书店发行。在书刊发行收归新华书店和中图后，国家开始调整图书价格，规定批发价由原来的七折改为五四折，出版业毛利为图书定价的15%，利润为图书定价的4%。出版业的利润整体下降。

在资源严重匮乏的条件下，为了集中有限的资源办更大的事情，当时国家对出版社的调整之一就是要求出版社要确定出版方向和出版计划。在出版方向专业化方面，1950年10月28日第一届全国出版会议关于改进和发展全国出版事业的五项决议中指出：公私出版业均应争取条件，逐步实行出版与发行分工、出版与

---

① 《平明出版社第一次综合报告》。

印刷分工和出版专业化的方针,并在出版总署的统一领导下统筹兼顾、分工合作。并要求公私出版社以后均应制订比较长期的和一定期限内的可行的计划。计划中应拟定专业化的方向,出版物的种类和数量等。同时将计划呈报出版总署和地方的出版行政机关,以便其通盘考虑。出版总署和地方出版行政机关要对计划执行的情形定期检查,作出报告,同样呈报。1952年政务院颁布的《管理书刊出版业印刷业发行业暂行条例》规定:出版社应有确定之专业方向;应设有编辑机构或专职之编辑人员;应定期编制选题计划、编辑计划及出版计划,呈报当地出版行政机关。

平明出版社成立后即有专职的编辑人员,对1949年12月到1950年8月的出版计划及执行情况的汇报是:

最初拟订的编辑计划是概括的,不很精细的,就是说只定出了一个出版的方向,以便收集稿件,其内容是:

（一）1.契诃夫小说选集五册由汝龙翻译;2.托尔斯泰戏剧集五册由李健吾、文颖分别翻译;3.屠格涅夫戏剧集四册由李健吾翻译;4.赫尔岑的《回忆录》六册由巴金翻译;5.高尔基关于同代人的回忆杂记若干册由汝龙、成时、胡风、巴金分别翻译;6.托尔斯泰中篇小说若干册(翻译人未定);7.罗曼罗兰的《迷魂》由陈西禾翻译;8.屠格涅夫中篇短篇小说若干册由巴金、海岑、成时翻译;9.新俄小说选集若干册由成时、焦菊隐、海岑、朱雯分别翻译。

（二）从一九四九年十二月至一九五〇年八月,根据上面的编辑计划集稿排印(其中部分的稍有变动)其实际做到的情况如下:1.契诃夫小说选集收稿九册,出版了五册(计划五十万零三千字);2.托尔斯泰戏剧集,收稿五册,出版了四册(计三十一万零八千字),《活尸》在九月份内也可以出版了;3.高尔基同代人回忆杂记,收稿六册,出版了六册(计二十二万八千字);4.屠格涅夫中短篇小说集,收稿四册,出版了二册(计十三万六千字);5.新俄小说选集收稿五册,出版了四册(计三十万零一千字);6.其他出版了何为《当代英雄》、《前夜》等八种(计三十五万四千字),总计收到稿件三十七册,出版了二十九册(未出版的八册)一百八十四万字,印六万二千五百本。

（三）今后编辑计划　本社今后的编辑计划,除了逐步地完成前面(三项一段)所订的计划外,另增加1.苏联短篇小说集若干册,由焦菊隐翻译;2.人民民主国家小说集改为屠格涅夫全集,预定五年出齐,由巴金、李健吾、汝龙、海岑、成时分别翻译,兹将在排印中的新书分别列后:

书　名	作　者	翻译者	字　数	预计出版时间
活尸	托尔斯泰	文　颖	六万七千字	九月
食客集	契诃夫	汝　龙	十万字	九月
克莱拉·密里奇	屠格涅夫	汝　龙	四万字	九月
六月的夜	罗·杜米屈里乌	成　时	七万字	十月
亮光集	契诃夫	汝　龙	十万字	十月
哈里·慕拉	托尔斯泰	侍　桁	九万字	十月
两朋友	屠格涅夫	海　岑	七万字	十一月
妻子集	契诃夫	汝　龙	十万字	十一月
黑暗的王国	杜勃罗留波夫	海　岑	十二万字	十二月
恐怖集	契诃夫	汝　龙	十万字	十二月
苏联短篇小说第一集		焦菊隐	十万字	十二月
马恩论艺术(从法文译出)		王道乾	十万字	十二月
坚决的步骤	苏联开尔巴巴也夫	李德洪	十五万字	一九五一年一月
库兹涅茨克地方	苏联伏罗与	海　岑	十八万字	一九五一年二月
我的艺术生活	史达尼斯拉夫斯基	瞿白音	四十万字	一九五一年二月
迷魂(分六本)	罗曼罗兰	陈西禾	六十万字	一九五一年四月份起开始出版

《平明出版社第一次综合报告》,《上海平明出版社关于综合报经营状况及编辑出版工作中存在问题的综合报告》,上海档案馆藏。

对于出版的专业方向问题,在巴金先生给康嗣群的信中曾写道:

> 《苏联对外基本政策》是一本好书。不过在平明出不大合适。我们曾向"新时代文丛"编者提过"专业方向"的意见(及人兄也对黄裳兄谈过),中图和读者也希望我们专出文艺书籍(至多也不能出语文、文史的范围)。无论如何我们得坚持这个原则。①

在1952年平明的工商登记中所确定的出版方向是国外文学名著的翻译和文史书籍的出版。在平明存在的六年中,文学名著的翻译出版占主要部分,并且是以苏联和旧俄的文学著作出版为主。这一出版特色也是平明在短短六年中成为比较有影响的出版社的重要原因。

报告对成立将近一年来在编辑及出版工作中存在的问题进行了总结:

> 1. 因为出版界普遍缺乏联系,译本每多重复,这种情形尤以苏联新作为然,大家都取材于苏联文学月刊,我们因为审慎负责,特约稿件亦须经过对读审核的手续,出版时往往落后。
>
> 2. 材料收集颇感困难,除古典作品而外,我们颇想编辑出版人民民主国家的作品选集,但材料极少,难以收集。即如苏联新作,因为翻译者谙俄文的极少,都从英文本译出,以致所取新的材料往往限于苏联文学月刊或英法文单行本,但这种材料亦少,月刊上刊载的长篇有时略有删节。
>
> 3. 编辑计划拟定后由基本翻译人员及特约人员分别翻译,但因大家工作忙碌,不能如期交稿,以致我们的计划与出版实际情况不能完全一致。②

平明所提出的这些问题,在当时的出版界是很普遍的,出版总署

---

① 《巴金致康嗣群信》,巴金故居藏。
② 《平明出版社第一次综合报告》。

要求出版方向相近的出版社组成联营书店有一方面的考虑就是加强私营各出版社之间的联系,避免重复浪费。为了丰富图书种类,出版总署多次发文要求出版社加强与创作界和翻译界的联系,多出新书。虽然平明也存在稿源和材料收集方面的困难,但是平明从成立之初即有专职的编辑人员,并且有基本翻译人员和特约翻译人员,不但在图书质量方面给予保证,而且在图书种类方面也给予充分的保证,这与当时的众多家庭作坊和皮包书店是不可同日而语的。

为了改变公私出版力量对比的悬殊局面,出版总署首先加快了公营、公私合营出版机构的建设,按照统筹兼顾、分工合作的原则,分别成立了人民出版社、人民教育出版社等专业出版社。经过一年多的探索和努力,平明在1951年再接再厉。

1951年1月到6月平明出版初版种数20,字数984,000;册数60,000;总定价341,100千;重版种数21;字数866,000;册数58,500;总定价252,053千;出版权授予报酬最高与最低都是15%,报酬额是29,452,000;销出书总定价196,347,000。①平明在1951年上半年营业额达到每月三万多元,相对于1950年提高了十几倍。出版社1951年1月至6月预定本年9月至12月出版新书十二种约一百零五万字。

平明出版社六月底止资金借贷金额:行庄贷款1500,借入总额1500,下半年度首次周转需要资金额自备10000,借贷30000,需要总额40000;下半年度分月需要资金额:八月份7000,九月份10000,十月份10000,十一月份8000,十二月份5000。②1951年下半年需要资金明显多于上半年,直接反映出下半年图书出版明显多于上半年。整个看来1951年经营和出版情况明显好于1950年。

在解放后的相当一段时期里,图书既少且贵。图书出版面临的问题是如何迅速增加出版物数量,满足人民群众文化需要这样一个首要而基本的问题。胡愈之在1950年新华书店华北总分店

---

① 《平明出版社1951年1至6月出版情况》,《出版社著作物报酬调查综合表》,上海档案馆藏。

② 《平明出版社1951年1月到6月出版情况的报告》,《上海市书业同业公会(工厂、商号)1951年下半度年需要资金调查表》,上海档案馆藏。

第三次分店会议开幕式的讲话中提到的数据可以反映出这个问题的严重性。他说:"在1950年,所有公营、公私合营和私营出版事业加在一起,出版新书恐怕不过一万万册。质量方面且不去管他,单只数量方面就差得很远,以四万万七千五百万人口计,平均每四五人方可得到一本新书。"

这种供求严重不足的局面,国营出版社力量极其有限,为了满足人民群众对文化产品的需要,鼓励私营出版业发展就成为必然。据1950年的统计,全国私营出版社不过163家,而到了1952年增长到356家,私营出版业快速发展,一方面出版物增多丰富了文化市场,另一方面也产生一个严重的问题,许多出版社出于牟利目的,出版物粗制滥造,内容贫乏,不但造成资源浪费,而且影响好的出版物的销售。对于新设立的近200家出版社,按照当时出版总署的说法就是"几乎无例外地都是投机出版社",针对这种状况,在中宣部的指示下,出版总署开始注意私营出版社的消极作用,代政务院草拟了《管理书刊出版业发行业印刷业暂行条例》,并根据这个条例于1952年进行了对私营出版业的登记工作,限制了私营出版业在数量上的方针。出版总署要求各出版社必须进行工商登记,对于不符合要求者不予登记。国家对私营出版社的调整和1952年进行的"三反"运动都对出版业产生了一定影响,但是平明在图书质量和稿源的双重保证下,1952年盈余6843元。

私营出版业的无序发展还有一个重要原因就是暴利问题。在1951年前,书上只印基本定价,按一定的倍数调价。据统计,上海私营出版业书价基本定价倍数,从1949年6月至1950年12月就变动14次,倍数从30倍上涨到1200倍,由于书上不印实际定价,给私营书店任意抬高书价牟利提供了方便。这种现象主要存在于以牟利为目的的投机书店比较普遍。出版总署在1952年发文规定书刊必须标明货币定价并按定价出售,不得任意抬高书价。并于1953年开始大力整顿私营出版业。经过1953年一年的整顿,至1953年底止,尚存290户左右。这些私营出版业绝大部分集中在上海、北京,上海有250余户,北京19户。经过整顿,1953年出版业经营情况普遍很好。平明在1953年流动资产净值238,398,营业额1,062,303,盈余225,459。①在1950年的报告中平明的每月营业额是两千多元,刚刚达到收支平衡,仅仅三年时间就能达到每月平均营业额八万多元,并有二十多万元的盈余。这种利好现象一方面是因为1952年对私营业中的混乱状况的整顿,更重要的还是因为以巴金先生为首的平明出版社自身的努力和对出版事业的坚持。

在1953年逐步淘汰了76户投机的私营出版社的基础上,1954年上半年又整顿了58家。8月14日—15日,中央宣传部批转出版总署《关于改造私营图书发行业的报告》和《关于整顿和改造私营出版业的报告》,决定对私营图书出版和发行业继续进行社会主义改造,并将一部分私营出版社改组为公私合营出版社。将私营出版社大体上分成正当与比较正当的和投机的两类。第一类正当与比较正当的私营出版业约40户。他们都有相当的历史和专业方向,并有编辑机构或专职的编辑人员,与社会著作界也有某些联系,其出版物对国家和人民有些用处,平明出版社在40家出版社中属于出版文学名著方面。鉴于私营出版业具有正当与比较正当和投机两种类型,需要采取不同的方式分别对待。正当的与比较正当的私营出版业,尚可出版一些比较有用的图书,其中有些出版社的负责人本身就是文化人,在社会上具有一定地位和影响,他们对国家在学术文化上有或多或少的贡献,这类出版社主要经过公私合营进行社会主义改造。

对正当与比较正当的私营出版业,原则上是先大后小,先用处大的后用处小的,先历史久的后历史短的,先出版态度好的后出版态度差一些的,在40户正当与比较正当的私营出版业中,商务、中华、龙门书局已实行全面公私合营,在实行公私合营时,对其原有从业人员,基本上采用包下来的办法。对那些暂不进行公私合营的,则规定其出版专业方向,督促其健全编审制度,造报选题计划,由新华书店或公私合营的发行机构总经销或部分经销其出版物。

---

① 《平明出版社1953年情况》,《书业公会私营会员情况》,上海档案馆藏。

1954年8月15日中央宣传部批转出版总署党组关于整顿和改造私营出版业的报告,出版业所生产的不是简单的商品,而主要是思想和政治宣传品,所以私营出版业的整顿和社会主义改造应当走在一般企业的前面。在这一要求下,出版业的公私合营大潮开始了。许多出版社都出现停业观望的情形;而且在1953年经营形势大好下,许多出版社都大量造货,有些季节性的图书销售时节一过就造成积压,对出版社的经营造成了影响。在这一不利形势下,平明相对于1953年的经营也有所下降。1954年平明出版社流动资产净值124,158,实购公债66,000,盈余95,388,清产后资本净值177,000,营业额809,918。[①]流动资产净值1954年只占1953年50%左右,营业额1954年比1953年下降25%,盈余1954年只占1953年的40%左右。

　　对上海所存在的三十二家比较正当的私营出版社,其公私合营方式主要采取如下两种:一种是分别吸收他们加入现有的公私合营的出版社,一种是促使同类性质的私营出版社合并。1955年上海市新闻出版事业管理处的年度计划中,争取在本年内除宗教出版社外,基本完成上海市私营出版业的公私合营。1955年第四季度上海市书业同业公会成立清产小组,对平明进行清产结算。尽管合并在即,但是平明在1955年一至六月完成书种数65,其中新出4,字数394千字,册数252,036,印张1,920千印张,总定价60,685元。[②]在文艺书籍的翻译方面总的种数是269,在八家出版社中,平明所出书的种数为50,约占六分之一多。[③]

　　平明在1955年1—9月盈余6.272元。1955年11月平明合并于上海新文艺出版社(即现在的上海文艺出版社),并入财产为清估后的实际资产金额为195,738.82元。在1955年与平明一起并

---

　　① 《平明出版社资产盈亏情况》,《私营出版社资产盈亏情况表》,上海档案馆藏。

　　② 《1955年上海市出版业出版计划以及一至六月完成计划分类情况表》,《上海市出版事业管理处出版事业计划》,上海档案馆藏。

　　③ 《上海市私营出版社1955年度翻译书籍选题计划汇编》,上海档案馆藏。

入新文艺出版社的还有其他四家出版社,为了展示平明在同类出版社中的经营状况,将平明与其余四家出版社在并入新文艺时的投入资产情况列表[①]如下:

出 版 社	投入资产额
平明出版社	195,738.82
上海文艺联合出版社	204,047.78
潮锋出版社	68,953.62
上海出版公司	24,935.00
光明书局	134,231.83

通过表中所列出的五家出版社清产后投入新文艺的资产额,可以部分地反映五家出版社的经营出版情况。

为了更直观地了解平明出版社1949年12月到1955年11月的经营和出版情况,现将其资产报表列表如下:

年 份	资本额(元)	职工人数	流动资产净值(元)	营业额(元)	盈余(元)
1949年	3,652	2		1,137	
1950年(1—8)	3,652			183,296	
1951年	3,652				
1952年	3,652	8			6843
1953年	3,652		238,398	1,062,303	225,459
1954年	3,652		124,580	809,918	95,388
1955年9月底	3,652	23	109,032		6,272

从表中可以看出1949年至1953年间,平明是一个逐步发展的时期,到1953年达到经营的最高峰,随着国家对私营出版业的整顿改造,1954年到1955年经营逐步下降,最后进入公私合营。由成立到发展到合营,充分展示了在私营出版业的社会主义改造中

[①] 《公私合营新文艺出版社吸收私营单位资产清估情况汇总表》,上海档案馆藏。

国家的改造政策对私营出版社的影响。

尽管平明出版社在社会主义改造中,作为私营出版社并不具有典型性;但是从成立之初就与国家对私营出版业的社会主义改造相伴随,可以说平明从成立到结束都是在社会主义改造的大背景下进行的,又使得平明具有一定的特殊性,通过对平明出版社经营和出版情况的梳理,在一定程度上展示社会主义改造中,私营出版业的发展情况。

李存光

硕士、博士学位论文中的《收获》研究简介

《收获》不仅是新中国建立后最早创办的大型文学期刊,也是1950至1977年间中国大陆的大型文学期刊,被称为"中国当代文学史的简写本"、"新中国文学期刊中最具有王者风范的权威文学期刊"。数十年来,《收获》在展示优秀创作成果,发掘文学新锐人才,引领文学期刊和文学思潮,书写并见证当代的文学发展流变等方面,贡献良多,作用巨大,影响深远。

近十几年来,报刊发表过一些记述、研究《收获》的文章和论文[1],但不论从真正进入"文学研究"的视野看,还是从论述内容的广度和深度看,体现《收获》研究的主要成果当是以《收获》为研究对象的博士、硕士学位论文。

就我的目力所及统计,从2001年到2011年,以《收获》为研究对象的博士、硕士的学位论文有11篇,在当代综合性文学刊物研究中,这个数字仅次于有18篇学位论文(博士论文2篇,硕士论文

---

[1] 比如,格非《李小林和〈收获〉杂志社》,《当代作家评论》1994年第2期;邢长远、于昊燕《〈收获〉:后青春的守望——2003年〈收获〉小说回望》,《滨州师专学报》2004年第3期;刘晓南《从〈收获〉五十周年纪念刊看〈收获〉的危机》,《扬子江评论》2008年第1期;赵自云《八十年代末权威文学期刊对先锋小说生成的培植之功——以〈上海文学〉、〈人民文学〉和〈收获〉为例》,《阜阳师范学院学报》2008年第3期;钟红明《品牌的生命力》,《编辑学刊》2008年第4期;周根红《文化症候与〈收获〉的影视趣味》,《东方丛刊》2009年第1期;刘芳《从〈收获〉看"先锋小说"与政治意识形态的关联》,《淮海工学院学报》(人文社会科学版)2012年第5期。

16篇)的《人民文学》,居第二位。具体篇目如下:①

1. 蔡兴水:《1957至2001年〈收获〉研究》,复旦大学中国现当代文学专业博士学位论文,2001。

2. 韩　敏:《〈收获〉的九十年代》,四川大学文艺学专业博士学位论文,2004。

3. 田晋芳:《九十年代中国小说创作的消费主义转向——以〈小说月报〉、〈收获〉、〈花城〉为例》,上海社会科学院中国现当代文学专业硕士学位论文,2006。

4. 靳婷婷:《〈收获〉与中国当代文学思潮》,青岛大学中国现当代文学专业硕士学位论文,2007。

5. 詹　静:《日常生活的诗意书写——试论〈收获〉近6年来小说创作的题材走向》,西南大学中国现当代文学专业硕士学位论文,2007。

6. 战红岩:《从〈收获〉杂志栏目设置变化探析其审美风格的流变》,东北师范大学文艺学专业硕士学位论文,2009。

7. 张　妍:《巴金主编〈收获〉杂志的编辑活动研究》,北京印刷学院传播学专业硕士学位论文,2010。

8. 魏　健:《权力话语与"十七年"间〈收获〉的转型》,辽宁大学中国现当代文学专业硕士学位论文,2010。

9. 陆晓婷:《〈收获〉与"十七年"文学的长篇小说生产》,上海社会科学院中国现当代文学专业硕士学位论文,2011。

10. 钟游嘉:《从〈文群〉到〈收获〉——靳以四五十年代编辑活动研究》,华东师范大学文学与传媒专业硕士学位论文,2011年。

11. 丁月梅:《从〈收获〉的传播看网络时代文学期刊的生存现状》,东北师范大学传播学专业硕士学位论文,2011。

上述学位论文中,蔡兴水《1957至2001年〈收获〉研究》增补修订后,以《巴金与〈收获〉研究》为书名,2012年1月由复旦大学

---

① 各篇学位论文的摘要和目录等参见附件。

出版社出版。这篇论文和另两篇论文的部分章节曾单独发表,如蔡兴水的《巴金与〈收获〉收获》(《巴金研究》2002 年第 4 期)、《求真向善,革故鼎新:〈收获〉三代主编论》(《当代作家评论》2002 年第 5 期)、《历史记忆的排列组合:三个〈收获〉收获综述》(《文艺争鸣》2002 年第 3 期),韩敏的《诗人的病:缺席者的隐喻——略论新世纪〈收获〉勾画的"时代的精神状况"》(《西南民族大学学报》2005 年第 10 期),靳婷婷的《中国当代文学的简写本——〈收获〉收获的三个阶段》(《职教通讯〈江苏技术师范学院学报〉》2008 年第 3 期)等。鉴于大部分学位论文没有公开发表,鲜为人知,有必要作简要的介绍:

就论文的类别看:博士论文 2 篇,硕士论文 9 篇。

就论文作者的所属专业看:中国现当代文学专业 6 篇,文艺学专业 2 篇,传播学专业 2 篇,文学与传媒专业 1 篇。

就论文作者所属院校的地区分布看:华东 5 篇,东北 3 篇,西南 2 篇,华北 1 篇,具体为:上海 4 篇(博),山东青岛 1 篇;吉林长春 2 篇,辽宁沈阳 1 篇;重庆 1 篇,四川成都 1 篇(博);北京 1 篇。

就论文研究所涉及的刊物时段看,从创刊谈到 2010 年的 4 篇(《1957 至 2001 年〈收获〉研究》、《〈收获〉与中国当代文学思潮》、《巴金主编〈收获〉杂志的编辑活动研究》、《从〈收获〉杂志栏目设置变化探析其审美风格的流变》),专论 2000 年后的 2 篇(《日常生活的诗意书写——试论〈收获〉近 6 年来小说创作的题材走向》、《从〈收获〉的传播看网络时代文学期刊的生存现状》),论及上世纪九十年代的 2 篇(《〈收获〉的九十年代》、《九十年代中国小说创作的消费主义转向——以〈小说月报〉、〈收获〉、〈花城〉为例》),考察上世纪 50、60 年代的 3 篇(《权力话语与"十七年"间〈收获〉的转型》、《〈收获〉与"十七年"文学的长篇小说生产》、《从〈文群〉到〈收获〉——靳以四五十年代编辑活动研究》)。

就论文研究的视角看,综合研究的有 3 篇:《1957 至 2001 年〈收获〉研究》、《〈收获〉的九十年代》、《权力话语与"十七年"间〈收获〉的转型》;梳理刊物所载小说作品的有 3 篇:《九十年代中国小说创作的消费主义转向——以〈小说月报〉、〈收获〉、〈花城〉为例》、《日常生活的诗意书写——试论〈收获〉近 6 年来小说创作的题材走向》、《〈收获〉与"十七年"文学的长篇小说生产》;论述巴金、靳以的编辑思想和实践的有 2 篇:《巴金主编〈收获〉杂志的编辑活动研究》、《从〈文群〉到〈收获〉——靳以四五十年代编辑活动研究》;从文学思潮和审美风格解析刊物的各有 1 篇:《〈收获〉与中国当代文学思潮》和《从〈收获〉杂志栏目设置变化探析其审美风格的流变》;从传播学角度探讨刊物的有 1 篇:《从〈收获〉的传播看网络时代文学期刊的生存现状》。

这些论文多方面深化了人们对《收获》的认识。既有历史进程的梳理总结,又有现实状况的考量探析,既有精神承传的纵向探析,又有同时期刊物的横向比较;有的梳理描画《收获》三个历史阶段三起三停的坎坷历程,有的揭示《收获》在中国当代文学各阶段中的地位、作用及影响,有的通过考察《收获》透视九十年代市场经济体系中的文学生产场的变化,有的阐释《收获》不同时期的风格和特点,有的分析巴金和靳以作为编辑家的形象,有的探究《收获》对当代小说特别是长篇小说创作的贡献。其中,蔡兴水的《1957 至 2001 年〈收获〉研究》、韩敏的《〈收获〉的九十年代》两篇博士论文,以及硕士论文中靳婷婷的《〈收获〉与中国当代文学思潮》、战红岩的《从〈收获〉杂志栏目设置变化探析其审美风格的流变》、陆晓婷的《〈收获〉与"十七年"文学的长篇小说生产》、丁月梅的《从〈收获〉的传播看网络时代文学期刊的生存现状》,视角独特,见解新颖,内容扎实,梳理和解析到位。

附: 有关《收获》学位论文的摘要和目录

复旦大学　蔡兴水:《1957 至 2001 年〈收获〉研究》,博士论文,陈思和指导,2001

【摘要】由巴金与靳以共同创办的《收获》杂志于 1957 年 7 月诞生,它是新中国最早出现的一份大型文学期刊。本论文导论部分把《收获》放置于新文学发展的整体中,一方面阐释了它与新文学编辑传统的天然联系,说明它在新中国文学期刊中延续和发展了"五四"人文精神;另一方面横向比较了新中国不同时期众多文学期刊与《收获》的发展状况和各自特点,肯定了它执著于纯文学发展道路,注重提升自身的文化品味,为中国当代文学史输送了众多优秀作家和优秀作品,是新中国文学期刊中最具有王者风范的权威文学期刊。论文的主体部分以《收获》为个案,从多角度详细分析这本杂志,包括下面几个方面:一、由于历史的原因,《收获》杂志曾经两度停刊,又两度复刊,形成了三个《收获》,从中可以感应政治和经济对这个杂志的制约与影响;二、《收获》在三个不同阶段中有四个主持人对它起了重要作用,他们是巴金、靳以、萧岱和李小林。这四个主持人既有共同的编辑个性,又有不同的编辑特点;三、在四十四年发展历程中,有三类作者是《收获》的主要写作者,他们的作品分别受到政治冲击、内容或形式被误读以及坚持个性化写作探索;四、着重解剖二十世纪八十年代后期以来设置的余秋雨、李辉两个个人专栏以及"人生采访"、"河汉遥寄"和"走近鲁迅"三个集体专栏,从这五个栏目中的作品透视《收获》在散文、随笔上的特色和取得的成就。论文最后指出,《收获》未来的发展还要注意挖掘、发现和培养有潜力、可造就的年轻作者,才能在今后继续牢固占据于当代文学期刊的领先地位。

【目录】导论 《收获》在中国新文学发展中的地位、作用及影响 一 新文学编辑传统的维系与放达/二 文学期刊中的王者风范/三 纯美的困厄与守望

第一章 三个《收获》:历史记忆的排列组合 一 开创与奠基(1957—1960)/二 僵持与过渡(1964—1966)/三 发展与成熟(1979—2001)

第二章 编者与《收获》 一 巴金:旗帜与舵手/二 靳以:创办人与奠基者/三 萧岱:被囚禁的思想的打破/四 李小林:开辟新途的接棒人

第三章 作者与《收获》 一 政治上涉嫌的作品——"被欺凌与受侮辱者"/二 写作内容或形式的疑惑——对"另类"写作者的误读/三 写作群落结盟——走积极探索的个性化写作之路

第四章 专栏与《收获》 一 余秋雨个人专栏/二 李辉个人

专栏/三"人生采访"专栏/四"河汉遥寄"专栏/五"走近鲁迅"专栏

结语:历史/未来　机遇/挑战

附录　一 访谈录选/　1 刘白羽、蔡兴水、郭恋东:《〈收获〉是我提议办的》/2 程永新、蔡兴水、郭恋东:《他们是中国真正办刊物的人》/3 李辉、蔡兴水:《〈沧桑看云〉及其他》/4 王安忆、蔡兴水:《我与〈收获〉及其它刊物的关系》// 二《收获》大事简表// 三《收获》历届编辑(编委)简表// 四《收获》历年所获各种奖项("文革"前暂付阙如)简表

四川大学　韩敏:《〈收获〉的九十年代》,博士论文,冯宪光指导,2004

【摘要】九十年代随着市场经济体系的建立,文学写作以及文学传播都置身于新的生存语境,从文学创作到文学生产,从文学阅读到文学消费,这不仅仅是语词的更换,而是行为本质的改变。九十年代文学因为商业化的生产和传播的生存语境而成为重要的研究文本,开放性的研究是把握九十年代文学的重要研究方法。文学杂志一方面作为文学生产者和文学消费者的中介商,它是文学市场的温度计和文学消费者阅读趣味的表征者以及文学产品的传播者;另一方面,在市场经济时代,文学的主要功能依然由文学杂志来承担。因此,文学杂志是研究市场体系中的文学一个重要视角。本论文选择有"中国当代文学史的简写本"美誉的《收获》作为研究对象,通过考察它在九十年代的生存境况以及对作家作品的选择,透视九十年代市场经济体系中的文学生产场的变化。从文学媒介的角度来解读九十年代文学,是当前九十年代文学研究的一个新的研究视野。

九十年代对于中国的文学杂志来说,从计划经济的温室中走向市场经济体系,在文学市场中的重新定位是它们面临的共同问题,许多的文学杂志就已经消失在这条自我寻找的道路上。对于《收获》来说,九十年代也是一个在文学生产场中重新寻找位置和身份的过程。在九十年代初期的文学杂志的危机中,《收获》以"纯

文学家园的守望者"的形象,完成了在九十年代文学市场竞争中的媒体形象的定位。九十年代初期的《收获》试图继续八十年代后期的那种作家个体化想象的时代,但是随着九十年代中期市场经济体系的成熟,文化资本与经济资本良好的交换体系的建立,《收获》此时的发行量回升到10万份,这个发行量一直维持到新世纪。九十年代中期的《收获》面对新的文学生产场也开始了新的编辑策略,文学传媒开始了对大众文化消费品味的制造生涯,从对文化热点的迎合到主动制造,《收获》逐渐成为文学界知识名流在媒体时代的文化狂欢活动的主要活动场域。新世纪的《收获》将文学空间给予了九十年代成长起来的文学新生力量,这群作为当前文学消费者的品味的主要制造者被《收获》的接纳,显示了媒体时代的《收获》完成了与文学生产者和文学消费者的合谋。

以"中国当代文学史的简写本"自居的《收获》从九十年代初期的"纯文学家园的守望者"到九十年代中期开始的对大众文化品味的制造生涯,以及在新世纪完成的与文学生产者和文学消费者的合谋,呈现了九十年代以来的文学观念的变化历史。这种历程就像八十年代后期的"纯文学"的提出到新世纪对"纯文学"的反思一样,"纯文学"曾经是作为知识分子的精神家园,到九十年代后期以来被消解了内涵的"纯文学"则隐喻了知识分子精神家园的"漂移性",知识分子与媒体合谋是这种"漂移性"的必然结果。《收获》从九十年代初期的文学"义士"到九十年代中期对自己的文学符号名流身份的确认,到新世纪成为文学生产者与文学消费者的合谋者,它的身份的变迁也是九十年代以来中国知识分子社会形象的一个症候。

从具体的文学媒介在九十年代的发展状况的分析入手,展示九十年代文学观念的变化。这是对当前文化研究中"离弦说剑"空泛研究的一个有力补充。九十年代以来对文学的研究呈现了泛文学研究的趋势,这也是文学的自律性审美世界在大众文化时代被打破之后必然面临的研究范式的转变,就像伊格尔顿在《文学原理引论》的序言中消解了文学的"元理论",他认为根本不存在客观的不变的"文学",文学与社会结构的关系是文学研究的主要内容。

本论文具体分析九十年代以来《收获》的文学形象以及文学作品和作家的选择,呈现了一份主流文学媒介视野关照下的中国当代文学地形图。这既是对当前文学媒介研究缺乏的一个补充,也是为九十年代文学提供了一份实证性的研究范本。

本文分为七章。第一章首先从《收获》的历史开始,1957年创刊的《收获》经历了两次停刊两次复刊,第一个《收获》(1957—1960年)和第二个《收获》(1964—1966年)在新的社会文化秩序建立时期,文学杂志作为政治意识形态的主要表达者,它们的生存状态也就成为了政治运动的一个镜像。文学杂志的文学表达功能在文化资本与政治资本不稳定的交换体系中,文学杂志的自身形象的模糊性也就是时代的宿命。进入九十年代后的《收获》在逃离了政治运动的牢笼之后又面临新的生存语境,在九十年代初期的文学杂志危机潮流中,《收获》以"纯文学家园的守望者"自居,初步确定了在市场经济时代的文学市场中文学媒体的形象定位。在其他的文学杂志以寻找新的文学的"恩主"的时候,《收获》的文学"义士"形象的定位,本身就已经显示市场策略的本质。然后以1992年《收获》的具体文本作为分析对象,展示在大众文化兴起的文化生产场中文学生产观念已经渗透到具体的文本之中。

第二章论述巴金与《收获》的关系。巴金作为第一个和第三个《收获》的主编,他的文学形象和人格魅力是《收获》的重要内核,也是《收获》重要的凝聚力。市场的竞争往往就是品牌的竞争,文学市场中同样也存在着这样的性质的竞争。巴金作为现代文学史上硕果仅存的文学大师,他是当代文学的一个核心资源,也是对二十世纪中国文学难以释怀的大师情结的抚慰。本章从作为作家的巴金和作为编辑家的巴金的形象分析,认为巴金作为现代文学史完全依靠稿费生活的三位作家之一的巴金,作家巴金无疑是成功的形象;作为新时期首先从人性角度进行"文革"自我反省的巴金,他是知识分子良知的代表,作为知识分子的巴金是成功的;作为一位世纪老人,他那种勇于"为别人活着"的存在的勇气,他是顽强的生命力的象征;巴金无疑是定位为文学符号名流的《收获》品牌形象的阐释者。

从第三章到第五章,集中论述了从九十年代中期以来,《收获》在市场经济体系成熟,逐渐完成了自我身份的确认,从九十年代初期的"纯文学家园的守望者"到"文学符号名流"的确认。九十年代中期随着市场经济体系的成熟,文化资本与经济资本的良好的交换关系得以建立,文学期刊的格局也基本上形成,《收获》在文学杂志市场中的权威地位也得以确认。从1995年的《收获》以"《收获》今年不做广告"在大众媒体中的出现,透视了从九十年代中期的纯文学生产场已经呈现出开放性的特征,文本写作中高扬的"欲望的旗帜"成为九十年代中期以来文学生产场的主要表述对象。八十年代后期的"纯文学"概念在当前的文学生产场中被掏空了具体的内涵,只留下漂浮的能指的"纯文学"成为作家写作的一个背景,一个聊以自慰的漂移的精神家园。最后具体地分析了《收获》具有盛誉的散文专栏。《收获》的散文专栏的书写者和书写对象都是知识名流,这些散文都致力于展示这些知识名流的生活世界或者独立的人格形象,但是这些被消解了具体学术内涵的知识分子只留下了知识名流的身份特征。他们成为了知识分子对作为立法者的权威的一种文化记忆。这种文化记忆却与当前阶层分化趋势日益明显的社会消费趣味相契合。

第六章论述了作为上海的《收获》在对上海文化想象的建构中的作用。本节从纪实和虚构两种文本角度分析了《收获》对上海文化想象的建构。纪实文本则以世纪末的散文专栏"百年上海"为分析文本,这个专栏展示的知识分子视野中的上海,提供的是一份现代化视野中的上海形象。"虚构的文本"则以上海重要的作家王安忆的小说作为研究对象,通过对王安忆在九十年代以来发表在《收获》上的重要作品所表现的上海文化精神的分析。作家以"革命者"的后代的文化身份、"母女"关系为进入角度,揭示了革命文化作为上海文化的一个有机成分。

第七章则是对新世纪《收获》的文学空间的展示。新世纪的《收获》将大部分的文学空间给予了九十年代开始文学生活的新生代作家,作为文学权威杂志对这群作家的接纳,表明了这群作家文学身份被文学主流认可。以都市文化为主要表现对象的新生代作家的文学空间是当前文学主导性消费趣味的制造者,《收获》在新世纪对他们的认可,也是作为文学传媒的《收获》与作家进行合谋制造大众文化品味的结果。

【目录】绪论

第一章 纯文学家园的守望者 第一节 针尖上的舞蹈:中国作协的《收获》与"小"《收获》/第二节 纯文学家园的守望者:九十年代初期的《收获》/第三节 选择的惶惑:1992年《收获》的文学生产

第二章《收获》的品牌形象:巴金 第一节《收获》的主编:巴金/第二节 编辑家:巴金

第三章《收获》的文学符号名流身份的确认 第一节 "纯文学":知识分子漂移的家园/第二节 文学期刊格局的形成/第三节 "《收获》今年不做广告":纯文学生产场的开放性/第四节《收获》身份的自我确认

第四章 传媒时代《收获》的知识景观 第一节《收获》的散文专栏:《收获》的短期文学生产循环/第二节《收获》散文世界的知识分子意识形态解读/第三节《收获》的作家研究

第五章《收获》与上海文化想象 第一节 上海的文化资本/第二节 上海文化想象的建构与文化市场的形成/第三节 上海文化想象的纪实文本:"百年上海"专栏研究/第四节 上海文化想象的虚构文本:王安忆小说与上海文化精神

第六章 "先锋"的《收获》:九十年代末期以来的文学生产场 第一节 文化品味制造者:"先锋"的《收获》/第二节 新生代的文学身份/第三节 新生代的文学空间

上海社会科学院 田晋芳:《九十年代中国小说创作的消费主义转向——以〈小说月报〉、〈收获〉、〈花城〉为例》,硕士论文,王文英指导,2006

【摘要】二十世纪九十年代中国文学发生了深刻转型,这在学界已经达成共识。小说在新时期以来的文学史书写中,一直是唱大戏的文学样式。对九十年代小说的研究可谓层出不穷、角度繁多,甚至得出的价值判断大相径庭。笔者感兴趣的是,九十年代小说创作所呈现出的探索性、多变性和争议性。所以笔者又选取了一个新的视角，从"消费主义文化语境"这一文化背景入手，将"消费主义转向"作为九十年代小说的研究方向。

　　九十年代的中国大踏步迈进消费社会，消费文化慢慢上升为主导的文化潮流。区别于意义更为宽泛的"消费文化"，在本论文中使用"消费主义"一词，贯穿全文，目的是为了强调消费文化具有文化霸权性质和生活方式内涵的双重特性。消费主义，广义来说，是指消费主义文化。狭义来说，是指消费主义的生活方式。两者相互依存、相互促进，构成互动的平衡态势。消费主义的扩张，促成了消费主义文化语境的形成。小说的消费主义转向，便孕育其中。

　　消费主义转向，是总的理论假设和出发点，也是包含多种创作风格渐进式变化的整体概括。小说的消费主义转向，指的是作家的创作意识、小说的题材、表现手法和艺术技巧等在某种程度上，都打上了消费主义的烙印，与以往消费主义文化未出现，或者没有强大到形成文化语境的规模影响之时代环境相比，有着明显的区别和差异。本文主要考察的作品范围是《小说月报》、《收获》和《花城》三本文学期刊上面六位代表作家，即陈染、林白、池莉、王安忆、何顿、韩东，在1990—1999年间发表的中长篇小说，在阅读作品的基础上，对九十年代小说的消费主义转向做出分析和评论。

　　九十年代消费主义转向，具体而言，有四个方面的具体转变。转变之一，私人生活与表达的宽泛化，即小说从公众生活领域撤退，关注私人生活，并在小说技巧上有更广泛的表达欲望。以陈染的《私人生活》和林白《一个人的战争》为例。转变之二，平民生存与大众的分层化。指的是小说从精英意识向大众立场的转变，开始了对大众本身的分层化定位和书写。以池莉的《你以为你是谁》和《云破处》为例。转变之三，身体探索与欲望的显现化，再现了文学从形而上的道德追问转向形而下身体审视的革命性变化。王安忆的《我爱比尔》和林白的《说吧，两个房间》是两个不错的例证。转变之四，都市奔波与精神的平面化，说的是九十年代小说从乡村叙事到都市探索的倾斜，消费主义背景下的都市带新的生存斗争，人们渐渐失去了对生活意义的思考,精神逐渐变得肤浅。以何顿的《丢了自己的女人》和韩东的《障碍》两部作品为例。

以上四个转变的根源在于,消费主义改变了九十年代文学内部四对矛盾即私人与公众、边缘与中心、肉体与灵魂以及都市与乡村的运行方式,小说也随之分别从后者向前者滑动和迁移,最终导致创作立场和风格的根本性变化,即消费主义转向意义的四个转变。文章最后,笔者还就九十年代小说做出了反思,以期待更好的作品驰骋当代文坛。

【目录】第一章 文化消费主义时代的九十年代文坛　第一节 九十年代文坛所面对的社会现实:1.中国迈向消费社会/2.消费文化与消费主义//　第二节 消费主义文化语境:1.消费主义文化语境的成因/2.消费主义文化语境的基本特征//　第三节 九十年代中国文坛的新动向:1.九十年代小说的风云变化/2.小说消费主义转向的研究对象和思路

第二章 九十年代小说创作的消费主义转变　第一节 私人生活与表达的宽泛化/第二节 平民生活与大众的分层化/第三节 身体探索与欲望的显现化/第四节 都市奔波与精神的平面化

第三章 九十年代中国小说的总体转变及其批判反思　第一节 九十年代小说风格的总体转变/第二节 九十年代小说消费主义转向的矛盾根源/第三节 对九十年代小说的反思和期盼

青岛大学　靳婷婷:《〈收获〉与中国当代文学思潮》,硕士论文,周海波指导,2007

【摘要】《收获》发表了许多在新时期文学史上占有重要地位的作品,同时也发起或参与了一些重要的文学活动,被誉为"中国当代文学的简写本"。《收获》杂志,可以说是中国一个时代文化背景的反映,从中我们可以窥探到时代变化的痕迹。由于历史的原因,《收获》有3个阶段。这3个阶段的《收获》作为一个整体,记录着各个时期的文学风格、风貌,成为"中国当代文学史的记录者"。

在八十年代刊物发展的过程中,《收获》与先锋文学结下了不解之缘,大力推举文学新人,敢于发表带有争议的作品,成为先锋文学的金城重镇。这种编辑策略，在八十年代给予了《收获》无穷的活力，使它走在其他同类文学期刊的前面，并迅速占领了文学期刊方阵的领军位置。《收获》对先锋文学的推举，产生了重要的影响，同时期的刊物也纷纷刊载先锋作家的作品，《收获》无意于推动一种潮流，却形成当代文学史上不可或缺的文学潮流，并成为回忆八十年代文学不可不提及的一个话题。"先锋"不仅仅是一种潮流，更是一种姿态。在"先锋文学"偃旗息鼓的九十年代，《收获》仍以先锋的姿态走在前端，注重文学作品的创新，将关注的目光投向了新生代作家。

九十年代以来，在计划经济向市场经济转型的大潮中，社会生活的各个方面都发生了极大的变化，原来计划经济时代由国家扶持的纯文学刊物，面临市场经济体制的挑战。身处文学视界前沿的《收获》以不变应万变，保持着传统的栏目设置，狠抓作品的质量，适当增加作为"短期生产循环"的散文的比重，制造了一次次的文化热点，见证并潜在地书写着思潮流变的文学史。

回顾《收获》从创刊到现今的发展，我们可以发现《收获》与中国当代文学思潮之间的密切关系，它见证了从1957年以来中国当代文学的发生、发展，也见证了文学与政治、文学与市场之间的复杂关系。在市场经济的环境下，对于我们探讨文学期刊的走向，提升刊物的文学文化品味，构筑当代社会的人文景观，都起到非常重要的作用。

【目录】引言

第一章 《收获》的诞生、发展及文学立场 一 《收获》创刊/二 《收获》概貌/三 《收获》的文学立场

第二章 《收获》与先锋文学 一 先锋文学由边缘走向中心/二 先锋作家集体在《收获》亮相/三 象征资本和"输者赢，赢者输"的文学场/四 《收获》与新生代作家的合谋

第三章 传媒时代的《收获》景观 一 《收获》与九十年代散文/二 《收获》与影视文学/三 《收获》与网络文学/四 传媒景观下《收获》的编辑策略

结语 构筑人文景观

西南大学　詹静:《日常生活的诗意书写——试论〈收获〉近6年来小说创作的题材走向》,硕士论文,董小玉指导,2007

【摘要】在众多文学期刊的生存状况着实不佳的情况下,《收获》依然能保持骄人的发行成绩,这归功于"日常生活"题材小说的诗意书写。近6年来《收获》刊登的小说作品主要抓住四类"日常生活"题材:关注民间百姓当下生存境遇、与主流文化合拍的重大生活题材;立足当下,发掘过去的历史生活题材;聚焦爱情婚姻,撰写世俗现实的生活题材;追求酒吧、迪厅时尚的另类生活题材。这四种题材倍受读者与市场的青睐,既反映了作家们对现实生活的整体性把握和多层次、多元化价值的发掘与思考,也是《收获》在文化产品市场化过程中树立品牌、适应市场需求、推动文学发展的明智选择。因此,"日常生活"小说在《收获》舞台上的诗意书写,可谓是文学与市场的"双赢"。

【目录】引论

第一章 "日常生活"的历史溯源　一、"日常生活"与"非日常生活"的界定及特性/二、当代文学史上"日常生活"的轨迹

第二章 "日常生活"在《收获》的诗意书写　一、关注当下生存境遇、与主流意识形态合拍的重大生活题材/二、立足当下,发掘历史生活题材/三、聚焦爱情婚姻,撰写世俗生活题材/四、酒吧、迪厅:追求时尚的另类生活题材

第三章 "日常生活"小说与《收获》的双赢选择　一、《收获》"日常生活"小说繁荣的机遇/二、《收获》选择的意义:双赢

东北师范大学　战红岩:《从〈收获〉杂志栏目设置变化探析其审美风格的流变》,硕士论文,王确指导,2009

【摘要】随着当代文学的不断发展和演变,文学的载体也朝着多元化的方向变化。作为文学载体之一的文学杂志,就是随着当代文学的发展而不断自我发展、完善的。1957年7月24日,由巴金和靳以主编的一本纯文学杂志——《收获》诞生了。自创刊至今,《收获》杂志两度停刊,两度复刊,始终在一条曲折的道路上艰

难跋涉,它的发展轨迹也映射出中国各类气候的诡异变动以及这之下的文学反应。本文主要运用考据学、统计学的研究方法,对《收获》杂志三个历史阶段的作品文本、栏目设置以及审美风格进行系统梳理和深入探究。通过对《收获》杂志文本、当事人回忆录、相关史书的描述等历史资料的系统考察,并对有关史料和数据进行比较、统计,力图对新中国第一本大型文学杂志《收获》的办刊风格、编辑思想、发展历程、对当代文学发展产生的影响等问题进行梳理和探究,特别是对《收获》杂志栏目设置的变化及其体现出的审美风格变化进行深入研究。同时,笔者还试图对《收获》杂志两次停刊和复刊背后的原因及影响,以及我国不同时期的文艺政策、机制体制、社会发展等因素对《收获》杂志自身改革、发展所产生的影响进行探析与论述。对上述问题的思考和研究,不仅有助于我们从时间和社会发展的历程中,对《收获》杂志进行总体了解,而且有助于我们对当代文学杂志在可持续发展过程中遇到的困境和应对策略进行深入思考。新时期以来,文学杂志一直处于关、停、并、转的状况,在当代文化语境下,探寻和把握《收获》杂志的发展轨迹和心跳脉搏,能够拓宽我们的视野,开拓我们的思路,为我们全面、深刻认识《收获》杂志的历史贡献和在当今社会的责任起到重要作用。

【目录】引言 一、问题缘起/二、关于方法论的思考/三、研究现状/四、研究价值

第一章 关于《收获》杂志 一、总述:(一)创刊过程/(二)创刊号的主要内容// 二、《收获》三个阶段:(一)探索奠基阶段/(二)调整过渡阶段/(三)多元发展阶段// 三、主编的编辑理念:(一)不惟名人、不薄新人/(二)海纳百川,有容乃大/(三)尊重来稿作家,把握审稿分寸,注重退稿方式

第二章 《收获》停刊、复刊情况及栏目设置变化 一、第一次停刊、复刊情况:(一)第一次停刊/(二)第一次复刊// 二、第二次停刊、复刊情况:(一)第二次停刊/(二)第二次复刊// 三、两次复刊后栏目设置变化:(一)第一次复刊后栏目设置变化/(二)第二次复刊后栏目设置变化

第三章 栏目设置变化体现审美风格的流变 一、第一个《收获》:在审美与时代精神之间摇摆/二、第二个《收获》:主流话语下的艰难跋涉/三、第三个《收获》:文学形式与审美风格的多元探索

第四章 第三个《收获》对当代文学的影响 一、发掘、培养了一批后起之秀/二、引领、推动文学思潮的发生和发展/三、勇于担当文学的媒体代表,自觉传承杂志的文学精神

结论

北京印刷学院 张妍:《巴金主编〈收获〉杂志的编辑活动研究》,硕士论文,范继忠指导,2010

【摘要】巴金作为中国现代文学的标志性人物之一,其在出版传播领域的贡献与在创作领域一样业绩斐然,而在新中国50年间主编《收获》杂志的编辑实践是其从事文学编辑出版事业的缩影。本文从传播学、社会学、文学史等相关基础理论出发,系统梳理《收获》杂志文本,参考相关文献。通过对巴金任职《收获》杂志主编期间《收获》的发展历程,巴金在此期间编辑实践中所体现的创新因素、编辑思想、对作者队伍的培植及其《收获》编辑实践的影响和思想传承的分析梳理,揭示巴金在主编《收获》的编辑出版实践中糅合现代与传统精华的编辑作风、以读者为中心的编读往来模式、渗透人格与感情因素的编辑作者关系、主张艺术探索和先锋精神的文学宗旨等。探究《收获》杂志所具有的深刻的巴金个人文化烙印及其所昭示的文学理想主义精神,进而认识作为文学传播媒介的《收获》杂志在当代文化嬗变中的社会角色。本文的现实意义旨在为当代纯文学期刊思考自身的社会使命、编辑出版活动如何坚持文学精神与务实编辑策略的有机统一,以及在可持续发展过程中应对困境,提供策略和借鉴实例。

【目录】第一章 绪言 1.1 问题的缘起/1.2 研究方法及研究内容/1.3 研究现状分析/1.4 研究意义

第二章 巴金主编的《收获》杂志变迁概况 2.1 巴金担任《收获》主编的历史阶段/2.2 巴金主编《收获》杂志的编辑环境发展/2.3 巴金与《收获》杂志的当代文学史地位

第三章 巴金主编《收获》杂志的编辑创新 3.1《收获》日常编辑原则中的创新因素/3.2 文学变革中的先锋性编辑实践

第四章 巴金主编《收获》期间对作者队伍的培植 4.1 文革前:政策调整,精神奠基/4.2 新时期:对新生作家的培育与影响/4.3 九十年代后:名家与新人兼容并蓄

第五章 巴金主编《收获》编辑实践的影响力及思想延伸 5.1 巴金对《收获》编辑团队的打造和凝炼/5.2 巴金编辑理念在网络时代的继承和发展/5.3 巴金《收获》编辑实践的理想主义特征及社会效应

第六章 巴金《收获》编辑实践对当下文学期刊的启示

辽宁大学 魏健:《权力话语与"十七年"间〈收获〉的转型》,谢纳指导,硕士论文,2010

【摘要】从1949年新中国成立到1956年社会主义改造基本完成,我国已经进入社会主义全面建设时期,此时文化建设与经济建设、政治建设一样,都将全面复苏。"百花齐放,百家争鸣"的方针缓解了建国初期一系列政治批判运动在思想文化界所形成的紧张气氛。然而好景不长,1957年下半年反右斗争席卷整个文坛,而且愈演愈烈,直到1960年的整风运动,文风才有所转变,并且这场整风运动也使文坛出现了为期四年的短暂的活跃局面。而"文化大革命"的战鼓又悄然响起,它使文学走向"一体化"。在此期间,基本上展现了主流意识形态对文学产生的影响,而在建国后的"十七年"《收获》是个典型的存在。作为作协的机关刊物,《收获》在迎合意识形态的同时,也在尝试着追求文学的艺术性。本文以《收获》为研究对象,以《收获》在"十七年"间的转型为切入点,运用意识形态国家机器理论和文化霸权理论,围绕两个阶段《收获》的不同展开论述,探究前后两个阶段的《收获》之所以存在着编辑理念、刊发作品、文学追求等不同的原因,进而得出编者、作家以及政治权力与文学、期刊有着不可分割的联系。权力话语通过政治化的文艺批评形成与政治"一体化"的文艺政策、对知识分子进行体制化管理等方式,使文学和期刊成为其有力的政治传声筒。而并不

满足于意识形态传声筒的功能定位的《收获》,它在彰显作协文艺倾向的同时,试图探索发展"纯文学"的道路。然而,这一尝试在新中国建立后的"十七年",注定是困难重重,充满艰难险阻的。

【目录】缺

上海社会科学院　陆晓婷:《〈收获〉与"十七年"文学的长篇小说生产》,硕士论文,陈惠芬指导,2011

【摘要】从第一次文代会开始,新中国文艺逐渐建立、形成了对文学生产各个环节加以统一规范、管理的"一元化"文艺体制,作为文艺主要传播形式之一的文艺期刊也被纳入到这一文艺体制管理之下。此时的文艺期刊名称呆板、保守且缺乏文艺性,风格、内容也是千篇一律。1956年,"双百方针"的提出和确立,使得文艺期刊获得了转变的机遇。在整个社会形势和几次期刊会议的推动下,文艺期刊的面貌发生了可喜的变化。首先是刊物名称上的变化,原有的刊物纷纷改名,更具艺术性。其次,刊物在文学观念上有了很大的革新。在较为宽松的社会氛围之下,创办"同人刊物"的问题也被摆到桌面上讨论。《收获》的创办就是借着这股风,被提上议程并顺利进入筹备阶段。但不久之后开始的"反右"运动给编辑部造成了很大的压力,但《收获》还是于1957年7月24日创刊,主编为巴金、靳以。《收获》的创刊尚且艰难,之后的办刊也不顺利。随着局势的变化,一开始被作为"同人刊物"创办的《收获》面临了一次次的重压和危机,刊物的命运颇多曲折。到了1960年5月,《收获》遭到停刊;1964年初,又在上海复刊,但刊物才办了两年多,就因为"文化大革命"的爆发再次停刊,直到十三年之后才得以复刊。

《收获》以繁荣国家文学事业、培养和扶持优秀作家为刊物的宗旨,为此开设了多个栏目,发表新老作家各种文学体裁的作品。从《收获》"十七年"间栏目设置情况来看,刊物最注重的是"长篇小说"栏目。第一阶段《收获》的"长篇小说"栏目成了刊物的"重头戏",不仅在刊登频率及篇幅上占优势,很多部长篇还被作为头题推出。到了第二阶段,"长篇小说"栏目的重要地位有所削弱,不再是每期刊登，也没有一部长篇作品是头题。究其原因，先是在1958年"大跃进"运动提出了"多快好省"的口号，《收获》对长篇小说的重视就显得不合时宜，长篇小说的写作较为费时，它的出产数量无法与诗歌、特写、短篇小说等相比，也不能像这些文类可以及时反映出正在发生着的热火朝天的社会主义建设。《收获》因注重长篇小说而受到外间的不少批评，认为其很少刊登能够及时反映社会现实的作品，无法跟上时代的步伐。到了第二阶段，《收获》更多受到上海方面的影响，柯庆施在"大写十三年"的口号提出时，特别提出希望文艺工作者能够多创作一些能够迅速反映社会现实、适合人民群众歌唱和演出的群众歌曲和短剧等文艺作品。为了刊物的生存，《收获》不得不有所妥协，削弱长篇小说的重要地位，加大短幅作品的刊登力度。但《收获》在承受极大压力的情况下，还是把"长篇小说"栏目坚持了下来，一方面推动了"十七年"长篇小说的生产，另一方面提升了"十七年"长篇小说的艺术水准。农村题材、革命战争题材这两种"十七年"文学长篇小说经典题材"经典"性的产生，某种程度正是《收获》长篇小说栏目"催生"和"优化"的结果。

"十七年"中，农村题材小说在《收获》上刊登有9部之多，其中柳青的《创业史》、周立波的《山乡巨变（续篇）》、浩然的《艳阳天》（第一卷）最能体现当时农村题材长篇小说的艺术成就。革命历史题材小说在《收获》上刊登的篇数也不少，一共有8部，其中李英儒的《野火春风斗古城》成就最高。工业/城市题材小说在"十七年"的成就无法与革命历史题材、农村题材小说相比拟，但是《收获》对于工业题材还是相当重视的，共刊登了6部作品，尤以《上海的早晨》成就最高。在上述十七年文学的主要题材外，《收获》还刊登了一些其他题材小说，如《金色的群山》、《大甸风云》、《大学春秋》和《欧阳海之歌》。后两部在当时也颇具影响，但《欧阳海之歌》产生广泛的影响并不在于它的艺术成就，而主要是意识形态的需要，值得一提的是《大学春秋》。总之，在《收获》上刊登的小说在语言文字、叙事结构、人物塑造等方面都取得了一定的成就。

在"十七年"期间,《收获》共刊登了二十八部长篇小说,为"十七年"文学贡献了多部优秀的长篇小说,推动了长篇小说的繁荣发展。其中很多作品在"十七年"中相当重要,几乎可以代表当时的最高成就。因此,"长篇小说"是《收获》最成功的栏目,体现了《收获》的特色和价值。《收获》"长篇小说"栏目的成功有多方面原因:首先,新政权的巩固需要长篇小说的助力;其次,和平年代作家有创作长篇小说的热情和条件;最后,《收获》两位主编的自身魅力、独特的编辑理念等因素,也是"长篇小说"栏目取得成功的重要原因。这些,对于当下文学期刊的办刊有着可值得借鉴之处。

【目录】引言

第一章 "双百方针"与《收获》的创办及宗旨　第一节 高度规范化的新中国文艺:一、新文艺方向的确立和文艺工作的组织化/二、1949—1957新中国文艺期刊发展概况//　第二节 《收获》的创办与宗旨:一、《收获》的创办/二、《收获》的办刊宗旨

第二章 《收获》的栏目设置和长篇小说的刊登情况　第一节 《收获》的栏目设置情况//　第二节 《收获》的长篇小说刊登情况:一、第一阶段的《收获》:以长篇小说为"重头戏"/二、第二阶段的《收获》:对长篇小说的削减

第三章 《收获》长篇小说刊登情况变化的原因　第一节 长篇小说与"大跃进的风格"的背离/第二节 《收获》在压力下的自我批评和妥协/第三节 《收获》在妥协中的坚持

第四章 《收获》对"十七年"文学的贡献　第一节 《收获》对"十七年"长篇小说的贡献简述:一、"十七年"的主要文学成就/二、《收获》为"十七年"长篇小说"催产"/三、《收获》促"十七年"长篇小说"优生"//　第二节 《收获》对"十七年"长篇小说"经典"题材的拓展:一、农村题材小说——以《山乡巨变》、《创业史》为中心/二、革命历史题材小说——以《野火春风斗古城》为中心/三、工业/城市题材小说——以《上海的早晨》为中心/四、其他题材小说

第五章 《收获》"长篇小说"栏目取得成功的原因分析　第一

节 长篇小说创作"正是时候"// 第二节 和平年代作家的创作热情// 第三节《收获》自身的优势:一、刊物的特殊性/二、两位主编的自身魅力/三、编辑理念的独特性

结语

华东师范大学 钟游嘉:《从〈文群〉到〈收获〉——靳以四五十年代编辑活动研究》,硕士论文,刘晓丽指导,2011年

【摘要】靳以(又名章靳以)是中国现代文学史上知名的作家、编辑家,一生先后编辑过包括《文学季刊》和《收获》在内的十余种文学期刊。作为成长于国统区的作家和编辑家,靳以在四五十年代如何接受左翼文学观念并最终融入左翼文学生产机制,这个问题不仅牵涉四十年代末期知识分子转向问题,也涉及左翼意识形态在建国前后怎样建立并成功生成具有感召力的文学机制的问题。针对这一问题,学界现有的研究多以作家创作为切入点分析作家思想状况和作品风格的转变,而本文以靳以的编辑活动为考察对象,相比以往的研究具有更广阔的视野和空间。

本文以靳以在1940—1950年代这一转型时期的编辑活动为考察对象,通过分析靳以所编辑的上海版《大公报·星期文艺》(1947—1948年)、《中国作家》(1947—1948年)、《小说》(1950—1952年)的办刊方针和刊物面貌,考察围绕这几份刊物的编辑活动和文人交游情况,试图回答一位成长并成名于二十世纪三十年代的作家和编辑家在新旧政权及意识形态更迭的时代,如何逐步倾向并接受了新的文学意识形态;在新的文学意识形态获得统治地位之后,又怎样主动或被动地学习与之相应的文学话语,最终顺利地融入并服务于新的文学生产机制。本文力避史料的简单堆砌和单纯的史实还原,尽力在为数不多的史料中挖掘出一代编辑工作者在转折时期的工作状态和心理转变过程;探究了靳以在新旧之交能够"平滑过渡"的外部和内在因素;同时考察了新的文学话语规训和收编异己话语,将作家、编辑家等知识分子召唤为服务于新的意识形态的文学工作者,进而通过这些文学工作者来维护新的文学生产机制的历史过程。

【目录】引言 编辑大刊物的理想

第一章 坚守与执着:靳以在抗战后的编辑活动 第一节 破灭的办刊梦想:创办《文群》/第二节 最后的文学自留地:主编《大公报·星期文艺》/第三节 初识组织:编辑《中国作家》/第四节 迈向新时期:集体办刊与组织办刊

第二章 晦暗与驳杂:靳以在四十年代的交游活动 第一节 靳以与胡风:另一种左翼/第二节 靳以与萧乾:多年老友终殊途/第三节 靳以与大教联:来自延安的声音/第四节 被遮蔽的与被显豁的:建国后的选择性叙述

第三章 组织化生存:靳以在建国初期的编辑活动 第一节 先行的领路人:建国初期《小说》面貌/第二节 谦逊的继承者:靳以主编《小说》面貌/第三节 错位的身份:《小说》停刊背后

第四章 从个人到众人:靳以建国后的自我形象重塑 第一节 放逐文学:从作家到教师/第二节 文学新生:旧作的修订与出版/第三节 脚印与前路:转型的代价

尾声 "收获"的日子

东北师范大学　丁月梅:《从〈收获〉的传播看网络时代文学期刊的生存现状》,硕士论文,张树武指导,2011

【摘要】《收获》的发展历程见证了中国半个多世纪的文学发展,它有过辉煌也遭遇过低谷。但它始终举着"纯文学"标志的大旗坚定地行进着。在这块精神家园里,既有名家鼎力支持,也有新生代作家的大胆尝试,《收获》也正是有了这些层出不穷力量的加盟,才创造了历史上辉煌的伟绩。《收获》坚实的文学步伐在一定程度上是对我国文学期刊发展的引领,其"标兵"地位是对我国文学期刊发展的一次突破。我们知道在网络时代和市场经济的冲击下,文学期刊几乎出现了集体尴尬的现状,如何应对这一现状,如何让自己在这一尴尬的境地中获得重生。这不仅是《收获》这样重量级的文学期刊所要面对的问题,而是每一个文学期刊需要考虑和正视的问题。因此,本文就简单地从《收获》杂志传播现状入手来分析一下在网络时代我国文学期刊的生存现状,并进一步地探讨一下文学期刊的出路。

【目录】引言

一、我国文学期刊发展综述 （一）文学期刊的概述/（二）文学期刊的发展历程

二、文学期刊——《收获》传播概况（一）《收获》的诞生/（二）《收获》的发展历程/（三）当前《收获》传播新状况

三、由《收获》透视网络时代文学期刊的生存现状 （一）网络时代的文学期刊的生存现状/（二）网络时代的文学期刊生存现状的原因简析

四、《收获》引领网络时代文学期刊生存之路 （一）好作品才是生存之本/（二）借鉴图书出版经验/（三）注重品牌,进行文化创新/（四）借助网络转化

结语

[法]唐吉·拉米奥　著　江　蕾　译

巴金的《憩园》和卢梭的《新爱洛伊丝》[①]

中国文人了解卢梭是在二十世纪初期。卢梭对于20年代的中国人来说,不仅仅是政治基础的理论家,还是一个抗争和受难的个体,他在书中倾诉了他的抗争和苦难,而年轻的文人在读书时,仿佛在书中读到了自己。郁达夫把他定义为"反抗的诗人,自由和平等的捍卫者,大自然的骄子"。巴金的作品体现了这种双重的影响。1981年,在发表于上海的一份杂志中的文章里,他向他的老师鲁迅先生致敬,写道:

> 我勉励自己讲真话,卢梭是我的第一个老师,但是几十年中间用自己的燃烧的心给我照亮道路的还是鲁迅先生。我看得很清楚:在他,写作和生活是一致的,作家和人是一致的,人品和文品是分不开的。他写的全是讲真话的书。他一生探索真理,追求进步。他勇于解剖社会,更勇于解剖自己。[②]

此处巴金对鲁迅的描写完全符合卢梭的"为真理,献生命"的座右铭。事实上,卢梭吸引中国,乃至亚洲的广大民众是因为他的

[①] 这篇文章是"卢梭在亚洲"系列的第二篇。第一篇是关于卢梭在越南和越南小说家黄玉珀(1896—1973)及其小说《一颗纯洁的心》,2009年,发表在《卢梭研究》第17卷中。

[②] 巴金:《怀念鲁迅先生》,《"文革"博物馆——随想录》第52页,安热尔·皮诺(Angel Pino)从中文翻译。巴黎 Bleu de Chine 出版社1996年版。

真诚，因为民众对其思想、行动、生命和想法的赞同，读者在他的身上看到的是一个苦难的、与社会斗争的作家形象，如同启蒙时期的众多哲人一样：贫贱不能移，威武不能屈，富贵不能淫。虽然生活清贫，但是恪守原则。

在巴金的书和文章中，我们能经常读到这样一个场景，因为其梦幻、奇特的氛围，这个场景仿佛发生在神话中：

> 晚上11点钟以后我和卫从夜校出来，走在小雨打湿了的清静的街上，望着杏红色的天空，望着两块墓碑似的圣母院的钟楼，一股不能扑灭的火又在我的心里燃烧。我的眼睛开始在微雨中看见了一个幻境。有一次我一个人走过国葬院旁边的一条路，我走到了卢梭的铜像脚下，不自觉地伸出手去抚摸冰冷的石座，就像抚摸一个亲人，然后我抬起头仰望那个拿了书和草帽站着的巨人，那个被托尔斯泰称为"18世纪的全世界的良心"的法国思想家。我站了好一会儿，我忘记了我的痛苦，一直到警察的沉重的脚步声使我突然明白自己活在怎样的一个世界里的时候。[①]

《我的眼泪》是发表于1931年的一部小说，在书中他也描述了相同的场景：

> 我只是无目的地走着。街上只有寥寥的三两个行人，尤其是国葬院旁边一段路最清静，而且有点阴森可怕。我走过国葬院前面，走到卢梭铜像的脚下。我抚摸那个冰冷的石座，我差不多要跪下去了。我抬起头仰望那个屹立的巨人，喃喃地说了许多话。这些话的意义我自己也不明白，不过我知道

[①] 巴金：《写作生活的回顾》，《灭亡》第209页，由安热尔·皮诺（Angel Pino）和何碧玉（Isabelle Rabut）翻译，巴黎Bleu de Chine出版社1999年版。这篇文章首先于1932年发表在上海的杂志上，之后结集于1935年出版的《巴金自传》。由翟梅莉（May-lee Chai）翻译，见印第安纳波利斯大学出版社2008年版第76页。关于巴金和法国及他在法国的岁月的报道，请参看刘秉文（Liu Bingwen）：《巴金和法国》，比较文学博士论文，由达尼埃尔·H·帕诺（Daniel H. Pageaux）指导，巴黎三大，1992年。

话是我从我的心里吐出来的。在这里,在这一个角落里,并没有别人,只有那个手里拿着书和草帽的"日内瓦公民"和我。一直到圣母院的沉重、悲哀的钟声响了,我才踉跄地站起来,向着热闹的圣米歇尔大街的方向走了。①

在1979年,他又追忆起那段时光,写道:

我在1927年春天开始在巴黎写小说,我住在拉丁区,我的住处离先贤祠(国葬院)不远,先贤祠旁边那一段路非常清静。我经常走过先贤祠门前,那里有两座铜像:卢梭和伏尔泰。在这两个法国启蒙时期的思想家、这两个伟大的作家中,我对"梦想消灭不平等和压迫"的"日内瓦公民"的印象较深,我走过像前常常对着铜像申诉我这个异乡人的寂寞和痛苦;对伏尔泰所知较少,但是他为卡拉斯老人的冤案、为西尔文的冤案、为拉·巴尔的冤案、为拉里—托伦达尔的冤案奋斗,终于平反了冤案,使惨死者恢复名誉,幸存者免于刑戮,像这样维护真理、维护正义的行为我是知道的,我是钦佩的。②

我列举了巴金在一生中对卢梭的数次致敬,是为了证明《新爱洛伊丝》和这位中国作家的成熟之作《憩园》(1944年发表于上海)之间的亲近。我不知道巴金是否读过卢梭的这部小说。据我所

---

① 巴金:《我的眼泪》,引自《罗伯斯庇尔的秘密和其他新闻》第79页,由妮科尔·杜利奥斯特(Nicole Dulioust)和贝尔纳黛特·鲁伊(Bernadette Rouis)翻译,巴黎Mazarine出版社1980年版。巴金还写过一部小说,关于罗伯斯庇尔对卢梭的一次传奇的拜访。这本书受到亨利·贝罗(Henri Béraud)《我的朋友罗伯斯庇尔》的启发。

② 巴金:《把心交给读者》,《随想录》第47、238页,由潘爱莲(Pan Ailian)翻译,中国文学出版社1992年版。巴金的记忆与现实有所区别。如果说保尔·贝尔泰(Paul Berthet)塑像的揭幕仪式是于1889年在先贤祠广场举行的,那么那幢铜质的塑像,不是矗立在先贤祠的入口,而是在建筑的右侧。建筑左侧的塑像是皮埃尔·高乃依,而不是伏尔泰。巴金还汉化了卢梭的外貌,让他戴上了一顶草帽。事实上,哲人的左臂下夹着一顶三角帽。在那个时期,这座塑像强烈地,甚至达到了一种病态的程度,吸引了住在先贤祠广场的伟人旅馆中的安德烈·布勒东,正如他在《娜嘉》中描述的那样。

知,他从没有谈论过这部作品,他对这位哲人的兴趣似乎特别关注于其政治思想家的身份和他反抗当时权威的生动形象。《新爱洛伊丝》近期才在中国被完整地翻译出来。在1930年,由上海黎明书局出版的译本,是伍蠡甫据英译本译出的一个简本。因此,作为卢梭的崇拜者,巴金也许读过这个译本或者直接读过法文,也许读过全文或是选编。我们想起达尼埃尔·莫尔内(Daniel Mornet)在1925年,就在巴金来巴黎的两年前,出版了《新爱洛伊丝》的一个加注版。巴金可能读过莫尔内或者路易·弗朗德兰(Louis Flandrin)为卢梭的小说写的文章,当时发表在卢梭的作品选中。①上海,作为向世界开放的都市,应当能够保证巴金获取书籍的途径,更何况他住在法租界。巴金于1939年回到上海,在逃离到其他城市以躲避日军的轰炸前,他一直住在这里。

《憩园》让人联想起《新爱洛伊丝》的第二部分,后者描述了圣普乐在失踪六年后重返故乡,其间他随安森上将的舰队周游世界,和他在克拉朗的发现。巴金的小说也描写了回归:人物兼叙述者在离乡16年后,重归故里。

小说写于1944年,受到了自传的启发。奥尔格·郎(Olga Lang)写道:

> 小说的创作来源、人物及情景都受到了巴金最近的一次成都之行的启发。"憩园"这个名字来源于作者的过去:这是他祖父的园子中一幢屋子的名字,他的第三个叔叔住在这里,并取名憩园,巴金于1941年拜访了他的三叔。小男孩父亲的形象和巴金的五叔十分相似,故事的作者兼叙述者有几分巴金的神态。甚至他的名字都是巴金在1934年至1935年间在日本使用的笔名。②

---

① 卢梭:《卢梭片段选》,达尼埃尔·莫尔内(Daniel Mornet)作序和注释,巴黎图卢兹 Didier,Privat 1911年版(1923年出版了第八个版本);卢梭:《卢梭作品选》,L. 弗朗德兰(L. Flandrin)作序和注释,巴黎 Hatier 出版社 1930年版。

② 奥尔格·郎(Olga Lang):《巴金和他的写作·两次革命中的中国年轻人》第213页,哈佛大学出版社1967年版。

茅国权(Nathan K. Mao)进一步明确了引文中谈到的巴金五叔之死:他挥霍无度,完全是小说中杨老三的模样:一掷千金、玩弄女人、满身恶习。即便妻子将其撵出门去,他依旧为所欲为①。巴金在1944年写的一篇前言中承认:"我自己就是在这个公馆里出生的。我写的是真实的生活。《憩园》中的杨老三杨梦痴就是《家》里面的高克定。他的死亡是按照他真实的结局写的。"②

　　《憩园》和《新爱洛伊丝》的故事情节大相径庭,即便我们从第四部分圣普乐旅行回来时比较起。然而,两部小说的相似之处首先表现在主题层面。茅国权在评论巴金的书中,花了大量笔墨写《憩园》,他写道:"小说有三个主题:财富带来的罪恶,女性的地位和父子关系。"③这三个主题在卢梭的创作中是十分鲜明的,在不少的作品中都有体现,从《论不平等的起源》到《爱弥儿》,富人的悲剧和有钱人对同胞的伤害。在《爱弥儿》中有一段话非常著名,日内瓦哲人想象如果他是个有钱人,他会变成什么模样,会做些什么事情:

　　　　我曾上百次恐惧地想如果我今日不幸完成了这项工作,那么在某些国家,我明日就可能不可避免地成为暴君、贪污分子、人民的破坏者、对王子有害的人,以及全体人类、公正和各种美德的敌人。

　　　　同样,如果我有钱了,我将做所有能发财的事情;我将变得蛮横、低俗、自私、敏感,对他人冷酷严厉,对贫民的苦难冷眼旁观。我除了叫他们"下等人或恶棍"之外,不会再用其他称谓了,好让别人忘记我也曾是下等阶层的一员。最终,我把财富当作玩乐的工具,一心沉迷其中;到那时,我就变得和他

---

① 茅国权:《巴金》第116页,波士顿Twayne出版社1978年版。
② 巴金:《憩园》第302页,由郁白(Nicolas Chapuis)和罗杰·达罗贝(Roger Darrobers)翻译,巴黎Robert Laffont/Bibliothèque Pavillons出版社2005年版。
③ 茅国权:《巴金》第117页。

人一样了①。

巴古宁(Bakounine)希望表达得更精确些,他否认财富使优势阶层越来越不道德和愚蠢。他写道:没有财富,人类恐怕连最小的进步也不能实现,然而,"败坏道德的,其实是财富掌握在优越的、而且自然而然地变得游手好闲的人手中;这是物质的、甚至是精神的和道德的享乐,但这是不劳而获的,或者是超过了劳动的量、强度和辛劳的。这最终会败坏道德,并导致优越阶层变得懒散和愚蠢。大众日益增长的、越来越激烈的反抗使得他们认为罪恶是其存在的固有的本性,他们没有欲望也没有能力去改变这一现状"②。在《憩园》的后记中,巴金对富人的财富和幸福发表了相同的、保留的看法:"高大房屋和漂亮花园的确常常更换主人。谁见过保持到百年、几百年的私人财产!保得住的倒是在某些人看来是极渺茫、极空虚的东西——理想同信仰。"③小说突出了两个家庭的衰落:一个是杨家,不得不变卖自己的家产,看着父亲悲惨地死去;一个是姚家,终究不能和谐地生活,逃不离失去孩子的巨大不幸。

《新爱洛伊丝》的第二部分,表面上洋溢着理想构建出的完美的幸福,但最终也是以悲剧收场。这次不是孩子,而是朱莉死了,她的死标志着故事的结束,毫无疑问也宣告了家庭的解体。沃尔玛先生,在第六部分第十一封信的结尾,描写了朱莉死后圣普乐的状况,并试图去重建一个活在他的记忆中的家庭。克莱尔在集子的最后一封信中老生常谈,在这封信与前一封信之间插入了朱莉写给情人的最后一封信,她的遗言宣布了死亡的消息和与情人相守的渴望。《憩园》塑造了一个同类型的结尾。作者兼叙述者离开

---

① 卢梭:《爱弥儿》,《卢梭全集》第4卷第678页,巴黎伽利马出版社,七星书社,1969年版。此外,卢梭约在1750年就撰写了一篇关于财富的文章,表达了他的一些想法,并写道:"富人和所有那些满足于现状的人都非常希望事物按部就班,而不希望灾难只会引起革命。"(《关于财富》,《卢梭全集》第五卷第481页,巴黎伽利马出版社,七星书社,1995年版)

② 巴古宁:《巴古宁全集》第1卷第263页,由阿蒂尔·莱宁(Arthur Lehning)编辑,巴黎Champ libre出版社,1973年版。

③ 王晓玲在这段文字的翻译和交流上作出了贡献。

了园子:他的朋友姚,被丧子之难击垮了,没有来和他道别,但是他的妻子来了。她请他明年一定再来园子住住,仿佛这样生活就能重新好起来,就会有希望的明天。在这两部小说中,一切都无可挽回,痛苦只出现在生活的表层。两本书都在对世界绝望的视角下结束。

礼数问题,是亚洲的特色,但不是巴金的小说结尾处姚太太来送行的唯一解释。年轻的妻子在整本书中占据的位置,和朱莉在克拉朗的世界中占据的位置同等重要。批评指出朱莉的通信在书信体小说中渐渐地减少,但她的重要性在她的朋友们往来的信件中却越来越凸显。圣普乐描写了家庭的经济状况,她陪同他参观的爱丽舍花园,评价了孩子们接受的教育。她是所有人围绕的中心,在第五部分第三封信中写到的一个英式的早晨,在该书的第一版中被用版画的形式表现了出来,成为了一幅经典的插图:

> 有些东西不言自明!有些炽热的感情不需要冰冷的言语交换就能互相交流!不知不觉朱莉也让主导所有在场人的感情所侵蚀了。她的目光完全停留在三个孩子的身上,她的心沉浸在甜美的欢乐之中,她迷人的面庞因为母爱无与伦比的动人而更加美丽。[①]

朱莉的自制力及从其身上散发出的气息在姚太太的身上也有所体现,正如巴金在《憩园》中所刻画的那样。首先,在亚洲传统社会中,女性,特别是妻子的行为被强行地弱化了。当姚太太接待丈夫的访客时,从看见他,到走出来,到和他交流,她的态度似乎从来走不出这个框框。黎没有直接表露他对姚太太逐渐产生的感情,由于他同时是文章的叙述者,因此读者也无法得知。这和《新爱洛伊丝》的第二部分相同,激情在涌动,但是没有喷薄而出。

事实上,女性在叙述中被置于首要地位,当叙述行进到她不在场的点时,反使得她更在场。巴金对姚太太的外貌有一系列的描

[①] 卢梭:《新爱洛伊丝》,《卢梭全集》第2卷第560页,巴黎伽利马出版社,七星书社,1964年版。

写,稍稍类似王家卫的电影《花样年华》中的张曼玉,她每次出场时都穿着新衣服,丰富的颜色吸引了叙述者的注意力,突出了她,刻画了她。黎首先看到"一个穿淡青色旗袍、灰绒线衫、烫头发的女人":

> 一张不算怎么长的瓜子脸,两只黑黑的大眼睛,鼻子不低,嘴唇有点薄,肩膀消瘦,腰身细,身材高高,她跟她的丈夫站在一块儿,她的头刚达到他的眉峰。年纪不过二十三四,脸上常常带笑意,是一个可以亲近的、相当漂亮的女人。①

这是叙述者在第四章第一次见到她时的描述。又四章之后,她穿了一条浅绿色旗袍,上面罩了一件白色短外套;在第十五章,她身上穿一件灰色薄呢的旗袍,外面罩了一件黑绒窄腰短外衣,陪黎去看电影。明晰的色调突出了姚太太的特征,也增加了她的灵性。②她散发出的光彩,同样表现在卢梭笔下的朱莉身上,在第一部分的第六封信中,当圣普乐在克拉朗家的门口遇见了自己昔日的情人,在拥抱后,他写道:

> 在平静地端详这张可爱的脸时,我还以为它变丑了,我惊奇地看到她真的比之前更美丽、更光彩夺目了,我既喜又悲。她迷人的线条更匀称了,身材更丰满了些,衬托出她那耀眼的白皙的肤色。③

朱莉的光彩被评论者捕捉到了。让-路易·勒赛尔克莱(Jean-Louis Lecercle)写道"对朱莉的崇拜有点像对太阳崇拜的意味",马尔克·埃热尔丹内(Marc Eigeldingger)拓展了这个观点,他肯定地说:"在恢复情爱修辞的传统时,卢梭经常使用太阳的隐喻来代表心中爱恋的女性的完美,使她成为一种宗教崇拜的对象。"这位批

---

① 巴金:《憩园》第29、30页,由玛丽-若泽·拉利特(Marie-José Lalitte)从中文翻译,巴黎Gallimard-Folio出版社1981年版。除了特别的说明,在本文我们使用的均是该版本。

② 服饰的细节描写依次出现在第29、30、35、46、80、119、141页。

③ 卢梭:《新爱洛伊丝》,《卢梭全集》第2卷第421页。

评家还写道："朱莉象征着太阳的纯洁,犹如《费德尔》中的伊波利特。在死之前,她犹如太阳般光彩夺目,在整部小说中她一直作为太阳的隐喻的化身。"①巴金笔下的姚太太身上也透着这种太阳的色彩。作者不断强化着她的光彩或是她的光亮。当黎在为他收拾出的房间内一安顿下来,他就意识到刚刚为他准备房间的女主人带给他的好心情:

> 她每一笑,房间便显得明亮多了,同时我心上那个"莫名的重压"[……]也似乎轻了些。现在她立在窗前,一只手扶着那个碎瓷大花瓶,另一只手在整理瓶口几枝山茶的红花绿叶。玻璃窗上挂着淡青色窗帷,使得投射在她脸上的阳光软和了许多。这应该是一幅使人眼睛明亮的图画罢。②

在第二十九章,当姚太太和她的丈夫拜访黎,感谢他把前日刚完稿的小说借给她看时,她的服饰和面色之间的联系被着重地突出了。作者写道:

> 她的脸色比昨天好看些,也许是今天擦了粉的缘故。病容完全消失了。脸上笼罩着好像比阳光还明亮的微笑。她穿了一件浅绿色的(浅得跟白色相近了)印深绿色小花的旗袍,上面罩了一件灯笼袖的灰绒线衫③。

姚太太的光彩,和朱莉一样,是可能发生的爱情的预兆。圣普乐在到达克拉朗家时就注意到这一点:他希望能够重燃和沃尔玛夫人的爱情。在《憩园》中姚太太的影响最明显的,就是黎更加强烈地想见到她。小说在悲剧的和喜剧的场景间切换,喜剧的场景

---

① 请参看让-路易·勒赛尔克莱:《卢梭和小说的艺术》第168页,巴黎 Armand Colin 出版社1969年版,以及马尔克·埃热尔丹内(Marc Eigeldinger):《卢梭,神秘和协调的世界》第209页和第210页,纳沙泰尔;A la Baconnière, Payot 出版社1978年版。读者还可以参阅由阿内·沙马尤(Anne Chamayou)编辑的《文学和杰出的作家》,阿拉斯:Artois Presses Université,2002年版,特别是雅克·伯克托尔德(Jacques Berchtold)的研究:"朱莉,或反卢梭的《阿尔米德》,对《新爱洛伊丝》中出色的谎言的指责。"
② 《憩园》第35—36页。
③ 同上书,第193页。

对应着年轻太太的华丽出场。在第十六章,年轻太太向黎吐露了一些私事、她的希望和梦想。她把他视作知己,或者用卢梭的话来说"灵魂上的情人",她向他袒露她多么喜欢他的书,想过一种更加无拘束的生活。如果说朱莉掌控着圣普乐,她的丈夫和朋友们,那么姚太太的权力就要小得多,只掌控着她的丈夫,她不赞同丈夫的意见,建议黎的小说以另一种方式结尾。她是创造者,但是,是间接的创造者。这种影响在一部感情始终压抑着的小说中具有重要的作用。她表达了没有说出的和不能被说出的内容;她标志着心中的语言,无声的爱情。在第二十一章中,黎已经感觉到"她的话照亮了我的内心"①,他告诉自己姚太太为他打开了一个新世界,这个天地仿佛是由她打造的,四周围绕着她的光芒。他意识到自己对她的感情的变化,但是直到小说的结尾,这都是一个秘密:

  她仰起头看天空,脸上带了一种哀愁的表情,这在银白的月光下,使她的脸显得更纯洁了。她第一次对我吐露她的心里的秘密。她的生活的另一面终于显露出来了。赵家的仇视,小虎的轻蔑,丈夫的不了解。……这应该是多么深的心的寂寞啊……

  同情使我痛苦。其实我对她有的不止是同情,我无法说明我对她的感情。我可以说,纵使我在现社会中是一个卑不足道的人,我的生命不值一文钱,但是在这时候只要能够给她带来幸福,我什么也不顾惜。

  可是怎么能够让她明白我这种感情呢?我不能对她说我爱她,因为这也许不是爱。我并没有别的心思。我只想给她带来幸福,让她的脸上永远现出灿烂的微笑。②

就像《新爱洛伊丝》一样,《憩园》是一个不可能的爱情的故事,只能超越小说之外存在。外部的现实生活,直接导致压抑,还有死亡幽灵的缠绕,最终毁灭了所有的希望。在巴金小说的最后一幕,

---

① 《憩园》第 90 页。
② 同上书,第 120 页。

有情人最后一次见面:姚太太来向要离开小城的黎告别。虽然刚经历了丧子之痛,但是,她还是尽力表现得愉快,让客人感到"这微笑点亮了四周"①。然而不完美的是:这是光亮最后一次出现。

　　故事发生在一个封闭的和限制森严的地方,就像在克拉朗:在庄园主的一座园子里,在其中叙述者是陌生人、宾客和观察者。园子,在两本书中,像一对引号将生活在其中的人包裹起来,即便人物会生活在物质的范围之外。黎在小说的最后一页中说到宅子和居民从视野中消失:"那两个脸盆大的红字'憩园'仍然傲慢地从门楣上看下来。它们看着我来,现在又看着我去。"②

　　两个故事的发生地都闭合在象征的、引发联想的园子内,叙述者被邀请进入园子。然而朱莉的爱丽舍花园不再是高尚的心灵的聚居所,巴金的憩园也不再是平和之地。激情暗涌,情绪的张力显现出来。在卢梭的作品中,园子是为一具敏感的灵魂建造的新建筑;在巴金的园子中,生活着至少两代人,因为年轻的杨在这里读到了他的父亲在孩提时,刻在山茶花枝干上的字。在《憩园》中,园子是一处记忆之所,历史在其中延续;相反,在《新爱洛伊丝》中,园子是一处新地方,对它的发现和感受是为了消除圣普乐恼人的过去。一处留恋着过去,惹人思乡;一处向往着未来,寻求一个更和谐的世界。一处用来保存;一处用来转变。对于朱莉来说,爱丽舍花园是一个创造之地,在这里她像花儿一样绽放:这是克拉朗家心中的秘密花园;对于姚太太而言,憩园是一个她不能走出的牢笼。在第十六章中,在电影散场后,她向陪伴她的黎说,这是两年来她第一次在路上走。这完全和小说家老舍在小说《离婚》中(法文翻译为《微开的牢笼》)描写的30年代的中国女性的状况一样,巴金在《憩园》中描绘了女主人公楚楚可怜的模样,但是丝毫没有归咎于她生活的社会之基础。

　　教育也是两位小说家通过人物表达的主题之一,在《憩园》的第十七章中,姚和黎遇到的小虎的问题就和《新爱洛伊丝》中第四

---

① 《憩园》第249页。
② 同上书,第249—250页。

部分的第十一封信相契合,在这封信中圣普乐向米勒·爱德华转述了朱莉在孩子教育问题上向他提出的问题。然而巴金没有利用人物之口说出与卢梭的思想殊途同归的话。他满足于讨论父母的宽容和它对孩子长大成人后可能造成的后果。在《新爱洛伊丝》中,对孩子的教育是沃尔玛和朱莉共同思考的结果,孩子的教育在对儿童、个人的幸福和社会的哲学和政治的思考中,占据了一席之地。在中国的小说中,小虎和年轻的杨比朱莉的孩子更真实,因为朱莉的孩子都是卢梭笔下理论化的形象。小虎是一个特别难管教的孩子,在《新爱洛伊丝》和《爱弥儿》中都没有出现这样的孩子。《憩园》不是一个未来社会的缩影,这个未来的社会根据比其余社会更理性和更和谐的规则运转;在这里,教育不是在为实现未来社会的计划作贡献的视角下——例如在卢梭的作品中——被审视的。姚家人不是智慧的有产者,即便他们与和他们经常往来的人之间的关系是正确的和人性化的。在黎的笔下,他们与仆人之间的关系是再合适不过的了。园子的主人和克拉朗家的主人一样善良,但是前者没有像后者一样,将如何温顺地服侍主人理论化。姚氏夫妇代表的是中国的暴发户夫妇,事实上,正是他们的社会状况引发了巴金的批评。

  这个批评是相当严肃的,我们可以认为它烘托了在中国盛行的马克思主义思想。我们也许错了,因为作品写于1944年,小说的第一版的前言里写道:

> 这部小说借着一所公馆的线索写出了旧社会中前后两家主人的不幸的故事。……不劳而获的金钱成了家庭灾祸的原因和子孙堕落的机会。富裕的寄生生活使得一个年轻人淹死在河里,使得一个阔少爷病死在监牢中,使得儿子赶走父亲、妻子不认丈夫。憩园的旧主人杨家垮了,它的新主人姚家开始走着下坡路。连那个希望揩干每只流泪的眼睛的好心女人将来也会闷死在这个公馆里,除非她有勇气冲出来。[1]

---

[1] 巴金:《憩园》的前言,前揭,第302页。

1978年当我们再看这篇文章时,巴金补充道,他的小说不仅仅是"濒于灭亡的旧社会的哀歌"。如果这个定义持续有效,那么它不是也适用于《新爱洛伊丝》吗?因为卢梭的小说同样直抵毁灭和死亡。我没有答案,但是我想这个问题值得深思。

马玉红

《憩园》：忏悔与饶恕的爱的挽歌

一

中篇小说《憩园》是巴金抗战时期的一部重要作品，这篇小说写于1944年5月至7月，巴金用一个旧公馆两个家庭的故事，写了"一曲世家子弟的悲剧与人生的挽歌"[1]，扣人心弦，发人深省。

小说叙事人是作家黎先生，他回到久别的故乡，遇到自己的同窗姚国栋，住进姚家五年前购置的公馆"憩园"里。他见到一个十五岁的孩子每天偷偷地溜进花园摘一枝茶花，黎先生出于好奇心跟踪他，在一所破庙里，发现了接受花的是一个衣衫褴褛的老人。经过反复的打听，黎先生从姚家看门的李老汉口里知道，这就是公馆过去的主人杨梦痴。随着这位作家的眼睛和好奇心，作品引出"憩园"的旧主人杨梦痴的故事，原来他不务正业，吃喝嫖赌无所不为，很快将祖上的家产花光；家道衰落后，公馆被家里人卖掉，自己也被大儿子从家里赶出来，他虽然悔恨不已，却因一身积重难返的习气而失去了改过自新的能力，沦为乞丐和"惯窃"，最后病死在狱中。那个掐花的孩子是他的小儿子寒儿，不顾母亲、哥哥的反对爱着自己的父亲，原谅他的过错，并想用自己的纯洁的爱拯救他。

---

[1] 刘复生：《速读中国现当代文学大师与名家丛书——巴金卷》第151页，蓝天出版社2004年版。

《憩园》是巴金小说中意象丰沛的中篇，是"充满感伤气息的牧歌式作品"[1]。在《憩园》中，巴金塑造了杨梦痴这一具有性格深度与灵魂丰富性的人物形象，巴金通过这个人物写出了旧式大家庭的生活观念对人性的腐蚀力量。杨梦痴的堕落并不是由于天性，他的悲剧性的根源在于封建家族文化的制度，杨梦痴原本聪明、好强，即使流浪寄寓大仙祠仍翻看《唐诗三百首》，显示了他良好的文学素养，正如巴金在谈到这一人物的原型时所说的："换一个时代他也许会显出他的才华。可是封建旧家庭的环境残害了他的生机，他只能做损人害己的事情。"[2]杨梦痴属于封建大家庭里的旧式人物，他幼时清秀、聪明，深得父亲的宠爱，靠父亲留给他的钱财过着放逸享乐的生活，等把家产挥霍一空，公馆也卖掉了，他才稍稍醒悟了一点，陷入自责与忏悔之中。但旧日的生活所铸就的品性已是根深蒂固、积重难返，而且长期放纵无度、游手好闲的生活也使他丧失了坚毅、刻苦的精神。并且旧家庭的那一套伦理道德、门第观念已经深深印在他的脑子里，他想重新做人，却也无法丢开虚荣的身份意识，即使面对自谋生路的机会，如被推荐去做办事员，也碍于大家子弟的面子而拒绝接受。"吃苦我并不怕，我就丢不下这个脸。"在失去不劳而获的物质条件之后却仍坚持去过不劳而获的生活，于是只有走上乞讨与偷盗的堕落之途。

巴金在刻画杨梦痴堕落的一面的同时，还描绘了他作为人的另一面。作为一个父亲，他也爱孩子，高兴之时常给小儿子讲故事，还说要好好教他读书。当生活将他抛入一个悲惨的境地里，他开始醒悟了，他知道家庭的不幸是他一手造成的，深感愧对妻儿，努力想挣扎起来做一个"好人"，但是环境造就了他的悲剧性格，悠闲放荡的生活消磨了他的意志，他没有力量使自己从堕落的泥坑中跳出来，回到家庭中，做一个正派的丈夫，慈爱的父亲。而且，在自卑中他还有自尊，自尊使他不能在妻儿的冷眼恶语中过下去，他

---

① ［法］明兴礼：《巴金的生活和著作》，转引自马佳《十字架下的徘徊》第79页，学林出版社1995年版。

② 巴金：《谈〈家〉》，转引自刘复生《速读中国现当代文学大师与名家丛书——巴金卷》第154页，蓝天出版社2004年版。

冒雨跑出了家门,宁肯死也不回家。巴金成功刻画了杨梦痴矛盾和复杂的内心世界,巴金在作品中是给这个形象以有力的批判的,巴金也让杨梦痴陷入悔恨中,让他否定自己,因为自我批判比通过别的形象来批判他更有力量。《憩园》是一曲世家子弟的悲剧与人生的挽歌,就如杨梦痴离开憩园时对小儿子寒儿说的:"我到现在才明白,不留德行,留财产给子孙,是靠不住的。"在《后记》里巴金说得更明白:"钱不会给我增加什么。使我能够活得更好的还是理想。并且钱就跟冬天的雪一样,积起来慢,化起来快。像这本小说里所写的那样,高大房屋和漂亮花园的确常常更换主人。谁见过保持到百年、几百年的私人财产!保得住的倒是在某些人看来是极渺茫、极空虚的东西——理想同信仰。"

二

杨梦痴本是封建大家庭的败家子,巴金在小说中对杨梦痴的批判是鲜明深刻的,但有一股潜流的涌动却促使巴金将杨梦痴的命运写成一曲世家子弟的悲歌与挽歌,如小说写到当年憩园的主人一夕之间就沦落到沿街乞讨、偷窃为生的地步,直如"南柯一梦","我也吃了一惊。我站起来,走出了大门。我向街中张望。我只看见一个人的背影:瘦长的身材,粘染尘土的长头发,和一件满是油垢快变成乌黑的灰布夹袍。他走得很快,仿佛害怕有人在后面追他一般"。谁能想到,他就是当年锦衣玉食、一掷千金的大家子弟杨三爷!巴金的笔墨透露出悲天悯人的色彩,使这部小说无意间成为一曲人生的挽歌。从这一意义上说,杨梦痴对故园的感情不只是对祖宗家产的感情,对过去富贵生活的眷恋,望着寒儿摘来的茶花他会痴痴流泪,吟咏"共看明月应垂泪,一夜乡心五处同"他会黯然神伤,杨梦痴对于憩园的感情超出了对卖它换取金钱的诱惑,因为憩园里有他生长的全部记忆,花园的出卖带走了他全部的生命根基。"爹牵着我的手走进花园,那个时候花园的样子跟现在完全一样。我还记得快到八月节了,桂花开得很好,一进门就闻到桂花香。我跟着爹在园子里走了一阵。爹忽然对我说:'寒儿,你多看两眼,再过些日子,花园就不是我们的了.'我听见他这样说,我心里也很难过。我问过他:'爹,我们住得好好的,为什么二伯伯他们一定要卖掉公馆?为什么他们大家都反对你,不听你的话?'爹埋下头,看了我一阵,才说:'都是为钱啊,都是为钱啊!'我又问爹:'那么我们以后就不能够再进来了?'爹回答说:'自然。所以我叫你多看两眼.'我又问他:'公馆卖不掉,我们就可以不搬家吗?'爹说:'你真是小孩子,哪儿有卖不掉的公馆?'他拉我到茶花那儿去。这一阵不是开花的时候,爹要我去看他刻在树上的字。……一棵白的死了。现在只有一棵红茶花了。爹指着那几个字对我说'它的年纪比你还大.'……'你看这几个字,我当初到的时候,我比你现在大不了多少。我想不到今天我们两个会站在这儿看它。过两天这个公馆、这个花园就要换主人,连我刻的几个字也保不住。寒儿,记住爹的话,你不要学我,你不要学你这个不争气的父亲.'……他说:'不要哭了。你闻闻看,桂花多香,就要过中秋了。我刚接亲的时候,跟你妈常常在花园里头看月亮。那个时候还没有花台,只有一个池塘,后来你哥哥出世的时候,你爷爷说家里小孩多了,怕跌到池塘里去,才把池塘填了。那个时候我跟你妈感情很好,哪儿晓得会有今天这个结果?'他又把我引到金鱼缸那儿去。缸子里水很脏,有浮萍,有虾子,有虫。爹拿手按住缸子,我也扶着缸子。爹说'我小时候爱在这个缸子里喂金鱼,每天放了学,就跑到这儿来,不到他们来喊我吃饭,我就不肯走。那个时候缸里水真干净,连缸底的泥沙也看得清清楚楚。我弄到了两尾'朝天眼',你爷爷也喜欢它们。他常常到这儿来。有好几回他跟我一起站在缸子前头就跟我们今天一样。那几回是我跟我父亲,今天是我跟我儿子,现在想起来我仿佛做了一场大梦.'我们又走回到桂花树底下。爹仰起头看桂花。雀子在树上打架,掉了好些花下来。爹躬着腰捡花。我也蹲下去捡,爹捡了一手心的花。过后爹去打开上花厅的门,我们在里头坐了一阵,又在下花厅坐了一阵。爹说'过几天这都是别人的了.'……"此中的痛惜与追悔,简直是把杨梦痴的悲剧诗意化了,本是败家子的杨梦痴,为什么巴金会用这样的笔墨来对其唱挽歌,这一股潜流就是巴金从基督教而来的忏悔意识。

《约翰福音》8章3—11:"文士和法利赛人带着一个行淫时被拿的妇人来,叫她站在当中。就对耶稣说:'夫子,这妇人是正行淫之时被拿的。摩西在律法上吩咐我们,把这样的妇人用石头打死。你说该把她怎么样呢?'他们说这话,乃试探耶稣,要得着告他的把柄。耶稣却弯着腰用指头在地上画字。他们还是不住地问他,耶稣就直起腰来,对他们说:'你们中间谁是没有罪的,谁就可以先拿石头打她。'于是又弯着腰用指头在地上画字。他们听见这话,就从老到少一个一个地都出去了,只剩下耶稣一人,还有那妇人仍然站在当中。耶稣就直起腰来,对她说:'妇人,那些人在哪里呢?没有人定你的罪吗?'她说:'主啊,没有。'耶稣说:'我也不定你的罪,去吧!从此不要再犯罪了。'"杨梦痴诚然是封建大家庭的败家子,可是我们为什么要定杨梦痴的罪呢?有谁不是罪人呢?有谁没有过犯呢?这世上一个义人也没有,杨梦痴毕竟是个悔悟的浪子。小说对杨梦痴的忏悔、同情、怜恤与饶恕,源于巴金心灵深处基督教忏悔思想的一次苏醒。

巴金是有着纯白的心、强烈的爱的根柢的作家,他的母亲给了他沸腾的热血和同情的眼泪。"在我幼小的时候,她是我的世界的中心。她很完满地体现了'爱'字。她使我知道了人间的温暖,她使我知道爱与被爱的幸福。""因为受到了爱,认识了爱,才知道把爱拿来分给别人,才想对自己以外的人做一点事情,把我和这社会连起来的也正是这个爱字,这是我的全性格的根柢。"[1]与基督教有过接触的巴金的母亲影响了巴金,巴金不是基督徒,但巴金一生热爱基督的人格。1928年24岁的巴金在法国留学时熟读了《新约》的《四福音书》,"那里我也注意到《新约》,我喜欢读《四福音书》,我也常引证它。"[2]巴金在给法国明兴礼的信札中这么说。当然,巴金对《圣经》和基督教仅仅是具有较接近的情感而非纯粹宗教徒更

---

[1] 巴金:《我的几个先生》,《巴金选集》(中)第508页,人民文学出版社2005年版。

[2] [法]明兴礼:《巴金的生活和著作》,转引自马佳《十字架下的徘徊》第78、78、79页,学林出版社1995年版。

神圣的理解,"至于他对福音的态度,更好说他对《新约》中的几章或解释《新约》的几本作品的看法,是很接近托尔斯泰的。我们教会中对福音的快乐和神圣的解释,在他的作品中便不会见到"[①]。也就是说,巴金对基督教的接受仅停留在道德教训和人格魅力层面,因为巴金的理想不在天国而始终在地上。但为人类的复活而被钉在十字架上的牺牲的基督是巴金所仰慕的,也是巴金毫无怨言的一生追求,他始终为人类的命运和基督一起流着热泪,悲天悯人地为一切善意却又不幸的孤苦无告的人祈愿、忏悔。巴金说:"其实我的小说里有时候竟因此含了深的忧郁性,但这忧郁性也并不会掩蔽了那一线光明。我底对于人类的爱鼓舞着我,使我有力量和一切挣扎。"[②]这"深的忧郁性"是巴金忏悔情愫的情感源泉。

因而在《憩园》中对于杨梦痴这个性格复杂、内心矛盾的"圆形人物",巴金"尽管常常近距离地审其丑,却又不时远距离地审其美,这种必要时就置换审美视角距离的手法使作者得以将杨梦痴外在举动和内心活动的内在联系恰好地表现出来"[③]。杨梦痴天资聪慧,有很高的文化修养,但却慵懒散漫,在自我设造的诗情画意中流连徜徉,但社会是无情和残酷的,所以一旦支撑杨梦痴这份诗情画意的物质基础失去后,他便一下子处于彷徨无着、措手不及的尴尬境地,他根本就没有设想过另一种生活和与之适应的方式,"于是错位可笑直至可悲可叹的行动便不断产生。这时候他其实不过是秋风里随意飘荡亦随人蹂躏的一片落叶"[④]。他信誓旦旦、痛哭流涕,"早知如此,何必当初";对寒儿说的:"这是我的报应。我对不起你妈,对不起你们。""忘记我,把我当成已死的人罢。"但是他的忏悔就如李老汉所说的"人走错了一步,一辈子就算完了。他要回头,真是不容易。"因整个大家庭的抛弃而无法实现其归属,从而回到正常的生活轨道。

---

① [法]明兴礼:《巴金的生活和著作》,转引自马佳《十字架下的徘徊》第78、78、79页,学林出版社1995年版。
② 同上。
③ 马佳:《十字架下的徘徊》第79、80页,学林出版社1995年版。
④ 同上。

《憩园》的忏悔意识并不仅止于杨梦痴面对自身面对过去深深的负疚和自谴自责,而是扩展为巴金感叹于杨梦痴的眼泪所作的超越式忏悔。巴金在这一人物的思想情感里添加了属于他自己的东西,正如巴金所说的:"其实这里并没有神秘不可理解的地方,作者的思想、感情、立场、观点在这里起了很大的作用。我的缺点不可掩盖地暴露出来了。"①这不可掩盖地暴露出来的缺点就成了杨梦痴的缺点,反之,杨梦痴的缺点中也就包含了巴金的缺点,正是如此感同身受地投入,才使我们分辨出巴金在对杨梦痴的惋惜中渗透进的忏悔情愫,应该说这是基于基督宗教式的怜恤与饶恕。杨梦痴本是我们身边之中的一个,他甚至也曾那么的洒脱俊逸,被宠爱的气氛团团包围着,就如巴金在谈杨梦痴的原型、他的五叔时所说的:"他人长得清秀,人又聪明,所以我祖父特别宠他。当时要是有人批评他,哪怕是一句话,也会引起我祖父发脾气。"②后来杨梦痴变了,他不再清秀,他的聪明也毫无意义,因为环境变了,更重要的是家庭周围的人也在变。没有了宠爱他的父亲,家里的人可以随意地奚落他甚至羞辱他,而旁观者也不置一词地冷眼旁观,甚至他死了,也没有任何人对他有任何负疚自责之情。巴金甚至以同情的口吻认同杨梦痴包养的老五更有良心,老五在成为别的阔人的小老婆后还存了三万块钱送给杨梦痴,而被赶出家门的杨梦痴有一次走路给他弟弟的私包车撞倒,他弟弟非但不让车夫道歉,还顺口吐了一口痰在他身上。耶稣说:"爱你的邻舍","爱你的仇敌",但对杨梦痴这个浪子,大家庭的人却爱意荡然无存,有的只是冷冰冰的嘲讽、恶劣的妒嫉和报复,"你们中间谁是没有罪的,谁就可以先拿石头打她。"这句从二千多年前耶稣的口中说出的话回荡环绕在我们耳畔,令我们警醒,是的,杨梦痴大家庭的人谁是没有罪的呢,他们这样欲用石头打死杨梦痴,要置他死地,这不是对杨梦痴犯下的罪孽又是什么?若干年后,巴金面

---

① 巴金:《谈〈憩园〉》,转引自马佳《十字架下的徘徊》第 80、81 页,学林出版社 1995 年版。

② 同上。

对旧的大家庭土崩瓦解而新的温馨的小家庭悄然建立,这时那片瓦砾残垣下的灵魂开始和巴金的记忆悠悠地对话,活的灵魂中就有巴金的五叔——那个《憩园》中的杨梦痴,历史的距离如一盏长夜之灯点亮了生者和逝者共同的情愫——那是超越生死属于基督的情愫。在这个时候巴金开始意识到那时的五叔身上其实也有着自己的影子、自己的情感、自己的生命,开始意识到自己当时面对日暮途穷、心力交瘁的五叔的麻木和冷漠,开始意识到所有对五叔看似公正的谴责羞辱中的不公正,在上帝的眼中我们其实都是罪人,"我常常犯罪了!因为我不能爱人,不能宽恕人"[1]。于是巴金压抑不住的忏悔之情汹涌而出化为《憩园》的主题,化为杨梦痴的形象。巴金对杨梦痴的忏悔也就是对基督的忏悔,因为我们没有向孤独不幸、迷失痛苦的人伸出援助的手,献出饶恕的爱。如果我们不是这样定杨梦痴的罪,杨梦痴也许就不会如此地潦倒沦落、心灰意冷,就不会早早地寂寞地离开世界。在这里,巴金也替所有其他的人向杨梦痴忏悔,说到底,还是我们害死了杨梦痴。在这个意义上,"憩园"的悲剧永远不会止息,因为人们并没有意识到自己依然会有杨梦痴同样的境遇、同样的生活内容,他们依然没有为自己忏悔——像杨梦痴临死前那样。巴金在《谈〈憩园〉》里说过:"作家也有为自己写作的时候,这些人,可以说是为自己留一个纪念品。"这里,巴金藉一个杨梦痴埋藏了自己的一段过去,也发现了自己的新的情愫——那种隽永悠深的对生活、对人内心的宗教式的体验和思忖。

三

小说《憩园》真正完成巴金对杨梦痴这一人物的忏悔之情和与之相应的饶恕之爱主要是通过寒儿这个人物来表现的。儿子爱父亲是人之常情,可是小说中像寒儿那样依恋父亲,原谅父亲,痴心

---

[1] 巴金:《〈灭亡〉·序》,转引自杨剑龙《旷野的呼声——中国现代作家与基督教文化》第177页,上海教育出版社1998年版。

盼望父亲回心转意，苦苦地四处寻找父亲，一心一意要改变父亲的命运，这是巴金忏悔之情中饶恕之爱的生动体现。

寒儿对父亲的爱是超越性的饶恕之爱。他既不是在即将崩溃的大家庭中得不到重视，得不到爱，不自觉地将自己的全部感情寄放在父亲身上；也不是他自己的母亲和哥哥待他不好，因此好像父亲是他唯一可亲近的人，便死死抓住父亲不放，不管父亲到了怎样不可救药的地步，也还是爱着父亲。事实上，寒儿一家是和和气气的，从某种意义上说，少了令母亲、哥哥讨厌的父亲，少了吵骂的家庭，一家人反而更显出温馨的一面。因此，寒儿对父亲的爱是没有世俗理由的，这种爱是基于一种绝对的道德律令，是一种建立在饶恕基础上的超越的情感。"你们若不饶恕人，你们在天上的父，也不饶恕你们的过犯。"（马可福音 11:26）寒儿是巴金笔下理想性的人物，心地纯洁得像个天使，他对沦落的杨梦痴的爱与同情超出了"孝"的范畴而具有了更深广、博大的内容。寒儿对父亲的不顾一切的爱与哥哥、母亲的绝情和愤恨，世人的嘲笑与冷漠形成强烈的对比。小说多次提到寒儿对父亲的受苦总有一种不忍之心，总是自责"越想越对不住爹"，"我们都过得好，不能够让他一个人去受罪！"当杨梦痴失踪后，他说："我哪儿还有心肠读书？我找不到他，不能救活他，就是读好书又有什么用，活下去又有什么意思？"当杨梦痴偷窃遭人打骂时，他挺身而出保护一身破烂、遭人唾弃的乞丐父亲，红着脸流着泪推开打他父亲的汉子的手，"他又没有犯死罪，你们做什么打他？你看你把他打成这个样子！你们只会欺负好人！"寒儿不以父亲有罪而抛弃他，只望给他以关怀，使他重新升起生活的信心与希望。"小孩替病人洗了脸，揩了身，换了衣服，连鼻孔也洗干净了，换上了两团新的药棉；过后他又给病人吃药。我注意地望着那两只小手的动作，它们表现了多大的忍耐和关切。"当作为父亲的杨梦痴感动得泪水从眼里迸出时，寒儿却抽咽地说："我们都不好，让你一个人受苦。"只有完全饶恕的爱才使得巴金在刻画寒儿这个人物时拥有如此的温情和纯洁，也使得爱具有了更宽广、深邃的内涵。"爱是恒久忍耐，又有恩慈；爱是不嫉妒，爱是不自夸，不张狂，不做害羞的事，不求自己的益处，不轻易发怒，不计算人的恶,不喜欢不义,只喜欢真理;凡事包容、凡事相信、凡事盼望、凡事忍耐。爱是永不止息。"寒儿的爱就是不计算人的恶,凡事包容、凡事相信、凡事盼望、凡事忍耐的饶恕之爱。

巴金写作《憩园》时已届中年,青春期的狂躁、偏执渐渐消失,对事物与人性的判断不再是简单的二元对立,谋生的艰难使他更多对人生一份同情,逐渐丰富的人生阅历使他矫正了早期过于偏激的态度,时间的沉淀使他能用更为客观的眼光去看待世间人物命运的悲欢离合、升降沉浮。《憩园》所表达的忏悔情愫与饶恕之爱使得作品具有了深邃的空间,巴金由杨梦痴这一曲折的人物经历以及性格悲剧所生发出的忏悔,传达出整个社会、整个民族因缺乏神圣的忏悔意识所必然遭受的痛苦,以及麻木冷酷的心态。在《憩园》中巴金藉小说叙事人黎先生之口说:"为什么我不能伸出手去揩干旁人的眼泪?为什么我不能发散一点点热力减少这人世的饥寒?"美丽善良的万昭华也说:"给人间多添一点温暖,揩干每只流泪的眼睛,让每个人欢笑。""我的心跟别人的心挨在一起,别人笑,我也快乐,别人哭,我心里也难过。我在这个人间看见那么多的痛苦和不幸,可是我又看见更多的爱。……"我们每个人、整个社会和民族都需要巴金在《憩园》中所表现的追悔忏悔之情、怜恤饶恕之爱。

金 进

《家》·五四精神·人道主义
——从巴金及其信仰变化透视二十世纪三十年代的文学视界

一 《家》里的主义：觉慧（社会主义）高于觉民（个性解放）

巴金自称"五四运动的一个产儿"[①]，他在1929年1月曾经创办过《自由月刊》，在发刊词中他认为自己的办刊是一次对十年前的"五四"运动的呼应。[②]另外，《家》的一开头就是对"五四"时期北京、成都学生运动的介绍，可见他对"五四"运动的向往与追缅。巴金曾自述与"五四"的缘分："一九二六年八月我第一次来北京考大学，住在北河沿一家同兴公寓。……在北京我只有两三个偶尔来闲谈的朋友，半个月中间始终陪伴我的就是一本《呐喊》。我早就读过了它，我在成都就读过在《新青年》杂志上发表过的《狂人日

---

① "冰心大姊不过比我年长四岁，可是她在前面跑了那么一大段路。她是'五四'文学运动最后一位元老，我却只是这运动的一个产儿。"巴金：《〈冰心传〉序》（1988），参见《巴金全集》第17卷第382页，人民文学出版社1991年版。

② "第一，我们声明：这刊物是模仿的，不是独创的。老实说一句，我们是看了开明书店的《开明月刊》后，才起了出版这个刊物的心思"。而在第1卷第2期上，巴金还言明第一期上《自由月刊》上的出版年份错写成1919年："印局的经理先生拿出初校、二校的样子来看。我自己看了一遍、二遍，都没有把'一'字之差看出来，这又好怪谁呢？ 只得叹了一口气说道：'老了十年'"，俨然暗示五四运动对自己及刊物的影响。参见《巴金全集》第17卷第72—75页，人民文学出版社1991年版。

记》和别的几篇小说。我并不是一次就读懂了它们。我是慢慢地学会了爱好它们的。这一次我更有机会来熟读它们。……以后的几年中间,我一直没有离开过《呐喊》,我带着它走过好些地方,后来我又得到了《彷徨》和散文诗集《野草》,更热爱地熟读着它们。我至今还能够背出《伤逝》中的几段文字。我有意识和无意识地学到了一点驾驭文字的方法。现在想到我曾经写过好几本小说的事,我就不得不感激这第一个使我明白应该怎样驾驭文字的人。拿我这点微小不足道的成绩来说,我实在不能称作他的学生。但是墙边一棵小草的生长,也曾靠着太阳的恩泽。鲁迅先生原是一个普照一切的太阳。"①巴金早期信仰无政府主义,而且《灭亡》写的就是无政府主义者的革命活动,那么在小说《家》里,他是如何通过小说人物的命运展示他所追求的无政府主义信仰的呢?②

首先是《家》中对封建旧家族的批判精神,这里表现着"我要向一个垂死的制度叫出我的 J'accuse(我控诉)","我所憎恨的并不是个人,而是制度"的批判精神,这是"五四"时期的重要文化命题。③巴金在写《家》第六章时,大哥自杀身亡,这个意外事件激起了他对家族制度和封建礼教的愤怒,"五四"的"礼教吃人"观念得到强化,后续章节中激越的言辞和情感不断增强,两代人的冲突变得更为尖锐,于是在《家》中让人看到的是一个个年轻生命为一个垂死的制度而牺牲。如梅死后,觉慧愤怒地指责家族的罪恶:"一些哭声,一些话,一些眼泪,就把这个可爱的年轻的生命埋葬了。梅表姐,我恨不能把你从棺材里拉出来,让你睁开眼睛看个明白:你是怎样给人杀死的!"《家》里的文字只要一触及高家,整个感情色

---

① 巴金:《忆鲁迅先生》(1949),参见《巴金全集》第14卷第6页,人民文学出版社1990年版。

② 无政府主义和马克思主义与其他各种形形色色的社会思潮一样都是"五四"运动组成部分。无政府主义是社会主义众多运动中的一种,晚清民初之际,较之十月革命之后才传入中国的马克思主义,无政府主义的传播要早得多,大约是在1907年前后就开始了。吴玉章、李大钊、毛泽东都曾经受过无政府主义的影响。在这里,笔者论述重点放在巴金的信仰与创作之间的关系。

③ 此语出自巴金:《关于〈家〉(十版代序)——给我的一个表哥》,参见《家》第344页,人民文学出版社1981年版。

彩就变得黯淡阴暗,如"夜死了。黑暗统治着这所大公馆。电灯光死去时发出的凄惨的叫声还在空中荡漾,虽然声音很低,却是无所不在,连屋角里也似乎有极其低微的哭泣。欢乐的时期已经过去,现在是悲泣的时候了","可是他一回到家,走进了大厅,孤寂便意外地袭来了。他好像又落在寒冷的深渊里,或者无人迹的沙漠上。在他的眼前晃动着一些影子,都是旧时代的影子,他差不多找不到一个现代的人,一个可以跟他说话的人",这些都渲染着高家宅院的冷漠和黑暗形象。小说不断倾诉这个家族中的压抑气氛,如鸣凤感到"黑暗依旧从四面八方袭来。黑暗中隐约现出许多狞笑的脸。这些脸向她逼近。有的还变成了怒容,张口向她骂着。她畏怯地用手遮住眼睛,又坐了下去。风开始在外面怒吼,猛烈地摇撼着窗户,把窗格上糊的纸吹打得凄惨地叫。……这时候什么都没有了,两个大字不住地在她脑子里打转,这就是大小姐生前常常向她说起的'薄命'。这两个字不住地鞭打她的心,她在被窝里哭起来",小说将纯洁少女对苦难命运不知何时降临的恐惧渲染了出来。

其次是对觉慧追求自由、民主的理想主义信仰的肯定以及对觉民代表的个人主义追求的批判。在巴金的笔下,少年的青春叛逆和"五四"精神的影响纠葛在一起,共同展示着人和时代的青春激情。觉慧坚决反对觉新式的"作揖哲学"和"无抵抗主义",他整日哀叹生活无聊,积极争取冲出家族禁锢:"唉!这生活!这就是我底一天的生活。像这样活下去,我简直在浪费我底青春了。……我不能这样屈服,我一定要反抗,反抗祖父底命令,我一定要出去。"他一直批判着旧封建家族不合理的制度、觉新和觉民的生命哲学,最后在看透旧家族罪恶之后,成功离家出走。觉慧的同音词是"绝回",巴金在塑造这个人物形象的时候,也是不断地设置种种让他绝望的事情。第一件就是鸣凤的死,觉慧与鸣凤之间的爱情颇似《雷雨》中的周冲对四凤的感情,不过觉慧比周冲行得更远,真正地走出去了。如果说表姐梅、大嫂瑞珏的死是一种恋母情结意义上的"母亲之死",是一种他对家族亲情意义上的"绝回",那么鸣凤的死亡则是宣告他对家族的爱情的"绝回"。小说正是在觉慧的成长道路上设置障碍,让这位高家的先进者承受着欢欣、痛苦,①而达至批判旧家族的写作目的。

　　觉民形象代表着"五四"精神中的个人主义信仰,在《家》中他的生活重点就是努力追求爱情自由。但他与琴之间的爱情,在觉慧看来是狭隘的个人主义,多有不屑:"他近来和我谈话,总是谈到琴姐的事,听他底口气好像琴姐是他一个人所有的。这也不必管。他对于这次学潮一点也不关心,似乎他底世界里面就只有一个琴姐。我看他太高兴了,将来会失败的。但是我并不希望他将来失败。"小说中觉慧对觉民一次次地批评,希望他能够走出家庭,走向社会,像他一样去参与改造社会的活动。在大家烧龙灯的时候,觉慧感到不人道,但觉民认为这种游戏只是"趣味的把戏",无须过虑,琴则认为"五舅他们得到了满足,玩龙灯的人得到了赏钱",一切很合理。后来,觉慧"热心地参加了周报的工作",觉民"白天忙着学校的功课,晚上按时到琴那里去教书,对于周报的工作并不热心赞助",两兄弟开始有了人生道路上的分歧。巴金对觉慧思想的肯定、对觉民的否定,代表着他对"五四"追求个人主义的批判,赞赏着"五四"运动中参与社会改造的信仰,所以说,巴金心里认为觉慧的信仰高于觉民的信仰。

---

① 早在《家》的第三章,巴金就有这么一段描写:"'匈奴未灭,何以家为?'这一句陈腐的话,虽然平时他并不喜欢,但这时候他却觉得它是解决这一切问题的妙法了! 所以他用慷慨激昂的调子把它高声叫出来。这所谓'匈奴'并不是指外国人。他的意思更不是拿起真刀真枪到战场上去杀外国人。他不过觉得做一个'男儿'应该抛弃家庭到外面去,一个人去创造出一番不寻常的事业。至于这事业究竟是什么,他自己也只有一点不太清楚的概念",写出了觉慧潜意识层面感受到的事业与爱情之间的冲突。另一段"'还不如像大小姐那样死了好!'她悲苦地叹道。周围的黑暗向她包围过来。灯光因了灯花增大而变得更微弱了",也通过鸣凤的心理活动,为她抗争而死的命运作了铺垫。鸣凤死后,觉慧这样地自省:"他还不能不想到鸣凤,想到鸣凤时他还不能使自己的心不颤动。但是这并不是说他一定要拉住鸣凤。不,事实上经过了一夜的思索之后,他准备把那个少女放弃了。这个决定当然使他非常痛苦,不过他觉得他能够忍受而且也有理由忍受。有两样东西在背后支持着他的这个决定:那就是有进步思想的年轻人的献身热诚和小资产阶级的自尊心",这段话中的内涵也值得我们去思考。

二　巴金的主义：外来思潮与本土文化孕育出的人道主义

"五四"时期各种社会思潮纷纷传入中国，并且影响着中国知识分子，巴金是受"五四"教育的一代，有学者研究认为，巴金在二十世纪二十年代，基本上是一个无政府主义者，只是在某种方面一般地吸取民主主义的思想成分；在二十世纪三四十年代，虽然无政府主义在政治舞台上失势，对社会的影响越来越小，但巴金的政治信仰始终没有变，并且也写过、译过不少宣传无政府主义的文章。但随着现实的反帝反封建的民主运动的发展，巴金从理想世界中清醒过来，特别是抗战后期，民主主义的要求基本上取代了他头脑中的无政府主义热情。[1]1927 年初，巴金循着理想前往巴黎求学，心想着进一步考察无政府主义运动。[2]留学期间，巴金不仅翻译了克鲁泡特金的《伦理学》，继续从事无政府主义理论的研究，他还开始系统研究法国大革命史，伏尔泰、卢梭等思想家深深地影响着他。

克鲁泡特金是对巴金影响最大的无政府主义领袖。[3]克鲁泡特

---

　　[1]　陈思和、李辉：《巴金和法国民主主义》，《文学评论》1982 年第 5 期。在另一篇论文中，陈、李二人直接指出："从巴金的早期活动和著作来看，他的世界观是复杂的，有爱国主义、人道主义、民主主义等思想起着作用，但其中起主要作用的，仍然是无政府主义。"参见《怎样认识巴金早期的无政府主义思想》，《文学评论》1980 年第 3 期。

　　[2]　[法]Pierre-Jean Remy(雷米)访问，李海宁译：《巴金答法国〈世界报〉记者问》，原刊于 1979 年 5 月 18 日巴黎《世界报》，译文最初连续发表于香港《大公报》，1979 年 7 月 1 日、7 月 2 日。

　　[3]　原话为："我在写《灭亡》以前和以后常常称自己为'无政府主义者'。有时候我也说我是一个克鲁泡特金主义者，因为克鲁泡特金主张无政府主义共产主义，不赞成个人主义。但是我更喜欢说我有我的'无政府主义'，因为过去并没有一个固定的、严密的'无政府主义者'的组织。在所谓的'无政府主义者'中间有各种各样的派别，几乎人人有人人的'无政府主义'。这些人很不容易认真地在一起合作，虽然他们最后的目的是一致的，那就是：各尽所能、各取所需的共产主义大同世界。其实怎样从现社会过渡到共产主义社会，任何一派的'无政府主义者'都没有具体的办法，多数的'无政府主义者'根本就没有去研究这样的办法。……我坦白地承认我的作品里总有一点外国'无政府主义'的影响，但是我写作时常常违反这个'无政府主义'。我自己说过：'我是一个中国人。有时候我不免要站在中国人的立场上看事情，发议论。'（转下页注）

金是一位来自俄国的贵族,也是西方无政府主义思潮的重要代表。十九世纪末俄国沙皇在农村进行资本主义改革,试图用资本主义来代替农奴制,这项政策对当时俄国的社会生活、伦理道德、文化心理都造成非常大的冲击,很多俄国作家都感到不适应,感到社会在变动中,但如果不是按照理想在变动,就会变得更坏。克鲁泡特金从民粹派出发,演绎出一套无政府主义的理论,这些理论与共产主义差不多,认为理想社会是没有阶级、没有剥削的社会。克鲁泡特金是一个生物学家,他从生物学的角度提出了与达尔文"进化论"相对立的"互助"理论。达尔文认为社会是强食弱肉、物竞天择,后来发挥成一整套的殖民主义理论。而克鲁泡特金认为生物群体要发展,不是靠竞争,而是互助。人类必须靠内部的互助,才能维持社会群体共同生存,推动社会的进步。另外,他认为支配人类社会的第二个原则是"正义",这是人与生俱来的道德标准,是人性本身自然而然产生的。第三个原则是"自我牺牲",这种自我牺牲就要讲分享,把所有的快乐分享。他通过"互助"、"正义"、"自我牺牲"这三个原则,规定人是有希望的,会导致出人类的理想生活,没有阶级,没有剥削,就是无政府主义。①

"正义"、"互助"、"自我牺牲"也是巴金所吸收的无政府主义精神。觉慧感到和鸣凤"中间立了一堵无形的高墙,就是这个绅士的家庭,它使他不能够得到他所要的东西,所以他更恨它"。这其中的"东西",其实就是觉慧所要追求的人与人之间的"平等"。而在另两段对鸣凤的描写:"她在享乐这种难得的'清闲',没有人来打扰她,那些终日在耳边响着的命令和责骂的声音都消失了","'假使我的命跟小姐们的一样多好!'于是她就沉溺在幻想里,想象着自己穿上漂亮的衣服,享受父母的宠爱,受到少爷们的崇拜。

(接上页注)而且说实话,我所喜欢的和使我受到更大影响的与其说是思想,不如说是人。凡是为多数人的利益贡献出自己一切的革命者都容易得到我的敬爱。"巴金《谈〈灭亡〉》(1958),参见《巴金全集》第20卷第388页,人民文学出版社1993年版。

① "anarchy"(安那其)这个词应该翻译成"无统治主义",指的是没有人再统治别人,没有国家、强权。

后来一个俊美的少爷来,把她接了去,她在他的家里过着幸福的生活",也体现着巴金对于人人平等理想的追求。

值得指出的是,巴金的无政府主义是有着自己特点的,并不是一味照搬外国经验。[1]从《家》中所提到的文学作品,多是十九世纪欧洲文学中的现实主义作品,它们都有着批判社会的人道主义关怀。巴金多次指出觉慧是人道主义者,如"'三弟素来害怕人说他坐轿子,他是一个人道主义者,'觉新笑着解释道","他又成了他的大哥所称呼他的,或者可以说嘲笑他的:'人道主义者'。大哥的第一个理由就是他不肯坐轿子"等段落,表明着巴金创作中潜意识层面对人道主义的关注。巴金也自我申明:"我思想中爱国主义、无政府主义、人道主义都有。"[2]可见,在二十世纪三十年代前后,巴金的无政府主义实际上已经从"无政府主义者"发展为"人道主义者",而《家》中也留着这种思想投射的轨迹。那么除却思想来源和文学影响,巴金的人道主义情怀从何而来呢?

首先是从母亲那里继承的仁爱,巴金曾言"她很完满地体现了一个'爱'字。她使我知道人间的温暖;她使我知道爱与被爱的幸福。她常常用温和的口气对我解释种种的事情。她教我爱一切的人,不管他们贫与富;她教我帮助那些在困苦中需要扶持的人;她教我同情那些境遇不好的婢仆,怜恤他们,不要把自己看得比他们

---

[1] 王瑶先生这样理解无政府主义对巴金的影响:"第一,小说是一种文艺创作,它的来源是生活,虽然与作家的思想有很密切的联系,但它绝不可能完全等同于某一种社会政治思想;第二,如巴金自己所说:'我虽然信仰从外国输入的"安那其",但我仍还是一个中国人,我的血管里有的也是中国人的血。有时候我不免要站在中国人的立场上看事情,发议论。'我们看问题不能过于简单化。作者信仰'安那其',对作品自然不可能没有影响,在某些人物性格的塑造上和作品的思想倾向上,这种影响是存在的,虽然在不同的作品中也有不同的表现。但作为一位中国现代作家,如他所说,他有'中国人的立场',他对生活中的爱憎是受着具体的时代环境的制约的。如前所说,他的思想主要表现为对旧制度的憎恨和对光明未来的追求,他的小说题材主要来源于现实生活。"王瑶:《论巴金的小说》,参见《中国现代文学史论集》第169—170页,北京大学出版社1998年版。

[2] 唐金海、张晓云整理:《巴金访问荟萃》,参见刘慧英编:《巴金:从炼狱走来》第27、23页,中国工人出版社2002年版。

高,动辄将他们打骂。……因为受到了爱,认识了爱,才知道把爱分给别人,才想对自己以外的人做一些事情。把我和这个社会联起来的也正是这个爱字,这是我的全性格的根柢"。①

还有一点就是"五四"时期各种爱国主义、人道主义思潮的影响,这一点我们前面已经涉及。巴金自己也谈过"五四"时期多种思潮对他早期创作的影响:"那时,我信仰无政府主义,也读各种各样的书,受到各种思想和主义的影响。但我爱国的心一直很强烈,从年轻时一直到现在。我写作不是为了宣传,不是为了什么主义写作,那时只是为了发泄自己的感情,申诉自己的爱和恨。"②

再者是十九世纪欧美文学,特别是俄罗斯现实主义文学的影响。在这些作家中,托尔斯泰、屠格涅夫等俄罗斯作家对巴金的影响很大,如"我近来恰读完了托氏的名著《战争与和平》,很受感动,现在读到脱洛斯基的文章,觉得有些地方'实获我心',所以抽出一点时间翻译出来,一则作为我个人对于托氏百年纪念之一点表示,二则让那般'革命文豪'知道他们祖师之艺术的见解"③。屠格涅夫很多小说中男主人公是革命者,女主人公是出身贵族的妇人,这些女性为人善良、品德高尚,一旦爱上革命者,就会义无反顾,她们会自愿跟着丈夫去流放,这种自我牺牲在俄罗斯一直为人歌颂。巴金《家》里的女性也都很善良,富于自我牺牲,男性就软弱些,如觉新就非常犹豫,虽然对社会不满,但终究未能抛弃知识分子的软弱个性。而女性很有自我牺牲精神,其

---

① 巴金:《我的几个先生》,《巴金全集》第13卷第15页,人民文学出版社1990年版。

② 唐金海、张晓云整理《巴金访问荟萃》,参见刘慧英编:《巴金:从炼狱走来》第27、23页,中国工人出版社2002年版。

③ 巴金:《〈脱洛斯基的托尔斯泰论〉译者志》(1928),最初发表于1928年10月《东方杂志》第25卷第19号,参见《巴金全集》第17卷第118—119页,人民文学出版社1991年版。"母亲并不是一个说教者,她的一生就是一个显著的例子:她永远是忘了自己地去爱人,帮助人的。因了她的好心我才能够在仆婢们的诚挚的爱护中间生长起来。仆婢们把她当作她们的亲人一般地敬爱。在寒冷的冬夜里这爱也曾温暖了那些被幸福遗弃的人的心。"

中有着俄罗斯文学的影响，寄托了巴金对女性的理想。梅的牺牲、瑞珏的死亡、鸣凤的投湖等悲惨命运都能引起人们强烈的同情和对旧制度的憎恨，这些女性都是极具母爱，如鸣凤："一张少女的面庞又在他的眼前现出来。这张美丽的脸上总是带着那样的表情：顺受的，毫不抱怨，毫不诉苦的。像大海一样，它接受了一切，吞下了一切，可是它连一点吼声也没有。"在这里，鸣凤被镀上了母性牺牲的光辉。

最后一点是中国传统家族小说对他的影响。《家》通过具体一个家族的没落和分化来描写一个大家族内部的解体过程，在这一点上，巴金的《家》无意地接通了中国文学中家族书写的传统，特别是《红楼梦》。《红楼梦》的影子在《家》中处处可见，如第十三章的高家后辈行酒令，可以看到《红楼梦》中"排家宴"、"试才题"、"庆元宵和"开夜宴"等情节的影子。《红楼梦》中借诗词、判词来影射大观园群芳的命运，《家》中有其遗风，觉慧、琴和觉民行的飞花酒令（第十三章），一个是"春风桃李花开日"，一个是"桃花乱落如红雨"，另一个是"桃花潭水深千尺"，都有"桃花"，暗喻此三人志同道合。觉新的"赏花归去马蹄香"，其中包含着他对往日生活的回忆；而瑞珏的"去年花里逢君别"、"东风无力百花残"，都暗藏着韶华易逝、命运未知的悲凉。而这一章中的宴后游园，似乎也仿写着《红楼梦》中的游大观园，不过，高家的花园的规模和精致小巧了很多。在第十七章中，有一段对新年焰火的描写，结束后的情景："在楼上的观众的眼前还留下一片金色灿烂的景象。但是过了一些时候，一切又归于平静了。前面还是那一片看不透的黑暗"，跟《红楼梦》中，元妃在薛宝钗生日赐灯谜的"娘娘所作爆竹，此乃一响而散之物"的情节异曲同工，一个是"看不透的黑暗"，一个是"制灯迷贾政悲谶语"，都暗示着旧家族正在往末路上走。另外，鸣凤在小说二十八章中幻影般的出现，同《红梦楼》晴雯托梦情节相似，连《家》中的陈姨太也颇似赵姨娘，饶舌挑拨令人厌烦。

巴金的人道主义在《家》中的表现主要在对高老太爷的保留性的描写、对书中女性人物的同情书写上，表现着"我的爱和恨、悲哀和渴望"。①如对觉新形象的刻画,这是一个清醒的懦夫:"你说得对,我的确怕听见人提起幸福,正因为我已经没有得到幸福的希望了。我一生就这样完结了。我不反抗,因为我不愿意反抗,我自己愿意做一个牺牲者。"一个典型的大家族长子、长孙的形象。他出生之后就备受瞩目,五岁多就被家人称为懂事的人,就在夜晚嗑着松子或者瓜子陪母亲谈话。这个时候,母亲就开始把自己做媳妇受的气告诉觉新,后来又把父亲的痛苦告诉他,小小年纪觉新的心智就已经早熟起来,家庭责任感迅速成长起来。而觉新则"或者陪着她流眼泪,或者把她逗笑了才罢。我说我要发狠读书,只要将来做了八府巡按,妈也就可以扬眉吐气了。我此后果然用功读书。妈才渐渐地把愁肠放开"。在这样一个苦命母亲的形象的阴影下,觉新的生活态度变得更加消极,自承"为了妈我就是牺牲一切,就是把我的前程完全牺牲,我也甘愿。只要使弟妹们长大,好好地做人,替爹妈争口气,我一生的志愿也就实现了",长子性格中忍气吞声的一面不断地发展。

觉新的悲剧不在于他愚昧、顽固或保守,他不属于父辈那个阵营的人,尽管他们挑选他作为继承人,但他是接受过新文化新思想的洗礼,他清醒地知道自己的地位和命运,他知道自己的生命是在一步步走向深渊,但他却无能为力或不想作为。他带给弟弟妹妹《新青年》等新文学期刊,当弟弟们在念《前夜》中的句子的时候,他显然受到了震动,但身陷在另一种更为强大的传统当中,他无法自拔。他颇为典型地象征了一种新思想落地生根的某种艰难性。他两面遭受指责,最后只好把痛苦拿来自己下咽,小说中有一个细节,写到觉慧挑衅性地问:不听爷爷的话能够怎么样?觉慧是以藐视一切的心态来说这个话,但觉新的回答是:他当然拿你不能怎么样,只不过我要挨骂了。他一颗柔弱的心,要承受这么多他不该承受的东西。但他也绝不是拂袖而去就能解决问题的。小说一次次写到在强大封建制度下,觉新的无奈处境,如高老太爷病中全宅捉鬼的那

---

① 巴金:《关于〈家〉(十版代序)——给我的一个表哥》,参见《家》第346页,人民文学出版社1981年版。

一章,觉慧以非凡的英雄形象来痛斥他的哥哥和叔叔:"你还好意思说话?你真不害羞吗?""你也算读了十几年书,料不到你居然糊涂到这个地步!"英雄气概固然可嘉,问题是许多问题不是英雄振臂一吼就能解决的,克明和觉新也知道捉鬼不是办法,甚至对病人无利,但他们又不敢不做,他们更怕担了不孝的罪名,所以宁愿折腾一番。这里面其实隐藏着一个非常大的问题:启蒙的任务怎样才算完成?如果仅从明理而言,大家似乎都懂了,但一落入实际的场景中都变了模样,《家》通过觉新的形象实际在给"五四"以后的知识分子提出一个非常重大的问题。看来,新与旧的交替,传统到现代的转型,决非有一个坚定的信念和一点热情的行动就能够解决。

三 转变的意义:从《家》等作品看二十世纪三十年代的文学视界

中国现代文学发生于"五四"时期,"五四"文学的基本特征是启蒙精神的高扬,启蒙包含着"民主与科学"、"人性至上"、"现实主义关怀",甚至还隐含着社会主义等方面的文学理想。但到了后"五四"时期文学阵营开始分化,正如鲁迅所说:"后来《新青年》的团体散掉了,有的高升,有的退隐,有的前进,我又经验了一回同一战阵中的伙伴还是会这么变化,并且落得一个'作家'的头衔,依然在沙漠中走来走去,不过已经逃不出在散漫的刊物上做文字,叫作随便谈谈"[1],各种知识分子都采取了自己的姿态,如鲁迅选择做叛逆的猛士、周作人选择退居苦雨斋、巴金从无政府主义走到民主主义、人道主义等等。回头来看,从启蒙文学到革命文学再到左翼文学,这是"五四"启蒙文学发展的一个极端,而以周作人为代表的美文,一味追求作品的艺术价值,这又是一个极端。在这两个极端之间,启蒙运动本身有着自身的逻辑,它在后"五四"时期演变成人道主义,它基本上还是坚持启蒙主义,并且按照启蒙主义的理想来指导文学创作,类似于所谓的"民主主义"和"自由主义"作家,这是一

---

[1] 鲁迅:《〈自选集〉自序》,收入《南腔北调集》,参见《鲁迅全集》第4卷第112页,人民文学出版社2005年版。

种人道主义型的创作。这种人道主义至少有几个特色:首先,他们还是坚持对社会进行无情的批判,对于社会的阴暗面、对于人性的黑暗处给予充分的揭露。其次,"五四"时期的启蒙主义者,他们在揭露社会的阴暗面和人性的黑暗处的时候,都持有自己的信仰和理想主义,但持人道主义观念的作家,大多数心目中是没有一个明确的社会理想,而更多的是把社会理想转换为一种人性的因素,秉持着一种知识分子的良知而进行写作。在这个时候,作家背后所持的信仰和理想已经显得不重要了,重要的是他用人性的立场来对这个社会中的不公正问题提出抗议。"五四"运动之后,很多作品都带有这种浓浓的人道主义倾向,如丁玲《莎菲女士的日记》(1928)、柔石《二月》(1929)、巴金《家》(1932)、茅盾《虹》(1929)、《子夜》(1933)、曹禺《雷雨》(1934)等作品。

  这些作品中有一个值得我们注意的问题,就是作品中的人物都有着"五四"文化的象征符码的意义,如较早的新文学长篇小说《倪焕之》(1930)就带着作家叶圣陶对"五四"运动的反思,"仿佛是一个'五四'小说的小结,同时开启了下一阶段"。[1]1930年前后出现了一些带着主义特征、思考五四的作品,塑造了一批影射五四新文化运动中各种主义的人物形象,如《莎菲女士的日记》中的莎菲,《二月》中的萧涧秋、陶慕侃、钱正兴,《虹》中的梅女士,《子夜》中的林佩瑶、雷鸣、范博文、林佩珊,甚至《雷雨》中周冲,这些作品保留了"五四"时期知识分子启蒙精神的某些思想余绪,如萧涧秋从都市来到乡村,明显是受了"五四"时期"到民间去、到民众中去"的民粹主义思潮的影响。

  更重要的是,这些作品同时也反映了"五四"落潮后知识分子的苦闷和彷徨。反抗家族的英雄觉慧,其实在面对很多事情的时候,一样会像克明、觉新等人感到茫然和无力。如鸣凤的死,从主观上讲与觉慧没有干系,觉慧没有救得了她,也是有缘由的,因为两个人不是一个层面的人,没有共同话语或者理想是难成佳眷的。但仔细想一想,觉慧又怎么救得了鸣凤呢?他的对策不过是"我有办法,

---

[1] 钱理群等:《中国现代文学三十年》第348页,北京大学出版社1998年版。

我要太太照我的话做,我会告诉她说我要接你做三少奶",其实就算觉慧去说,又会有什么结果? 一旦周太太、老太爷不同意呢? 鸣凤不也向周太太求情吗? 但周太太也帮不了她,照旧得按老太爷的意思嫁给冯乐山。除此之外,觉慧实在也做不出什么。鸣凤死去,他最多只能到湖边落点泪、做一个梦罢了。在这里,我们才感到批判觉新"无抵抗主义"、"作揖主义"、觉民"爱情至上"的英雄觉慧其实也改变不了任何现实情况。在觉慧的湖边的那个梦中,也有很多值得思索的地方,他除了表明父权的残酷剥夺了他们两个人的爱之外,还特意点到了两个人再次见面的基础,是鸣凤的父亲有了钱,他们平等了,可以门当户对了,原来前面两个人的恋爱一直是不平等,一直是少爷和丫头的爱,所以才有觉慧被当作救星,等于是他赐予鸣凤的爱,别忘了,是他做的这个门当户对的梦,那么他所宣扬的平等哲学又有多少虚妄呢? 从这个意义上讲,《家》承袭了"五四"的话语,同时也暴露了这种话语中的很多矛盾和问题。

在时代的强大压力下,莎菲、萧涧秋、觉慧都行走在自己所希望的理想途中,他们在幻灭、动摇、追求中向往着光明,经历着烦恼和痛苦,他们的苦闷也是一代知识分子的苦闷,他们既承袭了"五四"一代的激情与梦想,又背负着现实对这种理想的挑战,同时也在孕育着新的蜕变和转化。随着"五卅"运动之后救亡压倒启蒙的民族主义的迅速崛起,这种对"五四"的思考与反思精神开始退潮。[①]但在

[①] 陈思和认为二十世纪30年代是二十世纪中国文学的又一个"无名时代"。作家在这个时代各自有自己的选择,一部分作家倾向于主流文学,参与当权的国民党政府的文人们高呼"三民主义"文学和民族主义文学,企图建立新的意识形态,以与五四以来的个性解放思潮和左翼文化运动相对抗,但终因强烈的意识形态色彩和单薄的创作成果难以服人。而左翼文化运动及其所倡导的"普罗文学",在"红色的三十年代"虽对热血青年极有蛊惑力,但是二十世纪三十年代文学的主流还是有些夸张,这不仅在客观条件上,它们常处于半公开的状态中,而且从二十世纪三十年代一批非常有成就的作家与之谨慎地保持着距离就可以看出其不足以囊括一切。在这之间,还有着一批保持个人思想独立和审美倾向的作家,虽以其实绩在丰富着新文学的创作,你无法把他们描述为哪一种潮流,或许他们的个性和价值正因为不在这潮流中才产生的。这些知识分子的代表分别是巴金、周作人和鲁迅。参见陈思和:《中国新文学整体观》第88页,上海文艺出版社2001年版。

文学的历史长河中,这些对"五四"文学进行反思和思索的小说,虽然不一定是他们有意为之,但这些作品展现着在那个动荡的时代中国现代作家对未来路向的探索,他们其中关于主义书写的符码式书写以及对"五四"的重新思考是我们值得注意的。

付 平

巴金序跋中的"大哥"与《家》中的"觉新"

巴金长篇小说《家》中高觉新这一人物的原型源自巴金自己的大哥李尧枚,这几乎是众人皆知的。在以往关于《家》或者是高觉新这一人物的研究中,有人关注过高觉新这一人物与现实生活中巴金大哥的关系。但是,少有人注意到巴金序跋中的"大哥"与小说《家》中的"觉新"之间存在的特殊关联。本文拟对这一问题展开探讨,以期挖掘这一关联赋予觉新这一形象深邃而独特的蕴涵。

笔者据1982年3月花城出版社出版的《序跋集》(巴金)统计,巴金为《家》共写过9篇序跋,分别为《〈激流〉总序》(1931年)、《〈家〉初版代序——呈献给一个人》(1932年)、《〈家〉五版题记》(1936年)、《〈家〉十版代序——给我的一个表哥》(1937年)、《〈家〉新版后记》(1953年)、《〈家〉重印后记》(1977年)、《〈家〉法文译本序》(1978年)、《〈家〉罗马尼亚文译本序》(1979年)、《〈家〉意大利文译本序》(1980年)。再加上1932年5月22日上海《时报》刊载的《〈家〉后记》、1956年所作《和读者谈〈家〉》[①]一文,巴金共为不同版本的《家》写了11篇序跋。这一现象,不仅体现他对《家》的重视与喜爱,也可证明巴金对于序跋这一文体的重视。而笔者则在这11篇序跋文与《家》的对比阅读中,发现了序跋

[①] 该文根据巴金1956年为英译本《家》所写《后记》改作,收入《巴金文集》第14卷,题为《谈〈家〉》,发表于1957年第1期《收获》杂志,题为《和读者谈〈家〉》。

中的"大哥"与《家》中的"觉新"之间紧密又特殊的联系。

小说中的《两兄弟》与序跋文的"三兄弟"

王瑶在《论巴金的小说》一文中指出:"觉新和觉民是始终贯穿在《激流三部曲》中的人物,特别是觉新,作者对他所花的笔墨最多,而且可以说是整个作品布局的主干。"[1]杨义在《中国现代小说史》中认为,"在整部《激流三部曲》中,着墨最多、首尾贯穿而又写得至为深刻的是高觉新。"[2]笔者承认,高觉新确实是《激流三部曲》中着墨最多的一个主角,但是高觉新是否是首尾贯穿的角色,还需要仔细审视。经过细读《家》,笔者发现了一个微妙的地方,至少在《家》的前5章,高觉新并不是作为一个主角出现的。

上海《时报》从1931年4月18日至1932年5月22日,连载了巴金的长篇小说《激流》。1931年4月18日,上海《时报》登载了巴金所写的《〈激流〉引言》;1932年5月22日,上海《时报》登载了巴金所写的《〈家〉后记》。在上海《时报》上连载时,每一章都有小标题,第一章是《两兄弟》,即觉民与觉慧两兄弟。

首先在《激流》中出场的是觉民与觉慧,他们在谈论学校中演出英文剧《宝岛》的事情。对于觉民这一人物形象,有些评论家认为塑造得较为模糊,如闻国新就曾批评说对于觉民"印象却觉得不清楚,他不能成为实际的主人翁"[3]。但是,在这前两章中,我们还是可以发现巴金对于觉民这一形象有着很大的企图心。在这里,觉民的出现首先是作为觉慧的引领者而出现的,从觉慧对他的信任与崇敬就可以看出;是作为琴的支持者与鼓励者而出现,从琴与他的对话就可以发现。觉民在这两章中,是温和而坚定地存在着,给予弟弟、表妹以指导和希望。他没有觉慧情绪的激动与起伏,但是至少在这两章中,他呈现着一种明亮的色调,让阅读者发现围绕

---

[1] 王瑶:《论巴金的小说》,《文学研究》1957年第4期。
[2] 杨义:《中国现代小说史》(中)第159页,人民出版社1998年版。
[3] 闻国新:《家》,见1933年11月7日《晨报·副刊》,"文艺批评"栏目。

在觉民身边的新思潮的气息,他就是以这种坚定的引领者的姿态,从小说一开篇就进入了读者的视野。

唯一没有因觉民而受到影响的人物是——鸣凤。而鸣凤,显然是巴金留给觉慧的一个女性人物。当鸣凤出现的时候,觉民只是答了一句,但是没有看她一眼,或许觉民把所有的关注已经给了琴。当鸣凤出现的时候,觉慧却把所有的目光都投向了她。虽然,是通过第三人称的视角为读者描绘出了鸣凤的形象,但是这分明是从觉慧的眼中看到的鸣凤。而这是在前两章节中,觉慧第一次没有跟随他的哥哥觉民的步伐与思想,展现出自己独立的感受、独立的喜悦。读到这里,虽然读者还无法预知觉慧与鸣凤的未来,但是我们可以发现觉慧对鸣凤的态度是极为不同的,因为在《激流》中对着哥哥觉民仅仅是"微笑"的觉慧,却将第一次的"笑"给了这个婢女,第一次把自己的视线与情感投射到了觉民之外的领域。

巴金把《两兄弟》作为第一章,无疑体现了他的小说最初、最原创的构想。比照他在同一时期所写的《〈激流〉引言》,我们可以发现,他在引言中并不认同罗曼·罗兰生活是悲剧的说法,而是认为生活是一场搏斗。因此,他将觉民、觉慧作为首要出场的人物,显然是把他们作为最具有搏斗精神、最具有征服力量的叛逆者推出的,也就是说准备将之塑造成为最具有"激流"性格的人物。

在整整前五章中,觉新一直没有成为主角出现。他只是在第二章两处出现,一处是当知道觉民与觉慧在雪夜回家没有坐轿子时,他笑谈觉慧是一个人道主义者;一处是教育经费被军阀挪用时,他插嘴道只要读书就好,其他不用管。在这前五章中,觉新就说了这么两句话,充其量他仅是一个模糊的影子,或许有着一定的新思想,但是没有什么其他鲜明的特征。如果我们的阅读截止到此处,断然无法知道觉新会是《激流》的主角之一。

但是从第六章开始,觉新跃然成为主角,独立占据整个章节。巴金不遗余力地花费了整整一个章节的笔墨,为读者介绍了在前几章一直仅仅作为大哥存在的觉新——这个人物从这里开始从背景中浮出。这一章节用了将近6000字,而前五章总共才不过是花费了15000字,可见巴金对于这一章节的重视。从这一章节起,高觉新成了《家》的主角之一,而《激流》的格局,也由此演变成了日后的三个兄弟、三种性格、三种结局,激流的世界因此变得更为丰富和复杂。

以往少有人意识到《家》中第六章这一变化的突然。在前五章,这部小说的故事情节非常连贯。第一章的结尾,是觉民与觉慧走进高公馆,第二章的开头是他们进入高公馆遇到婢女鸣凤;第二章的结尾是觉民邀请琴去屋中商讨报名学堂之事,第三章的开头他们边走边谈论学校之事;第三章的结尾,是夜色中鸣凤在为琴的母亲叫轿子,第四章的开头,是鸣凤在黑夜中的思绪;第四章的结尾,是风在呼叫,第五章的开头是风雪中轿子在前行。从这前五章来看,章与章之间的连贯性很强,故事的进展不急不缓,情节的延续性很顺畅。但这种情况在第五章的结尾发生了变化。第五章的结尾是琴看了《新青年》以后给倩如写信,但是第六章却没有延续,而是突然让对高觉新的讲述成为了独立的一章。

为什么突然发生了这种变化?小说本身并未给我们解答,但巴金在序跋中却告诉了我们答案。

1931年4月,上海《时报》发表的《〈激流〉引言》中,巴金只是说要给读者展示自己的过去的生活,但是并没有详细说清是什么样的生活。因为在那时,《激流》刚刚写了二章,后面的情节如何发展、人物如何塑造、冲突如何展现,巴金并未确定。

1933年5月,开明书店根据《时报》初刊排印单行本《家》,巴金将《呈献给一个人》一文作为代序。在读者的视野中,巴金第一次明确地说出了《家》的写作是为了自己的大哥李尧枚——即被公认的觉新原型。并提到了一个细节,就是《激流》在星期六开始在报上发表,星期日就接到了告知大哥死讯的电报。

1937年2月,巴金在《关于〈家〉十版代序》中为读者回顾了《家》的创作经过。当他正在写《家》的第六章,接到了大哥自杀身亡的电报,"我一夜都不曾闭眼。经过了一夜的思索,我最后一次决定了《家》的全部结构。我把我大哥作为小说的一个主人公。……我写觉新、觉民、觉慧三弟兄,代表三种不同的性格,由这不同的性格而得到不同的结局。"①比照这些序文与《家》著作,由此可以判定,是巴金大哥的死亡,让觉新成为了《激流》的主角之一,也使两兄弟《激流》故事从第六章开始演变成为了三兄弟的《家》世界,并由此构成了更为丰富、真实而复杂的《激流三部曲》。

或许阅读者并不在意前五章到第六章的转变,但是巴金自己却非常重视这一改变。因此,他不厌其烦地在将近50年的岁月中,为读者讲述着这个故事。在1932年的《〈家〉初版代序》、1937年的《〈家〉十版代序》中,在1957年7月24日发表在《收获》第1期上的《和读者谈谈〈家〉》、1958年3月24日发表在《收获》第2期上的《谈〈春〉》、1958年5月24日发表在《收获》第3期上的《谈〈秋〉》,甚至在1980年12月14日,已经76岁高龄的巴金依然写下了《关于〈激流〉》一文,所有这些文本都在讲述他接到了哥哥自杀身亡的电报,当时他刚刚写到《家》的第六章。由此可见,这一事件对于巴金的重大影响,而最早将这一影响与读者共享的载体,就是巴金所写的序跋。

巴金为什么选择序跋这一载体,将这一信息呈现在读者面前?巴金期望读者在阅读《家》的过程中,或之前,或之后,了解这一事件。因此他认为对这一事件的了解,对于读者理解他创作《家》是非常重要的。对于巴金这种坚持将写作视为生活一部分的著作者而言,他承认自己的小说源于自己的实际生活,但是又在极力地否认小说中的主人公是自己。对于巴金而言,与其说文学作品体现了他的实际生活,不如说它抒写了巴金的一个梦想,虽然在小说中有着巴金生活的影子,但是其实也体现了他对生活的一种反抗与搏斗,而搏斗的方式之一就是他期望在著作中改变实际生活中的人的命运。但是,巴金又期望人们能够了解真实的生活到底是什么样子,因此他选择了序跋这一载体,让人们在阅读虚构的小说世界的同时,也了解真实生活中的悲剧的残酷。这种真实生活与著作并行不悖,是巴金一定要让阅读者了解的。因此,他反复地在序跋中讲述着大哥的故事。同时,笔者也并不认为巴金将三兄弟的

---

① 巴金:《序跋集》,花城出版社1982年版。

结局安排成充满各自希望的结尾,是对现实生活的妥协,或是源于对于旧家庭认识的不彻底。恰恰不是这样,笔者以为通过对著作与序跋的统揽,我们可以感同身受到巴金是缘于对真实生活中有着悲惨命运的人们的爱,才会虚构出《激流三部曲》的结尾。正是对于旧制度的恨,对于人们的爱,在这种爱与恨的交织中,虽然巴金无法指出真正的路在哪里、如何走,但是他渴望给予自己寄怀的人物以温暖的充满憧憬和希望的结局。因此,他在小说中安排了被很多人诟病的结尾,但是他却在序跋中告诉读者真实的生活。可以说是序跋让巴金写出在小说中不愿写出的真实,是巴金告诉读者的冷酷真相,而小说则是圆了巴金与读者试图超越现实的梦。在真实与梦幻之间,巴金以两种不同的书写方式,给予读者更为强烈的冲击体验,这或许也是巴金反复在序跋中讲述现实的真正意义之所在。

"《家》里面的唯一的真实的人物"

诚如李存光在《二十世纪中国巴金研究掠影》中所说,从1921年到二十世纪四十年代末,巴金一直是读者、评论家关注的重点。在五十年代,伴随着大学的现代文学研究,启动了巴金研究。1957年,杨风的《巴金论》、王瑶《论巴金的小说》是国内学者开创巴金研究的标志性成果。但是,1958年发起的对巴金建国前作品长达七个月的全国性讨论,作为思想领域"拔资产阶级白旗"的批判运动之一,扼杀了刚刚起步的严肃研究,破坏了当时已有的研究积累。1977年5月巴金复出文坛不久,《家》得以重印。各报刊相继刊出重新肯定《家》的文章。八十年代起,具有学术意义的巴金研究得以真正兴起。进入九十年代以后,巴金研究相对沉寂。但到了2008年10月,随着巴金逝世三周年和《家》出版七十五周年,再度掀起了巴金研究热。在此,笔者特别探究在这几个重要阶段,文学评论界对觉新这一人物的认识与研究。在《激流》三兄弟形象之中,笔者发现,针对觉新这一形象,不同阶段的批评与理解有着较大的差异,但是巴金自己对这一形象的情感一直保持着同一性。

1933年,闻国新在《家》一文中,认为这三个兄弟各有特质,"人道主义的觉慧,无抵抗主义的觉新,恋爱至上主义者的觉民……"并特别指出"觉新的作揖主义的描写是全书里比较动人的一部分,但这样的弱者是我们所憎恶的,不足以指示人生的出路"。[①]1938年,荫墀在《巴金的〈春〉》一文中,认为觉新有着痛苦的人生,因为思想与行为的矛盾,因而结果悲惨。从这两篇具有代表性的评论可以看出,他们同样认为巴金对于觉新这一人物形象的塑造是成功的,但是对于觉新这一人物的价值,他们仅仅停留在批评与可怜的层面。他们认为这一形象,更多的是一种消极,能够唤起的仅仅是同情,虽然也会让人们有一种如果苟安不行动结局会很悲惨的感受,但是在三兄弟之中,可怜而可悲是觉新这一人物形象的标签,这一人物的结局注定是悲剧。

进入二十世纪四十年代以后,对于《家》中觉新这一角色的认识有所深化,不过已经将觉新这一人物的塑造认定是巴金《家》不成功的地方。1941年,巴人在《略论巴金〈家〉三部曲》一文中指出,巴金"虽然把握了中国家族的崩溃是中国旧社会崩溃的核心,可是他没有更深入的掘发,使这小说的发展,没有可能成为最高真实的反映"[②]。并指出悲剧性的人物觉新以喜剧性结束,就是不真实的反映之一。1942年,徐中玉则在《评巴金的〈家〉〈春〉〈秋〉》中指出,觉新这一人物是让人同情的人物,但是却让人失望。同时认为"觉慧和觉民两个是被雕塑得比较成功了,觉新(和剑云)就不免是比较失败"[③]。随着《激流三部曲》的完成与出版,这一时期的文艺批评,认为觉新这一人物让人虽哀其不幸,更让人怒其不争,同时这一人物的塑造也因为其结局而受到诟病。

在1957年发表的《巴金论》一文中,杨风认为,觉新这一人物是巴金为了说明"不勇敢地反抗那时代旧制度的'家',不反抗旧礼

[①] 闻国新:《家》,见1933年11月7日《晨报·副刊》,"文艺批评"栏目。
[②] 巴人:《窄门集》第201页,香港海燕书店1941年版。
[③] 徐中玉:《评巴金的〈家〉〈春〉〈秋〉》,《艺文集刊(第1辑)》1942年第8期。

教的束缚和压制,就会阴惨地死去,或终身遭受不幸"①,认为觉新这一形象虽然比较复杂,但巴金依然是怀着对"不抵抗主义"、"作揖主义"的批评进行创作的。显然,杨风虽然认为觉新这一形象是复杂的,但是对于觉新人物的复杂性以及巴金对这一人物的认识,还是较为单一的。比照而言,王瑶《论巴金的小说》一文对于觉新这一人物的理解更为丰富,特别是王瑶指出,由于巴金对于觉新的同情与原谅太多,因而造成读者对觉新的态度也很矛盾,同时也使这一人物的性格发展不和谐。由此可见,王瑶是不完全赞同巴金对于觉新这一人物的塑造的,但是王瑶认为"这种态度只能说是一种珍惜青春的善良的愿望"②,这一判断,依然给予了巴金如此安排觉新命运的一个重要理由。巴金对于大哥的爱,对于觉新这一人物寄予的情感不同一般,是有目共睹的。即使在1958年发起的大批评中,笔者注意到1959年9月,在武汉大学中文系三年级巴金创作研究小组所写的《论巴金的世界观与创作》一文,认为觉新人物的塑造体现了巴金的阶级局限性,巴金对待觉新这一人物的思想是混乱、矛盾、错误的。但是,就是这样一篇有着强烈的时代局限的文章依然承认,虽然巴金对觉新有所批判,"但巴金同时也是爱他的,同情他的,流着眼泪写他的"③。

二十世纪八十年代后,对于觉新这一人物的批评与认识日渐丰富起来。如唐弢在《中国现代文学史简编》中,提出"作家抱着批判和同情兼而有之的矛盾心情,刻画了觉新的形象。这样性格复杂的人物也理应得到这般的对待。觉新不只是《激流三部曲》中写得最为丰富、最为成功的形象,也是整个中国现代文学史上一个著名的艺术典型"④。这是对觉新这一人物形象,从文学史的角度进行的充分肯定。朱志棠的论文《〈家〉中觉新形象塑造的艺术辩证

---

① 杨风:《巴金论》,《人民文学》1957年第7期。
② 王瑶:《论巴金的小说》,《文学研究》1957年第4期。
③ 武汉大学中文系三年级巴金创作研究小组:《论巴金的世界观》第11页,湖北人民出版社1959年版。
④ 唐弢:《中国现代文学史简编(增订版)》第173页,复旦大学出版社2011年版。

法初探》,则更进一步指出了巴金辩证地剖析了人物性格、情感和精神上两个方面既矛盾又统一的倾向,才"完成了觉新这个杰出的艺术典型的塑造"①。

由此我们可以发现对于觉新这一形象,走过了二十世纪三十年代艺术上肯定、思想上否定;四十年代艺术上与思想上的双重否定;五十年代后复杂性探讨以及彻底的批评;八十年代再度从艺术塑造上予以肯定的曲折探讨的道路……总之,与觉慧、觉民不同,对于觉新这一形象的认识与把握,一直存在着争议。无论是对其人物的艺术塑造,还是该人物的存在对于《家》乃至《激流三部曲》的价值影响,在批评界很难达成较为一致的共识。

但是,巴金对于觉新这一形象的情感几乎保持了五十年不变,他始终把对于大哥李尧枚的爱倾注到了觉新这一人物身上。

1932年,他在《家》初次单行本发行时,在《〈家〉初版代序——呈献给一个人》一文中,向读者宣布《家》一书是献给自己的大哥李尧枚的。这是一篇第二人称的序文,整篇都是巴金对自己哥哥的倾诉。从他的倾诉中,读者会发现是大哥希望巴金创作《激流》,但是大哥却没有看到《激流》的诞生。巴金将所有的爱与痛在这里呈现出来,预料到大哥死亡的结局,但是无法接受大哥这么早的自杀;怜惜大哥虽然至死还是个青年,却从来没有过青春;痛惜有过梦想、有过前途、有过新理想的大哥,最终葬送在了"作揖哲学"和"无抵抗主义"上。特别是"你曾经爱过一个少女,而又让父亲拿拈阄来决定你底命运,去和另一个少女结婚;你爱你的妻,却又因了鬼话的缘故把你底将生产的妻送到城外荒凉的地方去"②,这不仅仅是在说自己的大哥,也是在说觉新。在这倾诉之中,巴金将自己的大哥与《家》中的觉新融为了一体。从他的字里行间,我们可以感受到巴金对大哥的爱超越了对觉新这一人物的批评。走出对《家》的描述,巴金特别回忆了大哥与自己的最后一次见面,回忆在

---

① 朱志棠:《〈家〉中觉新形象塑造的艺术辩证法初探》,《中国现代文学研究丛刊》1984年第3期。

② 巴金:《序跋集》,花城出版社1982年版。

送别的时候,大哥送给自己的唱片。唱片依在,而人已经逝去。这篇交织痛与爱的倾诉的文章,既是巴金对大哥的倾诉,也未尝不是巴金对寄予了无限情感的觉新的一种倾诉。更为重要的是,巴金认为觉新或是大哥的生活,也是一种激流,虽然是充满着痛苦的激流。在这篇序言里,我们可以发现,他期望"时时刻刻都记着你,而且它会使你复活起来,复活起来看我怎样踏过那一切骸骨前进!"[1]虽然,当时《秋》没有写完(1940年《秋》出版),但是巴金已经在期许着大哥的复活,哪怕这种复活仅仅是在虚幻的小说世界。这是一种复杂的情感,因为对于人物的爱,让巴金有着一种期望,期望超越看似应该遵循的艺术反映生活的现实主义创作规律,而将人物真实的命运改写。

在1937年3月15日,巴金写了《家》一文,并以《关于〈家〉(十版改订本代序)——给我的一个表哥》为题,作为1938年1月开明书店第10版出版《家》的序言。这是巴金在现代文学三十年期间,为《家》写的最后一篇序言。在巴金读了《家》五遍以后,他已经超越了献给哥哥这个层面,而将这篇序言命名为《关于〈家〉(十版改订本代序)——给我的一个表哥》,并说"我所写的人物并不一定是我们家里有的。我们家里没有,不要紧,中国社会里有!"[2]不过在这篇序言中,他不仅没有抛开大哥这一重要话题,更将创作《家》的始末详细地为读者解读,并说"我把大哥作为里面的一个主人公。这是《家》里面的唯一的真实的人物"[3]。由此可见,巴金对于觉新这一人物的特别关注。在不同的时期,他有时告诉读者觉慧有他自己的影子,有时坚决否认自己是觉慧,但是对于自己的大哥就是觉新的原型这一说法,他坚持了五十年,从来没有改变。

特别是关于接到告知大哥死讯的这一细节,巴金在近五十年的时间内一直在反复强调。在1932年,《〈家〉初版代序——呈献给一个人》中,巴金说,"然而出乎我的意料之外,我的小说星期六开始在报上发表,而报告你的死讯的电报星期日就到了。你连读

---

[1] 巴金:《序跋集》,花城出版社1982年版。
[2] 同上。
[3] 巴金:《家》,《文丛》1937年创刊号。

我的小说的机会也没有！"①在1937年2月,巴金在《关于〈家〉(十版改订本代序)——给我的一个表哥》中,写道,"我刚写到《做大哥的人》那一章(第六章),报告我大哥自杀的电报就意外地来了。这对我是一个不小的打击。但因此坚定了我的写作的决心,而且使我感到我应尽的责任。……我希望大哥能够读到它,而且把他的意见告诉我。但是我的小说刚在《时报》上发表了一天,那个可怕的电报就来了。我得到电报的晚上,第六章的原稿还不曾送到报馆去"②。在1957年7月巴金所写的《和读者谈谈〈家〉》一文中,对于这段描述惊人的相同,"二十六年前我在上海写《家》,刚写到第六章,报告他自杀的电报就来了"③。甚至到了1980年,在《文学生活五十年——一九八〇年四月四日在日本东京朝日讲堂讲演会上的讲话》一文中,"我还为我的大哥写了另一本小说,那就是一九三一年写的《家》,可是小说刚刚在上海一家日报(《时报》)上连载,第二天我便接到他在成都自杀的电报,我的小说他一个字也没有读到。但是通过这小说,许多人了解他的事情,知道封建家庭怎样摧毁了一个年轻有为的生命"④。从1932年到1980年,将近五十年的岁月,社会发生了巨变,文坛发生了巨变,读者发生了巨变,甚至在几次改版中,《家》也经历了数次修改,但是,对于这一细节,巴金的表述从来没有改变。1931年的那个星期六(4月18日)、那个星期日(4月19日)成为了巴金永生无法忘怀的日子。而在对这一个细节的反复追忆中,我们可以感受到巴金对于大哥的情感、对于觉新这一人物的情感。

无论是否有着批判的意味,巴金对于大哥的情感,其间最为核心的就是爱——而这种爱由于无法再对大哥言说,因而就全部浸透在了对觉新这一人物的爱之中。因此,在《家》的初版代序中,他

---

① 巴金:《序跋集》,花城出版社1982年版。
② 同上。
③ 巴金:《和读者谈谈〈家〉》,《收获》1957年第1期。
④ 巴金:《文学生活五十年——一九八〇年四月四日在日本东京朝日讲堂讲演会上的讲话》,《花城》1980年第6期。

期望自己的书能够让大哥复活;在《秋》这部书中,他为觉新安排了充满希望的结局。这是他作为著作者能够做到的。甚至,当他在解放后,与读者谈到《家》的时候,他说:"我并不为觉慧惋惜,我知道有多少'觉慧'活到现在,而且热情地为新中国的建设在工作。然而觉新不能见到今天的阳光,不能使他的年轻的生命发出一点光和热,却是一件使我非常痛心的事,因为觉新不仅是书中人,他还是一个真实的人,他就是我的大哥……觉新是我的大哥。他是我一生爱得最多的人。我常常这样想:要是我早把《家》写出来,他也许会看见了横在他面前的深渊,那么他可能不会落到那里面去。然而太迟了。我的小说刚刚开始在上海的《时报》上连载,他就在成都服毒自杀了。"[①]由此,我们就可以理解,为什么这在序言中巴金承认的唯一真实的人物,却在小说中有了虚构性的结尾。这种虚构性的结尾,源于巴金对于大哥的爱,他期望在现实生活中无法做到的,在小说中可以做到;在现实中无法挽回的悲剧,在小说中可以挽回。他更期望通过觉新这一人物形象的塑造,使世界上不再重演大哥这样的悲剧。因此,虽然他反复在序跋中告诉人们,他的大哥死去了,但是在小说中他依然让觉新带着一丝希望活了下去。因为巴金是一个如他自己所说的不冷静的作家,因为巴金认为小说不是历史,不是纪录片,因此可以不按照生活的原貌去安排小说的情节。因此,在《激流三部曲》中,觉新就成为了一个反复沉沦,然而又反复浮起的人物,无论他怎么痛苦或是怎么软弱,巴金都会将他从命运的漩涡中救起。因为,在巴金的心目中,大哥与觉新已经成为了一体,他自己无法在生活中挽救大哥的生命,那么在小说中,他就期望能够挽救觉新的生命。

但是,正是因为巴金对于觉新这一人物的特殊情感,所以才让觉新这一人物的塑造更为复杂;正是因为巴金没有让觉新这个人物自杀,所以才让读者对这一人物的情感更为趋于复杂。正是这一在序言中所说的唯一真实的人物,却在小说中有着虚构性的结尾,才真正构成了觉新这一人物的丰满性、复杂性,才让觉新没有

---

① 巴金:《和读者谈谈〈家〉》,《收获》1957年第1期。

沦为一个简单的被可怜的人。觉新活着,不仅在于巴金对他的爱,也在于觉新这个人物在小说情节中的反复动摇与软弱,在于他在新旧思想中的摇摆与妥协。这样的类似于巴金大哥的觉新式的人物,固然死去的会很多,但是苟且地活着的会更多。而他们活着,更会让人们体会到封建制度的冷酷,体会到与封建思想斗争的复杂性。因此,巴金看似没有遵循现实生活中的真实,让觉新如同大哥一样自杀;但是,其实他或许遵循着另一种真实,就如同他自己在1979年接受法国《世界报》记者雷米的采访时所说:"《家》再版的时候,我写了一篇《后记》,解释《家》对我来说已经成为过去,在革命的进行中,它的历史使命已经完成。但当我想在香港《大公报》再次刊登这篇《后记》时,我发现这是不真实的,我的书没有过时,而且并未完成它的使命。它应该继续在革命中起着作用,因为封建制度——至少是封建制度的影响——在中国仍然存在。"[①]因为反封建斗争具有长期性、复杂性,不是随着新中国的建立就能将所有的封建思想彻底肃清。在反封建这场斗争之中,远远不是简单的对抗与出走就可能结束的,并不是只有热血才能铸就激流;在生活中反复沉浮与挣扎,在不断的妥协中痛苦与忍耐,这种痛苦本身也是激流。甚至,在经过了五十年、一百年以后,这种痛苦与忍耐给予人们的启迪,甚至比热血的斗争还让人触目惊心。因此,觉新这一人物历经了几十年以后,因为其复杂性、丰富性,必然会超越觉慧、觉民这两个较为单一的人物形象而更为吸引后来的阅读者、研究者。或许,在写作《激流三部曲》之时,巴金并没有完全自觉地认识到这一点,但是,随着《激流三部曲》,特别是《家》的不断刊印,他自己作为阅读者反复地阅读,觉新这一人物形象的重要性与成功性越加显现,因而他自己就会不断地提及、不断地阐释。

巴金的大哥李尧枚的死,让觉新在《家》中崛起;觉新在《激流三部曲》中,痛苦地活着,几经希望,几经破灭,再几经希望,依然不死。在这死与不死之间,让我们看到一个著作者几乎是直觉的激

[①] 雷米纪录整理,黎海宁译:《巴金答法国〈世界报〉记者雷米问》,1979年7月2日香港《大公报》,"大公园"栏目。

情创作,为我们塑造了一个历经岁月却越来越让人感受到真实的艺术形象。而序跋文的解读,不仅是著作者为读者在阐释自己的人物,也是著作者自己在阅读中审视自己的著作,在重新阅读之中走一段回头之路,在每一次回首之中去发现自己在创作中隐藏在深处的自己或许都没有发现的东西,而序跋文就是巴金将自己的每一次发现与阅读者共享的平台,这已经不是简单的经验复原,而是一种新的构建:通过新的阅读体验重新构建自己或是他人对于著作的理解。而巴金的这11篇序跋文,就是巴金自己对于《家》一书的创作史、阅读史,序跋文中的大哥与《家》中的觉新的关系,仅仅是这些序跋文中所能揭示的冰山一角。

马怀强

巴金新型家庭伦理关系探究

中国的传统伦理主要指五伦,即指父子、兄弟、夫妻、君臣、朋友之间的关系,其中父子、兄弟、夫妻讲家庭伦理,另外两个也和家庭有关。君臣关系被认为是父子关系的推衍,朋友一伦则是兄弟关系的延伸,家庭伦理实际上是中国传统文化的核心。中国现代作家,其思想成熟于历史的转型时期,他们批判以家族伦理为核心的旧的伦理道德,热切期待新的伦理道德文化的建立,巴金就是如此。在其全部创作中,以家庭为题材的小说《激流》、《憩园》和《寒夜》占据着最为重要的位置,显示出巴金对家庭伦理的深厚情感和不懈探索。

一 巴金对传统家族伦理的批判

曹书文在《家族文化与中国现代文学》一书中曾经指出:

现代作家大多出身于封建大家庭的事实揭示了这样一个现象,早年豪华的物质生活与显赫的社会地位使其感受到了家族亲情的温馨,而当家庭一步一步走向穷途末路之时,他们才真正认识到世人的真面目、血缘亲情的虚伪与自私,体验到人情的冷暖与世事的炎凉,可以说,他们不同程度地体验到家族文化的两个不同侧面。家族文化中的尊卑等级秩序激起了现代作家反叛的激情。[1]

---

[1] 曹书文:《家族文化与中国现代文学》第31页,中国社会科学出版社2002年版。

巴金属于上述引文中的"现代作家"的一位,并具有典型的代表性。

　　封建大家庭的出身,一方面使巴金在幼年时期享受到爱的温暖,受到良好的文化教育;另一方面,随着巴金年龄的增长,使他看到大家庭中的另外一面——相互间的倾轧、斗争,人性的自私和冷漠。巴金说:"父亲的死使我懂得了更多的事情。我的眼睛好像睁开了,我更看清楚了我们这个富裕大家庭的面目。这个富裕的大家庭在我的眼前变成了一个专制的大王国。在和平的、友爱的表面下我看见了仇恨的倾轧和斗争。"[①]这种变化让巴金接受了最为痛苦的人生课程,使巴金对封建大家庭中伦理的虚伪性有了深刻的认识。"五四"运动时期,对传统的家族伦理批判的社会思潮和广为传播的人道主义思想也对巴金产生了深刻的影响。它一方面使他认清了罪恶的根源——封建的家族伦理,促使巴金把批判的矛头直接对准了家族伦理制度;另一方面,人道主义思想为巴金提供了批判的有力武器和价值尺度,这就是对人的尊严和价值的尊重。

　　于是巴金以人道主义为武器,把批判的矛头首先直接对准了家族伦理制度的核心——孝道,揭示了孝道的残忍、专制。在《激流三部曲》中,巴金塑造了以高老太爷为代表的专制家长形象,揭露他们在"孝"的名义下所犯下的罪恶。作为高家承重孙的觉新的悲剧命运就非常具有典型性。父亲揣测祖父不一定赞成觉新出外读书,于是断送了他出外求学的理想;父亲又因为祖父希望有一个重孙的愿望,给他安排了一门婚事,断送了他青梅竹马的爱情。出于对孝的畏惧,觉新对父亲给自己安排的前途和婚姻虽然不满意,但却不敢有任何反抗的表示和举动,因为"孝",觉新还断送了自己妻子的性命。觉新的一生,在孝道的压迫下消蚀尽自己的才华和青春。

　　其次,巴金还揭露了封建婚姻制度的荒谬性。在《激流》、《春天里的秋天》等作品中,巴金通过一系列不幸的包办婚姻来告诉人

[①] 巴金:《忆·家庭的环境》,《巴金全集》第12卷第398页,人民文学出版社1989年版。

们它的荒谬性。年长的一代克安、克定们的婚姻中没有爱情,年轻的一代觉新、梅、蕙、郑佩蓉等人又成为其新的牺牲品,有爱的两人之间无法结成夫妇,不相爱的却被家长们强硬地捆绑在一起,不可避免地造成了情感的悲剧性结局。

巴金还揭示了封建家庭伦理的虚伪性。高老太爷是高公馆的统治者,年轻时就很风流,年老时还嗜好玩弄花旦,这样一个荒淫的人却对克定在外面包养小老婆的行为大声斥责并公开惩罚,并且要觉慧等人读《刘芷堂先生教孝戒淫浅训》等书。孔教会的会长冯乐山,已经六十多岁,还向高家要了十六七岁的少女去做小老婆,捧花旦。另一位封建的卫道者周伯涛,因为自己的愚昧先后葬送了自己的女儿、儿子的性命,后来又以"不孝有三,无后为大"为借口,把丫环翠凤纳了妾。这样,"风雅的事"与"卫道的精神"并行不悖地存在他们的身上。作为封建卫道者的他们,一方面在道貌岸然地竭力卫道,另一方面自己却又放荡纵欲荒淫无耻,封建伦理的虚伪性显露无遗。

传统的家族伦理要求子女对父母的绝对服从,束缚了子女的自由,压抑了他们的独立意识,这与"五四"以来呼唤人的尊严,追求个性解放、自由、平等的人道主义思想之间发生了不可调和的矛盾,受到新思潮影响的青年一代开始了他们的反抗。一方面是旧家庭的腐败专制,另一方面是年轻一代的反抗,以"孝"为核心的传统家庭伦理面临着坍塌的危险,如何来建立新的家庭伦理成为无法回避的课题。巴金在以人道主义思想为武器,批判家族伦理制度的同时,也在通过他的人生实践和文学的创作进行着自己的思考。

二 巴金对传统伦理的坚守

作为深受传统伦理文化影响的现代中国作家,巴金无法断然割断和传统文化之间的血脉关系,在强烈批评封建传统伦理的同时,又对传统家庭伦理观念表现出一定程度上的坚守,继承了封建传统伦理文化中合乎人性的一面。

如前所述,巴金批判和揭露了封建孝道的专制、残忍与虚伪,但是巴金并不是要人们真正地六亲不认,他所反对的是"父要子亡,子不得不亡"的愚孝观念,对于正常的父子之间的人伦关系,他是持认同态度的。高老太爷在临死前表现出的对于子孙的温情,觉民、觉慧在祖父去世前表现出对祖父的眷恋之情,这是祖孙之间亲情的流露。觉慧在离开家的前夜,他又来到祖父的灵柩前告别,并且还拿着挟子去剪烛花,对于祖父灵前没有人看守也表示了很大的不满。"怎么一个人也没有?香也快燃完了。"这实际上也是巴金当年离开家时心情的真实写照。巴金在这里的描写不但不是对觉慧的行为进行批判,反而让人觉得充满了浓浓的人情味。在《憩园》中,公馆过去的主人杨梦痴靠着祖宗留下的遗产大肆挥霍,花光了分得的财产,并把自己妻子陪嫁的积蓄骗去花掉,后来被自己的大儿子赶出家门,流落街头,后又因为偷窃而被捕,最后病死在监狱中。"我"对于他的所作所为非常不满,对于他最后的结局也认为是罪有应得。但作品中的"我"在理解大儿子和寒儿对父亲的所作所为的同时,却更欣赏小儿子寒儿对父亲的依恋和宽容,在一定程度上流露出作家内心深处对父慈子孝伦理的依恋。这显示出巴金对传统孝道中父慈子孝亲情伦理观念的认同和坚守。

在爱情和婚姻观念上,巴金也显示出对传统两性关系的坚守。在夫妻关系上,中国传统伦理强调责任,主张专一,把白头偕老、夫妻和睦视为夫妻关系的最高追求,巴金与萧珊的婚姻正是对传统伦理的最好诠释。巴金和萧珊相爱八年才结婚,从此相敬相爱,患难与共,两人相濡以沫共同走过了风风雨雨的几十年,直至萧珊去世。妻子的逝世给巴金带来了沉痛的打击,使巴金倍感痛苦,《怀念萧珊》便是巴金对亡妻真情的流露。巴金这种对待爱情和婚姻的态度曾经受到冰心的高度评价,冰心说:"文藻和我都认为他(注:指巴金)最可佩服之处,就是他对爱情和婚姻的态度的严肃和专一。我们的朋友里有不少文艺界的人,其中有些人都很风流,对于倾慕他的女读者,常常表示了很随便和不严肃的态度和行为。巴金就不这样,他对萧珊的爱情是严肃真挚而专一的,这就是他最可佩服之处"。①

在创作中,巴金依然遵循着传统的两性关系中对性的审慎态度。有学者指出,"巴金虽然在小说中描写了各种各样的爱情,但几乎从不涉及两性关系中最为敏感的性话题"②,的确如此。综观巴金的创作,他笔下的人物不管是自由恋爱的男女青年,还是饱受包办婚姻之苦的寡妇或是处于婚姻不幸中的妇女,都能做到"发乎情,止乎礼"。《家》中的梅和觉新、《憩园》中的万昭华和黎先生都是如此。《寒夜》中曾树生与上司陈经理之间有遭人非议的暧昧关系,并且一度离开自己的丈夫和他一起到兰州,然而在两性关系上,作者并没有把她写成一个乱搞男女关系的女人。有的批评者因此评价巴金小说中男女之间爱情描写"缺少个性化、人性化的性爱心灵互动与生命体验"③,这其实恰好点出了巴金对传统婚姻中性爱专一的认同和坚守。

在兄弟伦理上,巴金和自己的兄弟之间感情深厚,是"兄友弟恭"的典型代表。大哥对两兄弟友爱有加。巴金一再说大哥是他一生爱得最多的人。大哥李尧枚在父亲死后很好地承担了照顾这一房人的任务,侍奉继母,培养弟妹。对巴金和三哥而言大哥不仅是哥哥,甚至带有部分父亲的角色。兄弟在家和其他房的长辈们发生的冲突带来的麻烦要他去处理、承担,两兄弟的外出求学的费用要他供养,特别是在巴金去法国留学,当时老家面临破产的境地时,大哥依然拿出一大笔钱,更是体现了大哥对兄弟的友爱之情。巴金说:"我和三哥一块离开成都到上海,以及后来我一个人到法国念书,都少不了他的帮忙。虽然为着去法国的事情和我起过争执,但是最终还是顺从了我的意思。"④

---

① 冰心:《关于男人(之八)》,《冰心全集》第8卷第95页,海峡文艺出版社1994年版。

② 曹书文:《论巴金小说创作中的传统积淀》,《内蒙古社会科学(汉文版)》2003年第1期。

③ 刘慧贞:《理念化的爱情话语——巴金作品中的爱情描写》,《中国海洋大学学报(社会科学版)》2005年第4期。

④ 巴金:《忆·家庭的环境》,《巴金全集》第12卷第398页,人民文学出版社1989年版。

巴金对大哥感情深厚，大哥在巴金的心中也始终占据着特殊的位置。在巴金离开四川后，大哥就成为他与这个家庭的唯一线索。

巴金与大哥在思想上有分歧，巴金不能如他大哥那样要求的发狠读书，为李家显亲扬名，但这并没有影响到巴金对大哥的爱。巴金说："因为你是一个懦弱的人，我就憎恨你吗？不，决不。你究竟是我所爱而又爱过我的哥哥，虽然我们这七八年来因为思想上的分歧和别的关系一天一天地离远了。就在这个时候我还是爱你的。"[①]巴金在《激流》中塑造那么多性格软弱而至死亡的人，如枚、梅、剑云等，而唯独让以大哥为原型的觉新活了下来，真实的原因也许就是作家潜意识里对大哥的爱造成的。

巴金和自己的三哥尧林同样感情深厚。1923年兄弟二人一起离开家乡到外地读书，从上海辗转来到南京，兄弟二人一直住在一起，直到1925年尧林进入东吴大学，两人才正式分开。尧林在燕京大学毕业后在南开中学教书，巴金曾经三次到天津去看望自己的哥哥，尧林也曾经到上海和巴金相聚了一段较长的时间。尧林在大哥自杀后毅然决然地承担起了照顾大哥家庭的重担，为此不惜放弃了自己的理想。一方面是出于对家庭的责任和对大哥的报答，另一方面也使自己的弟弟巴金能够毫无牵挂地走自己的路。在尧林生命的最后时刻，巴金一直陪伴在他身边。女儿出生后取名小林也是为了纪念三哥尧林。

在创作中，巴金也同样表现出对"兄友弟恭"关系的认同。在《激流三部曲》中，觉新与觉民和觉慧三人虽然因为思想差异较大，经常产生矛盾而争吵，但并没有影响兄弟之间的感情。觉新在父亲去世后，接过了父亲的胆子，支撑着长房的家庭。尽自己所能地照顾着自己的两个弟弟。觉民抗婚事件是《家》中比较重要的情节，表面看来，觉新似乎站在了觉民和觉慧的对立面，觉民逃婚后，觉新虽然传达爷爷的指令，要觉民回来听命，但他心里承认觉民的

---

① 巴金：《呈现给一个人——初版代序》，《巴金全集》第1卷第433页，人民文学出版社1986年版。

举动是正常的,同时也为自己不能帮助觉民而不断受到良心的谴责。觉民抗婚胜利,觉新为此而感到由衷的高兴。在觉慧出走这件事上,觉新起初是反对的,因为担心觉慧一个人在外面吃苦。但他最后的出走还是得到了大哥的帮助,并且很细心地关心觉慧出门时的每一件事情,见出觉新对觉慧的关爱之情。而觉慧同样对匆忙地离别自己的家庭感到有些不舍,并为没有能和自己的家人一起吃一顿饭而感到遗憾,甚至觉得有些对不起自己的哥哥。兄弟之间深厚的关爱之情溢于言表。

三 巴金对新型家庭伦理的探索

巴金对于传统的家庭伦理的认识是深刻的,这种深刻性一方面体现在他对于传统的家庭伦理的批判与坚守,另一方面还体现在他对新型家庭伦理关系构建的积极探索。

首先,新型孝道的探索。在创作中,他塑造了一些和蔼慈善的长辈们,并通过他们在处理长辈和晚辈之间的关系时的态度和方式,传达了巴金关于传统孝道积极因素的思考。在《激流三部曲》中,继母周氏在觉新的父亲逝去之后就担负起了管理觉新兄妹的家长责任,但她并不偏执地以礼教来对晚辈进行严格的约束。在处理家庭内部的关系时,周氏遇事总会与觉新兄妹商议,以理服人,以长幼平等的关系来唤起晚辈对她的情感认同。琴的母亲张氏对自己女儿的婚姻并不强烈干涉,而更多地是尊重她们爱的自由,因此觉民与琴的爱情最终得到了认可。在《爱情的三部曲》中,李佩珠之所以能够成为一位近乎健全的女性革命者,是和父亲青年导师般的帮助和影响密不可分。在《火》的第一部中,冯文淑的好朋友周欣就有一个和谐的家庭关系,她的母亲周太太和蔼可亲,她和孩子们平等相处,而且深明大义,和孩子们一起支持抗日。在《火》的第三部中,田惠世对孩子们实行爱的教育,孩子们也深爱自己的父母,是一个和谐之家的典型。正如辜也平在《巴金创作综述》中所说:"作者笔下的田家,已不再是一个扼杀个人意志自由的'狭的笼',而是一个平等自由,充满人间温情的幸福家庭。"①这一系列相对开明的家长在处理家庭成员之间的关系时所表现出来的共同特征就是既关爱子女,又带有一定程度的民主意识,不再以家长的身份对子女发号施令,进行压制,因而能够在和子女的相处中得到他们的尊重和理解,家庭关系也很和谐。这实际上可以看出巴金对传统孝道进行思考和探索,他为传统孝道注入了新的元素,也就是人道主义思想中的平等、自由的观念,使传统的孝道伦理实现了现代性的转化。

其次,新型两性关系的探索。在对传统的包办婚姻进行强烈批判的同时,对青年男女间的自由相爱则高度赞扬,《激流》中觉民和琴、觉慧和鸣凤的爱情都得到了作者的肯定。《电》中李佩珠和吴仁民之间建立在革命的志同道合之间的爱情更是作者心中爱情理想的楷模。对青年男女之间有爱而无法结合的不幸表达了深切的同情,如《激流》中的觉新和梅、《春天里的秋天》中的郑佩蓉和林。这反映出巴金理想中的婚姻是在爱情基础上建立的平等的两性关系,它是对"五四"时期个性解放思潮影响下的婚恋观的继承和回应,同时也意味着,巴金这时的思考还没超出"五四"时期的范畴。随着时间的推移和人生阅历的增加,巴金对这一问题的认识不断深化,小说《寒夜》是巴金对建立了家庭之后个性解放的道路该如何去走的思考和探索。《寒夜》中追求个性解放的汪文宣和曾树生经过自由恋爱、结婚、生子,然而等待他们的并不是想象中的幸福生活,而是最终家破人亡的悲剧。诚然,悲剧的根源既有战争、社会的黑暗等客观方面的原因,同时也和家庭内部的不和有重要的关系,诸如婆媳不和、夫妻间的隔膜等。巴金通过这部作品告诫人们要获得婚姻的幸福,仅仅依靠个性解放是不够的,在失去最初的激情进入相对平淡的婚姻生活之后,要想使它结出幸福的硕果,还必须加强人与人之间的沟通和理解,相互尊重与宽容,才有可能最终获得幸福的生活。从这个意义上说,巴金对两性关系的思考,既是对"五四"个性解放思想的继承,又最终实现了超越,显示了其思考的深刻性。

---

① 辜也平:《巴金创作综述》第232页,福建教育出版社1997年版。

第三,新型兄弟关系的探索。巴金一方面继承了传统的兄友弟恭的理念中相互友爱的亲情观念,另一方面他也抛弃了传统的兄与弟之间的地位上的不平等,代之以平等基础上的理解和尊重。巴金虽然很爱自己的大哥,但是并没有遵照大哥的意愿发狠读书,为李家显亲扬名,大哥对此虽然有些失落,但也并没有强迫巴金服从自己的意愿。对于自己的选择,巴金希望大哥能够理解自己对生活的选择。在《灭亡》初版本序言里巴金说:

> 我为他而写这书,我愿意跪在他底面前,把这本书呈献给他。如果他读完以后能够抚着我底头说:"孩子,我懂得你了,去罢,从今以后,你无论走到什么地方,你哥哥底爱总是跟着你的!"那么,在我是满足,十分满足了![1]

引文中的"他"就是大哥尧枚,巴金在情感上渴望大哥的理解与关怀,但在人格上,他则是独立的。在《激流》中,觉新虽然是三兄弟的长者,承担着家庭的重担,他与两兄弟之间虽然也有分歧,但更多的是关心爱护,弟弟的选择和自己不同,在感情上他有些难过,但理智上依然能够理解和支持,如对于觉慧的出走。在兄弟关系上,巴金继承了传统的兄友弟恭的伦理观念,但又融入了自由、平等的观念,提倡在平等、相互尊重和理解的基础上建立友爱的亲情关系。

四 结 语

巴金对传统家庭伦理的接受是辩证的,既批判了它的愚孝、男尊女卑等不合理之处,同时也继承了传统伦理重情、和睦、仁爱等因素的合理内核,并吸收了西方人道主义中的自由、平等、独立等现代意识,使得传统家庭伦理一定程度上实现了现代性的转化,体

---

[1] 巴金:《〈灭亡〉初版本序》,《巴金全集》第4卷第4页,人民文学出版社1987年版。

现出它时代性和民族性的特点。

　　巴金之所以能够做到这一点，一方面得益于他的传统文化的深厚修养；另一方面，更重要的是得益于人道主义思想的影响。人道主义作为现代伦理的思想基础，它影响了中国现代知识分子的情感和道德。人道主义思想对于中国现代知识界重建"人伦"的作用尤为巨大。甚至可以说没有人道主义思想就没有中国的现代伦理，若不是接受了人道主义，也不会有巴金小说对传统伦理的批判，正是在现代人道主义思想的影响下，巴金实现了对传统家庭伦理的批判继承，吸收其自由、平等的精华部分，并将之作为新型家庭伦理坚实的一块重要基石。传统伦理文化是糟粕与精华的共存体，在现代社会，我们如何批判继承传统的家庭伦理文化，以构建起与现代社会相适应的家庭伦理观，建设和谐的家庭关系，进而促进社会的和谐发展，是一个重要的时代命题、历史使命，巴金的探索无疑对我们具有重要的启示意义。

王爱军　吴　尽

《舞姬》与《家》之共通性

　　日本著名作家森鸥外的处女作《舞姬》和中国文学大师巴金的代表作《家》被众所周知。两部作品都是以自身经历为基础，两部作品的主人公——豊太郎和觉新都是生活在新旧社会的交替时期。因此，两部作品都表现出自传体的色彩。两部作品都描述了生活在封建制度下的主人公受到其统治阶级的迫害，放弃了自由，牺牲了爱情的故事，表达了对封建制度的强烈不满。两部作品中的人物形象在性格方面的相似性尤为引人注目。

一　两部作品的创作背景

　　森鸥外1862年生于日本石见鹿足郡一藩主侍医家庭，从小受到良好的国学、汉学和兰学[①]教育。二十二岁赴德国留学，广泛涉猎欧洲古今名著。四年后回国，历任军医学校教官、校长、陆军军医总监、陆军省医务局长等职。
　　森鸥外所处的时代正值日本明治维新时期，西洋文化如澎湃大潮涌入日本。在物质和精神两个方面打破了日本过去那种闭关自守的状态，空前扩大了日本人的眼界，提高了日本人的好奇心和

[①] 兰学：江户时代中期以后由荷兰传入日本的西方学术，即日本锁国时代通过荷兰传入的西方科学文化知识叫做兰学。兰学是西方资产阶级的近代科学，它对日本生产力的发展和反封建思想的产生都起过重大作用。

进取的斗志,他们向往"文明开化",要求改造世代相袭的封建文化,以尽快脱离落后的文化状态。在这样一种东西方文化强烈摩擦的时代,森鸥外的处女作《舞姬》真实地再现了他自身的经历,可以说是他的自传体小说,也可以说代表性地反映出当时日本社会知识分子的共同心声。

巴金1904年出生在四川成都一个官宦家庭,祖父、父亲均做过满清官员。他幼年即受到严格的启蒙教育,十六岁时进入成都外国语专门学校学习,二十三岁赴法国留学,次年归国回到上海,从事文学创作,他的代表作《家》发表于1931年至1933年期间。作品中故事发生的时间设定为上世纪二十年代,当时的中国正是新旧社会交替的时代。辛亥革命结束了中国长达两千年之久的君主专制制度,在政治上、思想上给中国人民带来了不可低估的解放作用。革命使民主共和的观点深入人心。中国人民彻底反对帝国主义、封建主义的"五四"运动的爆发,西方思想大量传入中国并影响年轻一族,自由、反抗传统权威等思想,影响了学生以及一般市民,从思想、文化领域激发和影响了中国人尤其是中国青年的爱国救国热情。

革命进步思想与封建顽固势力进行着殊死的争斗。《家》的创作既是巴金自身家族的真实写照,也反映了当时的社会面貌。

从两位作家的成长经历我们可以看到,森鸥外和巴金同是出身于官宦世家,接受了良好的东西方文化教育,又都生活在中日两国各自最为动荡的政治、思想变革的时代。家学渊源使他们深谙本民族传统,留学西方又使他们开拓了思想眼界,文化价值的冲突,时代风云的巨变,将他们推到了思想阵地的最前沿,可以说在他们创作的各自不朽的作品里,都经历了对自身的反省和对本民族未来的思考。

二 两部作品中主人公的心路历程

《舞姬》的主人公丰太郎从令人窒息的封建制度下的日本来到了西方资本主义国家德国,接触到西方的近代文明和思想自由的空气,审美心态和精神世界渐渐发生微妙变化,思维开始换位,自我人格开始觉醒。他积极追求个性解放与恋爱自由,感觉到自己的生命价值和生活意义的重要性。他对迄今确信不疑的读书做官竭忠尽孝飞黄腾达的人生观产生了根本的怀疑。从自我压抑到自我觉醒的过程,丰太郎做如下深刻反思:"这样,三年的时光,梦也似的过去了。但是人的秉性终难压抑。一旦时机成熟总要露出头来。我一向恪守父亲的遗训,听从母亲的教诲,小时人家夸我是神童,也从不沾沾自喜,依旧好学不倦。后来涉足官场,上司称赞我能干,我便更加谨慎从事,从未意识到自己竟成为一个拨一拨动一动的机器人了。"[1]经历了欧洲自由风气的熏陶,丰太郎潜藏在内心深处的真我终于露出头来,他要反抗往日那个虚伪的旧我。他的所思所想与日本封建传统意识格格不入,他把法律课程置于脑后,将情趣转向历史文学方面,他对感情充满向往,与爱丽丝真心相爱,为了追求自己的爱情进行过不懈的努力。他的叛逆必然为日本封建势力所不容,与爱丽丝的身份与地位都不相称的爱情违反了封建的伦理规则,遭受到冷酷的摧残。他被断绝了留学金,失去了经济来源,并被排挤出士族社会。

　　应该说丰太郎对爱丽丝的爱是毋庸置疑的,但他的觉醒与叛逆又是不彻底的,所以他面对着功名和爱情的选择,终日痛苦烦恼,最后导致重病缠身,数周高烧不断,意识不清。在外在的功名利禄与封建家族孝道面前又屈从、妥协。精神上的苦闷和经济上的拮据迫使他最终选择放弃了爱情。"这个人物所具有明显的两重性格,正好反映了新旧社会——从封建社会到资本主义社会转型期,知识分子在激烈动荡的变革中的复杂心态、软弱性格,以及他们在旧的伦理道德束缚下思想的不成熟性。"[2]他最终选择了向封建制度和现实妥协,这不能不说是他懦弱的性格所导致的。

　　觉新是作品《家》中最重要的人物之一,也是塑造得最成功的

---

[1] 高宁:《日本近现代文学》第 21 页,上海外语教育出版社 2004 年版。
[2] 林秋文:《森鸥外性格特征的两重性》第 2 页,中国期刊全文数据库,2004 年。

人物形象。觉新善良,待人诚恳,原是旧制度培养出来的、有较强传统观念的人。觉新是长子长孙,早熟而性格软弱,受过新思想的熏陶却不敢顶撞长辈,虽然也有自己的希望和欲望,但在长辈的意志下,不敢表达自己的意志。他对化学感兴趣,打算毕业后到德国留学深造,但还是遵从了长辈的命令留在封建大家族中。他爱表妹梅,但当这段美好的恋情被长辈无理地扼杀后,他并不反抗,对父亲为他与李家订的亲事,也表示顺从,然后回房蒙头大哭一场,与瑞珏完了婚。他爱自己美丽的妻子瑞珏,但又忘不了梅,梅在忧郁中病逝带给他无穷的痛苦。对于陈姨太无端以"血光之灾"为由,不许瑞珏在家里生小孩,觉新虽然觉得这有如"晴天霹雳",但还是接受了,将瑞珏送到城外荒郊的茅屋中,结果封建迷信吞噬了她的生命。他凡事采取"不抵抗主义",逆来顺受,委曲求全,这直接导致了他的悲剧命运。

觉新身上虽然有着很严重的旧观念的束缚,但他又是个接受了新思想熏染的人,他性格上充满了矛盾,是个"有两重人格的人"。在他心中,善恶是非是有着清楚的界限的。他也有过美好的向往,与表妹梅的相恋就是他对爱情的追求;同时,他也同情受压制的青年,如暗中帮助觉民逃婚,帮助觉慧离家出走等。新思想虽然触动了他的心灵,但封建旧观念却如同沉重的枷锁压得他无法喘气,使他在精神上常常处于极度痛苦之中。他恨旧东西,自己也是旧礼教的牺牲品、封建大家族制度的殉葬品;但由于他受封建传统观念毒害较深,丧失了反抗能力,因此在"不抵抗主义"支配下,处处妥协,不自觉地扮演着旧东西维护者的角色。他虽然受封建礼教的迫害,还是维护封建的价值观。他作为兄长,劝说弟弟们遵从长辈的意志,谦卑、顺从、向封建制度妥协。总之,觉新是一个有着"双重性格"的悲剧人物。他性格中的这种矛盾性,真实地反映出了当时某些时代特征。作者通过塑造这一典型人物,批评了"不抵抗主义",指明对于封建旧制度、旧观念,反抗才是避免悲剧的唯一出路。

森鸥外和巴金以他们犀利的文笔生动地刻画了豊太郎和觉新这两位主人公形象,表现了人物内心深处因受新思想的启发,对现实不满，又受旧思想的羁绊而最终不能或无力抗争的苦闷、矛盾，他们虽然都对爱情充满向往，对新生活充满期待，但最终因为自己的性格和封建伦理的束缚等原因，最终放弃了爱情，使人物复杂的性格得以凸显。从豊太郎和觉新身上我们可以看到当时的知识分子极为相似的困惑、迷茫、反抗、妥协的心路历程。

三　两部作品中的女性命运

《舞姬》中的女主人公爱丽丝和《家》中的女主人公梅、瑞珏亦表现出许多相似的共同点。

爱丽丝和梅、瑞珏都是心地非常善良而美好的女性。爱丽丝单纯而质朴，她忠于自己的爱情，面对命运跌宕的豊太郎，不计较利益得失，义无反顾地给予真诚援助。梅多情而忧郁，她的不幸婚姻可以说正是封建家长的不负责任直接导致的，但她只能自怨自艾、委曲求全。觉新选择瑞珏的时候，她也从没有抱怨过觉新，仍一如既往地爱着他。她没有因自己的失意而对瑞珏有丝毫的嫉妒和忌恨。瑞珏温柔而贤惠，她知道觉新和梅的爱情后，不仅没有抱怨，还主动让步。对于封建家长以种种借口要她到城外生产，虽心不情愿，但也口无怨言，反而百般安慰自责的丈夫。她们的宽容和善良并没有让她们得到幸福。爱丽丝得知被豊太郎抛弃后，极度伤心而精神失常；梅婚后不久便成了寡妇，在痛苦的折磨中悲哀寂寞地离开了人间；瑞珏在陈姨太之流闹"血光之灾"的邪说中因难产而亡。

两部作品中女性是封建礼教的牺牲品，她们的悲惨命运是压抑人性的封建时代造成的悲剧，森鸥外和巴金不谋而合地塑造了被封建制度毁灭了的美好女性，通过对这几位女子悲剧遭际的描写，有力地控诉了封建礼教以及封建道德对弱小、无辜、善良的人们的迫害，控诉了封建制度的罪恶。

批评的创造性，来自于解释的创造性。森鸥外的《舞姬》和巴金的《家》，都具有丰富的意义和内在的延展性，可以感受到豊太郎和觉新在不同的社会背景下的命运确实有着某种微妙的关联，他们的命运悲剧是批判封建宗法专制的有力罪证。在作品中,作者无论是写人,或是叙事,甚至剖析人物心理,都是带着浓郁的感情色彩,他们的身上凝聚着作者对自己最亲爱人的深切痛惜,涓滴无遗地流露出作者对这个人物的情感。这就使读者在领略人物命运时,一同体味到了作者的喜怒哀乐,既"哀其不幸"又"怒其不争",使作品具有了格外感人的情感力量,给读者以广泛的解释空间。

黎保荣　梁德欣

光背后的阴影
——《寒夜》和《金锁记》中的"光"意象比较

何谓意象？"意象即是景"，是作者的情意和客观的物象融合而以文字描绘出来的图景[1]。巴金的《寒夜》和张爱玲的《金锁记》这两部作品里面就有各种各样的意象，如《寒夜》中的"寒夜"意象，《金锁记》中的"镜子"、"月亮"等意象。我们对这两部作品中的"光"意象较为关注。《寒夜》是巴金后期创作的一部非常具有代表性的作品，余思牧称《寒夜》是中国现代文学史上不可多得的一部美文[2]。《寒夜》中"光"的意象有：灯光、烛光、手电光、阳光、眼光，其中描写次数较多的是灯光和烛光，灯光有28处之多，烛光有九处。《金锁记》是张爱玲的代表作之一，夏志清称其为"中国从古以来最伟大的中篇小说"[3]。"光"在《金锁记》中出现了19次，尤以"月光"出现最多，有五处。

一般来说，光是光明、希望的象征，暗淡的光则暗喻着失望、痛苦的心态以及希望的渺茫，无光的世界则是一片黑暗，让人觉得无比压抑和无限绝望。"光"意象在《寒夜》和《金锁记》这两部小说中反复出现，但大都是暗淡的光，它们或是昏黄的光，或是微光，从而奠定了小说悲凉的基调，揭示了无光的家庭关系、人物的悲剧命运以及黑暗的生存环境和人物灰色的心灵世界。

---

[1] 朱光潜：《朱光潜全集》第3卷，安徽教育出版社1987年版。
[2] 余思牧：《作家巴金》，香港利文出版社2006年版。
[3] 夏志清：《中国现代小说史》，复旦大学出版社2005年版。

一　反衬了无光的家庭关系

灰黄的光既渲染了阴郁凄凉的氛围又给人带来寒意,更衬托了无光的家庭关系。在《寒夜》中,"母亲从小屋走出来,扭开了这间屋子的电灯,又是使人心烦的灰黄光。'啊,你还没走?'母亲故意对她发出这句问话"[1]。汪母跟树生总是争吵,谁也不肯做出让步,这一次也不例外。其实树生并不想去赴陈主任的约,但是因为汪母不仅故意对她说"啊,你还没走?"[2]而且说"是给你们两个饯行罢"[3],这些话深深地刺伤了她,因此树生为了做给汪母看,偏要去赴约。在这里,"灰黄光"这一意象象征了敏感和紧张的婆媳关系。

在中国古典诗歌中,经常有"寒灯"的意象,如"落叶他乡树,寒灯独夜人","愁病相怜,剔尽寒灯梦不成"等,这些诗歌描写的灯光都表现了诗人孤独、寒冷的心情[4]。在《寒夜》中也有这类灯光的描写,如:"'为什么总是停电?'她烦躁地小声自语。没有人理她。在这个屋子里她是不被人重视的!她的孤独使她自己害怕。她又转过身来迎接着电灯光。电灯光就跟病人的眼睛一样,它也不能给她的心添一点温暖。"[5]灯光本来是温馨的、给人带来温暖的,而这里所描写的灯光却是寒冷的。这里的"光"是病中的汪文宣的象征。树生与婆婆之间矛盾重重,因此她希望丈夫能解决这一矛盾,而汪文宣却永远只是敷衍,他无法解决母亲和妻子之间的矛盾,只会通过自责来平衡这种矛盾。如今汪文宣病在床上,这更增加了树生的孤独、寂寞之感,也使婆媳矛盾的解决变得没有可能。在这个家庭里,树生仿佛是一个透明人,没有人理她,她跟丈夫说话居

---

[1]　巴金:《寒夜》第101页,人民文学出版社1983年版。
[2]　同上。
[3]　同上。
[4]　儒室灯堂:《烛光灯影里的古典诗》,(2008-02-29)[2010-02-22]。http://hi.baidu.com/wjjlms/blog/item/984c58b522bdcdce36d3cab4.html。
[5]　巴金:《寒夜》第150页,人民文学出版社1983年版。

然还受到汪母的干涉,而小宣对她也非常冷淡,甚至连丈夫文宣也在敷衍她。面对这样无光的家庭关系,面对这样无望的生活,树生再也受不了,因此她极力挣脱这个家庭的束缚,先后几次出走,最终选择离开这个家而去了兰州。

《金锁记》则通过明亮的光来反衬无光的夫妻关系。曹七巧被兄嫂当作物品卖给残疾的姜二爷当妻子,姜二爷患有"软骨症",是个仅仅有着繁殖功能的"没有生命的肉体"。七巧在姜家受尽侮辱,得不到应有的尊重与同情,丈夫也无法给她安慰,她只是被姜家买来当作繁殖后代的工具。当季泽在七巧面前怜悯他二哥时,"七巧道:'天哪,你没挨着他的肉,你不知道没病的身子是多好的……多好的……'她顺着椅子溜下去,蹲在地上,脸枕着袖子,听不见她哭,只看见发髻上插的风凉针,针头上的一粒钻石的光,闪闪掣动着。发髻的心子里扎着一小截粉红丝线,反映在金刚钻微红的光焰里。她的背影一挫一挫,俯伏了下去。她不像在哭,简直像在翻肠搅胃地呕吐"[1]。"钻石"的"光"在闪闪地掣动着,这柔和明亮的光生动地暗示了七巧和丈夫之间无光的夫妻关系和她对正常情欲的向往。

畸形的夫妻关系和压抑的情欲导致了七巧的疯狂以及她畸形的恋子情结,让婆媳之间产生了不可调和的矛盾。"月光里,她脚没有一点血色——青、绿、紫、冷去的尸身的颜色。她想死,她想死。她怕这月亮光,又不敢开灯。"[2]月光本来是柔和温馨的,然而这里的月光却让芝寿感到害怕,这样的月光象征了七巧笼罩下疯狂恐怖的世界,反衬了无光的婆媳关系和无光的夫妻关系。在这个"丈夫不像丈夫,婆婆不像婆婆"[3]的世界里,长白对于七巧来说,既是儿子,又是情人。儿子刚新婚不久,七巧就让长白替她烧一夜的烟,让芝寿独守空房,甚至还盘问儿媳的不好之处,更甚的是她不仅把儿媳的隐私当众宣布以羞辱媳妇和亲家母,还给长白纳妾来进一步对芝寿的心灵进行摧残。而长白对于芝寿也有不满,不然也不会

---

[1] 张爱玲:《张爱玲典藏全集》第 7 卷第 10—11 页,哈尔滨出版社 2003 年版。

[2] 同上书,第 32—33 页。

[3] 同上书,第 32 页。

把妻子的秘密告诉母亲,取悦母亲。如此变态的母子关系、紧张的婆媳关系、不和的夫妻关系使芝寿无法忍受,以至恐惧和害怕得想死。她怕这种月光,但又不敢开灯,宁愿寂寞与黑暗,因为她缺乏安全感,害怕暴露在灯光下,害怕暴露在别人的嘲笑与疯狂的"光"中。

《寒夜》和《金锁记》中的"光"都反衬了无光的家庭关系,特别是紧张的婆媳关系。婆媳冲突是亘古不变的主题,如汉乐府长诗《孔雀东南飞》、曹禺的话剧《原野》等作品都以婆媳矛盾为主题,并且婆媳关系不和都是因为"恋子情结"。巴金的《寒夜》和张爱玲的《金锁记》也都主要是由于婆婆"恋子情结"的畸形心理而使婆媳关系紧张,这两部作品中的婆婆都认为媳妇抢了自己的儿子,并对媳妇进行攻击。在《寒夜》中汪母骂树生是"儿子的姘头"、"不守妇道",甚至"比娼妓还不如",在《金锁记》中,曹七巧则用疯子的语言来讥笑媳妇芝寿:"你新嫂子这两片嘴唇,切切倒有一大碟子"[1],"见了白哥儿,她就得去上马桶!"[2]

其实,这两部作品中描写的婆媳关系一直处于僵化状态,有一个很重要的原因就是儿子(丈夫)的懦弱与无能。根据弗洛伊德"同性相斥"理论,婆媳这对非血缘的同性天然有一种排斥情绪,如若儿子(丈夫)这个中介善于调停斡旋,婆媳或许有和平共处的可能[3]。这两部作品的不同之处是,《寒夜》是通过灰黄或寒冷的灯光来反衬紧张的婆媳关系,而《金锁记》则通过月光来反衬曹七巧与芝寿之间的矛盾冲突。面对婆婆的讥笑与嘲讽,两部作品中的媳妇所表现的态度也有所不同,《寒夜》中的媳妇勇于反抗,《金锁记》中的媳妇则一味忍受,最终郁郁而终。

二 象征了人物的悲剧命运

《寒夜》和《金锁记》中的人物都有不同的人生轨迹,也有对光

---

[1] 张爱玲:《张爱玲典藏全集》第7卷第29页,哈尔滨出版社2003年版。
[2] 同上书,第30页。
[3] 康泳:《中国现代文学婆媳关系的叙事模式及其文化意味》,《云南民族大学学报》,哲学社会科学版2005年第4期。

的不同感受,但都有相同的悲剧命运。他们背后的"光"就是其悲剧命运的象征。

在《寒夜》中,"昏黄的灯光,简陋的陈设,每件东西都发出冷气。突然间,不发出任何警告,电灯光灭了。眼前先是一下黑,然后从黑中泛出了捉摸不住的灰色光"①。这是树生走的前一天汪文宣眼中看到的"光"。树生就要走了,其实汪文宣很想恳求树生留下来,但因为他病得很严重,又失去了经济能力,而家庭的经济来源只能靠树生一人,因此他觉得他没权利也没理由要求树生留下。但树生一走,就把他们之前的共同理想、他们战前的教育事业计划、他们的爱全带走了。这昏黄的光让人觉得寒冷,并且出其不意地灭了,出现了让人无法捉摸的"灰色光"。这昏黄的"光"和灭了的"电灯光"不仅表现了环境的凄凉,还预示了汪文宣在抗战胜利的那一天死去的悲剧命运。

"她走得慢,然而脚步相当稳。只是走在这条阴暗的街上,她忽然想起了一种奇怪的感觉,她不时掉头朝街的两旁看,她担心那些摇颤的电石灯光会被寒风吹灭。夜实在太冷了。她需要温暖。"②这"摇颤的电石灯光"正是树生悲剧命运的象征。这个时候,树生的丈夫死了,儿子小宣和婆婆走了,如今只剩下她一人,孤零零地走在阴暗的街上,她不知道是否能够找回小宣,但就算找到也不能改变一切,因为丈夫死了已成事实,儿子对她是没有多少感情的,不会跟她走的,而对她恨之入骨的婆母就更不用说了,这一切都已无法改变了。她也不知道是否应回兰州答应另一个男人的要求,但答应又怎么样?她的命运还是像"摇颤的电石灯光"随时都会灭,因为那个男人只是看上了她的青春活力,当她美丽的容颜和青春已不在时,说不定就被甩掉了。因此不管她作出怎样的决定,她最终都逃不脱被毁灭的悲剧命运。

《金锁记》里面的"光"意象象征的也是女性的悲剧命运。长安决定退学之后看到的是"墨灰的天,几点疏星,模糊的缺月,像石印

---

① 巴金:《寒夜》第179页,人民文学出版社1983年版。
② 同上书,第256页。

的图画,下面白云蒸腾,树顶上透出街灯淡淡的圆光"[1]。长安认为去学校读书是一件快乐的事,也是可以摆脱自己悲剧命运的机会,然而因为她总是在学校失落一些衣物,七巧就到学校大吵大闹,长安不想因为这样而使自己在同学老师面前丢了面子,因此她决定以一个"美丽而苍凉的手势"牺牲。然而从"淡淡的圆光"可以知道她的牺牲只是徒劳。天真的她还以为母亲会因为她的自愿牺牲而有所收敛,但实际上她的牺牲是无谓的,母亲并没有因为她的自愿牺牲而对她有所改变,还是残忍地、变态地一步步把她推进黑暗的囚牢。淡淡的光,象征着长安还有渺茫的希望,她的悲剧命运仍然在延续着。在这之后,长安有过一次爱情的喜悦,然而这快乐是短暂的,因为她的快乐受到母亲的妒忌。其实在母亲用恶毒的谎言来破坏她在童世舫心目中的"幽娴贞静的中国闺秀"形象时,她只要走下来为自己辩解,努力去争取幸福,还是有一丝希望的,然而她只是"悄悄地走下楼来,玄色花绣鞋与白丝袜停留在日色昏黄的楼梯上。停了一会儿,又上去了,一级一级,走进没有光的所在"[2]。长安走下楼时"昏黄的日色"显示出她心情的无比沉重,但她又一次自愿牺牲自己的幸福来服从母亲,与童世舫彻底断绝了关系。"没有光的所在"暗示了长安的悲剧命运,最终一步步走进了七巧笼罩下黑暗、恐怖的世界——这也是长安的最终归宿。

同是描写人物的悲剧命运,《寒夜》是通过昏黄的、突然灭了的以及摇颤的电灯光来象征汪文宣的家庭,没有人在这个社会里能够摆脱悲剧的命运。而《金锁记》则是通过暗淡的街灯光和无光来昭示女性的悲剧命运。

三 揭示了黑暗的生存环境

《寒夜》开头就写到:"紧急警报发出后快半点钟了,天空里隐

---

[1] 张爱玲:《张爱玲典藏全集》第7卷第28页,哈尔滨出版社2003年版。
[2] 同上书,第43页。

隐约约地响着飞机的声音,街上很静,没有一点亮光。"①这几句给我们展现了一幅战乱岁月中的沉闷、压抑、动荡不安的画面,飞机的声音、警报、空袭等都笼罩在人们的心头,使人们的生命受到威胁,街上一点亮光都没有则点出了这是一个黑暗无光的社会。具体到一个小家的生存环境,也是如此。汪文宣家的房间是一个永远被黑暗笼罩着的房屋,虽然点上烛光,但"烛光摇曳得厉害。屋子里到处都是黑影"②。摇曳昏暗的烛光营造了一个幽眇、朦胧的氛围,还是驱不走包围着他们的无边无际的黑暗,在这间阴暗的屋子里,他们看不见光明,看不到希望,因而时常感觉"屋子显得特别大(其实这是个不怎么大的房间),特别冷(虽然有阳光射进来,阳光却是多么的微弱)"③。在战争时期,汪文宣一家过着灰暗的生活,他们总是处于愿望之中,可是又看不到希望,唯有期盼抗战能早日胜利和胜利后能过上好日子,但这个阴冷黑暗的社会使他们的希望变得十分渺茫。

在《金锁记》中,"七巧回到起坐间里,在烟榻上躺下了。屋里暗昏昏的,拉上了丝绒窗帘。时而窗户缝里漏了风进来,帘子动了,方在那墨绿小绒球底下毛茸茸地看见一点天色,除此只有烟灯和烧红的火炉微光。长安吃了吓,呆呆坐在火炉边一张凳上"④。房间里面暗昏昏的,只有一点点"微光",虽给人带来一点希望,但同时又表明这点希望非常渺茫,长安注定无法摆脱被七巧统治的黑暗生活。为了面子,七巧把女儿送去学校,使长安看到了生活的希望,但女儿最终还是因为她而被迫退学。七巧总是打着怕女儿被骗的借口来干涉长安的生活,但其实是她自己害怕金钱被骗。在那个裹脚已经被废除的时代,她却硬逼女儿裹脚,使长安无论是在肉体上还是精神上都遭受着痛苦和压迫,可见被七巧笼罩的世

---

① 巴金:《寒夜》第1页,人民文学出版社1983年版。
② 同上书,第179页。
③ 同上书,第198页。
④ 张爱玲:《张爱玲典藏全集》第7卷第25—26页,哈尔滨出版社2003年版。

界是多么恐怖。更甚的是在长安得到了一次幸福的爱情时,七巧却用谎言狠心地毁灭了女儿的幸福。长安一直生活在痛苦和不幸中,她的自由是被母亲控制的,她的幸福也是被母亲扼杀的,只要长安还生活在母亲统治的世界里,就永远也离不开黑暗。

四 揭秘了人物灰色的心灵世界

巴金在塑造人物时,非常注重揭秘人物的心灵世界,尤其善于通过"光"意象来反映人物灰色的心理。汪文宣永远都是一个老好人的形象,他善良而懦弱,对母亲和妻子的纷争,也没有很好的作为,有的只是自责。他永远带着病态的样子,如今病了,更加没有生气。汪母是一个"自私又顽固保守"的女人,由于守寡多年,她把全部的爱都放在了儿子身上,绝不允许别的女人跟她分享儿子的爱,因而树生的出现是她无法忍受的,树生就是她的敌人。在这个家里,丈夫胆小软弱、婆母又对她极端仇视,树生感受不到丝毫的温暖,只觉得"屋子里没有一点热气。永远是那种病态的黄色的电灯光,和那几样破旧的家具。他永远带着不死不活的样子。她受不了了!她觉得自己还是一个活人。她渴望看见一个活人"①。这病态的昏黄的电灯光正是树生无精打采的心理写照。

汪文宣梦见树生离开他了,凄惨地叫着她的名字从梦中醒来,"立刻用眼光找寻她。门开着,电灯亮得可怕"②。房间里的灯光平时都是昏黄暗淡的,而意识到树生真的要离他而去的时候,汪文宣感觉昏黄暗淡的电灯光忽然亮得可怕,这突出表现了他害怕恐惧的心理。他意识到自己仍然十分爱树生,舍不得树生离开,他害怕树生此刻一走就再也不回来了。同时,这亮得十分可怕的灯光还反衬了树生的自私和残忍。此时汪文宣还在病中,而树生却为了所谓的自由,也是为了回避现实和逃避责任,决然地抛夫弃子,跟着陈主任到兰州去了。

① 巴金:《寒夜》第154页,人民文学出版社1983年版。
② 同上书,第188页。

张爱玲善于通过意象来表现人物的心灵世界，正如有的学者所言："金锁"超越"金钱"与"物欲"，泛指女性人格的缺陷；"金"是外表光辉灿烂的意思，"锁"是内心阴冷黑暗的象征；作者创作《金锁记》的主观动机，就是要揭示女性美丽外表遮蔽下的心理阴影。张爱玲敢于超越自身性别局限，让我们看到了女性灵魂世界的另一侧面——与男性文化(道德)"吃人"相对应的女性文化(性格)"杀人"[①]。在《金锁记》中，张爱玲就通过"光"的意象表现了七巧扭曲、阴暗的心理："一点一点，月亮缓缓地从云里出来了，黑云底下透出一线炯炯的光，是面具底下的眼睛，天是无底洞的深青色。"[②]在这段描写中，"光"变成了"面具底下眼睛"，隐喻七巧在美丽外表遮蔽下刺探别人隐私的扭曲变态的心理。婚姻的不幸、无望的爱情、情欲的压抑使七巧变成了一个疯子。疯狂的恋子情节使她无法容忍儿媳夺走本来完全只属于她的男人，因此她嫉妒儿子和儿媳的新婚生活，已经达到了疯狂的程度。她在儿子的新婚之夜把儿子留在自己身旁，不仅和儿子讨论左邻右舍的隐私，而且还刺探儿媳的隐私，让芝寿忍受等待和寂寞的痛苦。之后，她又想方设法羞辱芝寿，最终把芝寿逼死。作者通过"光"的意象表达，清晰传神地写出了七巧扭曲的人性和她疯狂的心灵世界，同时也揭示了七巧阴暗的心理。

《寒夜》和《金锁记》这两部作品都取得相当大的成就，在描写意象方面，不仅抓住意象的本质特征，还赋予了其特殊的意义。"光"包括灯光、月光、烛光、阳光、星光等。《寒夜》主要描写了灯光和烛光，而《金锁记》则主要描绘了月光和星光，虽然这两部作品中描写的是不同的"光"，然而都透过"光"这一意象来表现作品的悲凉情感基调以及悲剧意义。从象征的意义上说，《寒夜》中的灯光和烛光之暗淡蕴含着日常生活的诗情消解以及平凡而普遍的性格悲剧；而《金锁记》中的月光和星光则邀请读者走进高处不胜寒而又永恒的人性迷宫。

[①] 宋剑华:《生命阅读与神话解构》，广东人民出版社2010年版。
[②] 张爱玲:《张爱玲典藏全集》第7卷第31页，哈尔滨出版社2003年版。

张义奇

大后方文学的双城记

——《寒夜》与《天魔舞》异质同构的悲剧叙事

一

重庆和成都分别是巴山与蜀水之间的两座历史文化名城。抗日战争时期,作为中国大后方的这两座重要城市,聚集了大批文化人。入川的和本土的一百四十余位作家[①]绝大部分居住在成渝两地,为两座城市的文学带来了空前的繁荣。《寒夜》和《天魔舞》正是产生于这一时期的优秀作品,而它们的作者巴金和李劼人此时也正是分属于这两座城市的重要作家。

巴金于1940年10月来到重庆,之后虽常辗转于成都、昆明等地,但多数时间是在重庆度过的,《寒夜》便是他对这一时期文化人苦难生活的记忆。李劼人在抗战期间,除了偶尔去乐山料理嘉乐纸厂事务之外,主要居住在成都,对战时大后方的各阶层人士有深刻的观察,《天魔舞》便真实地记录了当时成都人的生活状态。无疑,《寒夜》和《天魔舞》是两位大师用文学为他们各自生活的城市留下的一段难忘记忆。

《寒夜》动笔于1944年冬,至1946年底完成,1947年便有上海晨光图书出版公司出版的单行本。《天魔舞》也创作于抗战胜利前

[①] 司马长风:《中国新文学史》下册第7页,台湾传记文学出版社1991年12月版。

夕,却一时无法出版①,直到1947年5月9日才开始在成都的《新民报》副刊"天府"上连载,至1948年3月18日载完,成书则要到三十多年后的1981年,四川人民出版社因出版《李劼人选集》而收入。

有学者对巴金与李劼人的文学创作进行过比较研究,但却鲜有人将《寒夜》与《天魔舞》放在一起进行研究。《寒夜》作为巴金最后也是成就最高的一部长篇小说,几十年来一直受到研究者的高度重视,作家自己也将其视为与"激流三部曲"和《憩园》同等喜爱的作品;而《天魔舞》除了个别学者之外,包括研究者在内的多数读者几乎快将它遗忘了,作家本人生前似乎也不太满意,说"写得并不精练","准备以后有空重新写过"。②

其实,《天魔舞》虽有不足,依然不失为一部好小说,它不仅保持了李劼人一贯写人性尤其是写女性的长处,而且在思想与艺术诸多方面较之《大波》又有了新的视野和新的拓展。基于此,我把这部作品置于抗战后方文学的大背景下观照,强烈地感受到《天魔舞》与《寒夜》的异曲同工之妙。它们都鲜明地表达了作家对国家、民族、社会的思考,并且都充分地写出了特定状态中的人性本质。因此,分别产生于重庆、成都两地的《寒夜》和《天魔舞》可谓是抗战大后方文学的双城记,是成都籍的两位文学大师留在新文学史上的双璧。

二

《寒夜》以抗战胜利前的重庆为背景,描写了一个逃难来川的知识分子家庭毁灭的过程:主人公汪文宣和妻子曾树生都是受"五四"新文化洗礼后成长起来的一代青年,他们曾经满怀"教育救国"

---

① 李定周:《一封新发现的茅盾给李劼人的信》,《社会科学研究》1982年第6期。

② 李劼人:《自传》,《李劼人选集》第1卷第13页,四川人民出版社1981年版。

的理想,致力于乡村教育。上海沦陷后,他们逃难流落到重庆。为了生计,文宣在一家书局做了个卑微的校对员;而树生因为人漂亮活泼,则成了银行里受上司追逐的职员。文宣母亲原本就反对儿子与媳妇的自由结合,如今见儿媳打扮如花瓶周旋在交际场上,更是十分厌恶,于是婆媳之间便常常爆发"家庭战争"。文宣在这种"内外交困"中病倒,妻子也跟随上司陈主任去了兰州。就在庆祝抗战胜利的鞭炮声中,文宣吐尽了最后一口血痰。树生回到人去楼空的家中,才知道丈夫已死,儿子与婆母也走了,家彻底毁灭了。树生惆怅而悲凉地独自向着寒冷而黑暗的城市街道默默走去。

这是一个震撼人心的抗战时期大后方知识分子的悲剧。而在川西平原的成都,也同样在发生着另一个知识分子的悲剧,这就是《天魔舞》所写的故事。不过,《天魔舞》的主人公白知时不像汪文宣以死亡结束,而是以喜剧收场。惟其如此,蕴含其中的悲剧才依然具有重要的意义。

白知时是个极富正义感又很善良的教师,却穷困潦倒,中年丧妻,自己在几个学校上课,却连交房租的钱也凑不够。好在被房东女儿唐淑贞看上,给他安排了一个"光明的前景"。唐淑贞原是高太太,乃一小官僚的妻子,因丈夫得罪了地方豪强,被当地驻军以匪谍罪杀了。失去依靠的高太太回到娘家,抽上了大烟,后又在安乐寺黑市上找到了生财之道。当她发现白知时的智慧可以进一步成就自己的生意时,便主动向白知时求爱。此刻的白知时因表达对时局不满,正被特务关在牢房中。唐淑贞花重金"捞"出白知时,两人结了婚。唐淑贞的投机生意终因白知时的加盟掌控而有了新发展,而白知时,一个正直善良的知识分子也由此沉沦为发国难财的投机商人。

《天魔舞》描写了一批大发国难财的人(包括《天魔舞》中写到的另一对情人陈莉华和陈登云),透视出抗战大后方社会的腐败和政治的黑暗。作品并没有浅薄的浮光掠影式的政治图解,而是通过人物的悲欢离合与命运沉浮来记录这个时代和社会。尤其是白知时被逼"下海",由一个社会责任感很强的知识分子沦落为他原本不齿的投机商人,这就不能不引发人们对那个时代与社会的愤怒与思考。

从表象看,《寒夜》与《天魔舞》完全是两种类型的叙事,但实质上却存在惊人的同一性,它们正好呈现了社会的两个侧面:《寒夜》重在写人们的痛苦挣扎,直至毁灭;《天魔舞》侧重写人们的投机或被逼投机,最终也是导致"人"的毁灭。两个故事路径完全不同甚至相反,却殊途同归,它们犹如是一枚钱币的两个面。试想,若没有《天魔舞》中那大大小小发国难财的投机者,会有《寒夜》中文宣们的贫困潦倒吗?《寒夜》中其实也写到了大发国难财的投机者,曾树生与上司陈主任联合即是干走私生意,但作品的主旨并不在揭示社会的这一面,而《天魔舞》恰恰深刻地写出了这一面。正是两部作品中这些形形色色的人物,构成了那个时代与社会的畸形、病态、腐败、堕落、黑暗,也为我们留下了两座城市历史的记忆。

在人物设置与塑造上,两部作品亦具有惊人的相似处。首先它们写出了一代知识分子的悲剧命运。汪文宣和白知时,虽然性格各异,但他们的早期经历却有许多共同特征。职业上,他们都曾经是为人师表的教书先生,只不过一个是中学教师,一个热衷乡村小学教育,而且他们还都怀揣"教育救国"的理想。但是,外敌入侵、国难当头、民生凋敝的社会现实使他们的理想都破灭了,职业也丧失了。文宣在经过从希望到绝望的痛苦挣扎后走向了死亡,而白知时却在经过绝望之后选择了沉沦。他们都很贫困,文宣累死累活工作一月,获得的薪水竟连给妻子买个生日蛋糕都不够,导致他有病不能治,最后贫病交加而死。白知时虽在几个中学教书,却连付房租都很吃力,他戴的帽子旧得发黑,是连车夫都不要的,脚上穿的皮鞋也是补了又补。他比文宣强的地方在于他有个好身体,还有个好用的头脑,于是成了寡妇唐淑贞的意中人。就像文宣并不想死一样,白知时也并非甘心沉沦,怎奈他若拒绝唐淑贞的要求,就连个落脚的地方都没有了。文宣和白知时本性上都是正直善良的知识分子,文宣总是处处为他人着想,从不为自己考虑,到死还怕给家人留下债务;而白知时的正直善良,我们只需看一下他在锦江桥头力阻枪杀壮丁的情景就能体会到,不能不对这位"气概依然"的教书先生肃然起敬。然而,这些又有何用呢?在那个讲究丛林法则的社会里,忠厚善良就意味着被别人吃掉。文宣没明白这个道理,或者说他虽然明白了这个道理,但现实的绝境和他性格中天生的软弱,使他不能不忍痛被人吃。他生前唯唯诺诺、谨小慎微、忍辱负重,心中强烈愤怒却不敢表达,病入膏肓仍然不敢偷闲,直到累得将一口血痰喷洒在那粉饰太平、歌功颂德的官样文章上而死去。白知时其实也没明白什么是丛林法则,他身上那种正直的本性一直在与社会堕落作顽强的抵抗,家乡有人曾邀他回去当县参议员,这是个拿钱不做事的好差事,但要昧良心,他拒绝了;他从前的学生请他到偏远县上去当校长,然偏远县上山高皇帝远,社会更黑暗,他还是眼不见为净。然而善良正直给他带来的只有更大厄运,特务以一个莫须有的罪名就将他投进了监狱。若不是唐淑贞救他出来,他还不知命归何处呢。面对"恩人"唐淑贞递过来的橄榄枝,他似乎突然"醒悟"了,在这样的社会若要想生存下去,不吃别人就要被别人吃。于是他真切地后悔以前的生活了:"那时好蠢啰!真一点没为自己打算过一分一厘。也太老实了,把在政治舞台上的人,都看得像学生一样的纯洁,以为他们所言所行,全是由衷而发,领导我们抗战果真是为的民族,为的国家!唉!唉!设若那时早有一点政治经验……"①

  如果说汪文宣之死是个大悲剧,那么白知时的沉沦就是大大的悲剧!善良正直的知识分子已经被逼到了不是贫病而死就要堕落才能生存的境地,这样的社会该是一个什么样的社会啊!白知时最后的"大彻大悟",与其说是他看透了那个社会的本质,毋宁说这是一代文化人的毁灭。鲁迅说:"悲剧就是把有价值的东西毁灭给人看。"②汪文宣与白知时的命运结局虽然相反,但他们却共同表现出了时代与社会的悲剧!

  ① 李劼人:《天魔舞》第412页,四川人民出版社1981年版。
  ② 鲁迅:《坟·再论雷峰塔的倒掉》,《鲁迅全集》第1卷第197页,人民文学出版社1981年版。

三

当然,《寒夜》与《天魔舞》的叙事形式是完全不同的。

正如重庆与成都两座城市性格相异一样,巴金和李劼人虽同为成都籍的文学大师,又同受过法国文学的熏陶,但两人的创作个性不同,因此《寒夜》和《天魔舞》的叙事方法和手段也是完全不同的。从结构上看,《寒夜》线索单一,人物也不多,主角只有三人,以及由这三人连接起几个次要人物。这是一种以点带面的原点辐射式结构。巴金的其他作品也都善于采用这种结构。李劼人则喜欢宏大叙事,结构上常采取多侧面、多层次、多线索布局,《天魔舞》也运用了典型的"花开两朵,各表一枝"的复线型结构。通过两对男女的感情纠葛,联系到社会的各个层面,两条线索最终又交汇在做投机生意这个焦点上,从而使作品浑然一体。

在具体表现手法上,两部作品也呈现出两种风貌。《寒夜》情感色彩浓郁,《天魔舞》则机智冷峻。前者重心理描写,以人物的内心活动或内心独白来展现其性格特征。后者善用白描,无论是写人还是状物,作家均以白描式的文字来表达,或寥寥数语,不露声色,却将或揶揄或赞扬的倾向深蕴其中,而且不到关键时候不轻易写人物心理。《寒夜》的整体色彩具有象征性的意义,灰黑的天,寒冷的夜,这几乎构成了那个时代与社会的整体背景色彩,让读者深感压抑,进而愤怒。《天魔舞》则充分写实,尤其讲究细节的精确、人物的举止言谈、环境的变化等,不仅让读者看到那个时代与社会特有的真实状态,而且强烈地感受到社会对人性的扭曲、变形。

悲剧会产生震撼人心的力量。巴金是写悲剧的高手,《寒夜》与"激流"一样,悲情的氛围总是笼罩在作品的字里行间。而《天魔舞》却把悲剧当成轻喜剧来写,不只是白知时,作品中的其他人物,陈莉华、陈登云、唐淑贞等都带有悲剧的色彩,是时代与社会将他们打造成了现在的样子。虽然作家叙述他们的故事常采用"幽他一默"的文字,但读者在短暂的轻松一笑后,定会展开深深的思索。

《寒夜》的描写非常凝重,凝重到几乎让人窒息,《天魔舞》却体

现出作家惯有的诙谐。随意比较两段文字,便可见两位文学大师不同的叙事风貌:

  她打了个冷噤。她好像突然落进了冰窖里似的,浑身发冷。她茫然四顾,她觉得眼前的一切都是假的。她好像在做梦。昨天这个时候她还在另一个城市的热闹酒楼上吃饭,听一个男人的奉承话。今天她却立在寒夜的地摊前,听这些陌生人诉苦。她为着什么回来?现在又怀着怎样的心情走出那间屋?……以后又该怎样?……她等着明天。

——《寒夜》

  在一个月不到的时间内,南门一巷子唐家杂院里就发生了两桩大事,——两桩意想得到而又委实出人意外的大事;其突兀,简直和第三次长沙会战之后的日本兵马不停蹄一下子就打到独山来了似的……第一桩事是我们业已知道的,寡妇再醮……第二桩大事可就真正算得上大事啦!
  其事维何?曰,白太太公然在戒烟了!

——《天魔舞》

  两部作品叙事风格尽管如此大不相同,但是,两位作家为抗战时期大后方两座城市留下的记忆却都是真切的,是作家以自己的阅历、情感和目光记录下的对于那个时代人们生命状况的深情关注。《寒夜》与《天魔舞》是新文学史上两部异质同构的优秀作品。

张一玮

无政府主义者的旅行：对巴金《旅途随笔》的文本分析

中国现代作家巴金创作的游记文本中，《海行杂记》和《旅途随笔》是较早完成的作品集。其中《海行杂记》是由中国乘船前往法国途中所见所感的勾勒，提供了一场浸透家国伤痛的自我放逐之旅，也是一场为接受和研究无政府主义思想而展开的探索之旅。《旅途随笔》则是作者由上海出发至广东乡村，经香港回广州，游普陀，又北上至京津两地的见闻记述，为读者呈现了一场中国无政府主义者尝试贴近中国底层民众并验证与实践其社会主张的旅行。两者比较，《旅途随笔》以其对二十世纪三十年代中国城乡社会状况较深入的描述而更具文化价值。本文尝试由游记文本中无政府主义者的自我表述、城市呈现和民众描写三方面入手，对《旅途随笔》的文本进行分析，以期完成对巴金这一游记作品集的文化解读。

一 友情：无政府主义者的自我价值省思

由巴金无政府主义思想的发展观之，《旅途随笔》文本对友情和底层民众生活的书写包含了较为深刻的意义。发源于欧洲的无政府主义思想主张"绝对的自由，反对一切权力与权威，否认一切国家政权与任何政治组织，要求建立无命令、无权力、无服从与无制裁的'无政府'社会"[1]。巴金在法国研究和接受无政府主义思

---

[1] 俞祖华、王国洪：《中国现代政治思想史》，山东大学出版社1999年版。

想之后,试图在中国身体力行,借助劳动实践和民众教育等方式来实践和推行无政府主义。但大革命的失败和日本军国主义咄咄逼人的进攻态势令中国的无政府主义组织在政治倾向和社会实践方式上日益分化,他们的社会乌托邦设想也逐渐失去了实现的可能。在此情境下,中国无政府主义者之间的友情,就成为维系这一脆弱的思想和社会运动的重要纽带。走向民间的知识分子朋友们的奋斗经历,在《旅途随笔》的系列文本中被塑造成无政府主义者为社会乌托邦而奋斗的线索。与作者多数朋友借助乡村教育所进行的温和的社会改良不同,《西班牙的梦》一篇记述了一位远赴西班牙参加革命的朋友的经历,并将投身暴力革命的无政府主义者与困居于书斋里的无政府主义者进行了对比。显而易见,这一朋友的形象与巴金小说《雷》、《电》中的无政府主义者系出同源。在此,友情就与社会教育、社会批判和民众群像的勾勒描摹一起,成为《旅途随笔》文本中经常浮现的主题。

在旅行动机的自我展示方面,巴金在序言中将《旅途随笔》陈述为一场知识分子走向民间的旅行,表达了三十年代知识分子对社会现实的关怀。在写于1934年的《再版题记》中,巴金又表示:"这本小书是为朋友们写的。它是一个纪念物。但它也是一个凭证。我诚心地把它献给朋友。他们可以留着它,看几年后我是否会违背书中的一些约言,去做一个朋友们所鄙弃的人。"[①]在此,"朋友"指代的是《旅途随笔》中居住在中国各地与巴金有故交的人,他们当中相当一部分是无政府主义者,同时也是帮助旅行者接近和理解中国民众的中介角色。无政府主义者面对其社会主张无法实现的困惑和挣扎,将志同道合者的友情视作人生的支撑和慰藉。在特殊的时代所赋予的情绪之中,旅途中的巴金重新评估了友情、道德和社会关系的价值,并试图将它们编织进新的社会图景和自我价值实现的可能。因此,《旅途随笔》对朋友的歌颂和眷恋,代表着个体对无政府主义者群体的认同。

---

① 巴金:《旅途随笔》,《巴金全集》第12卷第103页,人民文学出版社1986年版。

在巴金的笔下,朋友之间的友情首先被塑造为是因政治黑暗而身处孤独的无政府主义者、因侵略战争而倍感激愤的民族主义者之间的情感联系。"我的生活曾经是悲苦的、黑暗的。然而朋友们把多量的同情、多量的爱、多量的欢乐、多量的眼泪分了给我,这些东西都是生存所必需的。这些不要报答的慷慨的施舍,使我的生活里也有了温暖、有了幸福。我默默地接受了它们。我并不曾说过一句感激的话,我也没有做过一件报答的行为。但是朋友们却不把自私的形容词加到我的身上。对于我,他们太慷慨了。"[1]而朋友的人生经历与奋斗也是《旅途随笔》进行社会书写和社会批判的切入点。《南国的梦》一篇讲述对一位为平民教育献出健康和生命的朋友的回忆,并给予普通教育者较高的评价。在国家经历战乱和遭受侵略的时代背景中,正是教育活动连接了现实中的国家形象与民众启蒙两个文化主题,成为承载着未来中国的希望的象征。《庶务室的生活》一篇则着重记述一个名为洪的朋友主办乡村学校的经历,以办学者的无私和奉献、入学孩子的纯真与当时教育管理机构的官僚化状况形成对照,凸显了浓厚的社会批判意味。朋友间的友情是超越血缘、宗派、阶层、国界和地理阻隔的感情,慰藉着旅行者因时事动荡而彷徨无措的心灵。与此同时,朋友的人生是旅行者人生的一面镜子,映照出朋友间不同的人生轨迹在人道主义和启蒙主义语境中的交汇。"我在批判地回忆我过去二十几年的生活,我在绝望地问我自己:我是否也能够像洪那样献出自己的一切,做一个建设理想社会的小小的基石,来报答朋友们对我的爱护。"[2]由此,旅行者围绕对友情和朋友人生经历的描绘展开了社会呈现和对自身价值的再思考。

二 城市:半殖民时代社会文化的呈现

城市包含了多重社会权力形式,是集中呈现政治、经济和文化

---

[1] 巴金:《旅途随笔》,《巴金全集》第12卷第55页,人民文学出版社1986年版。

[2] 同上书,第132页。

矛盾与对抗的空间。半殖民地时代的中国城市,则呈现出更具深刻矛盾性的传统与现代、中国与西方之间的并置和拼贴。巴金笔下的上海是旅行的出发地,也是《旅途随笔》游记文本中第一个描述的城市。时值上海在"一·二八"战火中遭受重创,巴金在游记文本中记录下时代特有的城市景象和战争造成的苦难。《一个回忆》一篇是"一·二八"战乱之后创作的篇章,又在广州旅行中完成改写并收入《旅途随笔》文集的。文本借对城市废墟的描写编织了一组震撼人心的文字蒙太奇:"我的记忆模糊起来,许多影子在我眼前晃动。日本兵的枪刺……海军陆战队中队长蠢然的笑脸……一队逃难归来的贫家夫妇……一个脱了肉只剩牙齿的头颅……两三次日本兵的严厉的查问……在江湾路上偷玻璃被日本兵打伤腿的两个江北人……狗吃剩了的人腿……未爆炸的二百五十磅的炸弹……以及许多许多……"[1]与《倾城之恋》之类文本中作为颓败的人类文明象征的城市废墟不同,《一个回忆》中的城市废墟直接展示为遭遇侵略的国家的愤怒和被压抑的反抗激情。巴金借此表达了无政府主义者对军国主义者强加给别国的侵略战争的强烈谴责:"我一个人走在冷静的马路上,我也叹息,我也呼吁,我要血海怒吼起来把那些侵略者淹没掉。……历史上没有一次血是白流的。"[2]以历史的规律性和废墟空间令人震惊的场景相结合,构成了本篇有关战争和国家的文化意义框架。

在《香港》、《香港的夜》、《省港小火轮》和《鬼棚尾》等篇章中,巴金描绘了殖民地城市香港和半殖民地城市广州的城市景象。《香港》一篇描绘了香港城市空间和乘坐香港登山电车旅行的经历,并勾勒了旅行者在山顶俯瞰香港城市全景的视觉体验。《香港的夜》提供了对香港夜景的描写,在灯光和交通工具的意象与旅行者的复杂感知中展示了富于现代感的城市景象:"船在移动,灯光也跟着在移动。而且电车、汽车上的灯也在飞跑。我看见他们时

---

[1] 巴金:《旅途随笔》,《巴金全集》第12卷第110页,人民文学出版社1986年版。
[2] 同上书,第107页。

明时暗,就像人在眨眼,或者它们在追逐、在说话。我的视觉和听觉混合起来。我仿佛在用眼睛听了。那一座星的山并不是沉默的,在那里正奏着出色的交响乐。"①在这些并无明确意识形态意味的景致描写中,城市呈现了半殖民地半封建文明的现状。《省港小火轮》则在沟通粤港两地的渡轮船舱中,描绘出一幅中国平民社会的画卷:"在一个小火轮的'尾楼'里,我看见了中国社会的轮廓。"②但这一画卷提供的是毫无组织的、分散的民众群像。在对广州城市空间的描绘方面,巴金在写于1939年的《重排题记》中以回忆的角度展开对旧作的评价,依然透露出浓厚的家国意识:"去年我两度去广州,重温旧梦,在那里过了一些令人兴奋的日子。今天,在那个可爱的城市沦陷以后,重读几年前初到广州时的旧作,回忆当时的情景,不禁感到深深的惆怅。"③《长堤之夜》沿着旅行者的移动轨迹,在描述广州城市的街道、电影院和重要的地理标志海珠桥的同时,勾勒了居住在小艇上的娼妓和桥边的商贩,他们的形象构成了广州城市的底层社会风貌。当巴金写到"我明明是在珠江岸上。这里并没有顿河的夜景"④时,作者又借眼前的中国城市景象对十月革命之后的苏俄社会表达了羡慕和景仰之意。在两座城市的比较当中,城市的风景参与了文化和意识形态意味的生成。

《旅途随笔》还在城市书写中揭示了二十世纪三十年代中国社会文化的颓败。《薛觉先》一篇以广州粤剧表演者薛觉先的戏剧表演传达民众教育和启蒙的必要。在作者笔下,薛觉先在《华丽缘》一出戏剧的表演充满了古人与今人的对话,以现代戏剧的形式探索将身着旗袍的现代女性与正襟危坐的古代官员并置于一台,但并没有提供新的时代精神或社会变革的动力。"我们如果承认戏剧是民众教育之一种的话,那么我们就看见中国民众所常常得到的精神的养料是什么样的东西了。这些东西抓住他们,使他们一天天往后面走,不

---

① 巴金:《旅途随笔》,《巴金全集》第12卷第118页,人民文学出版社1986年版。
② 同上书,第122页。
③ 同上书,第103页。
④ 同上书,第170页。

让他们前进一步。然而那些靠'文化'吃饭的高等绅士们除了提倡国剧外,还送了扮女人的戏子出洋,在外国骗了招牌回来欺骗民众。他们说是拿这种'文化'在精神上征服了外国。"①在此,演员的舞台表演和观众的观看提供了一个视听感知的过程,也使剧场成为社会意识形态扩展和国民教育的空间,演员、布景和角色也因此具有了文化隐喻的潜能。在对旧的中国戏剧题材表示不满的方面,巴金在强调戏剧的社会教育意义的同时,将传统戏剧作为表达旧时代和旧体制的合法性的形式进行批判,同时期待戏剧改革成为中国社会体制革新的先导和启蒙民智的手段。"后来我又和那朋友谈起薛觉先,他说薛觉先在十四五岁就加入了社会运动。他抱了改良戏剧的决心去演戏,结果却是戏剧改良了他。"②在此,戏剧艺术的颓败成为了文化与思想颓败的表征,也隐约提示了戏剧改良者和社会改良者的失败。除此之外,《旅途随笔》中的《赌》一文还比较了蒙特卡洛、香港、澳门、广州和上海的赌场状况,将赌博业发达的城市描绘成充满盘剥和等级差别的地方;《扶梯边的喜剧》则以途经厦门时见到船上小偷扒窃的经历映照出社会道德的沦丧和困境;《游了佛国》更将当时宗教人士的世俗化倾向表述为时代庸俗的社会风气的投影。这些见闻的记录从反面印证了旅行者精神世界中乌托邦图景的存在,也勾勒出以城市为代表的半殖民地时代中国社会实景。

三 民众:底层社会的叙述

《旅途随笔》中的底层民众形象在多个篇章中都与巴金的友情书写关系密切,多是由旅行者探访朋友而引导出的叙事主题,并着重记述了中国底层民众对当时社会秩序的反抗。民众在巴金的笔下既是社会体制下的受压制者,同时也是新的社会革新的主体。《农民的集会》一篇即提供了南方乡村农民集会的场景。首先借朋

---

① 巴金:《旅途随笔》,《巴金全集》第12卷第173页,人民文学出版社1986年版。

② 同上书,第175页。

友之口介绍了学校的所在地:"乡村里的小学校大半设在祠堂里面",祠堂在此同时成为具有教育功能和乡土社会中农民集会议事选举功能的空间。宗族社会的秩序和新的社会状况之间的矛盾,也集中呈现在发生于祠堂的社会行动当中。在农民集会的过程中,巴金又记述了朋友"叶"向乡民演讲介绍区县参议员和土豪劣绅的贿选经历的情节,在场的其他青年知识分子也发表了不同风格的演说用以调动农民组织农会的热情。在场景呈现、旅行叙事和文化主题等方面而言,这一文本在某种程度上成为了三十年代无政府主义者推行民众组织活动的记录。当《一个女佣》一文述及友人朱教授家的顺德籍女佣曾杀死欺侮乡民的乡绅经过时,作者对此评论道:"这个故事是完全真实的,并没有一点捏造的地方。然而我仿佛读了一篇高尔基的《草原故事》。那个我常常看见的女佣却成了高尔基早期作品里的女英雄。"[1]如同对广州城市风貌的描述一样,作者对底层民众事迹的记述同样被置于与苏俄社会文化的比较当中,透露出作者的意识形态倾向性。

民众的力量是《旅途随笔》后半部分的重要书写主题。《机器的诗》一篇是作者在火车旅行中歌颂工人的文本:"四周是平静的白水,远处有树、有屋。江面很宽。在这样的背景里显出了管理机器的工人的雄姿。机器有规律地响着,火车趴在那里,像一条被人制服了的毒蛇。"[2]这种描绘当中,机器是工业革命以来蓬勃发展的生产力的象征,也是现代经济和社会文化的重要证明,它一方面带动了产业的进步,另一方面又成为统治阶级推行强权的工具之一。而能够熟练操控机器的中国工人在此被塑造为积极向上的社会主人翁,他们的形象参与创造了巴金游记作品的诗意。"我看着这一切,我感到了一种诗情。我仿佛读了一首真正的诗。于是一种喜悦的、差不多使我的心颤抖的感情抓住了我。这机器的诗的动人的力量,比诗人的作品大得多。"[3]当这种对民众力量的描写在《旅

---

[1] 巴金:《旅途随笔》,《巴金全集》第 12 卷第 184 页,人民文学出版社 1986 年版。

[2] 同上书,第 152 页。

[3] 同上。

途随笔》的系列文本中与对民众苦难的描写结合起来的时候,巴金的旅行叙事就具有了特殊的感染力。《一个车夫》一篇的主题是吸毒所造成的家庭和社会问题,同时以震惊和赞赏的口吻描述了经历苦难之后的少年车夫的生命力。"我看不见那个小孩的脸,不知道他脸上的表情,但是从他刚才的话里,我知道对于他另外有一个世界存在。没有家,没有爱,没有温暖,只有一根生活的鞭子在赶他。然而他能够倔强!他能够恨!他能够用自己的两只手举起生活的担子,不害怕,不悲哀。他能够做别的生在富裕的环境里的小孩所不能够做的事情,而且有着他们所不敢有的思想。"[1]在这一富于反抗精神的形象中,旅行者寄托了无政府主义者反抗社会强权的思想,并以画龙点睛式的笔法勾勒创造出民众之力量的缩影:"在那一对眼睛里,我找不到承认任何权威的表示。我从没有见过这么骄傲、这么倔强、这么坚定的眼光。"[2]《一个车夫》一篇写作于1934年,与1933年的旅行已经没有直接关系,但巴金以其为《旅途随笔》作结的目的显而易见:以这一富于民族志色彩的少年车夫的面孔,来作为中国社会画卷的结尾。一个倔强少年对父权的反抗,正应和了无政府主义者面对半殖民地时代社会强权的抗争。如巴金所说:"现在我还是和以前一样,能够站起来做人。我始终相信我们民族的新生的力量。"[3]

除此之外,《旅途随笔》还包含了少数较注重描写自然和风物的文本。《在普陀》是游记中难得一见的描绘动物的个例,《三等车中》是由上海乘火车至南京火车站再转乘火车至天津的旅途琐记,《平津道上》则记录天津至北京的火车旅行,并将《迟开的玫瑰》和《特里斯丹和伊瑟》等欧洲文学作品纳入旅行感知的呈现。综上,在这场横跨中国南北,兼及城市和乡村,笔触深入各个社会阶层和人群的旅行中,巴金完成了对民众生活现状的考察和思索,迎来了一个无政府主义者思想转化与变迁的契机。

---

[1] 巴金:《旅途随笔》,《巴金全集》第12卷第228—229页,人民文学出版社1986年版。
[2] 同上。
[3] 同上书,第103页。

宋祖建

评巴金散文的艺术美

巴金先生的散文，是中国散文史上的一朵奇葩。探究其散文艺术风格问题最有影响的是上海复旦大学教授陈思和与《人民日报》记者李辉合著的《巴金创作风格的演变》一文，该文对其艺术风格演变规律及特征进行了准确的概括[1]。顾炯在《散论巴金的散文创作》一文中也对巴金散文的艺术性给予了充分的肯定和赞扬[2]。楼肇明的《搏动着赤子之心的诗篇——读巴金〈随想录〉一、二集》针对巴金《随想录》做了思想上的解剖，让我们更清楚地了解巴金晚年的思想[3]。本文从巴金先生的散文所具备的丰富而真挚的情感、白描手法的运用、日常性话语叙事的手法等三个方面剖析其艺术风格。

一 巴金散文的情感特征

在中国文学史上，作家的思想感情倾注于散文比其小说更明

---

[1] 陈思和、李辉：《巴金创作风格的演变》第1页，《巴金论稿》第1页，人民文学出版社1986年版。

[2] 顾炯：《散论巴金散文创作论》，贾植芳、唐金海、陈思和：《巴金作品评论集》第385—409页，中国文联出版公司1985年版。

[3] 楼肇明：《搏动着赤子之心的诗篇——读巴金〈随想录〉》第一、二集，贾植芳、唐金海、陈思和：《巴金作品评论集》第410—413页，中国文联出版公司1985年版。

了、更易懂。小说注重的是社会影响,散文的思想价值比小说表现得更直接。所以,要想读懂一个作家,就要读他的散文,因为散文中的思想感情更贴近作者的生活。巴金冲破封建"家长"观念,成为一个杰出的反帝反封建的革命战士,在成长过程中不断地完善自己的信仰和写作宗旨。"他信仰无政府主义,但显然与克鲁泡特金的无政府主义不能相提并论"[1]。因为他着重于"人道主义"、"爱国主义"。他在童话《长生塔》中谈论"国民党"政府统治时说:"他的尸首给埋在建塔的石头下面,这就是皇帝的结局,皇帝就是蒋介石",直接痛骂国民党"首脑"。在"抗战"期间《给山川均先生》一文中说:"我不是一个褊狭的爱国主义者,我并不想煽起民族间的仇恨……",句句把山川均的《华北事变的感想》反驳得体无完肤,句句切中要害,揭开山川均"社会主义"的假面具。

作者曾说过:"我的笔即使写不出振奋人心的热情的赞歌,它也要蘸饱作者的心血写下一个普通人的欢乐和感激的心情。我绝非为写文章而写文章,我有满腹的感情要倾吐,我有不少的见闻要告诉人,我有说不尽的对新社会的热爱要分给别人,我才拿起我这支秃了的笔。"[2]正是这种对祖国、对人民、对新生活的爱,才使作者写下那些热情奔放的英雄赞歌和对新中国的歌颂。1949年,开国大典,巴金先生看到了中国的新面貌,他按捺不住自己激动的心情,他在心中不住地对自己说:"我要歌唱,我要赞美,我要对祖国赞美。"此时,他要改变自己以往低沉的写作风格。如《大欢乐的日子》、《友谊集》、《新声集》、《赞歌集》……这些热情洋溢的书名,让人一听便能感受到新生活的欢乐。1952年巴金在朝鲜写下的第一篇著名散文《我们会见了彭德怀司令员》,充满了对彭总的敬爱之情,写得真切动人,但巴金并没有用华丽的词藻来表述这种感情,用"老老实实,而且简简单单地叙

---

[1] 陈思和、李辉:《巴金论稿·小引》第1页,人民文学出版社1986年版。

[2] 巴金:《赞歌集·后记》第236页,上海文艺出版社1960年版。

述我们会见彭总的情景,就好像那天回到洞里遇见一位朋友,跟他摆了一段'龙门阵'一样"。①运用平实的叙述和朴素的语言表达热烈的感情,惟有如此,才更具有吸引力,让读者感到亲近,如临其境,音容毕现。

法国艺术家罗丹说:艺术就是感情。刘勰在《文心雕龙·情采》中说:"故为情者要约而写真,为文者淫丽而泛滥",主张"为情而造文",反对"为文而造情"。巴金著名散文《怀念萧珊》缘事抒情,把情感融于平常的事情当中,大部分是描写作者与亡妻生前共同生活的点滴琐事,但他将这些亲身经历的事件情意化,质朴地抒发自己的真情实感,文章表现出了低沉、哀婉、悲切、愤怒的笔调。而感情的表达又是由沉痛地思索到深情地回忆与妻子生活的琐事,再到愤怒地鞭笞"四人帮"的荒谬,直至最后冷静地表述自己内心的忏悔,犹如九曲回肠,一波三折。由于文章中充满了这种炽热的感情,读者读来无不潸然泪下。巴金的散文常借助自然、平易、朴实、流畅的文字抒发浓郁的感情,表现出纯真的朴素美,像"道家常"一样极其平淡的叙述,把读者带进激情难抑的境地,使之与其产生共鸣。

《海上的日出》中"太阳走进云堆,它的光线却从云层里射下来,我只看见一片灿烂的亮光","后来太阳才慢慢地冲出重围,出现在天空,甚至把黑云也染成了紫色或红色,这时候光亮不仅是太阳、云和海水,连我自己也成了光亮的了",通过对大海日出的描写,把壮观的景色渗透进了向往光明、憎恶黑暗的真挚感情之中。

《两封信》中"我现在的信条是:忠实的生活,正当的奋斗,爱那需要爱的,恨那摧残爱的,我的上帝只有一个,就是人类,为了他准备献出我的一切……",真实地表露了大革命前夕一个进步青年热情的胸襟、对人道主义的推崇、对摧残人类的一切不文明的痛恨。

散文比小说更能使作家自由地表达感情,允许作家采取更直接的方式来抒发情怀,这一特色在巴金散文中表现得更加突出、更加鲜明。巴金散文的感情在语言中自然倾泻,很少受到限制和约

---

① 巴金:《爝火集·后记》,《讲真话的书》第 248 页,四川人民出版社 1982 年版。

束,用"真实感情感动别人",真挚亲切,以情动人,字里行间激荡着热烈的感情,巴金就是这样,敢于向读者讲真话、抒真情,裸露自己的心灵和人格,张扬独特个性,塑造出活脱脱的"自我"形象,使作品具有深广的社会意义,更能引起人们的思考和共鸣。

二 巴金散文的白描艺术

在文学创作上,"白描"作为一种表现方法,是指用最简练的笔墨,不加烘托,描画出鲜明生动的形象。巴金晚年的《随想录》是对"文革"的反思,一再提倡说真话,始终将读者放在心里,与读者进行平等的交流,从不过分强调写作技巧,认为"文学的最高境界是无技巧",追求自然天成、真实质朴的美的艺术境界。

《桂林的微雨》中"长得蛛丝一般的雨"简单而形象地描画出了小雨的形状,非常生动,这样的描写能让读者实实在在地感受美境。

在《怀念萧珊》中白描艺术得到充分的体现,文章一开头就是"今天是萧珊逝世的六周年纪念日",朴素无华,就像与老朋友和亲人一样地倾吐;"她是我的一个读者"一句话中的直陈叙述,开始了他无限的回忆,平实、朴素的描写人物,"她忽然指着他……"夫妻俩一个姿态,两三个动作,几句话语,在作品中稍加勾勒和点染,人物形象顿时跃然纸上。

《小端端》中"大人腔"、"比外公更辛苦"等等,点出了小端端的可爱、懂事,让读者感到就如同生活在自己身边的亲人一样。

在《最初的回忆》中,"母亲抬起她的圆圆脸,用爱怜横溢的眼光看我",只写出母亲的脸和眼光,但是一位慈爱儿子的中年妇女形象就显现在读者头脑中。作者善于抓住人物的特点,寥寥数笔便勾勒出人物特征,将母亲形象栩栩如生地展现在读者面前。文中对事物的描写:"清油灯,长长的颈项,圆的灯盘,黯然的灯光,有时候灯草上结了黑的灯花",简洁的词语组合,凝练的句子,就把"灯"展现到了读者面前。

在《怀念胡风》中:"他激动地在讲坛上乱跳,他嘶声地说……"、"一看就清楚他是一个病人,没有表情,也不讲话"、"他呆呆地坐在那里,没有动,也不曾跟女儿讲话。"一句句对胡风形象的简单描写,背后的"我"却感到十分愧疚和自责。这是巴金先生《随想录》中的最后一篇,也是散文集中的名篇之一。

巴金散文很少用华丽的词语,现实生活在巴金笔下往往描写得简单而通俗。尤其是景物描写,不刻意精雕细描,只粗粗几笔。"作品开头就是大段的写景,然后才慢慢地介绍出一两个人物,教读者念了十几页还不容易进到书中去"①。这是巴金反对的、不提倡的。他喜欢的、提倡的是"像熟人一样"地交谈,把自己看到的和感受到的都用笔轻描淡写地画出来,使文章简洁、凝练、生动、传神,让读者轻松地感受到作者内心深处的思想。

三 巴金散文的日常性叙事

巴金倡导散文语言素洁、质朴。他说:"我的文章却像一个多嘴的年轻人,一开口就不肯停,一定要把什么都讲出来才痛快,我从前写文章是这样,现在还是如此。"②他打了个比方:"生得很美的人并不需要浓妆艳抹,而我的文章就像一个生得奇丑的人,不打扮,看起来倒顺眼些。"用朴素的语言再现他亲自经历的人和事。素雅、活脱地遣词造句,自如、平淡地行文,自由直白地叙事,形成了巴金叙事散文的日常性风格。

(一) 口语交谈式的写作

口语交谈式写作就是以日常用语或"民间"语言用类似聊天、拉家常的形式表现作者的思想,这样的表达更能拉近与读者的距离。

《废园外》中写道:"炸弹毁了一切","只有园子里盖满绿色,花还在盛开。"简单的话语中,透露出了顽强的生命力和一种恒久

---

① 巴金:《巴金选集》第 10 卷第 268 页,四川人民出版社 1982 年版。
② 同上书,第 265 页。

的精神。"那中年妇女指着露着腿的死尸说：'陈家三小姐，刚才挖出来的。'"运用口语的方式向读者展现战争的残酷无情，更能体现巴金对无辜民众的悲惨命运的同情。"晚饭后出去散步，走着走着我又到这里来了"。"走着走着"写出了不由自主，这些口语化词语使巴金散文如行云流水，质朴中流动着灵性。

《在广州》写敌机轰炸的惨境："一个人从地上爬起来拾起自己的断臂接在伤口上拖着跑；一个坐在地上的母亲只剩半边脸，手里抱着她的无头的婴儿。"与他人叙述战争的残酷不同，此文只写动作，连修饰词语都十分珍惜，简直是一个创造，但它确实比任何描写更能打动人心。

《怀念萧珊》中："她说：'日子难过'"，"没想到我们刚刚端起饭碗，就得到传呼电话，通知我女儿去医院，说是她妈妈不行了"，"为什么那天上午偏偏我不在病房呢？家里人都不在她身边，她死得这样凄凉。""有人劝我把她的骨灰安葬，我宁愿骨灰盒放在我的寝室里，我感到她仍然和我在一起。她是我的生命的一部分，她的骨灰里有我的泪和血。""等到我永远闭上眼睛，就让我的骨灰同她的掺和在一起。"与读者诉说当时的场景，明白晓畅的口语，字字句句凝结着巴金沉重的心情，让读者感到犹如至交好友间的真情倾诉。

《怀念方令孺大姐》中："我哪里有心思游山玩水？游山玩水那是三十年代的事情……"、"一九六六年她来上海，同上海的亲友们一起欢度了她的七十大庆"、"在人民大会堂新疆厅里休息，我坐在丁玲同志旁边，她忽然对我说：'我忘不了一个人：方令孺……'"，回忆同"大姐"一起生活的日子里，有乐也有苦。巴金的口语式写作抓住了读者的心，使你欲罢不能，不由自主地读下去。

在《筑渝道上》："汽车跑进了山中"，"从山上转着急弯盘旋下去"，"车子一颠一簸地往下滚动"，"车就在云雾中走，前后都好像没有路似的。然而一个转弯，过一个坡，路也就出来了。"句子明白如话，把感觉融入到口语式的写作中，创造一种动漫效果，让读者脑中产生一种直觉。

这种口语化词语在巴金散文中处处可见，句子读来明白晓畅，又富于动感,像散落的珍珠一样处处可见,光彩照人。他从来不说生僻词语,也很少用典故和成语。叶圣陶说过:"我非常羡慕巴金的文笔,那么熟练自如,炉火纯青。"看来像是随随便便,想起一点儿写一点儿,其实完全不是,实乃功夫至极,非散文大家不可得。巴金越到老年,文章越清澈平淡。而这种平淡、口语化,正是苏东坡所说的"乃绚丽之极也"[①]。作者善用日常性用语,使读者更容易进入作者创造的意境中。

(二) 人称代词的灵活运用

巴金说:"我的任何一篇散文里面都有我自己,这个'我'是不出场的,然而他无处不在","我喜欢用作者讲话的口气写文章","我喜欢第一人称的文章,因为写起来,读起来都觉得亲切。"[②]巴金散文中人称代词的用法根据需要灵活而定,第一人称读、写起来都亲切,而表达沉痛感情时用第三人称。

《再见吧,我不幸的乡土哟》中写道:"我无日不在你的怀抱中,我无日不受你的扶持,我的衣食取给于你……"句句用第一人称"我"开头,如同对话,表达了巴金对乡土的炽热感情,让读者倍感亲近。

《怀念鲁迅先生》中,"四十五年了,一个声音始终留在我的耳边:'忘记我。'"开头就写出了鲁迅先生的名言。而作者直叙"我绝不能忘记先生",没有夸张的豪言壮语,只有作者的真情实意,透露出作者对鲁迅先生的尊敬之情。

《怀念马宗融大哥》中,"我过去的怀念文章大都是怀着这种心情写的,但这一次我却静不下心来,一直没有写……"、"这中间我常常有一种负债的感觉……"、"他似乎老多了……但还是那么热情,那么健谈,讲话没有保留,没有顾忌……",散文中由结识大哥,对大哥的性格解剖,再到欠下的债,作者一气呵成,最后以无法还

[①] 郑琦:《〈随想录〉:向心灵奥府逼近——谈新时期巴金艺术散文的特点》第79页,《安徽文学》2008年第8期。

[②] 巴金:《巴金选集》第10卷第267页,四川人民出版社1982年版。

清债而自责,让人感到真挚的感情在叙述中升华、凝聚成"一团火","永远燃烧"。

《怀念萧珊》中用第三人称"她",其中"我"是无处不在的,用这样的语气向读者倾吐自己压抑澎湃的感情,对"四人帮"的痛恨,对萧珊的歉疚、体贴、感激之情融入平实的叙述中,用朴素活泼、跳跃的语言写出了百态世事,确实独创一格。

(三) 通过写梦境来叙事

巴金散文中常写梦,为什么要写梦呢?他在《梦》中回答说:"我常常把梦当作我唯一的安慰。"《我的梦》中"我的心上常常起了轻微的敲门声,我知道那个朋友来了……"开始叙述"朋友"的质问和作者苦闷的现状与复杂的心情,这篇散文说是写梦,不如说是巴金在为自己敲警钟。

《过年》中,"在那些时候做过种种黄金似的梦,但我绝不曾想到世界上会有这种种事情……",梦与现实鲜明的对比,把现实中的人与事的不平等更明显地展现给读者,让读者清楚地看到黑暗的现实。

《月夜鬼哭》首先描写现实生活中"孩子摊开两手,她睁开眼睛看了看我,马上又闭上了它们","我掉过头再看孩子,孩子在梦中呼呼地吐气",最后直书鬼所揭露的"可是我们只看见官僚发财,投机家得利,接收人员作威作福,欺压良民……洋房、金条、女人,应有尽有。还有汉奸摇身一变,升了——"、"我们睡在异乡,荒冢里的枯骨!冤枉!冤枉!"的现实,读起来就像亲身经历一样。

《呓语》中,"我究竟在什么地方?坟墓里,死床上罢,狭的笼内罢,我怎么能够知道!也没有人来告诉我,好寂寞呀!我竟然看不见一个人"。在梦中的发问其实也是对现实生活中"我"的人生坐标的思索:"我"在何处,将要走什么样的路的问题。

冯骥才在《我非画家》中写道:"以技法立风格,匠也。"[①]个人的语言风格一般指个人在运用语言时表现的各种特点的总和。尤

[①] 冯骥才:《冯骥才艺术随笔》第16页,浙江文艺出版社2000年版。

其是在选词造句、修辞技巧、篇章结构和口气强调上表现尤为突出。钱锺书先生在《谈艺录》中指出:"所言之物可以饰伪……其言之格调,则往往流露本相……不据其所言物,而察其言之词气。"[1]

　　与一般散文以深藏而优的特点形成鲜明的对比,巴金走了一条直露的路,读者并没有感到贫乏、浅陋,因为这是"真、善、美"的结合体。散文少深藏,意思全在文中说出,这形成了文风清澈见底的特点,他不铺张、不渲染、没有掩饰,活脱脱地呈现给读者,使文章一览无余。巴金一再宣称"我不追求技巧"、"我见什么就写什么,想什么就写什么,想怎样结束就怎样结束,我写散文历来就是这样"。一般文学创作,平铺直叙是一大忌,而巴金却偏犯这个"忌",用日常叙事手法来写文章,平铺直叙中,以诚相待,亲切的笔触、明确的意义、平实的语句,创造出一种平实中见真情、浅淡中有回味、流畅中显深意的"无技巧的技巧"结构。

　　巴金先生根据自己创作的经验和对中外文学的理解总结出了"讲真话,把心交给读者"、"我常常想把文章写得短些,更短些。我觉得越短越好,越有力"[2]、"文学的最高境界是无技巧"[3],先生把它们作为自己创作的宗旨,从而形成了其真挚自然的感情、凝练简洁的描述、日常性语言等独特风格。正是这种与众不同的风格使巴金散文鹤立于世,对后来的作家进行散文创作产生了积极的影响。

---

　　[1] 钱锺书:《谈艺录》第163页,中华书局出版社1984年版。
　　[2] 巴金:《巴金选集》第10卷第265页,四川人民出版社1982年版。
　　[3] 巴金:《谈文学创作——答上海文学研究所研究生问》,《巴金全集》第19卷第615页,人民文学出版社1993年版。

吴竟红

论巴金散文中的个体生命意识

过去在文学界,人们喜欢以巴金的小说为其定位,其实在观照人的生命意识和生命体验上,巴金的散文具有更高的价值,因为其小说是以间接的方式展露灵魂的诉求,而其散文却是个体生命精神的直接呈现,特别是他晚年的著作《随想录》,更是以对自身人性弱点的批判而与伟大的境界相连。那么,巴金的生命意识和生命体验是如何逐步呈现出来的呢?他的生命追求与探索又是什么呢?

1927年,巴金在散文《两封信》中写道:"我现在的信条是:忠实地生活,正当地奋斗,爱那需要爱的,恨那摧残爱的。我的上帝只有一个,就是人类,为了他我准备献出我的一切……"这个"爱人类"的信仰始终是巴金生命追求与探索的基调,也是巴金散文中生命旋律的主调。后来,在《谈心会》中又得到了进一步发挥:"在众人的幸福里谋个人的快乐,在大众的解放中求个人的自由……"巴金认为,"为了人民,放弃自己的利益,这就是生命的'开花'"。[①]我们看到,在巴金的思想深处,也即在他的生命意识的核心位置,就包含着从自我出发的对自由的渴求,与此同时,又把个人的追求同众人的解放和利益融合在一起,始终体现着他那"大爱"的博大胸怀。

[①] 巴金:《关于〈龙·虎·狗〉》,《巴金选集》第10卷第332页,四川人民出版社1982年版。

"爱人类"可以说是一种崇高的信仰,而由信仰的光环,我们找到了与它相通相容的生命意识体,其由三部分组成:第一是渴望人类的自由与平等,是生命的理想,巴金对这一理想的追求体现在"反封建"的思想和行动上。第二是自我牺牲,是生命的价值取向,在现实生活中也表现为奉献精神。它们是由环境和时代催发的生命意识,也是信仰人类自我拯救的意识。第三即"忠实地生活,正当地奋斗",是真诚的生活态度,转化到文学创作上就是"不说谎,把心交给读者"[1],这又让巴金的思想带上了现实的通俗的色彩。

我们还可以以人本心理学的理论观点来考察巴金散文中个体生命意识的内涵,先从巴金的自我意识出发考察个体生命追求自由与平等的意识的成因,继而扩展开来,达到观照其整体生命意识的目的。

一

人本心理学认为,在完善人格的路途上,潜能和价值与社会环境的关系是内因与外因的关系,潜能是主导的因素,但潜能的发展离不开环境的影响,环境是限制或促进潜能发展的条件。[2]

我们读一下巴金的有关散文,就可以看到那种个人的潜能和价值与社会环境的影响的融合。巴金的"爱"的潜能首先在家庭环境的影响下得到了巩固和发展,他正是意识到了自身的潜能和价值,才决定通过理想的实现去达成自我价值的实现,并从人生的总体上去坚持和捍卫自己的信仰,去为内心的"大爱"作牺牲,可以说,他的一生做到了言行一致,而使人们敬佩他的也正是这一点。

从《我的几个先生》中,我们知道巴金泛爱思想的启蒙者是他的母亲,从小母亲就教育他爱一切人,不管他们是贫还是富。巴金从母亲身上接受了这种爱高于一切的教育,有了众生平等且应互

---

[1] 巴金:《随想录》第229页,三联书店1987年版。
[2] [美]马斯洛等著,林方主编:《人的潜能和价值》第4—7页,华夏出版社1987年版。

爱的意识。

然而在一定条件下,心存"爱"的人心中也会产生"恨"。我们在《我的幼年》中寻到这样一条线索:压迫是恨的根源。巴金在文中记叙自己在家中受着宠爱,把住所当成天堂,他爱一切人、一切生物,也希望人们的嘴边都挂着幸福的微笑。是母亲的死使他感到"从此我的生活里缺少了一样东西","死第一次在我的心上投下了阴影"。他朦朦胧胧地懂得了恐怖和悲痛的意义,也"渐渐地变成了一个爱思想的孩子"。他愿意像小鸟一样自由自在地飞翔,但此时家庭却变成了阻碍他飞翔的囚笼。个人的反抗意识起源于个体生命不自由的意识,如果个体生命获得了自由,他就会奔向广阔的世界,去传播从母亲身上接受的大写的"爱"。

而接下来,巴金揭示了恨起源于群体受压迫的意识。他听到的那些像是忍受苦刑一样生活着的仆人们的故事,在他心上投下了第二个阴影。而他亲眼所见的一切更是让他"含着眼泪,心里起了火一般的反抗的思想"。他开始厌恶自己少爷的身份,决心站在受苦人一边,去帮助他们。此时他又失去了第二个爱他的人——父亲。由于大家庭已在他的眼里变成了专制的王国,他便没有时间专为个人的损伤而悲哀了。他沉痛地写道:"许多可爱的年轻的生命在虚伪的礼教的囚牢里挣扎、受苦、憔悴、呻吟以至于死亡。然而我站在旁边不能够帮助他们。同时在我的渴望发展的青年的灵魂上,陈旧的观念和长辈的威权像磐石一样沉重地压下来。'憎恨'的苗于是在我的心上发芽生叶了。"巴金因为感受到了个体和家庭中他人受的压制,才有了群体受压迫的意识。父母的爱曾极大地调动了他"爱"的潜能,让他的心灵拥有了巨大的"爱的能量","自我意识"使他趋向爱的发挥,不但要拯救自己,而且也要拯救他人。

由于发现了自身生存的不和谐境遇,巴金开始自觉地寻找那个能够拯救自己也能够拯救他人的精神参照系统。因为"年轻的灵魂是不能相信上天和命运的",巴金"开始觉得现在社会制度的不合理了"。但起初他对世间什么是正义、什么是真理看得并不甚清楚,后来他读到了克鲁泡特金的《告少年》,"才开始明白什么是正义",这正义把他的爱和恨"调和起来",①他也从这篇文章中"得到了爱人类爱世界的理想"。②虽然巴金的信仰在此时和以后的青年时期表现为信仰无政府主义,但是纵观他一生的追求与探索,我们知道他的理想,确切地说,是克鲁泡特金在《告少年》里说到的人类的"真正的平等,真正的博爱和永久的自由"。当家庭环境因素中融入了社会环境因素的影响,巴金的自我意识就扩展为追求人类的自由与平等的生命意识。

二

人本心理学不仅认为人的潜能和价值是人的自我实现的动机,而且认为真善美的价值也可给人提供有力的动机,促使他作出自我牺牲的举动,甚至献出生命。③一个有自我牺牲意识的人一定是个利他主义者,必将群体利益放在个人利益之先。巴金珍视群体利益的缘由在于他深信,保全了群体利益就保证了"爱的永生"和"生命的永生"这两个具有真善美意义的梦想的实现。

(一) 爱的永生

巴金在《〈雨〉自序》中叙述,一位朋友来信批评他总想着"死"的黑影而不向光明的方向追求,他对此作了反驳,并说:"我的爱已经把那黑影征服了。我的对于人类的爱鼓舞着我,使我有力量和一切挣扎。所以在夜深人静黯淡灯光下鼓舞我写作的并不是那悲苦的心情,而是爱,对于人类的爱。这爱是不会死的。事实上只要人类不灭亡,则对于人类的爱也不会消灭,那么我的文学生命也是不会断绝的罢。"

---

① 巴金:《我的幼年》,《巴金选集》第 10 卷第 94—95 页,四川人民出版社 1982 年版。

② 巴金:《信仰与活动》,李存光编:《巴金研究资料》上卷第 86 页,海峡文艺出版社 1985 年版。

③ 高觉敷主编:《西方近代心理学史》第 465 页,人民教育出版社 1982 年版。

我们因此理解了他的群体先于个人的意识。个人的牺牲是为了保住人类作为整体的存在,人类整体存在,"对人类的爱"就存在。巴金真正要保住的是"对人类的爱"。自我牺牲是为了让"对人类的爱"永生。

"对人类的爱"的永生的意义是什么?我们是否可以这样理解:渴望"爱"的永生其实是源于曾经意识到爱的"死亡"。母亲死了,这不是巴金第一次遇到死亡。他曾经说过的"我第一次懂得死字的意思了"、"'死'在我的眼前第一次走过了"这两句话是关于照顾他的仆人杨嫂的死亡的。杨嫂的死让他第一次感到死是让人悲伤的事。[①]然而现在母亲死了,她是他的"世界的中心"[②],是"母爱+仁爱"的化身,让巴金真正感到恐怖的是爱的死亡。对巴金来说,"对人类的爱"无比重要,虽然这是他从《告少年》这篇文章中学到的。理想和信仰,但最早却是母亲给他的言传身教,母亲就是"对人类的爱"的化身。

"爱"死了,失去"爱"的孩子从此失去了伊甸园般的乐园,踏上了生命中"知识"的旅途。巴金是一个带着"恨"的利剑去寻找爱的生命旅途的跋涉者,梦想"爱"的乐园的复现或重建。他的"对人类的爱"是基于人的"故乡情结"。

作为一名理想主义者,他坚信,只要人类不死,对人类的爱就不会死。理由自然是坚信"人类的爱"。但这一信念是否会给他带来痛苦?巴金有救世情结,并且建立了他跟"人"的对话关系,但他的"对人类的爱",却因为掺杂着恨,让他的生命状态令人同情。请看《〈爱情的三部曲〉》总序》中的一段文字:"许久以来我就过着两重人格的生活。在白天我忙碌,我挣扎,我像一个战士那样摇着旗帜呐喊前进,我诅咒敌人,我攻击敌人,我像一个武器,所以有人批评我做一副机械。在夜里我却躺下来,打开了我的灵魂的一隅,抚着我的创痕哀伤地哭了,我绝望,我就像一个弱者。我的心为了许

---

① 巴金:《最初的回忆》,《巴金选集》第 10 卷第 28、30 页,四川人民出版社 1982 年版。

② 巴金:《我的几个先生》,《巴金选集》第 10 卷第 102 页,四川人民出版社 1982 年版。

多事情痛楚着,就因为我不是一副机械。"这段话诉说了巴金心中因"爱与憎的冲突"而给他善良的心带来的痛苦。他恨,是因为他渴望那全人类获得幸福的理想早日实现,诚然他憎恨的是社会制度,但社会是"人治"的,人对罪恶有不可推卸的责任,所以他又免不了憎恨人类中的作恶者,并遭到一些人的误解。但他并不认可别人批评他着重于"恨"的误解,解释说自己有坚强的信仰,但因极力和自己的弱点挣扎而引起了一场斗争。感情与理智、思想与行为、理想与现实以及爱与憎的冲突使他陷入憎恨的深渊。他避免不了"恨"完全是因为他忠实的生活态度。至于遭遇痛苦,这是由他忧郁的性格上来的,而不应该由他的思想和信仰承担责任。他"依旧要活下去","尽力为光明的前途而以此身抵挡一切苦痛",完成一个"人类的战士"的使命。①

(二) 生命的永生

群体的价值不仅体现在让"对人类的爱"得以永生这一点上,也体现在对个体生命本身的意义上。个人为群体牺牲生命,使群体免于危亡,群体不死,个人就会被永远铭记,也就在实质上获得了永生。这其实是一种强烈的渴望生命延续的意识。他在《生》中写道:"'生'的确是美丽的,乐'生'是人的本分。……那些杀身成仁的志士勇敢地戴上荆棘的王冠,将生命视作敝屣,他们并非对于生已感到厌倦,相反地,他们倒是乐生的人。……他们是为了保持'生'的美丽,维持多数人的生存,而毅然献出自己的生命的。……这就是永生。"这就把求生的意愿升华到了美学的高度。

但他也依然坦承自己内心和性格本身具有的弱点。在《梦》中,他认为自己是一个充满矛盾的人。有时把生死置之度外,有时又留恋生活中的一切,甚至为细小的事耗费精力。他说:"梦中的我已经把生死的问题解决了,所以能抱定舍弃一切的决心坦然站

---

① 巴金:《〈爱情的三部曲〉总序》,李存光编:《巴金研究资料》上卷第346页,海峡文艺出版社1985年版。

在绞刑架上,真实的我对于一切却是十分执着,所以终于陷在繁琐和苦恼的泥淖里而不能自拔。""那么就让我把这一生作为一个试验,看一个弱者怎样在重重的矛盾中苦斗罢。也许有一天我会克服了种种的矛盾,成为一个强者而达到生之完成的。"这似乎是他对自己二十年后的命运发出的预言,二十年后,他不就是经过思想上的苦斗,而由一个弱者变为强者的吗?

三

美国人本心理学家罗杰斯在《成为一个人意味着什么》一文中引用丹麦哲学家克尔凯郭尔的话说:"最常见的使人沮丧的情景是一个人不能根据其选择或意愿而成为他自己;但最令人绝望的则是'他不得不选择做一个并非自己本身的人'。另一方面,'与绝望相反的情景就是一个人能够自由地真正成为他自己',而这种自由选择正是人的最高责任。"[1]

巴金在"文革"中就遭遇了这种"最令人绝望的情景","文革"结束之后,也正是良心和崇高的责任感鞭策他撰写了《随想录》并重归自我。巴金写作《随想录》的出发点一是想理解"文革":"我以为不是身历其境、不曾身受其害、不肯深挖自己灵魂、不愿暴露自己丑态,就不能理解这所谓十年浩劫",他"是从解剖自己、批判自己做起的"[2]。巴金认为"了解了自己就容易了解别人。要求别人不应当比要求自己更严"[3]。二是"不能辜负别人的信任":"在十年浩劫中我感到最痛苦的就是自己辜负了读者们的信任。"[4]可见,巴金解剖自己仍是出于那颗对人类的爱心以及他所信奉的"诚实"。

《随想录》主要是从两个方面表现了巴金对"人"的生命的深入

---

[1] [美]罗杰斯:《成为一个人意味着什么》,林方主编:《人的潜能和价值》第301页,华夏出版社1987年版。
[2] 巴金:《随想录》第429、430页,三联书店1987年版。
[3] 同上书,第469、456、79、671页。
[4] 同上书,第456页。

认知：

（一）关于"奴在心者"

巴金自叙在"文革"前的"反胡风的斗争"中就"背着个人崇拜的包袱"；1957年下半年以后也"下定决心用个人崇拜来消除一切的杂念"；"文革"爆发后给关进"牛棚"，最初两年多完全沦为"奴在心者"："那一段时期，我就是只按照'造反派'经常高呼的口号和反复宣传的'真理'思考的。我再也没有自己的思想。"1967年以后，巴金才看出了"造反派"的虚伪面目："我渐渐地发现'造反派'要我相信的'真理'他们自己并不相信，他们口里所讲的并不是他们心里所想的。"他终于悟出原来他是个"死心塌地的精神奴隶"，原来周围进行着的是一场"大骗局"。对于那段耻辱的经历，他反省道："不让人再把我们当牛，首先我们要相信自己不是牛，是人，是一个能够用自己脑子思考的人。"这种痛苦的醒悟，是用心灵滴血的代价换来的。

（二）关于说假话

巴金对自己在"文革"期间说假话也解剖得十分严厉，他说："根据个人的经验，假话就是从板子下面出来的。""我想的只是自己要活下去，更要让家里的人活下去，于是下了决心，厚起脸皮大讲假话。"沦为"奴在心者"和因"说假话"而失去自己的本来面目是人的一种异化的表现。造成这种异化的内因是"单纯"、"软弱"等巴金性格上的因素；外因是早已异化了的权威给予他的巨大的压力。弗洛姆认为，日常生活中有两种生存方式：占有和存在。"占有方式的信仰""由别人创造的思想构成"，"给人一种安全稳妥感"，"因为那些宣传和支持这一信仰的人的权力似乎是不可动摇的"。而"存在方式的信仰"是"人在信仰中存在，而非占有信仰"。"相信自我、他人、人类，相信人有变得真有人性的能力也就意味着稳妥感，但这种稳妥感是以自我的体验为基础，而不是建立在我的屈从之上，即不是屈从于一个给我规定一种特定的信仰的权威。"然而，权威的占有者和那些利用权威的人必然会以各种宣传方法麻痹和摧毁人的批判的判断力。①巴金就是这样失去了独立思考的能力,也失掉了自我,而棍棒的淫威又让他不得不说假话来保护自己,痛失他最宝贵的真诚。

《随想录》的价值首先在于巴金对自身人性弱点的深刻解剖和批判。此外,这部著作并没有把"文革"中外部世界的罪恶归结到"人性恶"一面,而是表达了要继续反封建、改造社会的精神。如同弗洛姆思考的那样:"恶的轨迹在于社会;真正的问题不是人的先天的破坏性,而在于社会的改造,使它适合于正常的人性。"②这似乎也是巴金的观点:"说实话,我们这一代人并没有完成反封建的任务,也没有完成实现民主的任务。""上一代没有完成的任务下一代一定能够完成。"③这是希望,也是契合时代所需的道德精神。而实现上述价值的驱动力是他"对人类的爱":"我只想把自己的全部感情、全部爱憎消耗干净,然后问心无愧地离开人世。这对我是莫大的幸福,我称之为'生命的开花'。"④正是由于巴金解剖了自己(也包括他人)心灵深处的人性弱点,他才能真正省悟,认识到要一代一代地奋斗去反封建、争民主,从而实现那使人性美得以回归的思想高度,与那些说了假话、又未反思的人相比,巴金的伟大之处便充分展现出来了。

总之,在"对人类的爱"的庇佑下,巴金生命探索的过程是"强"与"弱"的统一,是从梦想中的强大到真实强大的达成,他性格矛盾、柔弱,但不"贵柔尚弱",他对自我的"弱"给予了真诚的坦白,为自我的"弱"作出了真诚的忏悔。他崇拜"舍生而取义"的精神,他的生命却因"委屈而能保全",他抒写的本是悲剧,但他对自我的批判,达成了"乾天刚健,自强不息"的精神。他实现自强的途径也类似我们民族文化的"厚德载物",只是他对自己的灵魂挖掘得更深。

---

① [德]费洛姆:《日常生活中的两种生存方式:占有与存在》,林方主编:《人的潜能和价值》第330、340、343、344页,华夏出版社1987年版。
② 高觉敷主编:《西方近代心理学史》第402页,人民教育出版社1982年版。
③ 巴金:《随想录》第469、456、79、671页,三联书店1987年版。
④ 同上书,第469、456、79、671页。

他超越自我的现实途径是辩证的途径,但他让我们看到生命中爱的意义是永恒的,有了爱,生命才绽放出夺目的光辉,这就是巴金散文中生命意识的价值所在。

周全星

论巴金小说影视改编的叙事走向

巴金的小说是中国现代文学史上第二个十年的高峰之一。在影视之前的戏曲阶段和影视产生之后,对巴金小说的戏剧改编和影视改编也就一直没有停止过。在改编为影视剧时,除中篇小说《团圆》(1964年由长春电影制片厂拍摄成电影《英雄儿女》,导演武兆堤、编剧毛烽)、长篇小说《憩园》(1964年由香港凤凰影业公司拍摄时名为《故园春梦》,朱石麟执导,夏梦、鲍方主演)之外,名称一律和原作相同。如激流三部曲的《家》、《春》、《秋》、《寒夜》等改编之后沿用原名。巴金小说引起影视改编的原因主要还是其作品中始终洋溢的激情,而在改编中其激情的含义不断地被改写甚至重写、选择抑或填充甚至丢失,这正显示了巴金小说文本的经典性:经典就是应该能够被不断地阐释和仿制的。因此,可以认为,在巴金经典文本被改编的过程中,其激情叙事的向度不断地与文本意义(意图)发生着偏差,换句话说小说叙事文本的意义被影视叙事不断地进行着这样那样的阐释。这些阐释的不同及其原因正是本文关注的重点所在。

一 激情叙事的转换:
由个人主义英雄崇拜到国家主义英雄崇拜

在论及巴金的小说作品时,夏志清认为:"如果我们说,严肃的现代小说已经取代了古典的诗体悲剧,那么《灭亡》所代表的革命小说品类,是英雄式戏剧(heroic drama)的复活——因为它的人物都代表了某些情欲和观念,演出一场善与恶直截了当的冲突。巴金在《灭亡》以后的几部长篇和中篇里,完全沉溺在这种舞台的现实之中,把一些可以预想到的人物和状况,放在一个充满知识性辩论、恋爱的纠葛以及革命行动的虚构世界里。"[1]很显然,在巴金早期的作品里,他在塑造着一个个穿着"普罗阶级衣服的拜伦式英雄",[2]这些英雄和拜伦一样:阴沉、心事重重,以一个人的微薄之力反抗着社会。《灭亡》中的无政府主义者杜大心就是如此。

爱情是无政府主义者形象塑造必不可少的元素。杜大心和巴金本人一样,是一个敏感的小孩,"会为着被宰的鸡流泪"[3],同时,也同样是在早年尝到了丧母之痛,饥荒岁月中,看到了人们在苦难中最为悲惨的生活;长大后,爱上了表妹,但表妹屈服于其父母的意志嫁给了别人。多年以后,杜大心在上海参加革命重遇了已经成为寡妇的表妹。表妹希望重修旧欢,但杜大心此时已经不再爱她,爱情变成了普泛式的群众之爱了。因为他已是诗人、写小册子的作家、工会领袖和一家杂志社的编辑了。这种状况一直到他发生车祸邂逅李冷、李静淑兄妹,并且和李静淑产生爱情。

绝望又抗争的献身精神是另一个重要元素。杜大心的形象源于反抗军阀专制统治的俄国民粹派英雄。俄国民粹主义者一方面崇拜人民,另一方面是极端精英主义,同时崇拜英雄。民粹主义者崇拜的"人民"是作为一个抽象整体的"人民",而对组成"人民"的一个个具体的"人"却持一种极为蔑视的态度,无论这个"人"是劳动者即所谓"平民",还是"精英"知识分子。民粹主义缺乏的就是公民个人尊严与个人基本权利的观念。一个个的"人"只是作为整体的"人民"的工具,前者在后者面前微不足道,只要后者的"利益"需要,就应当毫不犹豫地拿前者作牺牲,而不必考虑个人的意志。而巴金先生是由此出发,以一种充满浪漫激情甚至有点浮夸的笔

---

[1] 夏志清:《中国现代小说史》第174、174、172页,复旦大学出版社2005年版。

[2] 同上。

[3] 同上书,第172页。

调来写他的青年革命者的,并且不加节制地将自己的观念、情感和心理体验关注到这些人物身上。杜大心得了严重的肺结核病,忍着痛苦也要为反抗专制制度而工作。尽管对自己的前途失去希望,对黑暗压迫下的人类前途绝望,但是他还要努力奋斗。杜大心的富于正义感和献身精神,狂热而脆弱。加上无政府主义的理论指导,在狂想、盲目、幼稚的斗争中无谓地牺牲了自己。巴金先生终于让读者在"五四"之后有了自己的英雄。这正是巴金先生个人主义英雄崇拜的表征。

《爱情的三部曲》中的李佩珠、"激流三部曲"中的高觉慧等人物形象是杜大心这一英雄形象的延续,不同的是,巴金先生已从个人的英雄想象转到了写时代的英雄。作家在这一个个人物身上除了寄托着对青春的赞美和生活的信念外,还寄托了对于"光明"的追求、对封建专制的叛逆和对社会革命活动的热情,主流话语初露身影。国家主义英雄崇拜的典型表达在由小说《团圆》改编中表现得最为充分。

电影《英雄儿女》改编自中篇小说《团圆》,1964年由长春电影制片厂摄制。1952年巴金奔赴朝鲜战场,进行深入采访。1961年他完成了小说《团圆》。小说发表后,夏衍责成长春电影制片厂改编成电影。导演武兆堤和在朝鲜战场战斗过三年的编剧毛烽承担了重责。尽管武兆堤出生于美国成长于中国,但他和编剧对这部小说进行了极大的发挥,共同塑造了小说中没有、却令一代人久久难忘的"向我开炮"的国家英雄和《英雄赞歌》。换句话说,巴金先生给主流话语提供了一个能够充分发挥的空间,通过想象在电影里充分实现。

电影《英雄儿女》的故事发生在抗美援朝战场上,一名志愿军战士在坚守无名高地的战斗中英勇牺牲。英雄所在部队的军长鼓励英雄的妹妹创作了一首歌,歌唱英雄的事迹。妹妹以实际行动向哥哥学习,为掩护炊事员而光荣负伤。在祖国慰问团的人群中,军长认出了英雄的父亲就是当年掩护自己做秘密工作的老工人,而英雄的妹妹即是军长托给老工人抚养的亲生女儿。一家人在朝鲜战场上团圆了。故事本身着重于讲述,而电影则着力于王成"英雄"形象的塑造。这一英雄形象已经消失了个人英雄主义的特征，具备了国家的特质，抗美援朝所具有的"保家卫国"诉求，通过国家英雄形象得以实现，王成"坚守阵地"、"向我开炮"的激情以绝对优势超越了"绝望的抗争"的杜大心，不仅满足了刚刚成立的中华人民共和国强大的审美想象，也成就了"一穷二白"时期"国家"镜像的直接投射。

主流话语就是"国家主义的自我叙事，也就是国家主义投射在历史中的全部文本，它不仅是国家主义的言说工具，而且是开展自我组织和运作的精神支架"。主流话语"既是意识形态本身，也是它的皮肤和语言，在权力、组织和话语的三位一体中，话语始终放射着最夺目的光辉"①。显然，从杜大心，经由高觉慧、李佩珠等，到王成，从小说文本到影视文本，巴金先生的激情叙事发生了质的转换，这种质的转换正是从个人主义的英雄崇拜转换到了国家主义的英雄崇拜，转换的关键之处，就在于话语的言说。当然，这既是作者的，也是国家的。

二　激情叙事的转换途径：
　　由知识分子话语到主流话语的文本技术

"五四"新文化运动之后，"知识分子"的文学叙事者地位得到确立，中国现代文学彻底改变了古典文学的传统，"启蒙主义"成为中国文学现代性获得过程中的一种叙事姿态，也是一种现代性质的。"但这种启蒙主义碰到的最大问题是启蒙者的主观努力没有收到相应的历史效应，中国仍处于黑暗之中，老百姓仍处于愚昧之中，启蒙不过是知识分子的自我启蒙而已。中国人的解放与现代化，需要独立的强大的民主政治，需要经济繁荣和教育发展。"②启蒙的这种状况会引起知识分子的思考。"我们便不能不抛弃了温

---

① 朱大可：《流氓的盛宴》第31页，新星出版社2006年版。
② 周晓明、王又平：《现代中国文学史》第386页，湖北教育出版社2004年版。

和性的'民众艺术'这名儿,而换了个头角峥嵘,须眉毕露的名儿——这便是所谓'无产阶级艺术'。"①因此,有着浓重激情的巴金小说转换为影视时,不可避免地都会和主流话语进行对话,实现话语间关系的或归、或同,而实现由知识分子话语到主流话语的过程,影视文本有它操作层面的技术手段:选择与重构。重构之于选择,后者重要,选择之后,才是重构。由于影视艺术画面性表达要求和观众对视觉文本的期待,所以,由小说文本叙事向影视文本叙事转换的过程中,首先是符码选择;其次是能指选择。

符码选择最主要的是叙事文本的主人公的调整。小说塑造了一群青年人的形象,既有专制家庭的牺牲者高觉新,也有青年叛逆者高觉慧。高觉新是表现的重点。他不仅是"五四"新文化的接受者,也对旧家庭的腐朽有一定认识。他学业优秀,充满美丽的幻想,甚至还想去德国留学。但是他在这个封建旧家庭里长大,旧的文化遗毒在他身上根深蒂固,特别是封建伦理道德中的"孝"道和封建等级观念渗透到了他的思想深处,使他在生活中采取"作揖主义"和"不抵抗主义",处处委曲求全、逆来顺受地听从祖父和父亲的命令,不仅放弃了自己的学业,而且接受了父母包办的婚姻。他爱梅芬,但是又无法放弃对于瑞珏的责任。他囚禁过觉慧,但同时又朦胧地觉得高家出一个叛徒也无妨。因此他经常替兄弟姊妹承受责难,先后掩护觉慧和淑英走出家庭。但他最终抵不过封建迷信的强大力量,为避免"血光之灾"将要生产的瑞珏送到城外,使瑞珏难产身亡,这使他为此感到内疚、痛苦,感到是整个制度、礼教、迷信夺走了他的一切。他身上最主要的就是要说明"不该那样做"。②

到了陈西禾编剧,陈西禾、叶明导演电影《家》时,觉慧的角色地位已经明显超过了觉新。且不说觉新在犹豫徘徊中的优柔寡断,单是觉慧的语言就足以让观众感受到他在电影当中的重要性。

---

① 沈雁冰:《论无产阶级艺术》,《文学周报》第172期(1925年5月)。
② 钱理群、温儒敏、吴福辉:《中国现代文学三十年》第204页,北京大学出版社1998年版。

鸣凤和觉慧相爱的一场戏里,觉慧对鸣凤说:"我是个青年,我要活,我要和我的朋友们一块去奋斗!"包括对觉民和琴的离家,以及瑞珏被迫到乡下去生产、瑞珏死后刺激觉新觉醒,觉慧无疑起着最为直接而重要的作用。

无论是戏剧,还是影视,剧情主人公往往是肩负着极其重要的叙事意义的。从觉新到觉慧的这种变化,不仅使观众看到其在剧中的重要地位,也透露着符码化的主人公所负载的时代能指。

二是能指选择。从小说文本到影视文本的过程中,不可能将小说中的一字一句所指涉的都搬上银幕,况且可视性文本与可读性文本两者之间存在着极大的区别。因此在将小说文本转换为影视文本的过程中,就会丢失或者调整情节,添加很多细节,舍弃不能转化为视觉画面的细节。以《家》为例,电影从前到后的情节是:

1. 觉新娶亲;
2. 五叔胡闹;
3. 孔教会长冯乐山碰到鸣凤;
4. 鸣凤觉慧相爱;
5. 老太爷训斥觉慧;
6. 觉慧与鸣凤采摘梅花;
7. 觉新受命劝阻觉民、觉慧参加学生运动;
8. 梅芬守寡抱病回到高家;
9. 过年;
10. 日军轰炸;

……

其中以觉新与瑞珏、觉慧与鸣凤相互关系的戏所占比例较大。和小说文本相比较,觉慧的角色地位明显得到了提升,几乎和觉新到了相同的水平。

显然,影视文本将小说文本当中的一些不利于画面表达的能指内容通过选择过滤掉了,这些内容多是和影视文本表达诉求关系较远的部分。比如高家大院之外的学生请愿、谈判的部分被一语带过,在电影里就只剩下了老太爷对觉慧的训斥了。心理活动描写被过滤掉也是必然,小说文本的全面叙写在电影中成了内部叙写,这正是小说叙事与电影叙事的最大区别。如《家》中鸣凤投湖前的心理活动。电影当中是通过鸣凤到觉慧屋里,给觉慧打水、想要和觉慧谈谈、觉慧忙着校稿、留恋觉慧、来到湖边、泪流满面等几个镜头表现的,鸣凤是由我国著名电影表演艺术家王丹凤扮演的,表现得十分流连曲折,但是和小说文本相比较而言,观众想象的空间还是小了很多。

  小说叙事文本当中时刻流露着巴金先生的知识分子情怀。但电影当中,主流话语始终没有忘记自己的存在,和巴金先生的现实主义的笔触进行对话,形成了表达的张力。这也正是在电影拍摄中知识分子话语向主流话语的归化。由此不难看出,主流话语和知识分子话语在爱国主义的道路上的共同诉求,也只有如此,知识分子话语的爱国主义热情才能发出时代的最强音。

三 激情叙事转换的原因: 内在的爱国情感的深沉与国家主义美学原则的合流

  纵观巴金小说文本走向影视文本的整个过程,由个人主义英雄崇拜到国家主义英雄崇拜,其途径则是由知识分子话语到主流话语的文本技术,是作家内在爱国情感的深沉与国家主义美学原则的自觉与不自觉、主动与被动的合流,其原因来自于两个方面的变化:

  (一) 作家自身的思想转换
  使巴金先生由个人主义英雄崇拜到国家主义英雄崇拜的原因,主要是回到国内之后的经历所导致的思想上的转换以及对新制度的认同。1936年是巴金思想转换的一个拐点。1936年巴金与靳以创办《文学月刊》,同年与鲁迅等人先后联名发表《中国文艺工作者宣言》和《文艺界同人为团结御侮与言论自由宣言》。抗战期间辗转于上海、广州、桂林、重庆等地,曾担任历届中华全国文艺界抗敌协会的理事。1938年和1940年分别出版了长篇小说《春》和《秋》,完成了"激流三部曲"。经历长时间战火的硝烟,自身的流离,巴金的视野更加开阔、思想得到发展、认识日益深化,创作出现了明显变化。其文学创作风格更加成熟,对现实生活的认识也更加透彻。《寒夜》等作品就在这一时期横空出世的。较《家》的个人悲情来说,他完全放弃了对封建传统的依依惜别,而是恶狠狠的病态社会批判。笔锋直接指向社会,不再是批判个人的保守,而是剖析造成病态心理、人格分裂的原因。可以看出,巴金后期作品的现实主义表达,逐步淡化了"吃人礼教"的批判,而是指向了病态社会和制度,进而丰富和深化了其文学作品的现实性和社会主义文化内涵。

　　因此,在小说文本走向影视文本的过程中,内在原因起了重要作用。爱国主义是他人生的重要基石,祖国认同感是他文本书写的基调。1979年,巴金率中国作家代表团访问巴黎。半个世纪后,故地重游,对于任何人都会有很多感慨。然而,每天清晨,巴金静静地坐在窗前,眼前看到的不是巴黎的街景,而是北京的长安街、上海的淮海路、杭州的西子湖、成都的双眼井、广州的乡村……他说:"出了国境,无论在什么地方,我总觉得有一双慈爱的眼睛关心地注视着我。不管你跑到天涯海角,你始终摆脱不了祖国,祖国永远在你身边。"因此爱国主义是巴金作品的阅读突破点,也是巴金现实主义走向成熟的根本所在。也正是如此,才有了电影文本的激情转换,最终有了《英雄儿女》中的国家英雄。

　　当然,作家由个人主义英雄崇拜到国家主义英雄崇拜,还有其他方面的原因。

　　首先是中华民族优秀文化传统的影响。仁爱的母亲,使他懂得了爱,懂得了宽容。轿夫老周所说的"要好好地做人,对人要真实,不管别人待你怎样,自己总不要走错脚步"。"火要空心,人要忠心。"也成为了巴金精神和力量的源泉。仁义、道德、忠爱,这些中华民族的精神成为了巴金思想的内核,反映在他的作品中。"我们的生活信条应该是:忠实地行为,热烈地爱人民,帮助那需要爱的。""我的生活的目标,无一不是在帮助人,使每个人都得着春天,每颗心都得着光明,每个人的生活都得着幸福,每个人的发展都得着自由。"巴金是一个坚定的反封建战士,但是却继承了中华民族传统民族精神当中的优秀文化元素。即是说,无论对巴金先生的作品进行怎样的阐释和解读、重讲,这些都是其中必不可少、不可或缺的真正内涵。

其次是创作的使命感所致。巴金先生是一位使命感很强的作家,文学创作对他来说既是个人情思的寄托,也是一种有益于社会进步,促进旧制度灭亡、新制度诞生的崇高的事业。他始终以战士的姿态从事创作,向旧事物开战,喊出真实的声音,相扣时代脉搏,呼应时代。所以到了二十世纪四十年代,巴金先生的作品深沉但是激情依旧,仍保持着以情动人的风格。先生以文学与现代中国同行,一向是被称作大师的,然而这实在是一个美丽的误解。他始终崇拜的是革命家,他的理想本来是做一个改天换地的巨人,做一个以正义原则和自由精神重新整理地球秩序的英雄。在文学大师的光环下,他其实是一个热情磅礴的思想战士。

(二) 小说与影视两种文本间对话的结果

巴金先生永远是一个知识分子,他留给我们的最有价值的财富是他不休止地探求真理的知识分子人格。抛弃"封建主义",放弃"无政府主义",选择马克思主义,选择科学社会主义,这是他的思想轨迹,也可以看到他灵魂的真诚与率直、坦荡。"有你在,灯亮着",这是巴金对冰心的赠言,现在被用来描述我们对巴金的追思。巴金之于我们,有着特殊意义:我们需要那种独立思考、自由言论的知识分子精神。这种精神,对于任何一个年代的人们都是激励,都不会过时,且弥足珍贵。

正因为巴金先生的知识分子人格在作品中的无所不在,所以在将小说文本改编为电影、电视文本的过程中,改编者遇到了一个十分棘手的问题:过于迎合时代,就会削弱原著的文学性,甚至思想性,而不应和时代,有的地方和主流话语就会出现裂缝、甚至会令人不解。话语间的关系奇妙地都出现在了转换之后的文本中了。

四 结 论

巴金先生是一个有着高尚人格的知识分子,他的基于人道主义、爱国主义的思考和写作，一直到今天仍然能够感动着我们，特别是他的作品里的激情，在现在这个没有理想与激情的年代，读来尤觉珍贵。而这正是"读者的复活"。"由于读者阅读行为与作者视野的不断融合，由于不同读者身份复杂的价值判断和伦理取位，文本意义显示出多层次性与复杂性。"[①]在从小说文本向影视文本转换的过程中，巴金先生的个人主义的英雄崇拜转向了国家主义的英雄崇拜，而转换的途径，是两种文本之间，尤其是影视文本对小说文本的选择形成，也是读者的选择。这种选择及走向，既有巴金先生内在的对于光明追求的因素，也有影视文本内在艺术属性的要求。正是这两个方面的原因，导致了文本间的对话与商榷，是我们在阅读小说、观赏影视时，产生了对于过去了的历史的自我的独特的感觉。这些都是我们和巴金先生对话的有利途径。

---

① 王振军：《后经典叙事：读者的复活》，《河南师范大学学报》（哲社版）2011年9月。

杜竹敏

青春是动人的

——青年版越剧《家》

2012年7月末,上海越剧院青年版越剧《家》在逸夫舞台亮相,与该剧明星版的首演"时差"了近十年。

在看青年版《家》之前,曾经有着颇多担忧——因为有着原版的珠玉在前,让我为这群年轻的演员着实捏了把汗。然而,这次的《家》,的确让我颇感惊喜。惊喜,不仅来自于舞台上几位主演的表演,更在于整个团队——从主演、配角、龙套乃至幕后工作者的精神状态——一种积极、向上、青春的自信。

无意于将这一次的演出和当年的明星版作太多比较,因为这样的比较对于一个尚显稚嫩的年轻团队而言,既不公平,也没有太大的意义。

虽然舞台上从表演到唱腔,几位主演几乎毫无例外地着力模仿着原版,但整体呈现出来的风格,却又截然不同。如果说,原版是沉郁的、迂回的,那么这一版则是青春的、直白的。

越剧《家》可以说是越剧院近年来难得的现代题材好戏,就剧本而言,窃以为《家》与《蝴蝶梦》堪称著名越剧编剧吴兆芬老师巅峰时期的两座高峰。看她在唱词中举重若轻而又如此熨帖地裁剪运用古诗词文藻,又童心未泯地玩弄着文字游戏,坐在台下的观众往往禁不住会心一笑。而该剧的导演杨小青又是最典型的唯美越剧风格,《家》在她最擅长的唯美浪漫路线上,又适度加入了地域及时代的元素,更显质感与厚度。

之所以唠唠叨叨这些人们早已知道的,且在这次演出中毫无

齐春雷（右）饰觉新，俞景岚饰梅芬

改变的东西，是想说上越这次给青年演员们选《家》是一个相当明智的做法。越剧《家》是一部"戏保人"的作品，一度和二度创作在相当程度上保证了演出质量不会走得太远。加上青年演员的认真和努力，应该说，青年版的《家》是一个很干净且中规中矩的作品。

就台上演出而言，如果不过于苛责的话，青年演员们还是以自己的青春，以及青春独有的本色、自信很大程度上弥补了以上不足。虽然在现场，很多地方会感到演员依然是在模仿老师，并没有真正走进人物内心，但因为巴金的《家》其实说的就是一群青年的故事，即使演员身上带有较为明显的自身痕迹，也并不让人感到不舒服。

不过，不足之处也是显而易见的。就表演而言，年轻演员普遍缺乏老师们的层次感，这点在齐春雷身上表现得尤为明显。当然，这也是因为他所饰演的觉新，人物性格最为复杂的缘故。齐春雷演高觉新，的确是一个很大的挑战，当年赵志刚出演此剧，几乎让人觉得他就是高觉新，一是演技确实不容小觑，同时也不排除演员与剧中人性格相近的缘故。由于这种本色并非齐春雷的本色，难免让人觉得他很努力地在模仿老师，但很多地方却流于表面。因为剧本提供的空间,这次看到了齐春雷几处"爆发"的地方,但又似乎有些"为爆发而爆发"之嫌。

俞景岚的梅芬从形象上来说相当靠拢单仰萍,唱的虽然是王派,但依然可以很明显地听到袁派的底子。不知是否因为紧张的缘故,整台戏都绷得很紧。当然,单仰萍的慵懒,即使是她的同辈,也并非每个人都能学得来的,若是学得不像,便是松松垮垮。在俞景岚这个年纪一味模仿,有些像初学武之人练独门秘籍,很容易走火入魔,是一件相当凶险的事情。不仅仅俞景岚,此次演出中,给人最直观的感觉是整体节奏偏快,仿佛是急于把这个故事说完的意思。这可能也是缘于青年演员自信还不够。在表演上,很多地方都有些"过"。从舞台演出而言,自然是弊病,但如果宽容一些,个人认为青年演员演戏,尤其是在学戏阶段,宁可过一点,不可不及。"过"一点,将来随着对人物、剧情的理解,可以慢慢往回收,但如果一开始就"不及",半吊子活,养成了习惯将来就很难办了。当然,"撒狗血"我也是不赞成的。

邓华蔚的瑞珏谈不上有多出彩,但很厚实。可能是当年原版中孙智君的表演不如另几位风格鲜明的原因,这次看《家》,反而觉得邓华蔚是最不露模仿痕迹的,她的唱很甜,甚至甜中带了一些"腻",但这应该是符合瑞珏这个人物的,一个善良的、痴心的小女子,如蜜糖一般,把男人化在自己的柔情里。

郭茜云演鸣凤,总让人想到她的小生,虽然此次在《家》中,她已经非常努力地让自己向花旦靠拢,但偶尔无意识出现的耸肩还是暴露了她原本的行当——当然,短时期内行当转换,对于一个年轻演员而言,能做到这样,已经相当不容易了。个人以为,郭茜云的鸣凤,也是和原版最无可比性的。陈版鸣凤是"柔",而郭版则是"纯",20岁上下的郭演出了17岁鸣凤最本色的东西,如一汪清泉。不过,作为一个从小为奴的丫头,郭的鸣凤似乎太开朗了些,即使是开始,也不应该这样的。

最后说说裘隆,他是带给我最大惊喜的,这次的《家》让裘隆的表演称得上一次"质"的飞跃。虽是久不上台演主角的缘故,裘隆的台词、演唱,尤其是不上板的唱显得弱,但或许正是因为久不上场,歪打正着,裘隆的演出带有一种生活化,甚至有些地方有些随意化——当然,这也许并非他本意。这种生活化恰恰是男女合演所应该坚守的。女子越剧因为角色的转换,本质上是一种童话和寓言,是经过提纯的艺术,无论多么阳刚的、脱尽脂粉气的女小生,其精神内核都是女性柔情主义的外在投射。而男女合演如果说要走出与女子越剧不同的新路,除了剧本内容、表演唱腔方面的探索外,必须在精神内核上予以突破。那就是,男女合演必须是对于现实生活的观照(不排除古代的现实生活),它是生活化的,甚至是略微带些粗粝的,是黄河、长江岸边舀起的那碗水,未经蒸馏的。

  青年版的《家》里,鸣凤投湖后兄弟俩的一场戏,让我隐约看到了这种粗粝感带来的力度美,是我所希望的男女合演的风格。当然,回过来细化人物,裘隆的觉慧也过于"刚猛",和原著有一些差距,并非巴金《家》中的那个觉慧。但对裘隆自身而言,他的条件相当不错,应该是男女合演所需要的那一类男小生,希望抓住机会,好好努力。

  其余的几个角色,因为无论角色大小都演得认真,所以也看得人舒服,特别表扬一下小朱洋的五太太,这妮子真是个鬼马精灵,放得开、收得起,绝对的性格演员。

  在进入剧场前,一直担心青年版的《家》和原版比不知会如何;走出剧场,我已经完全抛却了这种担心。无需比较,也无法比较,因为两版《家》完全是两种风格。原版是一种反思,而青年版则是一次经历。《家》也是巴金年轻时的一段经历,是一次青春点燃青春的过程,如今依然。无需太多分析,也不必纠结于细节,在青春岁月认真地经历,本身就是动人的。

杨道全

施以浪漫主义重彩带来别具一格的《家》

北京人民艺术剧院新近推出的由李六乙导演的《家》刚刚结束第一轮演出，在业内及观众中引起不小的轰动，也引发了我们对于经典的当代解读的思考。

《家》不论是作为巴金的小说还是曹禺改编的话剧，都已是传世的经典，这里不过多赘述。我们在当下对《家》的解读或许更有谈论的价值。曹禺改编的话剧《家》把笔墨集中在觉新与钱梅芬、李瑞珏之间的婚姻悲剧和觉慧与婢女鸣凤的恋爱悲剧之上，批判的锋芒指向封建统治的专制主义，其所描述的恋爱婚姻悲剧的真正意义，不只是主张自由恋爱，而是唤醒青年"人"的意识，启迪与号召他们反抗封建专制制度，与封建家庭决裂。李六乙此次导演的新版《家》以其更为洗练的手笔和大胆的浪漫风格的融入给人耳目一新之感，施以浪漫主义重彩，李六乙给我们带来了别具一格的《家》。新版《家》的主题表达则显得更为刻意，更具指向性，这或许是对于年代痕迹渐趋淡薄的今天，对于主题的强调和明示。

敢对经典之作施以刀斧是需要勇气和智慧的。李六乙在他的解读中删去了剧中的钱太太一角，把她作了暗场处理。这一处理看似压缩，实为此版《家》中的重要一笔，甚至是关乎全剧的立意和风格。这主要表现在第一幕第一景中和第四幕第二景中。原作中第一幕第一景的结尾表现的是觉新与钱太太面对面，"觉新蓦然抬头望见，惊痛万状，钱太太也愣住，说不出话来"。这样的结尾很容易把矛盾聚焦在觉新与钱家的情感矛盾层面，这显然是不够深刻

的。把钱太太删去后，李六乙改写了这一段结尾，他把结尾定格于觉新迎娶瑞珏的艰难步履，觉新的不甘、绝望把矛盾指向的是封建家族的专制，这一改写不仅较原作简练，对觉新的性格描绘也更见力度，同时也对主题的表达做了艺术的铺垫。

  第四幕第二景是最后一场戏，也是李六乙改写得最为大胆的一场戏，没有了钱太太这一角色，大大缩减了剧中的日常细节，而把重心落在了瑞珏之死以及由此而引发的真正意义上的觉新的独白，这里的场景不再是单纯意义上的钱太太城外的旧屋，而是建构起一个对立的，正在坍塌中的封建家族的意象性墓地。舞台呈现着静态和动态的两层意象，家族的人群在舞台后场区僵立，与舞台布景一起构成静态的社会影像，动态的意象则由倾诉的瑞珏、逃婚出走的觉民和琴小姐、脱离了缠足厄运的淑贞、离家出走的觉慧乃至死去的鸣凤和梅小姐构成，他们实则是觉新在瑞珏之死的震撼下产生的内心世界，是他内心的独白，他在倾听他们的声音，他在叩问自己的内心，他或许仍然走不出自己性格的藩篱，但他的抗争一定具有了呼唤的力量和启示意义，这就是《家》的价值所在。

  一个钱太太没有了，加之诸如删减剧中的大房女仆黄妈，黄妈的戏份由鸣凤和刘四姐分别替代这样的处理方式,不仅使得剧作大大洗练了,《家》的矛盾冲突和主题表达更为简洁、集中,更具有指向性。并由此建构起浪漫的主题呈现,得到了一种新的现实主义与浪漫主义相结合的风格样式,我以为李六乙的这一裁剪很见功力,这是对经典《家》的极为适合当下语境的演绎。由此,主题得以更加鲜明地呈现在观众面前,并且具有了诗意的美感。

情感抒发和点化主题在《家》中表现得极为凝重、浓郁,给观众留下了深刻印象。对于剧中的情感与主题,李六乙导演在《家》中贯穿着一条舞台中轴线上的纵深表达模式。如第一幕第一景中,当觉新妥协于家族压迫,违心地去迎娶瑞珏时,觉新从舞台前,被小孩子牵着往舞台深处的大门走去时,我们看到的是觉新的无助与不甘,濮存昕用了三次回望来表现觉新内心的痛苦与煎熬,而他的痛苦是在孩子们天真的欢喜和家族中人的得意中流露出来的,这更是对主题的深刻指向。第二幕第二景结尾处,梅表姐的第一次出场就是以纵深的焦点式亮相来强调梅表姐对于觉新乃至高家的影响,这条爱情的主线以极少的笔墨给人以沉重的震撼。梅表姐沿着舞台中轴线向觉新和瑞珏一步一步走来,这种内心情感的逼仄不仅压迫着觉新和瑞珏,也压迫着观众,而观众正是在这种压迫感中体会剧中人物的情感世界,完成着对悲情的审美。再有,第二幕第一景中的鸣凤之死,李六乙以极其唯美的方式去表现鸣凤死前的内心世界,他让演员以肢体语言,以慢动作的方式,把鸣凤对觉慧的"我爱"表达得淋漓尽致。带着这个"我爱"逃离冯乐山的觊觎,保全了她的爱情和内心的美好,所以鸣凤可以从容地走向她的"胜利"的死亡。这种情感的拉伸极具张力,悲情与美纠结在一起,达到了怜惜与悲愤的情感互动与主题的审美表达。第二幕第三景中梅表姐与觉新离别的一场戏,也是以这样一个纵深的方式,与梅表姐的出场相对应,当梅表姐走向舞台深处的出口,转身消失的时候,这一特定的离情别绪被释放得十分浓郁,真是五味杂陈、耐人寻味。最后一场,瑞珏的死像是唤醒了麻木的觉新,他在瑞珏、觉民、觉慧、鸣凤,特别是在梅表姐的意象中舔舐自己的伤痛,他挣扎着、反抗着、决绝着,当我们看到他徘徊着走向舞台后方时,我们马上联想到第一幕时觉新绝望的样子,但这里所不同的是,同是向后走去,我们从濮存昕回望的眼神中像是看到了希望的种子,而这正是巴金先生最最迫切的主题所在。这种纵深的一咏三叹的情感与主题表达方式极为贴切地表现了巴金先生原著和曹禺改编剧作的思想风貌,也极为贴切地表现了那个年代的沉重的节奏和压抑情状。这一手法并不新颖,它的成功之处就在于贴切。现在有不少创作者,过于强调新颖,而忽略了贴切,而不知贴切是最关乎艺术创作命脉的,是深入人心的一条最为质朴的通路。

这部戏的重彩之处我以为是浪漫主义对现实主义的有机融合,李六乙导演的这一版《家》中充满了浪漫主义色彩并且极其的光鲜。从总体看,这部戏的定位是现实主义的,从布景到表演的形态看,这都是确定无疑的。但李六乙导演给这部戏注入了太多浪漫的元素,上述纵深的舞台调度的手法即是浪漫手笔的运用,他将人物情感与命运的重要节点做了放大、拉伸、浓郁等回味绵长的处理。在这里,灯光处理放弃了现实主义的原则,而是直接切入情感,甚至是主观的。如鸣凤之死一场戏,鸣凤在走向暗处时,最后却是在灯光照耀下下场的,这似乎有悖于自然,有悖于写实的总体风格,但在这里,导演其实是对人物内心真实的艺术折射,正是有了对人物内心的观照,这种浪漫的手笔才与写实的原则有了机理上的融合。最后一场戏中,这种浪漫式的手法运用到了极致。瑞珏之死在这里不再给人以死的具象,也不是要给人以悲恸,而是以暖色的浪漫主义手法宣泄地表现了人们心头的希望。当瑞珏在死亡的边缘要求打开窗看到光亮时,我们随着打开的窗户,随着照射进来的光芒,我们看到的不是死亡,而是觉新的内心世界,这时回荡在剧场内的话语的中心是觉慧对他说过的话:"世上任何事,要做,都没有太晚了的时候。"这是巴金先生的呼唤,这是曹禺先生的呼唤,我们看到,觉新在向着这句话的核心深处走去,飘飞的雪片中加入了红色的梅花的花瓣,那是他与梅表姐的爱情象征,但又不仅仅只是爱情,而是自由的精神和向往。到这里,剧作的主题思想得到了有力的揭示。

李六乙的《家》在尊重原作风貌的前提下,找到了一条契合当下语境的表达方式,在现实主义的肥沃土壤中投放了浪漫主义的浓墨重彩,赋予了剧作诗意的美感,仅这一点我认为是继承了曹禺先生深刻寄予在现实主义剧作中的诗意内核的,这种在继承与创意两个层面都达到如此高的水平的话剧演出景观是值得欣慰和欢呼的。

孙丽洁

虚幻的力量

——舞蹈《凤悲鸣》诠释经典

一 舞蹈《凤悲鸣》

舞蹈《凤悲鸣》的创作题材选自四川本土作家巴金先生的名著小说——《家》,以敢爱敢恨的悲剧人物鸣凤为主线,表现了单纯、可爱的少女悲惨的命运,以及造成这种悲剧的社会背景。巴金先生的《家》可谓是家喻户晓,是四川本地文学史上的标榜,其中以鸣凤这个经典文学形象为题材的艺术表现形式更是多种多样,包括歌剧、舞剧、话剧、电影等。在舞蹈《凤悲鸣》中,仅八分钟,编导就用独特的舞蹈语汇,将人们带进了封建专制主义统治下变革与新生萌芽的年代,让人们看到鲜活的生命在那样的环境中如何被禁锢、打压,引起了人们对社会的反思,以及老一辈人对那个年代的追忆。

作为舞蹈,时间上是有限制的,在短时间内叙事不是舞蹈所擅长的,而编导巧妙地采用以多对一的群舞形式,再现出了当时的社会状态:旧势力虽然如高老太爷般垂垂老矣,却仍然顽固地打压着那些少数的、尚处于脆弱状态的新生力量。通过一袭黑衣和冷傲的妆容,观众走入了没有一丝生机的高家大院。一袭白衣、娇小的身躯,任人蹂躏却保持着阳光般的微笑和坚强的心灵,让观众看到了巴金笔下的鸣凤。没有言语,却诠释出了那段经典的悲情小说,深入人心,催人泪下——这就是舞蹈的魅力、虚幻的力量。

二 何谓"虚幻的力"

(一) 什么是虚幻的力

苏珊·朗格将"虚幻的力"理解为与幻觉和错觉有别的、以虚幻形式存在、可以被真实感知到的、仅靠身体来传达思想的一种神秘力量,这种力量便是舞蹈的基本幻象,它是一种符号,是由舞蹈编导通过舞蹈演员的肢体所创造的一种活跃的力的形象。

一般从哲学的角度上理解,凡是不能被科学测量和规定的力,都是幻象的力,例如人们所谓的厄运、诅咒及所有神秘现象产生的作用,都可视为"虚幻的力"。朗格认为:"对于人类的心灵来说,整个世界除了物理存在之外,在人的主观感念中,在情绪的波动中,处处存在一些神秘却有感染力的作用。正是这样一种模糊却又真实的感受,是艺术赖以生存的魅力所在。"

(二) 舞蹈是虚幻力量的艺术

苏珊·朗格从哲学的高度回答了舞蹈是什么:"它是舞蹈家凭借连续的身体姿势表现一种'虚幻的力'的艺术形式,而这种'虚幻的力'又是对一种'想象的情感'而不是真实情感的抽象。因此,舞蹈作为一种'虚幻的力'的表象,是对想象的情感的二度抽象。"从《凤悲鸣》中我们可以看出,演员与编导并不是把鸣凤的真实感受表现出来,而是通过对人物的剖析来想象鸣凤在当时的压迫之下的情感状态。通过表现这种"想象的情感",传递"虚幻的力",产生出舞台上那个栩栩如生的鸣凤,而它正是"虚幻力量"的一种表象。

舞蹈艺术自然是运用身体姿势去表现虚幻的力。站在发生学的角度我们可以看到,舞蹈早已是艺术乃至人类文化的重要组成部分,在这之后它成为了一个独立的审美对象,其实"艺术作为一种文化的发生,远远早于其作为人类审美的对象"。而舞蹈正是通过从文化向审美转变,成为了一种表现"虚幻的力"的艺术。因此,有人这样总结:"舞蹈的艺术幻象及虚幻力量的作用并不是

'弄假成真',而是信以为真的解脱,一种关于感觉性质的超然思考。"

三 虚幻的"动作力量"

其他艺术与舞蹈艺术的本质区别是什么?朗格是这样回答的:"舞蹈的'基本幻象'赖以产生和形成的'基本抽象'是'姿势',一种流动的、不同于生活中的普通动作的姿势。"

动作是由舞蹈者通过肢体表达某种情感或意思时所展现出的姿态,它是虚幻力量构成的基本要素,正是通过各种各样的姿态让人们感觉到力场的作用。代表黑暗势力的黑衣女人们,应用小碎步来展现一种封建的禁锢。她们挥动黑色的丝巾不断地指着鸣凤的脊梁骨,传达出一种压迫与无情的指责。动作是"为知觉而创造的,因而也是专门为知觉而存在的"。身体的动作是真实的,但是使它成为带有情感的姿势,也就是拉班叫做"有情感、有思想的动作"的自发原因则是虚幻的。所以在舞蹈的领域内,动作是一种姿势,它是实在的动作,却也是虚幻的自我表现。

大自然中有千千万万的动作,鸟儿飞翔、猎豹奔跑、鱼儿游动等,无不奇妙,但它们并不是舞蹈动作,只有当人们赋予它们情感、思想,并经过美化、加工而形成姿态时,它们才是具有力量的舞蹈动作。这种力量不是动作本身发出的,而是传递思想情感的舞蹈艺术所特有的一种象征符号。

四 虚幻的"情感力量"

"如果说连续流动的姿势是舞蹈的表层结构,虚幻的力是中间结构的话,那么想象的情感则是舞蹈的深层结构,舞蹈家要表现的正是想象的情感。"

舞蹈总是善于抒情的,不同的艺术以不同的方式抒发自己的情感,而舞蹈正是通过虚幻的力量来传情达意。鸣凤的表演者表演这段悲剧情节的舞蹈时,并不是在表演前告知诸如她突然失业等可使她伤感的信息来让表演者悲伤,而是通过表演者自身对鸣凤这个人物的理解,以及对鸣凤的内心情感的揣摩和体会,在舞蹈过程中所表现出来的。它并不是舞蹈者真正的悲伤,而是通过一种类似于"移情"的作用,将感动表演者的东西理性地表现出来传达给观众。它表面上是炙热的,但演员内心则是以理性的旁观者身份来诠释角色的情感,给人一种强大的压力,而观众体会到的这种力量,这正是虚幻力量的释放。

五 虚幻的"感知力量"

为什么说虚幻的力量是可以被真实感知到的呢?这正是舞蹈的魅力所在。人们在无声的语言中自己去体会情感的传递,这种传递的方式是如此委婉,没有固定强加的催泪弹式的情节和华丽的修饰词。正如我们观看《凤悲鸣》时,老一辈艺术家对鸣凤这个人物相对熟悉,他们在这个舞蹈中看到的是一种岁月的缩影,以及对诠释这个故事所采用的新兴手法。而对青年观众来说,他们看到的是一个悲伤而顽强的生命、一个崇尚自由却不幸生活在封建专制主义统治下的少女悲歌。他们同时也看到了社会的进步,因为曾经备受压迫的女性,如今慢慢得到了社会的认可和尊重。没有一种固定的理解方式,观赏者可以通过自己的人生经历,去感知某个舞蹈所要表达的情感。甚至同一个观赏者在不同的年龄段,对同一个舞蹈也会产生不同的理解。

对于观众而言,体验情感是一种审美直觉。苏珊·朗格认为:"直觉是一种基本的理性活动,由这种活动导致的是一种逻辑的或语言意义上的理解,它包括着各式各样的形式的洞察,或者说包括着对诸种形式特征、关系、意味、抽象形式和具体事例的洞察和认识。"

舞蹈演员通过肢体创造出美轮美奂的、由虚幻的力构成的舞姿。在这些力的符号中,欣赏者应用审美直觉,联系各种情感经验,进行直观把握。在他们洞察或顿悟了艺术符号背后的意义后,舞蹈艺术表现的情感形式就被感知、接受了。

六 虚幻的"时间、空间力量"

　　舞蹈的时间、空间多是通过舞蹈的编排和舞蹈者的表演来实现的,即使有场景的布置,也是相对简单的。观众在剧场中,通过舞蹈者的表演来体会虚幻的时间和空间。有舞台就必定有灯光,在物理学中,虚像被解释为"物体发出光线反射或折射后形成的影像",这就可以看出光线的虚幻作用。苏珊·朗格认为,"舞蹈的空间是造型的,时间是音乐的,有节奏的动作是幻象的实现过程"。

　　舞蹈本身不善于叙事,但每个舞蹈作品却都多少有它自身的规定情景,这些规定情景在灯光亮起时,就通过时间和空间将观众包围其中了,所谓的身临其境,无非是在舞蹈创造的虚幻的时间、空间之中。

　　这种虚幻的时间、空间也可以通过舞美来实现。《凤悲鸣》中演员的服装,特别是演员的妆容,恰如其分地展现出旧势力的傲慢、冷酷、毒辣,以及鸣凤的清秀、阳光、坚毅。妆容还根据脸谱的原型,稍作修饰和调整,使其带有清朝末年的影子,以此将观众带入那个有着封建王朝缩影的高家大院中,营造出身临其境的效果。所以舞蹈只有在舞台上展现才算真正成立,而观众则最好在剧场观看舞蹈,只有在这种空间中,舞蹈的精髓——虚幻的力量,才能表现得淋漓尽致。可以说,《凤悲鸣》给我们带来的不只是感动,它所采用的艺术手段超越了时间和空间的束缚,用无声的语言诠释了那段四川人自己的经典故事。

七 结 语

　　苏珊·朗格的舞蹈美学思想的理论核心是"虚幻的力",艺术是一种表现性的符号,而这种符号正是通过虚幻的动作力量、虚幻的情感力量、虚幻的感知力量、虚幻的时间和空间力量来体现的。艺术家们常把情感与形式作为讨论的话题,其实每种艺术都是通过一定的形式来表现情感,至于什么样的形式好,则各有千秋。而舞蹈作为一门古老的艺术,其魅力正是在于用无声的语言来拨动人们内心深处的情思。《凤悲鸣》为何让人如此感动?真正打动人的不是鸣凤眼中的泪水,是因为舞蹈这种心与心直接交流的艺术形式,使鸣凤这个死后却依然自由飞翔的少女那股坚不可摧的精神力量,传达到观众心中而形成的震撼与感动。如此说来,舞蹈正是虚幻力量的王国,这种似有非有的表现符号正是舞蹈艺术的美之所在。

胡川英

巴金对当代的四川文化影响力研究

——以影视文化为例

一 巴金小说中丰富的影视元素

巴金的作品（特别是小说）在不同的时代有不同的读者和观众。巴金小说中的激情和朝气成就了他在当时的地位，也很快促进了小说被改编为影视剧作。就"激流三部曲"中的《家》来说，它被四次改拍为电影，两次改拍为电视剧，并且有不同的戏剧版本（沪剧、越剧、川剧等），尤以川剧《激流之家》最为传神。话剧《家》也有不同的版本。除此之外，尤以《家》中的人物鸣凤为创作的舞蹈《凤悲鸣》更是在全国舞蹈大赛中，展示出了四川的独特文化魅力。

以《家》作为资源的影视剧多依赖于小说本身的可读性，它也使《家》成为在中国产生了"印数最多"和"改编影视剧"最多的一部小说作品。当然这其中也有两者（观众与读者）"互动"的结果。同时，这种互动也促进了当时电影事业的发展。电影的拍摄虽与四川的直接联系不大，但是透过影片的内容，我们能够透过高公馆看到当时四川的发展状况与风土人情，能够让人们深切地感受到四川的历史发展进程，让我们在时间的进程中看到四川日新月异的变化。

二 新版《家》显现四川传统文化价值

电视剧《家》有过两个版本，一是1986年版四川电视台拍摄的

《家春秋》,由徐娅、陈晓旭、张莉等主演,这部19集的精品荣获第七届"金鹰奖"优秀电视连续剧奖。二是2008年版汪俊导演的《家》。这部作品不仅作为成都电视台2008年开年大戏,该剧还同时被北京电视台、上海电视台、浙江电视台、广东电视台作为2008年开年大戏播出,这在国内并不多见,《家》的魅力可见一斑。

北京、上海、杭州、广州、成都这五座城市向来是中国城市潮流风向标,此番五大城市的电视台同时锁定同一部电视剧,作为开年大戏在最优质频道重磅推出,在国内并不多见。新版电视剧《家》在成都、上海、杭州等地电视台作为开年大戏播出后,观众好评不断。尤其是在成都电视台新闻综合频道的收视率更是一路攀高,据权威收视率调查公司发布的数据,《家》以3.78%的收视成绩,在成都地区开年大戏收视争夺战中拔得头筹。

除了在市场上"先声夺人"外,《家》在艺术上也抢得先机。据出品方慈文影视透露,《家》在前期看片会上得到各电视台一致好评,负责审片的北京市广播电视局专家们评价说,《家》是近年来难得的翻拍名著的精品,既充分发掘了艺术价值,又照顾了可视性,应作为"样板"向业界推荐。

这部《家》的影响力可见一斑,同时,《家》在江安夕佳山民居开机拍摄,是四川省第四届旅发会后在夕佳山拍摄的第一部电视连续剧。这对该地区的旅游开发不得不说是一个很好的契机。电视剧《家》不仅给成都电视台带来了颇高的收视率,更向全国人民展示出了成都的文化风貌,有助于将四川推向全国,将四川的传统文化价值进一步发掘。

三 对传统戏剧中四川文化的影响

川剧《激流之家》,让我们品味正宗川味麻辣烫,聆听西部风味川剧高腔,感悟地方文化气息。

2003年11月25日是文学巨匠巴金的百岁华诞,为此,"艺术节"特设"传世之《家》——祝贺巴金百年华诞特别演出",话剧、沪剧、越剧和川剧争相为巴老拜寿。而我省推出的川剧版的

《家》——《激流之家》则是四出戏中最早亮相的。据介绍，川剧《激流之家》在沪上虽非本地剧种，又不以场面和气派见长，但票房也不落人后。让上海观众聆听到了具有浓郁西部风味的川剧高腔。整出戏跌宕起伏，充满强烈的感情色彩，加上川剧激烈高亢的音乐唱腔，令观众感受到一股地道的"辣味"扑面而来。

川剧《激流之家》是成都市川剧院2002年5月第二届中国川剧节中推出的新剧目，著名剧作家徐棻担任编剧。徐棻说，新版《激流之家》比第一版更忠实巴老原著，更能体现原著的精神与思想，并找到了一个当代人理解并能沟通的情感点。

看过演出的专家都说，《激流之家》唱腔好听、舞台好看。著名表演艺术家秦怡、越剧演员赵志刚等到后台看望演员时高兴地说："你们这批年轻人把巴老笔下的人物演活了，这个戏很有四川地方的生活气息。"上海市人大主任龚学平对巴老侄儿李致说：剧本写得相当好！川剧《激流之家》是正宗的川味"麻辣烫"。

这一出川剧，唱出了川味麻辣烫，演出了四川地方生活气息，不仅让川剧走得更远，更将四川的地方特色展现得淋漓尽致。

四　巴金进一步对四川舞蹈文化的影响

舞蹈《凤悲鸣》，立足本土，感悟《家》，感悟四川。

在2011年举办的第九届全国舞蹈大赛上，四川省成都市文化艺术学校根据著名作家巴金小说《家》中丫环鸣凤的故事改编创作的舞蹈作品《凤悲鸣》，以鲜明的个性和震撼人心的艺术魅力，荣获创作一等奖。校长钟刚毅说："我们的目标是以成都厚重的历史文化为素材，提炼创新，打造本土元素作品，展示成都优秀的地方历史文化和艺术品质。"

市文化局策划组织、市艺校创作演出的群舞《凤悲鸣》，是新中国成立以来我市首次在舞蹈专业领域政府最高赛事上夺得大奖，打破了改革开放后成都长期无缘全国最高奖的纪录。在成都舞蹈艺术事业发展中具有里程碑意义，也是我市文化艺术事业的一个重大突破。世界文化名人巴金及其作品是成都面向世界的一个窗口,通过巴金作品改编的、融思想性艺术性为一体的精品,无疑将彰显成都独特的文化魅力。

巴金虽然早被公认为二十世纪不多的几位文学大师之一,但他从来不认为自己为文学而文学,甚至不以文学家、作家自居,他认为自己的写作全是为了说心里话,发出内在的呼喊。巴金的文学选择一开始就是西式的、率性的,涌荡着二十世纪科学与人道主义思想的风范,半个多世纪以来,像觉新、觉慧、鸣凤、梅表姐、汪文宣这样的艺术形象已扎根在中国人心中,多少青年读者正是从这些艺术人物身上找到自己的影子与镜鉴,从而勇敢地跨出那叛逆、反抗与自身价值追求乃至投身革命的步伐。巴金作品对四川文化的影响,更可以说成是巴金的那种率性、坦荡的秉性与文人作风对四川文化价值取向的莫大影响吧!

进入新世纪,社会转型出现的利益分化现象,对于具有一定话语权的知识分子来说,是否对现实发言、如何发言,怎样使自己的知识转化成时代进行中的点滴力量,绝对是一种立场的选择。以对民族和国家的深沉之爱选择良知独立发言,并让这种精神成为一种传统,是百岁巴金对我们的启示!

参考文献

[1] 翟群:《舞蹈〈凤悲鸣〉:叙事别致震感人心》,中国文化传媒网,2012-01-31。

[2] 陈思和、李辉著:《巴金研究论稿》,复旦大学出版社2009年版。

[3] 李存光:《巴金研究文献题录(1922—2009)》,复旦大学出版社2011年版。

[4] 《川剧〈激流之家〉全新演绎巴金名著》,四川在线,2003-03-29。

[5] 《我们为什么需要巴金》,河南报业网——大河报,2005-10-18。

杨理沛

二十世纪三四十年代巴金书信中的精神世界

在中国现代文学研究中,大多数学者认为,小说是文学的正宗,长篇小说才是主要的考察对象,而作家的书信难以入眼。事实上,作家的书信蕴藏了大量珍贵的文学史信息,勾勒了作家创作、生活与思考的精神历程。巴金是与二十世纪风雨同步前行的著名作家,他擅长通过书信交流来表达见解、展示心灵。

一 "我有一个信仰,我愿意人知道它;我有一颗心,我愿意人了解它"

巴金从十五岁开始接触无政府主义,十七岁就以"安那其主义者"(无政府主义者)自称,并决心为自己的信仰献出生命,而且特别崇拜为信仰而牺牲的人。巴金无政府主义思想生成的社会基础是旧的封建制度,思想基础是人道主义。少年巴金虽然生活在封建官僚家庭中,但母亲教他"爱一切的人,不管他们贫或富","同情那些境遇不好的婢仆,怜恤他们,不要把自己看得比他们高,动辄对他们打骂"[①]。母亲的教育是巴金人格形成的土壤与根基,一直影响到他后来的生活与创作。巴金呼唤人人幸福自由的新社会,他认为人间大爱就是在平等基础上建立起来的互爱,而不是封建

---

① 巴金:《我的几个翻天复地》,李存光:《巴金研究资料》第78—79页,海峡文艺出版社1985年版。

传统的等级差别。可以看出由母亲的教诲到倾向于无政府主义,由人道主义到基督教精神,贯穿其中的红线即是人类大同的意识。

"五四"后期直至二十世纪三十年代初,随着日本帝国主义大举入侵中国,民族觉醒和国家形象成为中国人反抗压迫和寻求现代化的精神动力,而此时巴金的无政府主义思想却以另一种价值维度观照人类的生存与发展。巴金的第一部短篇小说集《复仇》中多篇小说体现出反对战争、倡导人类大同等思想。施蛰存曾批评《复仇》里所表现的"人类共有的悲哀"却偏偏是中国人万万不会有的悲哀。对此,1932年9月13日巴金致信施蛰存:"我明白地说过人类所追求的都是同样的东西——青春,生命,活动,爱情,不仅为他们自己,而且也为别的人……失去了这一切以后所产生的悲哀乃是人类共有的悲哀。这对于中国人无论如何决不会是例外的……并且你如果离开编辑室到租界上去走走,或者最好能到这里的租界上来看看,你就会明白在目前的中国确实有不少人感到坡格隆①时代犹太人所感到过的悲哀了……"②可以看出,施蛰存认为中国人不可能体会到外国或外族人民的悲哀和苦难,主要是深受当时日益强盛的"民族主义"思想的影响。显然,巴金在小说创作中渗透的思想与当时的主流思想有所不同,其中折射了作家内心情感的焦灼和价值判断的裂变,正因此,他以其独特的信仰显示了现代文学创作别样的姿态。同一封信中,他又谈道:"我虽然是某一主义的信徒,但我并不是个说教者,我常常不愿意在文章的结尾加上一些口号","我只是把一个垂死的制度的牺牲者摆在人的面前指给他们看:'这儿是伤痕,这儿是血,你们看!'"③由此可见,巴金主张通过客观描写来评判现实,启蒙民众。《复仇》等小说不是某种主义的简单说教,而是融合了作家的信仰与感受,表现了知

---

① 坡格隆是Pogrom的音译,是Po(渐渐)和Gromit(毁灭)合成的。历史背景是指1905—1906年间,俄国开始出现严重的国内矛盾,有权位的人想转移国民的注意力,便煽动他们攻击犹太人或别的民族,也译作"犹太人虐杀"。这种暴举,在当时各地时有发生,非常残酷。

② 巴金:《巴金书信集》第338页,人民文学出版社1991年版。

③ 同上书,第339页。

识分子面对现实的心灵诉求与救亡召唤。

巴金在年轻时,并不希望自己成为一个文学家,而更愿意做一个社会活动家,但是他重视文学的社会功用,试图用文学书写信仰,探寻大众的自由与幸福。1942年4月16日,巴金致信挚友沈从文:"我们纵使不能点一盏灯给那些迷路人指点前途,却不妨在山道上放一缸水、一把瓢,让那班口渴的行路人歇歇脚,饮口凉水,再往前走。文学是团结人群的,是一件使人头脑清醒的工作,而且是需要理性和智慧来完成的。"①他希望文学可以唤起作家的勇气和责任心,作家应该用高尚的人格力量去打动读者、感染读者,从而净化他们的心灵。他不是简单地把文学作为政治的传声筒,而是要用文学引导民众追求光明和真善美,为生活带来希望和力量。巴金同时认识到,文学可以凝结民心,激发民族的潜在力量,成为争取人类解放的精神支撑。1942年6月4日,他再次与沈从文交谈道:"在目前,每个人应该站在自己的岗位努力。……自己走自己的路,不必管别人讲什么。……你那埋头做事的主张,我极赞成,也盼你认真做去。"②巴金的思想虽然与"五四"时代潮流不同,但狂飙突进的乐观主义精神还是深深感染了他,使他对生活怀抱憧憬,并引领他以笔为武器投入到民族解放的洪流中去。他注重个人的努力,相信个体的奋斗能够汇聚成强大的民族爆发力。因此,巴金认同沈从文的处事态度,也就是在暗示和肯定自己的思维方式,为其日后的生活和创作规约了隐性的心理参照。

巴金早年信仰无政府主义,也受到基督教的影响以及中国传统文化的熏陶,但它们之间都不是简单的线性链接关系,而是逐渐扬弃并同质合一。巴金在接受过程中已经按照自己的理解对其加以改造,并以主体化后的价值符码植入文学创作和社会实践中,更多体现的是民主主义思想及人道主义思想。这些思想交汇在一起就集中呈现出反抗黑暗社会和落后制度的鲜明主题,从而为建构人类的希望找到切实的精神依据。

① 巴金:《巴金书信集》第331页,人民文学出版社1991年版。
② 同上书,第333页。

二 "爱"是"全生活,全思想,全作品的基石"

随着巴金的成长以及大家族的变故和衰败,他对传统家庭逐渐产生了厌恶和憎恨。特别是他十岁时,无比疼爱他的母亲去世了,这对他的打击相当沉重,在他幼小的心灵里留下了不可磨灭的阴影,不久,二姐又患病而死。在他的亲属中,许多青年女子的不幸遭遇接连发生,也都不断刺伤着他[1]。这些使得巴金在对待情感和家庭上曾一度处于茫然和矛盾中。但在1935年,巴金第一次收到读者陈蕴珍(萧珊)的来信后,心理产生了微妙的变化。那时的巴金已经年过三十,萧珊是个高中生,他们在通信一年后相约见面,巴金的爱情由此开始。遗憾的是,两人早年的通信大都失散,现在仅存1937年春天巴金写给萧珊的一封,这也是巴金保留下来的1949年之前写给萧珊的唯一的一封信:"蕴珍:信收到。……你关心我,劝告我,你说要我好好保养身体,你说要把家布置得安舒一点,你说在一天的忙碌的工作之后要找点安慰。……其实这些话我都知道,但我不能做。我的环境是很复杂的,性格也是很矛盾的。你从我的文章里也可以知道我是怎样的人。……我不惯的就是一个有秩序的安定的家,……我宁愿一个人孤独地去从历人世的风波去尝一切生活的苦味。……这种生活不一定是愉快的,但我过得还好。我认识了几个像你这样的可爱的孩子,你们给了我一些安慰和鼓舞。这虽然不一定是我所愿望的,但你们究竟给了我一些(以下缺)。"[2]看得出,虽然不能绝对地将巴金发生的变化归于某一个人的出现,但至少可以说,萧珊的出现,影响着巴金的性情,最终改变了他的生活方式和处事态度。

巴金对待爱情婚姻态度的变化,不能简单地看作是他情感的变化,这里更多地可以理解为巴金对社会责任和使命的承担途径

---

[1] 陈丹晨:《巴金评传》第12页,花山文艺出版社1982年版。
[2] 李辉:《巴金的爱情与婚姻》,《晚报文萃》2006年第1期第14—15页。

的演变。如他在1939年8月12日给杨静如①的信中写道:"关于你和young poet②的事,我不好说话。我想,任其自然吧。……不要过分讨厌或害怕恋爱,只要不要做一个恋爱至上主义者便行了。"③当年轻人处于情感的十字路口时,巴金在一种相对宽松的氛围中引导他们,让他们自己去尝试和选择。1942年6月7日,巴金致信杨静如:"有梦的人是幸福的。因此你很可以同瑞虹过得幸福,也可以制造热情的梦。两个人既然遇在一起,用一时的情感把身子系在一个共同的命运上,就应该互相帮助,互相谅解,互相改进自己。"④显然,巴金并不希望恋爱中的两个人只是整日地沉溺在儿女情长中,他更多是从大爱的角度出发,鼓励年轻人承担家庭和社会的责任,为祖国的利益和千万人的幸福奋斗。这种思想在同一封信中就有反映:"人不该单靠情感生活,女人也不例外。把精神一半寄托在工作上,让生命的花开在事业上面,也是美丽的。"⑤1945年7月7日,巴金在给杨静如的信中写道:"你要译W. H.⑥,我很高兴,这书你译出后一定要寄给我看。我会设法给你印。你可以驾驭中国文字,你的译笔不会差。……多了一个孩子,说不定会添一些麻烦。但是一切会平稳地过去的。不必为这些小事心烦。记住你还有一管笔,你也能做一些事啊。"⑦巴金不认为女人有了小孩就应该放弃理想和事业,他鼓励杨静如应该主动地融入现实生活,用文学创作来发挥自己的光和热。

我们可以清楚地知道,巴金的内心情感从童年直至青年初期的极端逐渐回归平和,他用这样的心态去观察社会,感染并开导周

---

① 杨静如,即杨苡,1919年生,安徽人,翻译家、女作家,世界经典名著《呼啸山庄》译名的创译者。
② 指当时在西南联大外文系读书的同学赵瑞蕻。
③ 巴金:《巴金书信集》第486页,人民文学出版社1991年版。
④ 同上书,第489页。
⑤ 同上。
⑥ *Wuthering Heigts*,英国19世纪著名女作家艾米莉·勃朗特的名著,梁实秋当时译为《咆哮山庄》。
⑦ 巴金:《巴金书信集》第497页,人民文学出版社1991年版。

围的人,充分调动他们潜在的使命感与公共表现力,进而促使整个国家和民族在正常的轨道上发展。

三 "我现在的信条是:忠实地生活,正直地奋斗"

巴金认为个人要在群体的事业中才能实现自己的人生价值,这既与他一贯的思想发展有关,也体现在他的创作与活动中。巴金不仅通过自己笔下的人物形象反映社会现实,影响人们的价值观,而且凭借编辑的特殊身份团结一大批有为的文学青年,从而实现真正的奋斗。

二十世纪三四十年代,许多作家都重视出版发行的潜在价值,希望通过这一传播渠道实现个人理想并加大公共话语权。而编辑在很大程度上控制着作者的叙述思路与大众的阅读期待,可以说编辑的选择眼光或许会影响到一个作家的发展,以及一个阶段的文学流变。从1935年底到解放初,巴金在文化生活出版社的编辑岗位上工作了十余年,在创作以外拓宽了理想实现的视域。1940年11月19日,他在给吴天的信中写道:"《雷雨》,这本感动了千万善良心灵的戏,如今差不多成了和'克腊西克'一样的东西,甚至在远僻的市镇里我们也会遇到它的读者和观众用赞叹的声音提起它。可是六年前……我翻读那剧本的数百页原稿时,还少有人知道这杰作的产生。我是被它深深感动了的第一个读者。……而且我还感到一种渴望,一种力量,在身内产生了,我想做一件事情,一件帮助人的事情,我想找个机会不自私地献出我的精力。"[①]巴金在这里谈到的"一件帮助人的事情",就是指帮助曹禺出版《雷雨》。1934年巴金将《雷雨》推荐到《文学季刊》上发表,当即轰动了整个文坛。1935年巴金在"文学丛刊"第一集中出版了《雷雨》单行本,接着又在第三集中出版了《日出》单行本。这两部话剧的出版一举奠定了曹禺在中国现代话剧史上的卓越地位。在某种意义上可以说,是巴金发现了曹禺,并促成了中国现代话剧的实质性进展。

---

① 巴金:《巴金书信集》第420页,人民文学出版社1991年版。

1947年1月巴金致信李健吾："我不懂戏，我不配谈戏。不过几年前我读过你半部《草莽》，到现在还能记忆那些琐细情节。"①这里提到的半部《草莽》是李健吾在"孤岛"时期写的一出戏的上部，后因忙于别的事，没有写下去，写出后曾托巴金将这个上半部带到内地发表。1947年8月14日巴金在给沙汀的信中这样写道："《淘金记》上海再版本最近才印出……《还乡记》稿已从沈先生处取来。"②此外，何其芳、卞之琳、刘白羽、陈荒煤、师陀等许多人都是在巴金的慧眼下逐步登上文坛并享有盛名的。

巴金对于当时文坛上充斥的附庸风雅的"文人作品"很不认同，他把写作当成同敌人战斗的方式，这种观念同样渗透到他的编辑工作。他将自己的创作理念和风格作为引导青年作家关心现实，投入战斗的同盟宣言，并以此延续写作的精神生命，直到以后的任何一个历史重要关口。这其中或许也可以找到巴金早年信仰的影子，以笔观照生活，团结更多的人已经成为他人生理想的组成部分与核心层次。这些不仅在中国现代文学史上留有重要的一页，而且在民族文化史上也占有一席之地。

巴金是一个思想丰富而独特的作家，他在二十世纪三四十年代的部分书信中所呈现的也同样是一个丰富而独特的精神世界，这让我们从更多的侧面了解到当时的巴金，并由此把握到更加清晰的现代文学发展脉络。

---

① 巴金：《巴金书信集》第214页，人民文学出版社1991年版。
② 同上书，第296页。

胡景敏

巴金晚年的道德危机

如果说二十世纪三十年代初期,刚刚由无政府革命退守文学的巴金遭遇了一生最为严重的信仰危机,那么新时期以来,《随想录》写作过程中的巴金则必须直面前所未有的道德危机。对他而言,1949年后现实政治的是非曲直虽然存在着很多晦暗不明的灰色地带,但毕竟容易甄别,也可在写作中勉力言说;而道德上的善恶问题却要复杂得多,如何面对自身建国后的道德瑕疵,如何处理个人道德实践中的言与行,如何实现道德追求的个人性与公共性的融通,对于这些问题,晚年巴金孜孜以求,他的道德文章赢得了读者的赞誉,但最终却没能在情感上和心理上说服自己,甚而使他陷入了深重的道德危机。

一 以革命救世以道德救人心

近几年,对于无政府主义,我们已然摒弃了政治上的盲目偏见而代之以学术上的理性审视,因此,巴金与无政府主义的关系也不再是一个禁忌颇多的话题。毋庸置疑,巴金早年接受了无政府主义的信仰,晚年也不曾声言放弃这一信仰;应该说,他对无政府主义的信仰一直都不是有或无的问题,而仅仅有隐或显的差别,具体表现为其思想侧重点在不同时段有所转换。在无政府主义纷繁复杂的理论谱系中,巴金是一个克鲁泡特金主义者,他的无政府主义是克鲁泡特金思想和中国具体情况的结合。巴金所取于克氏的是一种对中国现代性实践的方案设计：首先以暴力革命推翻旧有社会制度，革命之后即使不能彻底消灭国家、政府、私产等，但仍然可以通过道德体系建构的方式推进自由互助的社会伦理建设。巴金的社会改造模式可以概括为"以革命救世以道德救人心"，在革命上，巴金像大多数无政府主义者一样，希望以道德家的手段做革命家的事业；在道德上，他一方面追求个人性的自律、苦行、人格锻造，另一方面追求道德理想的公共性实现。二十世纪三十年代，无政府革命在中国已成明日黄花，巴金陷入信仰危机；之后，他越来越倾向于以道德救人心的一面，渴望道德追求的个人性和公共性的对接，进入晚年，这种渴望越发强烈。但是，巴金晚年的道德追求却遭遇了双重危机。

在"文革"尘埃落定之后，巴金更沉痛地认识到世界观和伦理学对于现代性实践的重要意义。1995—1996年，在编辑《巴金译文全集》时，他把最早的译作克鲁泡特金的《伦理学》放在了最后一卷。我想其中固然有全集体例方面的考虑，但如果联系全文我们知道，克氏能够在晚年极为艰苦的条件下着手撰写这部最后的著作（未完），是因为他认识到道德建设对一个社会具有非同寻常的意义。巴金晚年在《随想录》和《再思录》写作中所寄予厚望的，一是民族理性的回归，二是个人道德的完善和社会道德的重建，而民族理性的回归最终仍要归结到社会道德的重建上来，所以，巴金最后找到了在社会道德建设方面与克鲁泡特金的共同点。我认为，把《伦理学》作为压卷作，表明巴金对此书的重视，他想借这本书向读者传递自己的最后思考，可能还多少包含了对克氏和自己未竟事业的些许遗憾。

世界观和伦理学对巴金的重要不在其知识形态而在其社会功用。他认为："道德不是一门学问，它是做人的道理，是整个社会的支柱。"[1]巴金曾经将克氏《伦理学》的书名译为"人生哲学"，由此也可以看出，他从来没有把伦理学（"道德"）单纯视为一门学问，而

---

[1] 巴金：《〈巴金译文全集〉第十卷代跋》，《再思录》（增补本）第178页，广西师范大学出版社2004年版。

是把它看作人生指南。同时,他把道德的重要性提高到"社会支柱"的地位。我们发现,此前巴金谈到克氏的《伦理学》从未有过此类看法,如在1928年,他所谓"中国人大开杀戒之时期",他写道:"克鲁泡特金说,俄国革命之所以失败,不能创造出一种基础于正义与真理上面的新社会制度,大概是因为缺乏崇高的道德理想所致。中国之革命之所以弄到现在这样的地步,在我看来,也是因为没有崇高的道德理想。因此《人生哲学》的翻译在现今却也是一件必要的工作了。"[①]此时,道德在巴金眼里只是补社会革命之失的迫切手段。克氏所谓俄国革命的失败不是指它在"否定"旧制度(暴力革命)上的失败,而是指它在红色革命之后没能建立无强权共产主义的新社会制度,而失败的原因就在于这个社会缺乏完备的伦理建设。在经历了1949年后"继续革命"的"洗礼"之后,晚年巴金又回到了克鲁泡特金的认识上来,所不同的是,他将道德进一步强调为社会的"支柱"。我想,这样做一方面是为了补多年来的激进革命之失,另一方面也是为了满足常态社会建设的需要。毕竟历史在发展,即便在巴金看来,没有任何形式的国家和政府存在的理想社会也只能是遥不可及的乌托邦,因此,现代性实践的重点必须由社会组织形式的大规模改造转变为在现有组织形式中建设一个理想社会,而道德建设则是其中最为根本的方面。

巴金的道德建设思路是从自我做起,以个人道德的自我完善呼吁民族的道德良知,表现出知识分子强烈的责任意识和忧思情怀。克鲁泡特金的《伦理学》收入《巴金译文全集》第十卷时,巴金在"代跋"中说:"本书作者认为,道德的基础是由社会本能发展起来的,构成道德的三个要素,也是三个阶段:第一是休戚相关、互相帮助,这是社会本能;第二是正义和公道,这是人与人相处的准则;第三是自我牺牲、自我奉献,这就是道德。"他紧接着强调说:"我也是这样看法。"[②]巴金曾经为《伦理学》译本写过"译者序"、"前记"、

[①] 巴金:《〈人生哲学:其起源及其发展〉译者序》,《巴金研究资料》(上卷,李存光编)第90页,海峡文艺出版社1985年版。

[②] 巴金:《〈巴金译文全集〉第十卷代跋》,《再思录》(增补本)第178页,广西师范大学出版社2004年版。

"解说"、"代跋"、"广告"等数篇评介文字，以及专门论述克氏学说的论文和短评。把这些文本综合起来，我们发现，巴金所接受的克氏伦理学，或者说克氏学说中他最感兴趣的是关于道德实践的内容。作为道德三阶段（要素）的互助、正义和自我牺牲经常被他提及。他认为，互助是人和动物共有的社会本能，依据互助法则行为是伦理的本质和基础。随着社会的进化，人们间的关系愈加密切，互助的动物本能发展为同情和仁慈的社会感情，为处理人际关系生出许多以互助为出发点的道德规则，规则中便存在着道德的正义（公平）概念。道德的第三（最高）阶段是"自我牺牲"（有时也被称作"大量"、"宽宏"），巴金把"自我牺牲"作为道德的最高阶段，其依据是"我们各人都有着过剩的活力，除了满足自己的需要外，还可以无报酬地给予他人"，这是克鲁泡特金在《伦理学》中对法国哲学家居友道德论的借鉴与发挥，同时被巴金所接受。

　　巴金的"自我牺牲"论有三个要点：一、"自我牺牲"是道德的最高目标；二、"自我牺牲"首先是利己的，是为了发散过多的生命力，其次才是利他的，"给予他人"；三、"自我牺牲"是"生命之满溢"的自发表现，是"生命的开花"，我们每个人都应该追求这样的道德境界，巴金甚至认为道德就是"自我牺牲"。但是这里存在着理论上的悖论，巴金（克氏、居友）道德论的第三阶段和前两个阶段失去了必要的逻辑联系，似乎成了一个自我解释的单元。我认为，理论矛盾虽然存在，但重要的是这里有巴金未加辨析的一个细节，那就是，他的"自我牺牲"实质上也就是互助，但它是更高层次的互助，其核心是把互助提升为不求报偿的奉献（助人）。原始人和动物的互助更多是为了生存而不得不然的行为，而"自我牺牲"的互助则是人心向善的自觉追求。巴金认为："在人类中间有着两种倾向。一方面人要求着尊重个人的自由、权力与发意性；另一方面人又倾向着共同的善与万人的福祉。"[①]所以，"自我牺牲"作为个人的追求是个体"生命的开花"，由个人及于人人则是"共同的善与万人的

[①] 巴金：《克鲁泡特金的〈伦理学〉之解说》，《巴金全集》第 18 卷（集外编上）第 472 页，人民文学出版社 1993 年版。

福祉"。道德沟通了人类"利己的要求"与"利他的倾向",人人的"自我牺牲"则是人类追求的道德理想国。因此,从某种意义上讲,互助与正义属于道德规范的范畴,而"自我牺牲"则带有信仰的意味,属于道德信仰(理想)。

二 托尔斯泰式的道德危机

从1928年翻译《伦理学》开始,巴金就树立了以"自我牺牲"追求"生命的开花"的道德理念。"生命的开花"成为他写作中的高频词汇,他不断地追问"我的生命到什么时候才会开花"的问题。在《随想录》中,他从第16则随想《再访巴黎》开始,在十数篇文字中谈及自己的道德追求,或者就事以抒发人生迟暮,仍要继续写作的壮心;或者借人以写出忆念故旧,并树之为模范的幽怀;或者以"自我牺牲(奉献)"勉励自己走向道德的自我完善;或者以自己的道德理念感召他人,以期塑造民族的道德良知。

在巴金个人的道德追求中,他除了有得自于无政府主义伦理学的道德理念,他还为自己树立了可为激励的道德模范,这些人大致可以分为三类:一类是和他有着共同信仰的无政府友人,如早年的吴先忧,后来的吴克刚、卫惠林,再后来的匡互生、陈范予、叶非英等;二类是他素所尊敬的师友,如鲁迅、叶圣陶;三类是他所敬仰的外国无政府主义者以及著名作家,如克鲁泡特金、柏克曼、高德曼、卢梭、托尔斯泰等。这些人从不同方面为巴金提供精神资源,影响到他人生的不同时段。对写作《随想录》的巴金来说,无政府友人、鲁迅、卢梭、托尔斯泰带来的道德人格影响最大,在写作中也经常被提及。在《随想录》中,巴金写到了匡互生、叶非英,在《再思录》中,集中回忆吴先忧、吴克刚、卫惠林,并在《〈巴金全集〉第六卷代跋》中为无政府主义者正名,无政府友人影响巴金的主要是他们自我牺牲、默默奉献的道德操守和理想主义精神。鲁迅被巴金尊为"先生",他说:"用笔作战不是简单的事情。鲁迅先生给我树立了一个榜样。……几十年间用自己的燃烧的心给我照亮道路的还是鲁迅先生。我看得很清楚:在他,写作和生活是一致的,作家和人是一致的,人品和文品是分不开的。他写的全是讲真话的书。他一生探索真理,追求进步。他勇于解剖社会,更勇于解剖自己;他不怕承认错误,更不怕改正错误。"①从这段话我们看出,巴金从鲁迅那里几乎找到了写作《随想录》的所有根据,鲁迅成了巴金晚年道德勇气和战斗精神的"根据地",纵观《随想录》写作过程中的曲曲折折,这一点显得尤为重要。

巴金的一生和他所理解的鲁迅一样,把写作当成生活、战斗,在写作中做人,践行自己的道德理念,追求文品和人品的一致。巴金的道德实践首先体现在写作中。他在晚年以羸弱之躯坚持撰写随想,拖着沉重的笔写出对国家民族的满腹忧思,这种写作行为本身已不能单纯以文学创作看,而更像是出于严格自律的道德实践。他在写作中反思"文革"干预现实,是生活更像是战斗;在叙述中深深地自责、痛苦地自剖、坚持向师友向读者"还债",他追求的是道德人格的完善。

在巴金晚年写作《随想录》过程中,他时时忆起,多次谈到托尔斯泰,把托尔斯泰晚年奉行的"言行一致"作为自己的目标。第6则随想《"毒草病"》是巴金在《随想录》中第一次提到托尔斯泰,以后又有《我的"仓库"》等随想偶然提及。较为集中谈论托尔斯泰是从 116 则随想《关于〈复活〉》开始,有《"创作自由"》、《"再认识托尔斯泰"?》、《卖真货》、《核时代的文学——我们为什么写作?(在第四十七届国际笔会大会上的发言)》、《最后的话》等篇,以及《再思录》中的《向老托尔斯泰学习》和《致树基——〈巴金译文全集〉第五卷代跋》两篇。在《"再认识托尔斯泰"?》中,作者找到了托尔斯泰晚年人格中"言行一致"的特征,他说:"托尔斯泰追求的就是言行的一致。……我不是托尔斯泰的信徒,也不赞成他的无抵抗主义,更没有按照基督教福音书的教义生活下去的打算。他是十九世纪世界文学的高峰。他是十九世纪全世界的良心。他和我有天渊之隔,然而我也在追求他后半生全力追求的目标:说真话,做

---

① 巴金:《怀念鲁迅先生》,《随想录》(合订本)第 400、401 页,生活·读书·新知三联书店 1987 年版。

到言行一致。"①此后,"言行一致"成为《随想录》中频繁出现的关键词。因为《随想录》越是往下写,作者越是感到"讲真话"之难。从"提倡讲真话",到"自己讲真话",到"大家知道讲真话",再到"大家讲真话",最后到"言行一致"是一个漫长的过程,而巴金所能及者只在前两个阶段。他在《卖真货》一文中表达了自己的困惑:"我编印了一本《真话集》,只能说我扯起了真话的大旗,并不是我已经讲了真话,而且一直讲真话。……经过这些年的实践,我懂得讲真话并不容易,而弄清楚真、假之分更加困难。"②对于巴金而言,从提倡讲真话(言)到自己在写作中讲出了真话(行),就可以认为是"言行一致"了,但是从这段话我们看到,他显然认为自己讲得还不够还不透,从而认为自己没有真正做到"言行一致"。在巴金心中还有更高程度的"言行一致",那就是从讲真话到最终将言论变为行动的"言行一致"。在同一篇文章中,作者再次谈到托尔斯泰说:"他给后人树立了一个榜样。他要讲真话,照自己说的做,却引起那么多的纠纷,招来那么大的痛苦,最后不得不离家出走,病死在路上,……我才明白:讲真话需要多么高昂的代价,要有献身的精神,要有放弃一切的决心。"在文章末尾,作者呼吁:"单单讲真话已经不够了,太不够了。"③在这里,巴金试图把讲真话由话语实践层面提高到行为实践层面,"言行一致"成为他"讲真话"主张的自然延伸。

在《无题集》、《再思录》的写作中,巴金不仅一再重申讲真话,而且总要附带强调言行一致。他在《〈无题集〉后记》中说:"我必须用最后的言行证明我不是一个盗名欺世的骗子。"④他在《我要用行动来补写》中说:"一句话,我要用行为来补写我用笔没有写出来

---

① 巴金:《"再认识托尔斯泰"?》,《随想录》(合订本)第722、723页,生活·读书·新知三联书店1987年版。
② 巴金:《卖真货》,《随想录》(合订本)第746页,生活·读书·新知三联书店1987年版。
③ 同上书,第748、751页。
④ 巴金:《〈无题集〉后记》,《随想录》(合订本)第900页,生活·读书·新知三联书店1987年版。

的一切。"在《向老托尔斯泰学习》中说:"他(指托尔斯泰)标榜'心口一致',追求'言行一致'",在《讲真话》中说:"我是什么样子的人,我要用行动来证明。"在《怀念亲友》中说:"他(指吴先忧)不是我的启蒙老师,但是他把我引到言行一致的道路。"在《致树基——〈巴金全集〉第十五卷代跋》中说:"我绝不存心吹牛,究竟讲了多少真话,不妨用五卷书来衡量,用不着我一一指明了。"在《致树基——〈巴金全集〉第十九卷代跋》中说:"我开始用自己的'五卷书'来衡量我的言行。"在《最后的话》中说:"这是俄罗斯大作家给我指出一条路。改变自己的生活,消除言行的矛盾,这就是讲真话。"[①]从以上罗列的引文看,不管巴金是把"言行一致"看成"讲真话"的逻辑延伸,还是组成部分,他在生命的最后阶段都更重视"行"的方面,但必须指出的是,这里的"行"主要是说出真话的话语行为,而不是社会实践。这是因为言行脱节是困扰巴金一生的矛盾,他向往的赞美的生活一直未能成为他的实际生活,就像托尔斯泰一直未能离开他所批判和厌恶的生活和艺术一样,所以在晚年要实现言行一致,消除言行矛盾。此外,巴金力行"言行一致"也有回应对他缺乏道德勇气的指责的用意。对晚年巴金而言,作为一个知识者的话语实践是"行",作为一个公民的道德实践也是"行",所以,他的"言行一致"一方面是提倡说真话和自己说真话的一致,另一方面是对道德自我完善的追求和道德公共性实践的一致。前者在《随想录》里其实已经部分做到了,所以,巴金可以充满自信地以"五卷书"作为衡量自己的标尺。但由于语境的限制,他感到了讲真话之难,甚至感到自己也无法把有些想讲的真话讲出,因此,"言行一致"既是自勉也是向人们提出的新问题,自勉的目的是继续"以笔为旗",深入讲真话,提问的目的是想打破对"讲真话"知难行亦难的尴尬。

巴金晚年之所以对"言行一致"反复言说,因为他感觉到自己遇到了托尔斯泰式的难题。所以,巴金在写作之外还以捐助善款,

[①] 巴金:《再思录》(增补本)第46、50、60、66、111、124、145页,广西师范大学出版社2004年版。

捐献图书、资料,甚至捐出版权的方式来践行自己的道德承诺,进行自己的道德实践。巴金甚至对他人对自己的道德疑问也异常敏感。在随想《幸福》中,巴金记下了1984年去香港中文大学接受荣誉学位时的一件小事:"我始终忘不了某一位朋友提出的一个问题:'你拿着高的稿酬过着优裕的生活,不知你怎样看待你的读者?'可能是我弄错了、记错了,原来的问题也许不是这样,我的女儿小林那天也在场,她就说不是那个意思,而且当时我也不是照那个意思回答问题。但究竟是怎样回答的,散了会当天晚上我便说不清楚了。我记得的只是写在上面的那一句话,它一直折磨着我。"①我们现在已经无法查考问话者的原意和作者当时的回答,但从作者的叙述看,他被自己"记得的"那句话深深触动了,而由另外的一句提问敏感地想到这样的问题上来,从一个侧面说明这一问题早已萦绕在巴金心中。紧接上面的叙述,巴金在文章中否认了高稿酬,但他承认"靠稿费过着比较优裕的生活",并且说"读者养活了作家"。实际上,在巴金看来,他与读者的关系就是"取"与"予"的关系,作家向读者取己所需(物质的、精神的),予读者以"艺术的良心"。在巴金心中,一种取多予少的感觉伴随一生,至晚年尤烈。因此,他对读者总有一种"欠债感","欠债感"不是为追求"交易"的公平,实则是强烈的"道德感",是对"索取与奉献"这一道德等式产生的失衡感。

对《随想录》及其连带文本做整体分析,我们发现,至1984年写作《幸福》之后,巴金的这一道德难题被放到重要的论说位置,一直挥之不去,甚至在给朋友的信中,他也不忘谈及。如十年后的1994年致萧乾信中,他仍在说:"我是这样想:讲真话不一定用笔。我仍在追求,仍在探索。我的目标仍然是言行一致,才可说是把心交给了读者。"②如果说巴金此前谈到他与读者的关系,谈到"欠债"一说,充满的主要是感激,那么在《幸福》之后则主要是道德困

---

① 巴金:《幸福》,《随想录》(合订本)第686页,生活·读书·新知三联书店1987年版。

② 巴金:《致萧乾(1994年1月4日)》,《再思录》(增补本)第225页,广西师范大学出版社2004年版。

惑，并试图在"言行一致"上给予解决。可以这样说，托尔斯泰晚年的道德处境也就是巴金晚年的道德处境，并且两人都希望在"言行一致"上用行动来消除道德上的困惑。托尔斯泰晚年彻底否定了艺术，认为艺术是诱惑和罪恶，他要离开艺术，放弃优裕的生活，最后选择离家出走；巴金虽然没有走上彻底否定文学的路，但他却一直说自己不是文学家，认为人生之外没有文学，巴金最终没有离开写作，他选择在写作中把生命奉献给社会，并且放弃稿酬放弃版权，捐赠所有。托尔斯泰离家出走后抱恨而终，出走对一个八十二岁的老人来说绝不是时下的行为艺术，而是真的道德实践。但是我们要问，他这样做了就能消除内心的道德困惑吗？就能实现道德的自我完善吗？同样，巴金在晚年是否消除了言行的矛盾呢？生命之花是否已然绽放？至少在巴金本人的心中，答案是否定的，他越是努力追求道德的自我完善，就越是感到自我完善的艰难，也就越深陷于个人性的道德危机中。

三 道德追求的个人性与公共性

对个体而言，人世间本没有完善的道德，只有对道德完善境界（生命的开花）的追求，道德实践本身，不管是托尔斯泰的方式还是巴金的方式，就是道德的目的。我想，作为一个追求道德自我完善的人，巴金的道德困惑、言行矛盾直到他去世也没能消除，"欠债感"依然萦心，不能做到"心安理得"，但是，追求道德完善的人，他的生命已经开花，他的生命也已在奉献中产生了长久的意义，道德追求由个人的进而成为公共的。

道德的公共性体现在它是维持人类社会基本生活秩序的伦理规范，与人的社会性（群居性）本能紧密相关，它反映有利于族群繁衍的基本价值取向，并且通过范例、教化、规训、惩戒等等方式在社会生活中传承。每个社会成员必须遵守的，为社会生活正常运转所必需的，具有公共性的道德规范可称为底线道德。在底线道德之外，还存在更高层次的道德规范，这些规范不仅仅要维持基本的正常的社会生活，而且要达成更高程度的善的社会生活。这些道德规范因其指向族群的共同的善和福祉,所以也具有公共性特征,但是在公共性之外,它们还体现出更多个人性特征。高阶道德规范不要求每个社会成员必须遵守,它不具有意识形态的强制性,因此不能靠政治手段强力推行。那些假道德之名,靠政治宣传、组织学习,甚至运动、斗争手段灌输的所谓高阶道德规范实质上不属于道德范畴,而是某种意识形态的变种。将道德理念和意识形态宣传混为一谈,可以说对双方都是伤害,而以对前者影响尤为深远。在高阶道德规范面前,个体享有选择是否践行的权利和自由,因此,践行这些规范往往表现为个体的道德实践(或修养),从而带有个人性。那么,巴金所追求的"生命的开花"显然属于高阶道德规范,也就是他所说的"道德规范的最高目标"。作为个人的道德实践,巴金穷其一生追求"生命的开花",他也渴望一个拥有"共同的善和万人的福祉"的理想社会,但是,巴金却不想以道德的名义强制他人。他坚守道德实践的个人性,但不排斥道德建设的公共性,他联结个人道德实践和公共道德建设的途径,一是"由我做起"的道德垂范,巴金晚年对"言行一致"的不懈追求充分显示了这一点;二是呼唤民族道德良知,传播高阶道德理念。

二十世纪八十年代以来,巴金的道德理念借助文章、书信、题签,在媒体发达的现代社会,传播于广大年轻读者中间。我们也许无法确证年轻读者是否真正理解巴金的理念,也无法准确判断它的接受效果,但是可以肯定的是,它确实有着自己的传播优势:首先,巴金本人对自己的道德理念是一个真诚热情的信仰者;其次,他在生活中奉行这些理念,努力追求道德的最高境界,他的道德实践起到了客观的示范作用;再次,他主张"无私奉献",但不主张强制奉献,他宣扬追求"生命的开花"这样的道德境界,但是更希望人们脚踏实地,从自己的岗位做起,形成岗位意识,他乐于传播自己的道德理念,但也尊重青年的接受意愿,因为他认为对道德境界的追求是源自每个生命的内在要求。此外,巴金的名望、作品的大量印行、现代传媒的介入等也都是他道德理念传布的积极影响因素。因此,比起时下那些有人宣传,无人奉行,专在责人,不知律己的政治化道德把戏,巴金的道德理念、道德实践,以及对于道德理念的传布更具有实际意义。从道德建设的角度来看,巴金晚年的道德实践确实挑战了多年流行的政治化伪道德,这本身就是道德公共性的一种实现形式。

在巴金这里,追求道德的公共性并非意味着推行一种普适伦理,而是寻求对生活的根本介入。1989年,许粤华以老朋友和一个虔诚教徒的身份试图说服巴金皈依宗教(基督教?),次年,巴金在答复许粤华女士的信中说:"我想得到你不满意我不肯伏倒在'主'的面前,向他求救,我甚至不相信他的存在!对,你不能说服我。但是,我不会同你辩论。我尊敬你,因此我也尊敬你的信仰。我愿意受苦,是因为我愿意通过受苦来净化心灵,却不需要谁赐给我幸福。事实上这幸福靠要求是得不到的。正相反,我若能把自己仅有的一点美好的东西献出来,献给别人,我就会得到幸福。……我有我的'主',那就是人民,那就是人类。"[1]此信后公开发表于《文汇月刊》1990年6月号,题为《答黎烈文夫人信》。显然,巴金没有把这封信仅仅看成是一封私人通信,而是把它作为对自己道德理念的重要表白。对待宗教,巴金从1921年十七岁起,就采取否定的态度,他认为宗教束缚思想、阻碍进化、迷信、保守,应该毁灭它。随着阅历的丰富,巴金最终没有成为一个彻底的反宗教者,反而受了基督教的影响。他在1948年致法国神父明兴礼信中说:"《新约·圣经》的译本也给了我一点影响。我喜欢读《新约·福音书》,常常引用那里边的语句。"[2]宗教给予巴金的影响因素是一种类宗教人生观,诸如虔诚信仰,为人类牺牲,通过自苦净化心灵等。其实,这些内容早已存在于巴金的无政府主义信仰当中,所以,与其说宗教影响了他,还不如说他在宗教中找到了与自己的信仰相契合的因素,产生了心灵的共鸣。或者也可以说,在巴金心中,有他自己对宗教教义的筛选和理解。这一点与托尔斯泰的情况很相似,他在作品中宣扬的是自己理解的福音书教义,在托氏晚年东正

---

[1] 巴金:《致许粤华女士》,此处引自《再思录》(增补本)第34页,广西师范大学出版社2004年版。

[2] [法]安必诺:《巴金没有完整发表过的两封信》"附录",《生命的开花——巴金研究集刊卷一》第234页,文汇出版社2005年版。

教会要求他收回对教会的攻击,但他没有屈服,他不愿接受外加的信仰而是坚持了自己的信仰。

从巴金致许粤华信的内容看,他对宗教的看法一生中没有本质的改变,只不过态度由激烈反对而逐渐趋于包容,到晚年虽然表现出对他人宗教信仰自由的充分尊重,但仍然不能认同并接受宗教信仰。巴金的道德信仰诚然与宗教信仰有一些相似之处,但两者的不同点更为显著。与后者相比,它首先重视信仰的实践意义,具有积极介入社会,干预生活的特征;其次,它更强调人的内在道德人格的自我修养,而去除了宗教借助仪式、说教等约束心灵的做法。再次,它虽然也许诺诸如"人类的繁荣与幸福"这样的彼岸想象,但更强调信仰者脚踏实地、自我牺牲,在岗位上奉献社会。因此,有着积极入世观念的巴金更易于接受无政府主义的世界观与伦理学,形成自己的道德信仰,他"不肯伏倒在'主'的面前",实际是拒绝放弃介入现实的立场,他相信幸福不能靠外来恩赐,只能自己争取,而幸福在个人对他人的奉献中。

虽然巴金拒绝皈依宗教,但他却无法去除自己道德信仰中的宗教色彩,这是无政府主义信仰本身具有的特征,也是他接受宗教影响的结果。可以说,巴金的道德信仰是一种准宗教性道德信仰,他追求道德的最高境界,甚至以苦行、牺牲自律。毫无疑问,他的道德理念为其个人或者某些人信仰实行是完全可能的,但作为一种道德理想广布于社会则未免曲高和寡。如果说巴金的道德理念因与八十年代理想主义高扬的社会氛围相吻合而产生了一定的影响力,那么到了九十年代,特别是新世纪以来,整个社会的世俗化特征越来越明显,其影响是否仍会延续呢?整个社会出现"信仰真空"的说法也许危言耸听,但是道德建设确实成了社会问题也是事实。有人可能会说,作为一种道德理想未尝不可以提倡,对于他人而言,"取法乎上仅得其中"可也,有个道德高标作为人生的导引有何不好?但问题是,自九十年代以来,代表精英文化的理想主义越来越受到来自大众文化的挑战,甚至嘲弄、反拨。因此,巴金的道德理想主义必然要遭遇这样的公共性危机。

在这种情况下,巴金会否成为一个让大众仰止但却无意效法的道德偶像？巴金的道德理念及其实践、传播面对经济全球化和信息社会的到来应否成为他一个人的道德"战争"？他是否正在成为一个孤独地与风车作战的唐·吉诃德呢？我认为，这一直都不是巴金自己的问题，而是需要"我们"正视的问题。

周立民

作家不是为了受长官的表扬而写作的

——《随想录》写作背景考察

《随想录》的写作过程，能够看到巴金的个人声音与集体声音的一个剥离过程。对于巴金这样的"公众人物"，这并非是一件轻而易举的事情。首先，尽管思想政治环境已经拥有相当的自由度，但意识形态对人的思想强大的统一性的塑造力量仍然非常强。其次，巴金等人也参与了这种集体声音的铸造，让他们完全从其中剥离，需要的不仅是勇气，还要有清醒的自我反思精神和能力。

巴金并非一开始就是一个无畏的勇者，他也是在一步步完成思想的探索和这个剥离过程的。"文革"后，他写的文章中，还有感谢党中央这样的句子，一段时间中也不乏应制之作。1949年以后三十年，巴金的写作一直配合着官方话语，直到《随想录》才开始慢慢地走上了独立思考的轨道。多少年来，巴金一直将自我隐身在官方话语的背后，1958年的《法斯特悲剧》一文及由此引发的"法斯特事件"便是很好的证明。1958年《文艺报》第八期，有一个醒目的大题目《呸！叛徒法斯特》，据编者按说："美国作家霍华德·法斯特，原是美国共产党党员……他自绝于工人阶级，成了工人阶级的叛徒。……接二连三地向敌人发表声明，肆无忌惮地辱骂共产党，辱骂社会主义，辱骂苏联，充当了帝国主义的代言人。"又说："霍华德·法斯特这个名字，现在成了一个肮脏的字眼。各国工人阶级同声唾弃他：'呸！叛徒法斯特！'"最后编者根据国内形势，认为批法斯特"有助于我国知识分子进一步认识资产阶级个人主义、唯心主义的危险性和危害性，从而坚定他们摆脱这些思想束缚的决心"。《文艺报》为此发表了曹禺、袁水拍等人的文章,他们都以非常严厉的口气批判法斯特,这也是编者所要的效果。巴金也应邀写了《法斯特的悲剧》一文,他本可以按照这个思路写下去,文中也不乏这些套话,问题是巴金比别人多一点的是,他企图从法斯特的角度来理解这件事情,也就是说他还想谈一点自己对法斯特的理解。这不奇怪,巴金关注过法斯特的小说,在1953年11月5日朝鲜战地日记中,他曾留下"晚看法斯特小说很受感动"的记录[①]。不仅如此,巴金与法斯特的小说存在着精神上共鸣的条件,法斯特写过《萨柯与樊塞蒂的受难》的长篇小说(中译本由冯亦代、杜维中合译),主人公是对巴金青年时代产生重要影响并被巴金称作先生的人,可以想见巴金对法斯特的另眼看待。所以,他在文中不是完全地用套话来批判,而是试图理解法斯特的内心,同时,他又结合当时知识分子改造的理论,认为法斯特脱党是因为他心中有个"伟大的自己",从而不能把感情完全融化在群众的感情里面,在文章最后巴金还劝法斯特"回头是岸","这是最后的机会了"。像巴金众多的文章一样,此文也是在别人要求下写的,巴金说:"我推不掉,而且反右斗争当时刚刚结束,我也不敢拒绝接受任务。"为完成任务,他"根据一些借来的资料,照自己的看法,也揣摩别人的心思,勉强写了一篇,交出去了"[②]。问题的关键就在这里,他既"揣摩别人的心思",又要"照自己的看法",也就是说他不希望完全没有自己的写法。这是巴金那个时代写作的痛苦和尴尬之处,在自我与集体之间,他总试图找到一种平衡或转换,但不是时时都能做到,"群众的眼睛是雪亮"的,哪怕仅仅有他可怜的一点点想法。当年《文艺报》第11期上发表了一组质疑巴金观点的读者来信:河北读者邱栖霞认为巴金对法斯特劝告是"多余的希冀",华中师范学院中文系学生谢介龙在《〈法斯特的悲剧〉一文错误》中对巴金说:"你又何必去替这样一个为工人阶级所唾弃的叛徒而惋惜呢!""法斯特并不像您所想象的那么'诚实',一个为了自己个人目的,什么

---

① 巴金1953年11月5日日记,《巴金全集》第25卷第126页。
② 巴金:《〈巴金六十年文选〉代跋》,《巴金全集》第17卷第56页。

卑鄙下流的事都干得出来的人绝对不是一个诚实的人,法斯特也毫无例外。"这种质疑,让巴金感到问题严重,慌忙写信检讨,寄给编辑部,信中说:"读者的意见使我受到了一次教育","我只着眼在一个作家的堕落,却忽略了这是一个共产党员叛徒的重大事件。所以读者们的批评是有理由的。"①后来他解释:"我不甘心认错,但不表态又不行,害怕事情闹大下不了台,弄到身败名裂,甚至家破人亡。所以连忙'下跪求饶',只求平安无事。"②事已至此却并未结束,6月11日,《文汇报》又发表了徐景贤的《法斯特是万人唾弃的叛徒——和巴金再次商榷》,文章显然比几封读者来信更有"理论水平":"现在巴金同志却在文章里抽象地谈论法斯特过去的'诚实',赞美他的作品,歌颂他的战斗史,而不从阶级观点去分析法斯特一贯以来在思想上、立场上的局限性,指明他的世界观的缺陷,其结果是会造成读者对法斯特的模糊认识的。"三天之后,《文汇报》发表了余定的《巴金同志捏造了一贯错误的口号》再次向巴金发难,认为巴金在1957年一次座谈会上所说的"文艺应当交还给人民"是"错误口号",余定认为:"从那口号里我们便可以明了……巴金同志认为现在的文艺不为人民所有,而是为党所有的。""所谓'把文艺还给人民'……一句话,就是要求党不要来过问文艺,要求取消党对文艺的领导和监督。"这完全是断章取义、强词夺理,可这顶大帽谁敢戴啊?巴金吓得惊慌失措,"我这一次真是慌了手足,以为要对我怎样了,不假思索就拿起了笔连忙写了一封给《文艺报》编辑部的信,承认自己的错误,再一次表示愿意接受改造……我并不承认'回头是岸'的说法有什么不对,但是为了保全自己,我只好不说真话,我只好多说假话。"③在这封信里,巴金否定了自己以前的独立思考:"解放以来我写过不少的文章,也说过不少错误的话。""甚至在大鸣大放以前我也发表过一些错误的言论……(我)自以为是一切都是从个人的一点狭隘的见闻或经验出发,为

---

① 巴金《复〈文艺报〉编辑部》的信与读者来信,同刊于1958年《文艺报》第11期。
② 巴金:《〈巴金六十年文选〉代跋》,《巴金全集》第17卷第57页。
③ 同上。

了顾全面子甚至强不知以为知,这早已脱离了政治,丧失了立场了。"在战战兢兢中,巴金一不小心也道出很多心里话:"反对旧的,我自以为还懂得一点,在我过去的作品里,我多少也做过这一类的工作;建设新的,我就不知道应该怎么办了。""文艺战线上两条道路的斗争,经过几次学习我大致也懂得一点,但是碰到实际的问题或具体的作品时,我就把握不住了。""我一直主张文艺为政治服务。所以我一直认为思想领导、政治领导是必需的。""我今后能不能做出一些好事,还要看自己改造得好不好。""我耳边老是有一个声音说:'加紧改造'这是自己心里话,我决心改造自己。"[1]法斯特事件把巴金逼进了死角,"揣摩别人的意思"已经不行了,不但要完全贯彻别人的意思,连语言形式都不容许是你自己的。这是一曲沉痛的悲歌,巴金遭到了来自良知的严重谴责:"今天看来,我写法斯特的'悲剧',其实是在批判我自己。我的'悲剧'是别人把我当作工具,我也甘心作工具。而法斯特呢,他是作家,如此而已。"[2]毫无疑问,《随想录》的写作,是巴金要从这样的写作状态和思想状态中挣脱出来的写作行为,他不想再继续这样的写作。

在巴金与集体话语剥离的过程中,有一篇重要的文章和起推动作用的事件,那就是《随想录》中《"豪言壮语"》一篇和"赵丹遗言"事件。《"豪言壮语"》是《随想录》第二集《探索集》的开篇,在这篇文章的开头,巴金再次重申了他写作《随想录》的用意:"我可以利用的时间不多了,不能随意浪费它们。要讲话就得讲老实话,讲自己的话,哪怕是讲讲自己的毛病也好。有毛病就讲出来,让大家看看、议议,自己改不了就请大家来帮忙。当然别人随便给扣上的帽子,我自己也要摘下。过去没有弄清楚的事,我也想把它讲明白。"这里明白无误地表明,他希望转换语言方式的决心。接下来,他直指一种语言乌托邦的核心:"我当初的确认为为'歌德'可以鼓舞人们前进,多讲成绩可以振奋人心,却没有想到好听的话越讲越

---

[1] 巴金:《给〈文汇报〉编辑部的信》,《巴金全集》第19卷第23、27、24、26、25、28、28页。

[2] 巴金:《〈巴金六十年文选〉代跋》,《巴金全集》第17卷第57页。

多,一旦过了头,就不可收拾;一旦成了习惯,就上了瘾,不说空话,反而日子难过。……无论如何,把梦想代替现实,拿未来当作现在,好话说尽,好梦做全,睁开眼睛,还不是一场大梦!"所以,他宣告要彻底告别这个梦:"梦的确是好梦,但梦醒之后,我反而感到了空虚。现在我才明白:还是少说空话、埋头实干的好。"① 在行动上,给巴金以精神鼓励的是赵丹的"遗嘱",赵丹在"文革"中遭受残酷迫害,在新时期也长期没有排戏的机会,大好年华被浪费,最后徒然在病榻长叹。1980年9月自知病将不起时,他以赤诚之心写下诤言:《管得太具体,文艺没希望》,在这篇文章中,赵丹说:"我只知道,我们有些艺术家——为党的事业忠心耿耿、不屈不挠的艺术家,一听到要'加强党的领导',就会条件反射地发怵。因为,积历次政治运动之经验,每一次加强,就多一次大折腾、横干涉,直至'全面专政'。记忆犹新、犹有特殊的感受。以后可别那样'加强'了。"接下来他直截了当地谈出了自己的心里话:

  我认为:加强或改善党对文艺的领导,是指党对文艺政策的掌握和落实,具体地说,就是党如何坚定不移地贯彻"双百"方针。

  至于对具体文艺创作,党究竟要不要领导?党到底怎么领导?

  ……文艺,是文艺家自己的事,如果党管文艺管得太具体,文艺就没有希望,就完蛋了。"四人帮"管文艺最具体,连演员身上一根腰带、一个补丁都管,管得八亿人民只剩下八个戏,难道还不能从反面激发我们警觉吗?!

  哪个作家是党叫他当作家,就当了作家的?鲁迅、茅盾难道真是听了党的话才写?党叫写啥才写啥?!那么,马克思又是谁叫他写的?……非要管得那么具体,就是自找麻烦,吃力不讨好,就是祸害文艺。

  ……

---

① 巴金:《"豪言壮语"》,《巴金全集》第16卷第143—145页。

文艺创作是最有个性的,文艺创作不能搞举手通过!可以评论、可以批评、可以鼓励、可以叫好。从一个历史年代来说,文艺是不受限制、也限制不了的。

习惯,不是真理。陋习,更不能遵为铁板钉钉的制度。层层把关、审查审不出好作品,古往今来没有一个有生命力的好作品是审查出来的!电影问题,每有争论,我都犯瘾要发言。有时也想管住自己不说。对我,已经没有什么可怕的了。只觉得絮叨得够了,究竟有多少作用?……①

这是一篇在当时非常震动的文章,他说出很多人想说又不敢说的心里话,当然也引起很大的争议,有人甚至说"赵丹临死前还放了个屁"②。巴金在《随想录》中连写三篇文章:《赵丹同志》、《"没有什么可怕的了"》、《究竟属于谁》,后来又在人代会上发言以《多鼓励,少干涉》等呼吁来回应赵丹。在以前谈到文学的作用

---

① 赵丹:《管得太具体,文艺没希望》,《人民日报》1980年10月8日第5版。

② 袁鹰在《"赵丹遗言"的前前后后》中说:"10月初,他(赵丹——引者)的病情已临弥留时刻,但他忽然要爱妻黄宗英向他一直尊敬的主管思想文化战线的领导同志提出,能不能来听一听一个病危人的意见,他怕匆忙间说不清,要宗英先将意见整理好。那位领导同志果然应邀来到医院探视。赵丹躺在病床上,强打起精神,听宗英代他详尽地陈述他考虑很久的意见,时不时地插几句话补充。贵客听得很认真,不住点头赞许,连声说'很对、很重要、很有意义'。临别时还紧握赵丹的手,安慰他安心治疗养病,要宗英代将这些意见写成文章发表。客人走后,宗英打电话告诉我,说已经整理好一篇文章,我当即去北京医院取回立即发排,个别地方同宗英商量后做了些改动……""文艺界人士多数衷心赞赏,阿丹替他们说出了心中积压多年而未能或不敢说出口的话,也有少数人士则摇头表示不同意,认为有些关于党对作家艺术家如何领导的话说得有点出格……一时间议论纷纷,沸沸扬扬,同行相遇,都会提到'赵丹遗言'。我还听到一位前辈文艺家颇有预见性地说:'赵丹那些意见不是没有道理,人民的利益总是要放在第一位。只是他说早了。'""不久,文艺界便盛传据说来自高层领导人的一句批评:'赵丹临死前还放了个屁。'另一个版本更厉害,说赵丹'放了一个反党的屁'。不管是哪个版本,反正是极其严厉而且粗鄙的口吻。这句分量很重的话有如当时的深秋气候,让人顿觉西风瑟瑟,寒意袭来。某些惯于挥鞭打棍子的人,不免故态复萌,仿佛又可以抓到一条大鱼。"见袁鹰《风云侧记——我在人民日报副刊的岁月》第237、241、241页,中国档案出版社2006年10月版。

和"长官意志"的时候,巴金实际上已经谈到过赵丹所表达的意思,这一次与其是在借赵丹的观点来重申一些主张,还不如说是巴金在表明自己的决心,赵丹成为他写作《随想录》面对各种压力时的一个榜样和力量源泉:"我提倡讲真话,倒是他在病榻上树立了一个榜样。""那么让我坦率地承认我同意赵丹同志的遗言:'管得太具体,文艺没希望。'"①赵丹的"遗言"之所以能够引起包括巴金在内的那么多文艺界人士的共鸣,首先他们都是赵丹所批评的那种"左"的文艺政策和文艺管理方式的受害者,身受其害才感触尤深。从此,巴金在与旧有语言剥离的道路上越走越远,决心也越来越坚定②。

检验他的决心的,当然不能靠言论,有两件事情颇为值得关注:

长官点名,不知道有几次,但为的仍是《随想录》。一段时期宣传部门的主管领导的讲话也杀气腾腾:

> 时任中宣部部长王任重曾批评"文艺界某些人自由化倾向严重"。针对周扬同志所说:"《假如我是真的》(话剧)、《在社会档案里》(电影剧本),在台湾即使被拍成电影也没有什么了不起"的话,王任重说:"《骗子》(即《假如我是真的》)、《在社会档案里》已在台湾开拍,这说明什么问题?过去进步作家就因为一篇文章,被国民党抓起来坐牢、杀头,为什么现在有些人写的作品受国民党表扬?这究竟是什么性质的问题?毛主席说的'凡是敌人反对的,我们就要拥护;凡是敌人拥护的,我们就要反对'。这句话我看不要批嘛。"(1981年1月28日)"文艺作品中反映右派、反右倾搞错了,反映冤假错案的内

---

① 巴金:《"没有什么可怕的了"》,《巴金全集》第16卷第254页。
② 对比一下其他作家当时的反应,有助于我们了解巴金对于赵丹遗言的反应激烈程度。柯灵在《悼赵丹》中也表达了对于赵丹遗言感同身受的感觉:"这是他对文艺界最后的赠言,也是他为自己最后完成艺术家形象的重要笔触。"但随之还是谨慎地说:"我不全部赞同这篇文章的论点,但它的主要论点是尖锐的,值得人们深思,是他长期艺术实践的总结。"很显然,私下里身受其苦的艺术家们都会赞同赵丹的看法,但公开表态则要有所保留。

容,前一段写一些是可以理解的,有的也是好的;但今后不宜写得太多。……党是妈妈,不能因为妈妈错打了一巴掌就怨恨党。"王任重还批评《人民日报》第八版(文艺版)"思想路线不端正"。"《太阳与人》(电影)我们看了都不同意上演,反右影片有一定消极作用,今年不要再拍了。""赵丹遗言有原则错误,却被捧为'宝贵的遗言'。"①

张光年在中国作协党组会上的一次讲话中,曾提到过当时中宣部要求展开的一系列批判:"83 年夏天,宣传工作会议的纪要出来后,我读了,为此而提出辞职。其中提到一系列批判题目。一、对形势估计悲观,所以展开一系列批判。1. 人道主义;2. 无为而治;3. 现代派;4. 赵丹遗言;5. 黄山笔会,鼓浪屿会议……"②

上面提到的要批评的这些问题,巴金在《随想录》里几乎都涉及过,有的还不只写了一篇文章,而且他的态度都是非常鲜明:支持探索,支持创新,解放思想,大胆进取。为此,周扬、夏衍、巴金曾被认为是三个搞"自由化"的头子,还有地位更高的老革命公开在中央党校骂巴金:"那个姓巴的最坏!"这些话在当时足以让人惶惶不安啊。巴金并非不清楚这个"形势",他之所以被点名,既不是争权,也不是夺利,更不是什么文坛帮派之争,完全是因为他写了《随想录》,他的朋友们也为他担心,劝他不要写了。也有官员劝他"安度晚年",黄裳在《关于巴金的事情》一文中写到这样的事情:"有一天正在他的病房里坐着时,有一位'大人物'推门而入了。他是来探病的,交换了几句普通的问答以后,大人物说:'我看你还是好好地休息,以后不要再写了。'说完就告辞出去,仿佛特来看病,就是为了说出这两句'忠告'似的。"③

"领导点名"的流言已经传了一阵子,巴金的朋友都很担心,几年后两位朋友还提到此事:"寄来的《随想录》合订本收到,谢谢!

---

① 顾骧:《晚年周扬》,文汇出版社 2003 年 6 月版,第 12—13 页。
② 张光年 1985 年 2 月 6 日在中国作协党组会上的讲话,转引自陈为人《唐达成文坛风雨五十年》,溪流出版社 2005 年版。
③ 黄裳:《关于巴金的事情》,《黄裳文集·珠还卷》第 459 页。

总结性的文章也看了,讲到批判,连我这孤陋寡闻的人也屡次听说,捏着一把汗,想不到斥责文革竟然引起某些人的强烈不满,真是怪事!"①但是,这一次巴金不像五六十年代那样"胆战心惊"、"慌了手足",而是很坦然地表明了自己的态度:"我昨天见到萧乾夫人给朋友的信,她替我担心,颇希望我从此躺下休息,省得再找麻烦。好意可感。我才又想起你的信,可能你也替我担心。其实大半年来我身体已经垮了。活着的日子已经不多了。目前所作所为以及五年计划都是在料理后事,除了写作,还想促成现代文学馆的创办。我一不怕苦,二不怕死,只是热爱社会主义祖国和人民。长官点名,我不会害怕。倘使一经点名,我就垮掉,那算什么作家?点名之说早已传到耳里,我无所谓,据说是在外事工作会上讲的。但后来他又派秘书来找小林谈话,劝我不要相信别人的挑拨。我仍然不在乎。但我更感觉到我必须退休了,不能再混下去。必须把该译的书译出,该写的写出然后死去,那有多好!作家不是为了受长官的表扬而写作的。"②"点名问题几个月前就传过,说法不一,最近又流传起来。有人替我担心,其实我毫不在乎。这应当是最后一次的考验了。这一年多来我身体不好,很少参加活动,写字吃力,但还是写完了两本小书。我哪里有精力和时间去支持什么人?然而我的'随想'可能得罪了谁,才有人一再编造谣言。我不怕什么,也不图什么,反正没有几年可以工作了。"③这次巴金决不如1958年"拔白旗"时那么紧张了,他坚定地表示:"流言相当多,但我无精力管这些事。……目前的确需要冷静地思考,想想过去,也想想将来。批评和创作的关系,也需要认真研究、讨论。我写文章,他出主意,永远写不好。鲁迅先生即使写'遵命文学',也是写他自己的话。"④

"领导点名"与巴金的《随想录》写作有着直接关系,而在"清

---

① 汝龙、文颖1988年3月28日致巴金信,未刊。
② 巴金1981年1月19日致王仰晨信,《巴金书简》第152页。
③ 巴金1981年2月16日致萧乾信,《巴金全集》第24卷第394—395页。
④ 巴金1981年8月20日致罗荪信,《巴金全集》第24卷第130页。

理精神污染"中,巴金的表现也看出了他坚持个人思考的努力。"清理精神污染"与官方领导对于文艺、思想界在新时期的开放过程中,如何坚持主流思想的主导地位、如何吸纳西方的现代派思潮的评估有关,也与对《苦恋》和根据它拍摄的电影《太阳和人》等文艺作品的批评有关①,但直接的导火索则是1983年3月7日周扬在中宣部等部门联合主办的纪念马克思逝世一百周年学术报告会上所作的《关于马克思主义的几个问题的探讨》的报告。该文据说在未经批准的情况下擅自发表于当月16日的《人民日报》上,从而引起关于人道主义与"异化"等问题的进一步争论。该文共分马克思主义是发展的学说、要重视认识论问题、马克思主义与文化批判、马克思主义与人道主义的关系四部分,其中最后一部分争议颇多。从作者本意而言,是期望通过这部分的论述从理论总结十年"文革"等极"左"思潮所带来的教训,纠正以往理论的错误,发展马克思主义学说。作者认为:"过去对人性论、人道主义的错误批判,在理论上和实践上,都带来了严重后果。这个教训必须记取。粉碎'四人帮'后,人们迫切需要恢复人的尊严,提高人的价值,这是对'四人帮'倒行逆施的否定,是完全应该的。""马克思主义是包含着人道主义的。"同时社会主义也存在着"异化"的现象:"在经济建设中,由于我们没有经验,没有认识社会主义建设这个必然王国,过去就干了不少蠢事,到头来是我们自食其果,这就是经济领域的异化。由于民主和法制的不健全,人民的公仆有时会滥用人民赋予的权力,转过来做人民的主人,这就是政治领域的异化,或者叫权力的异化。至于思想领域的异化,最典型的就是个人崇

---

① 对《苦恋》的问题,邓小平在当时即认为:党对思想和文艺战线的领导,"当前更需要注意的问题,我认为是存在着涣散软弱的状态,对错误倾向不敢批评,而一批评有人就说是打棍子"。"不仅文艺界,其他方面也有类似的问题。有些人思想路线不对头,同党唱反调,作风不正派,但是有人很欣赏他们,热心发表他们的文章,这是不正确的。……但是当前的主要问题不在于有这些现象,而在于我们对待这些现象处置无力,存在着涣散软弱的状态。"邓小平《关于思想战线上的问题的谈话》(1981年7月17日),杨扬编《中国新文学大系1976—2000·史料索引卷一》,上海文艺出版社2009年6月版,第40、41页。

拜……"①其实关于人道主义和异化问题,在新时期肇始就已有讨论,但周扬在理论界的影响力不同,使得他的提出所激起的波澜就不同,对他的观点,赞赏者有之,不同意的也很多。把这个问题看作学术问题来讨论的人有之,当作思想理论的原则性问题的人也有之。直到当年10月12日,邓小平在中共十二届三中全会上的讲话,事情才得以定性,清理精神污染的运动也算正式开始。据《邓小平年谱》记载,当年8月底,邓小平"在住地听取胡乔木汇报当前思想领域里的一些情况。在谈话中说:最近看了一些材料,觉得思想界的问题不少,有的问题相当突出。我准备在这次二中全会上讲讲这个问题,……接着,把话题转到所谓'社会主义异化'问题上,指出:有的人说'文化大革命'是异化,其实这是个特殊情况,不是社会主义一定要有'文化大革命'。怎么能把社会主义社会出现的一些不良现象都说成异化呢?"②9月7日,在谈到二中全会讲话的起草时,又谈到:"要讲两个问题,一是整党不要走过场,再加上现在这个题目(指思想战线不要搞精神污染——原注)。……又指出:现在思想战线是一片混乱。青年和人民不知道哪个是对的,哪个是错的。"③9月30日,在同邓力群等谈话中,对于"人道主义和异化问题"及周扬提供的辩护材料,邓小平认为:我看了一位同志送来的马克思讲异化的材料,引的所有的话都是讲的资本主义社会,讲的劳动创造的成果变成压迫自己的力量。所有的话,都在这个范围之内。也怪,怎么搬出这些东西来了,实际上是对马克思主义,对社会主义,对共产主义没信心④。10月12日,在中共十二届二中全会上,"针对理论界、文艺界存在的相当严重的混乱,特别是存在精神污染的现象,强调思想战线不能搞精神污染。指出:精神污染的实质是散布形形色色的资产阶级和其他剥削阶级腐朽没落

---

① 周扬:《关于马克思主义的几个理论问题的探讨》,《人民日报》1983年3月16日。
② 中共中央文献研究室编《邓小平年谱(1975—1997)》,中央文献出版社2004年7月版,第927—928页。
③ 中共中央文献研究室编《邓小平年谱(1975—1997)》第929—930页。
④ 中共中央文献研究室编《邓小平年谱(1975—1997)》第938页。

的思想,散布对于社会主义、共产主义事业和对于共产党领导的不信任情绪。……有一些同志热衷于谈论人的价值、人道主义和所谓'异化',他们的兴趣不在批评资本主义而在批评社会主义。有些同志至今对党提出坚持四项基本原则仍然抱怀疑态度。文艺界的一些人热心于写阴暗的、灰色的,以至胡编乱造、歪曲革命的历史和现实的东西。'一切向钱看'的歪风,在文艺界也传播开来了。因此,必须大力加强党对思想战线的领导,对于造成思想混乱和精神污染的各种严重问题,必须采取坚决严肃认真的态度,一抓到底"[①]。嗣后,中共中央理论刊物《红旗》杂志在1983年第20期就发表《思想战线不能搞精神污染》的思想评论,《人民日报》也于10月31日发表题为《高举社会主义文艺旗帜,坚决防止和清除精神污染》的社论,认为:"防止和清除文艺界的精神污染,是摆在广大文艺工作者面前的一项迫切的任务。"并列举了近年来文艺界精神污染的现象:

> 文艺创作在描写和培养社会主义新人方面所付出的努力和取得的成果,同党和人民的要求还有相当的差距;有的人甚至从根本上否定塑造艺术典型的必要性,把什么"三无"(无主题,无情节,无人物)作为创作方向加以提倡;有的公开反对文艺的民族化,主张抛弃民族传统。有些人对社会主义事业中需要解决的问题,很少站在党的革命的积极的立场上,提高群众的认识,激发群众的热情,坚定群众的信心,相反,他们热衷于写阴暗的、灰色的,以至胡编乱造、歪曲革命历史和现实的东西。有些人大肆鼓吹西方的所谓"现代派"思潮,宣扬所谓"新的美学原则"的"崛起",提倡什么"反理性主义",认为文艺创作无需正确理论的指导,无须深入群众的生活,只要凭"潜意识"、"下意识"铺陈成篇就可以了;有的人宣扬文学艺术的最高目的就是"表现自我";或者宣扬抽象的人性论、人道主义,认为所谓社会主义条件下人的异化应当成为创作的主题;

---

① 中共中央文献研究室编《邓小平年谱(1975—1997)》第940页。

个别作品还宣传色情或宗教。……对于这些思想混乱和精神污染表现,我们必须在四项基本原则的指导下,认真加以解决。①

首都的各报刊也都发表了相应的言论。11月初,中宣部召开了首都部分理论工作者座谈会;11月底,在全国文化厅局长会议和全国广播电视宣传工作会议上清污也是讨论的重点;11月4日中国作协党组召开座谈会;11月10日中国文联分别召开座谈会,周扬、阳翰生、林默涵、曹禺等都发言表态……在这种情形下,周扬接受部分人建议,顾全大局通过新华社采访的方式,发表实质上是检讨的谈话。

作为理论思想战线的战士,应当以极大的热情宣传各条战线的新气象,研究和回答实践中提出来的现实问题和理论问题,鼓舞广大人民群众建设祖国,实现四化的信心。可是,在今年3月份纪念马克思逝世一百周年学术报告会上,我发表的长篇文章中却提出了"异化"这个概念来探讨。"异化"问题是个比较复杂的需要探讨的问题,国内外许多学者关于这个问题有大量的论述。正确地认识这个问题,要有一个过程,才能完整地、准确地坚持马克思主义的观点,肃清资产阶级观点的不良影响。但是,我在当时那种郑重场合,以那种潦草的形式提出问题,就不够虚心谨慎了。特别是在一些负责理论宣传工作的同志提出不同意见之后,还固执己见,这就更加不妥。现在冷静地看,文章本身确有缺点。……考虑到我在文艺理论界的影响,我深感有负党和人民的委托。

对于资产阶级的人道主义思想以及人道主义者,我们要做具体分析,因为在不同的历史条件下,这些思想和思想家的作用有所不同。至于资产阶级政客所讲的人道主义,不过是鳄鱼的眼泪罢了。

---

① 《人民日报》社论:《高举社会主义文艺旗帜 坚决防止和清除精神污染》,《人民日报》1983年10月31日。

在谈话中，周扬说，根本问题在于他对近年来的形势估计不正确。从党的发展和自己的亲身经历，他深感"左"的倾向给革命事业带来的严重危害性，而没有多考虑对开放以后的外来资产阶级思想的严重影响，因此，总结历史经验不够全面。脑子里只注重反"左"，忽视了反对右的倾向。对理论界、文艺界大量精神污染现象，既缺乏了解，又缺乏研究，对精神污染所造成的严重后果更是估计不足。所以轻率地，不慎重地发表了那样一篇有缺点、错误的文章。这是一个深刻的教训。①

1984年1月3日，胡乔木在中共中央党校上做了《关于人道主义和异化》的讲话，后来整理发表，邓小平在与薄一波谈到这篇文章时说："前一段清除精神污染是完全必要的，看来镇住了，把文艺界、思想界的一些人的气势压下去了。人道主义、异化问题一时间闹得厉害，我说过，他们实际上是搞自由化，现在这样就可以了。"②这种情势下，很多呼应者的表现耐人寻味：

中共中央政治局委员、中央党校校长王震，"就防止和清除精神污染问题，讲了三点意见：第一，要清醒地认识当前思想理论战线的形势，勇敢地、旗帜鲜明地站在反对资产阶级自由化斗争的前列。我们决不能因为过去在思想理论战线上有过'左'的错误，而畏首畏尾，放松以致放弃对精神污染的批评斗争。……第二，要建立一支坚强的马克思主义的理论队伍。……第三，发扬理论联系实际的革命学风，把科学社会主义的理论同我国建设社会主义的实践密切结合起来，并普及到全体人民中间去"③。

彭真在向党外人士解释清除精神污染："要清除精神污染，是不是党的'双百'方针变了？不是。'双百'方针是为了繁荣社会主

---

① 新华社北京11月5日电《周扬同志对新华社记者发表谈话 拥护整党决定和清除精神污染的决策》，《人民日报》1983年11月6日。

② 中共中央文献研究室编《邓小平年谱（1975—1997）》第965页。

③ 许维旭：《王震在中国科学社会主义学会成立大会上指出：清醒认识当前思想理论战线形势 坚决防止和清除各种精神污染》，《人民日报》1983年10月24日。

义事业,这是前提;有人把'双百'方针曲解为自由主义的方针,那是错误的。"①

臧克家——"他拿出一封某厂团干部写给他的信,念给记者听。信中讲了青年工人受精神污染的情况,希望诗人写文章进行正确的批评和引导。""臧克家说,……有的人盲目崇拜西方资产阶级腐朽没落的东西,像有的诗作朦朦胧胧、古古怪怪,令人咬碎牙齿,不得其味。他们笔下的东西不为广大人民群众所喜闻乐见。"②

欧阳山——"著名作家、广东省文联主席欧阳山最近对新华社记者说,当前文艺界资产阶级自由化是以'现代派'思潮为代表。为了解决这个问题,文艺界要加强文艺理论和文艺批评工作,开展两条战线的斗争,以促进文学艺术的进一步繁荣。""目前文艺界对有些问题还没有展开充分的讨论。例如,广东对长篇小说《人啊,人!》的讨论就搞得不大好。这部书不是一本好书。"③

艾青——"艾青认为,政治倾向不好的作品之所以能够发表,文艺刊物的编辑负有责任。""艾青对诗歌界的污秽早就表示不满,他曾发表《从'朦胧诗'谈起》一文,提出尖锐而中肯的批评。他对记者说,有的人把不为广大群众所接受的所谓朦胧诗捧上了天,把搞西方'现代派',表现'自我',否定我国诗歌的优秀传统等乌七八糟的东西,都称之为'崛起的诗群',在诗坛上产生了很坏的影响。""他建议,结合清除精神污染,对一些文艺刊物进行整顿。"④

丁玲认为:新时期文坛空前繁荣,"但是,我们的文坛还存在支流。这些支流散发着臭气,污染社会,毒害青少年"。她列举了一些青年作家中不好的现象:

---

① 《向党外朋友传达二中全会精神 就整党等问题听取意见》,《人民日报》1983年10月24日。
② 《臧克家认为:中央提出精神污染非常及时 文艺工作者要站在斗争前列》,《人民日报》1983年10月30日。
③ 新华社广州10月31日电《欧阳山谈当前文艺界资产阶级自由化问题 "现代派"思潮是一种错误倾向》,《人民日报》1983年11月1日。
④ 《艾青批评文艺界不良倾向时说:文艺刊物应该是建设精神文明的阵地》,《人民日报》1983年11月2日。

有的人对党、对马列主义和毛泽东思想表示冷淡,对社会主义丧失信心。个别人叫嚷:"党不要管文艺,党管得越具体,越坏事。"他们主张"无为而治",宣扬文艺作品应该远离政治,越没有政治性、没有思想性,艺术性越高。有些同志对资本主义社会的本质没有正确认识,盲目地推崇西方,向往西方,对比之下对今天的社会现实,感到不满,认为过去的革命文学只是歌功颂德,不可相信。有的人对过去的文学表现手法,认为有太多的教条、概念、简单、呆板。他们急于探索,追求创新。在琳琅满目、眼花缭乱的市场上,有的人比较清醒,在创作上的确有所创新;但有的人却把鱼目当珍珠,把垃圾当时髦,在作品或言论中散发着腐朽的臭气。

……学习人家现代派,作品不需要主题,不需要人物,不需要典型,不需要时代感,只要表现"自我",表现我的心灵,才有美感。……①

胡风提到"现代派"、"朦胧诗"等现象,认为:"有污染,就得消除它……"同时也告诫,不要粗暴地以"运动"的方式对待,而应该在"双百"方针指导下进行,在清除污染的同时,也要让读者"得到健康的真善美的精神食粮"②。

张笑天的文字,显然是一篇公开的检讨:"一个时期以来,我以教育者自居,创作的一帆风顺使得自己日渐骄傲,明显地放松了世

---

① 丁玲:《认真学习、开展批评、整顿文坛、繁荣创作》,《丁玲全集》第8卷,河北人民出版社2001年12月版,第378—379页。此文是根据作者接受新华社记者郭玲春的采访谈话整理和增补而成,采访稿刊于1983年10月31日《人民日报》。采访稿中丁玲批评当时混乱的文艺现象时,还有这样的话:"还有其他一些迹象,如剧场里传出靡靡之音,会博得一片喝彩,听严肃的歌曲,掌声寥寥,甚至唱'没有共产党就没有新中国',竟有人发出笑声。"丁玲等老作家因为发表了这样的谈话,当时曾被人称为"四条棍子":"夏天我到福州,有人告诉我说,这里听到北京有人说,你们是四条棍子(指的是我与艾青、臧克家和欧阳山)。我想来想去,不就是在清理精神污染时新华社记者采访了我们这几个人,说了那么几句话吗?"(丁玲《在中宣部一次文艺座谈会上的发言》,《丁玲全集》第8卷,第439—440页。)

② 胡风:《加强批评和自我批评》,《人民日报》1983年11月21日。

界观的改造。所以当外来的各种错误思潮泛滥时,我丧失了抵御能力,那些'人性'、'人性复归'、'人的价值'以及'异化'等等口号,都诱使我在这方面寻求'突破'……""吃一堑长一智,我应很好地吸取教训,永远牢记,第一是党员,第二是作家,而不是相反。"①

但是,接受了"文革"的教训,当时的中共中央总书记胡耀邦一直注意控制着这个运动的范围,生怕挫伤了知识分子的积极性,1984年3月18日在会见日中友好议员联盟访华团时,他表示:反对精神污染是邓小平同志提出来的,主要是指思想战线上的问题,指我们的同志在宣传、广播和文艺工作中不能搞精神污染。但后来在宣传中走了样,出现了扩大化,提出要清除精神污染。现在我们已经不用这个提法了,而是提建设社会主义精神文明。1984年12月20日在中央书记处的工作会议上,胡耀邦再次表示:小平同志提出这个问题是完全正确的。后来,由于我们自己的失误,工作出了漏洞,一是扩大化,把范围扩大到社会上去了;二是把"不能搞"弄成了"要清除"了;三是一哄而上,造声势。后来我们发现了就较早刹了车。这个问题以后不提了,根本不提了②。其实对于清理精神污染,在当时意见就不一,有人认为是扩大化,有人认为没有推进下去、太"软"③,到后来反对资产阶级自由化的时候再次被提起。但在当时,风声鹤唳与一些人的蠢蠢欲动却是不争的事实。贾植芳的日记可以提供出一些旁证:

> 这几天,报上,街谈巷议中,都谈反右问题——反资产阶级自由化和清除精神污染问题。(1983年10月27日,《早春三年日记》,第223页)

---

① 张笑天:《永远不忘社会主义作家的责任》,《人民日报》1984年1月9日。

② 转引自邓力群:《邓力群自述:十二个春秋(1975—1987)》,香港大风出版社2006年3月版,第316、320—321页。

③ 邓力群在其自述中说:"胡耀邦同志没经书记处会议讨论,没向胡乔木、邓力群打招呼,更没有报告邓小平同志和政治局常委,到12月底,就在全国叫停了。这个事就没继续下去,就是后来所说的只搞28天,究竟这28天从哪天算起,搞到哪天,我也搞不清楚。"(邓力群:《邓力群自述:十二个春秋(1975—1987)》,第310页。)

晚王锡全来,他自成都开郭沫若会才回来,据说,那里反精神污染连《安娜·卡列尼娜》、《约翰·克里斯朵夫》等外国文学作品都列为污染范围,加以封存,川大原来晚间播送贝多芬音乐,现在也停播了,校宣传部长说:中国音乐很多,何必播外国的? 如此等等,造成学生思想混乱,而在新华书店封存外国文学书前,学生抢购外国作品,等等,简直是第二次"文化大革命"的表现,听说本校也有人提出恢复"样板戏"的,那就更"左"得可爱了。(1983年12月1日,上书第234页)

夜读《文艺界通讯》(1983.8),知道一些文艺行情。据说,此次反精神污染中,领导给干部作报告,听报告的人把"异化"误记成"僵化",因为他们事先并未听过这个名词,所以把批判"异化"当成批判"僵化"而感到惊异,用这样的人领导意识形态的斗争,只能制造冤假错案,由正确走向反面,历史的经验值得温习。(1983年12月2日,该书第234—235页)

报载,彭真在人大常委会讲话,关于精神污染问题暂不作决定,说明这次掀起的运动,已无疾而终。但是闹了一阵子,一些坏人已经熙熙攘攘,卷起袖子重操旧业——趁火打劫,想趁机再捞一票,这是些商人兼流氓式的人物,也是历次政治运动的产品——害虫,有的地方,甚至把《红楼梦》、《安娜·卡列尼娜》都列入污染范围了,好像历史再次进入"样板戏"时代。

原来提倡"忘记过去"就是为了卷土重来,不能接受历史教训的人们,必须受到历史教训,但是那就迟了,悲夫!(1983年12月9日,上书第237页)

多少年来,有一帮人就是利用各种运动谋私利,无所不为,事情就坏在这帮以"正面人物"形象出现的歪人手里,这几年没搞运动,他们快"失望"了,此次反"精神污染"一来,他们又纷纷出洞抢劫,图财害命了。(1983年12月31日,上书第243页)[1]

---

[1] 贾植芳:《早春三年日记》(1982—1984),大象出版社2005年4月版。

这里显示的是一个知识分子对于"清污"的反映,有些极端的例子出于"耳闻",但并非是编造,因为从中央领导人在当时的讲话中可以看出,"清污"中出现的一些过火的地方,否则他们就用不着苦口婆心地在讲"界限"的问题了。1983年12月14日,胡耀邦与秦川、穆青、吴冷西等谈话,后经整理发表在12月23日《宣传动态》上,其中谈到"清污",他讲了要注意八个问题,从这八个问题中已经看出"清污"中扩大化的问题:

> 清除精神污染还要继续搞下去,但要防止两种干扰。一种是"左"的思想干扰,一种是封建思想的干扰。这两种思想容易使清除精神污染扩大化。因此,要注意八个问题:第一,不要干涉人家的穿衣打扮,不要用"奇装异服"一词。第二,歌曲方面,我们提倡有革命内容的歌曲,提倡昂扬向上的歌曲。对不是淫秽的,不是色情的,没有害处的抒情歌曲及轻音乐,不要禁止。第三,文学方面,所有世界公认的名著不能封闭。……即使有点色情描写也不要紧。我们要禁止的是专门描写性生活的作品。第四,电影、戏剧、舞蹈、曲艺、杂技等,凡是中央没有明令禁止的都可以演,不能滥禁乱砍。第五,节假日中,应允许青年人跳集体舞、少数民族舞。第六,对绘画、雕塑,不能禁止表现人体美的作品。第七,要在初中、高中开设生理卫生课,讲生理卫生知识。第八,是从正面提出加强两个文明建设。①

胡耀邦在当时的讲话可以从另外一个方面证明,当时的确有借机搞运动的想法和极"左"思潮死灰复燃的可能。巴金也是有过"文革"伤痛记忆的人,对于社会上的一些做法会不由自主地感觉到"文革"阴魂不散。所以在《随想录》中对此有过敏感而明确的认识:

> "不会再有这样的事了,还是揩干眼泪向前看吧。"朋友们这样地安慰我、鼓励我。我将信将疑,心里想:等着瞧吧,一直

---

① 转引自邓力群:《邓力群自述:十二个春秋(1975—1987)》第311页。

等到宣传"清除精神污染"的时候。

＞那一阵子我刚刚住进医院。……我入院不几天，空气就紧张起来，收音机每天报告某省市领导干部对"清污"问题发表意见；在荧光屏上文艺家轮流向观众表示清除污染的决心。听说在部队里战士们交出和女同志一起拍摄的照片，不论是同亲属还是同朋友；又听说在首都机关传达室里准备了大堆牛皮筋，让长发女人扎好辫子才允许进去。我外表相当镇静，每晚回到病房却总要回忆一九六六年"文革"发动时的一些情况，我不能不感觉到大风暴已经逼近，大灾难又要到来。我并无畏惧，对自己几根老骨头也毫无留恋，但是我想不通：难道真的必须再搞一次"文革"把中华民族推向万劫不复的深渊？仍然没有人给我一个明确的回答。小道消息越来越多。我仿佛看见一把大扫帚在面前扫着，扫着。①

许多人和巴金一样，都心有余悸，但这样的运动来了，仍然不忘跟着形势做出表态。对此，巴金沉默着。表面上看，巴金没有直接参与这样的讨论，甚至不注意《随想录》背后思想背景的人，看不出巴金在这过程中发表过什么言论。细读《随想录》会发现一篇很特别的文章，那就是"随想录"第一一六篇《关于〈复活〉》，固然，巴金比较喜欢托尔斯泰，《随想录》中还有一篇为托尔斯泰辩护的文章（《"再认识托尔斯泰"？》），但那是有人挑起现实的话题，巴金针对有感而写的。而《关于〈复活〉》，起首是："病中，有时我感到寂寞，无法排遣，只好求救于书本。可是捧着书总觉得十分沉重，勉强念了一页就疲乏不堪，一本《托尔斯泰：人、作家和改革者》念了大半年还不到一半……"②似乎与现实无关，全篇引证了很多材料，所谈无非是《复活》在托尔斯泰生前身后所遭受的删改命运，全文的结尾有卒章显志的味道："以上的引文、回忆和叙述只想说明一件事情：像托尔斯泰那样大作家的作品，像《复活》那样的不朽名著，都曾经被审查官删削得不像样子。这在当时是寻常的事情，

---

① 巴金：《"文革"博物馆》，《巴金全集》第16卷第690—691页。
② 巴金：《关于〈复活〉》，《巴金全集》第16卷第545页。

《复活》还受到各国审查制度的'围剿'。但是任何一位审查官也没有能够改变作品的本来面目。《复活》还是托尔斯泰的《复活》。今天在苏联,在全世界发行的《复活》,都是未经删削的完全本。"[1]但是,巴金这段时间没有什么文章或书被删啊!显然不是谈自己,而看此文的前后文章,要么回忆往事,要么谈论自己病中情况,都是《随想录》惯常的写作路数,独独冒出一篇谈书的,巴金不是学问家,似乎这样的情况不多。然而,看篇后所署的写作时间:"一九八三年十一月二十日。"如果你熟悉清理精神污染运动的过程和背景,不禁恍然大悟:那正是这个运动热火朝天很多人纷纷出来表态的时候。巴金借谈《复活》表达了完全不同的态度,他在质疑某些不恰当的做法,也在呼吁一种宽松的文艺政策,更重要的是:他以自己的方式在自己的轨道上表达了一个坚定的观点。我认为这本身也是他与官方话语剥离的表现——他不再做吹鼓手,什么事情都出来表态;哪怕表示反对意见,他也选择自己的方式。在新时期的思想解放运动中,知识分子与官方曾一度并肩向极"左"思潮发起了攻击,他们共同推动了思想活跃的局面的出现。当这种鲜活的局面出现之后,知识分子以极大的热情和无比的兴奋继续向前走,而此时官方已经完成了对于政治上束缚它的意识形态的更换工作,那么他们对知识分子不无担心,觉得就有划定界限的必要。这在一定程度上让兴奋的知识分子突然有撞到一堵看不见的墙的感觉。此时,当初形成的合力开始分化,知识分子的内部也开始分化,我认为这个过程从对于《苦恋》的批判开始,到清理精神污染时已经完成,经由 1987 年至 1989 年到达了顶点。新时期思想解放的活跃与"左"倾思潮的顽固以及政治上的阴晴不定,构成了《随想录》创作的背景。

  清理精神污染时,《随想录》已经写下了一百多篇,结集出版三本,逐步在知识界产生影响。黄裳当时给朋友的信上说:"巴公最近又写了几篇《探索》,还是非常解放,甚可佩服。"[2]在"清污"和反

---

[1] 巴金:《关于〈复活〉》,《巴金全集》第 16 卷第 548 页。
[2] 黄裳 1980 年 3 月 26 日致杨苡信,《来燕榭书札》第 66 页,大象出版社 2004 年 1 月版。

自由化的过程中,巴金屡次遭受明的或暗的批评,《随想录》因为异端性也是不被人欢迎。但这些恰恰从另一面证明了,新时期巴金的写作已经自觉地与官方话语做出了剥离。巴金曾回忆:"绝没有想到《随想录》在《大公报》上连载不到十几篇,就有各种各类叽叽喳喳传到我的耳里。有人扬言我在香港发表文章犯了错误;朋友从北京来信说是上海要对我进行批评;还有人在某种场合宣传我坚持'不同政见'。……"①还有人把周扬、夏衍、巴金列为三个"自由化头子"。有一篇回忆文章曾这样写道:

> 有关人事处理记得两件事。一件是,讨论到有关问题,胡乔木发言,声色俱厉地说道:周扬、夏衍、巴金是三个自由化头子(听说王震在中央党校也骂过"那个姓巴的……")。当时大家都不搭腔,也就过去了。耀邦能保护好巴金,却保护不了周扬。②

(四)清除精神污染问题。胡乔木、邓力群二人一直反对周扬、夏衍和巴金,认为他们三人是搞"自由化"头头,影响太大。我一直顶住。认为三个人决不能整。(大家知道:这二位"左王"是怎样利用所谓"异化"问题整周扬和王若水的。邓后来被这二位说动了,于是十二届全会发难:清除精神污染。)我曾批评过王兆国不该发言:"你又不知道周扬的历史情况,发这个言干什么。"乔木还拟了个文件,全国发下去,要人人过关做检查。我于是给乔木打电话:不能这么搞了,并且将原件退了回去(这也说明,耀邦胸无城府,从无抓人家小辫子的习惯,并不把这样的文件留在手里)。当时邓力群气势汹汹,逼得《人民日报》、新华社都发表文章:《向精神污染作斗争》。由于我和紫阳联手抵制,其他书记处成员都不赞成,大家知道,这场类似"文革"的"清污"运动,只搞了二十八天,停止了下来。赵紫阳在人代会讲到,此事中央有责任。但是胡乔木、邓力群

---

① 巴金:《合订本新记》,《巴金全集》第16卷第Ⅶ页。
② 李锐:《耀邦去世前的谈话》,《怀念耀邦》第四集第282页,香港亚太国际出版有限公司2001年10月版。

二人一直对此不满,耿耿于怀,于是接着搞"反对资产阶级自由化"。我访问日本时,日本记者故意提问"清污"问题,于是我回答:"日本军国主义是最大的精神污染。"耀邦说:"他们两位总是要在文艺界挑起争端。如批白桦的问题,《解放军报》的文章,幸亏乔木也不大赞成,否则我顶不住。"①

九日。到人大小礼堂,参加"华夏研究院"成立大会,颇为隆重,避免讲话。遇胡绩伟、于光远、苏绍智等。说点了一串名字,王震还点了巴金。②

巴金在《随想录》中的坚持,除了引得领导点名之外,在现实生活中也感受到了步步紧逼的压力:1984年上海文联换届,巴金不再担任文联主席,理由是年纪大了。可是,新换上的主席居然比巴老还大一岁,当时很多人为巴金抱不平,认为不应该这样对待他。在病中的叶圣陶先生曾写信给柯灵说:"上海文艺界情形略有所闻,某些人之行为与旧戏剧界之帮派行为无异。排斥巴公,绝对不得人心,而若辈竟为之。您之愤慨不平,不徒因与巴公友好,亦由于为文艺界之趋于下流生气,主要之点则希望文艺界共趋于正派,认真写出好作品,为提高精神文明作贡献,为中国新文学增加分量……不过为巴公着想,不当作协主席也好,免得开会时要准备讲稿,平时也不免要过问些杂务。"③其实在那几年中,巴金所要坚持的就是坚持写《随想录》,坚决捍卫讲真话的权利,其他则以自己的方式表示抗议。据张光年的日记,1983年3月22日,"吴泰昌傍晚来。他下午由沪飞回,巴金让他带话给我:巴年已八十,考虑退出文艺界。二、希望促成文学馆工作"。4月30日,"下午,去北小街46号看夏衍同志,听他谈巴金近况,嘱(我)劝巴宽心些、超脱些,谈约一小时。剩下一点时间,又去周扬家谈半小时,他的意见大致

---

① 李锐:《耀邦去世前的谈话》,《怀念耀邦》第四集,此系1989年4月5日李锐与胡耀邦谈话的内容之一部分。
② 李锐1987年1月8日日记,《耀邦去世前的谈话》,《怀念耀邦》第四集。
③ 叶圣陶1984年10月12日致柯灵信,转录自柯灵《致〈新文学史料〉编辑部》,《柯灵文集》第3卷第266页,文汇出版社2001年7月版。

相同"。5月6日,"李子云要求今上午同我单独谈谈巴老情况。上午9时,吴强陪她来了。她谈到巴老因京沪传言引起的不快。这些,大部分是夏衍同志谈过的。""下午4时,吴强、泰昌同志陪我到华东医院看望巴金同志。……我谈了周(扬)文风波无大碍,请他宽心;谈了文学馆在加紧修建,以及召开作协'四大'的设想。"5月16日,"上午偕泰昌访巴金同志,应邀在二楼书房谈二小时。他十分关心文艺界团结,希望在'批判'、'讨论'时多考虑一下"[1]。5月18日,"胡(立教)热情好客,谈时豪爽鲜明,表示尊重巴金,过去市委不够尊重"[2]。

一切都没有阻挡巴金的脚步,《随想录》的探索在不断深入,这一次真的与以往不一样,巴金表现出一往无前的勇气。比如,当某些人大谈资产阶级腐朽没落思想的时候,巴金却一方面呼吁"多印几本西方文学名著",批评那种闭关锁国的愚民政策。"有人不同意,认为中国人何必读西方的作品,何况它们大多数都是'封、资、修'?这就是'四人帮'的看法。他们在自己的四周画了一个圈圈,把圈圈外面的一切完全涂掉、一笔抹杀,仿佛全世界就只有他们。'没有错,老子天下第一!'把外来的宾客都看作来朝贡的,拿自己编造的东西当成宝贝塞给别人。他们搞愚民政策,首先就使自己出丑。"在改革开放之初,西方思潮大量涌入之时,有人担心"西方化"问题,巴金用更开放的姿态来回应:"至于西方化的问题,我不大明白您指的是哪一方面。我们在谈论文学作品,在这方面我还看不出什么'西方化'的危机。……今天可能有一些作家在探索使

---

[1] 张光年在日记中没有详论与巴金交谈内容,但与文艺界的保守派与自由派的冲突有关。吴泰昌在《我亲历的巴金往事》中记述:"一天上午,上海市作协党组书记吴强陪光年同志到巴老家。他们先在客厅里稍坐片刻,光年同志表示他有话要和巴老单独谈,巴老就请光年同志上二楼书房。""巴老与光年同志这次交谈的内容,我至今都不清楚。我猜想,是否与3月巴老转告光年同志的两点意见内容有关?"(吴泰昌:《我亲历的巴金往事》,生活·读书·新知三联书店2010年8月版,第122页)如果吴泰昌的推断正确的话,那么张光年的谈话则触动巴金继续担任中国作协主席。

[2] 以上引自张光年《文坛回春纪事》第436、446、447、452、453页,海天出版社1998年9月版。

用新的形式或新的表现手法,他们有创新的权利。他们或成功或失败,读者是最好的评论员。作家因为创新而遭受长期迫害的日子已经一去不复返了。一部作品发表以后就成为社会的东西,好的流传后世,不好的自行消亡。不论来自东方或者西方,它属于人类,任何人都有权受它的影响,从它得到益处。现在不再是'四人帮'闭关自守、与世隔绝的时代了。交通发达,距离缩短,东西方文化交流日益频繁,互相影响,互相受益。总会有一些改变。即使来一个文化大竞赛,也不必害怕'你化我、我化你'的危险,因此我不在信里谈克服所谓'西方化倾向'的问题了。"①与很多老作家批评形式探索、西方化完全不同的是,巴金一直在鼓励文学上的探索,也鼓励文学的开放性。尤其是对青年作家从来都是鼓励有加,在同一篇文章中,他是这样评论新时期的作家和作品的:"这里有生活,有革命,也有文学;而且还有作家们的辛勤劳动和独立思考。作家们各有各的风格,各人反映自己熟悉的生活,写自己了解的人物,生活多种多样,人物也有不同的光彩。……那许多经过十年'文革'的磨练,能够用独立思考、愿意忠实地反映生活的作家,一定会写出更多、更好、更深刻的作品。……认真的作家是阻力所难不倒的。"②巴金的思想之开放,使得一些老朋友也不为理解,他们觉得巴金为别人所利用,才有这样的言行,岂不知巴金正是要从他们那一辈人集体的声音中剥离出来,走自己的路。黄源在1987年反对自由化前后,给楼适夷的信中,就曾代为巴金解释:"巴老是真诚、热心的作者,鲁迅对他的评价是公正而深刻的。他是真诚地拥护鲁迅的。当时我们奔走于鲁、巴之间,现在有人利用他,是别有用心的。我和他虽是至交,但也不能直说,在我来讲是很苦痛的。"③楼信不见,但显然他表达了对巴金的极度不满,以至一年后,黄再次借梁漱溟提出的"雅量"问题,再次劝楼"对巴金也是个雅量

---

① 巴金:《一封回信》,《巴金全集》第16卷第454—455页。
② 巴金:《一封回信》,《巴金全集》第16卷第453—454页。
③ 黄源1987年3月25日致巴金,《黄源文集》第7卷第305页,上海文艺出版社2009年1月版。

问题"①。巴金这样经历过风风雨雨的人，怎么会轻易就被人"利用"，这倒反证出巴金与一些老作家观念差别之大而已。

　　巴金的上述言论，还有一个前因后果。前因那就是对于现代派问题的讨论，当时在国内影响很大，后果是那些提倡现代派的观点后来都被视为"污染"之列。巴金在这样的背景下发言，当时的反响可以从李子云怀念冯牧的文章中找到：

　　　　那是1982年下半年，高行健出版了一本题为《现代小说技巧初探》的小册子。当时对外开放不久，现代派文学作品刚刚被引进，对于文学界内外都是十分新鲜的事物。高行健的小册子引起了几位作家的讨论。冯骥才、李陀、刘心武送来一组以连环套的通信方式进行探讨的文章。……当时我主持《上海文学》理论版面的工作，想以此为始引发一场讨论。在刊登这组文章的那期刊物出印刷厂那天，一清早我刚到办公室就接到了冯牧同志电话，他以不容别人置喙的滔滔声势命令我撤掉这组文章。……他说：你知道吗？现在这个问题很敏感，你集中讨论，会引起麻烦的。我也知道当时有些人视现代派为洪水猛兽，将"鼓吹"现代派定为一大罪名。……他真的勃然大怒了，叱责我说：你怎么承担得了这个责任！接着他就滔滔不绝地分析当时的形势，说明事态是如何严峻，可能一触即发。……

　　　　事情后来的发展证明了他的忧虑不是空穴来风。刊物发出后，立即就有人说这是为"现代派"试探风向的三只小风筝。正巧不久之后我们发表了巴金先生致瑞士作家马德兰·桑契

---

①　黄源1988年12月5日致巴金，《黄源文集》第7卷第325页。楼适夷与巴金在"文革"后期尚有书信往来，但在二十世纪九十年代显然对巴金抱有成见，他曾致信《巴金全集》的责任编辑王仰晨，谈到："有人未死而出《全集》，有壮烈牺牲、人民喜爱的大作家只能出《文集》，甚至少出其书，这考级不知由谁定的。"（1991年4月2日）"你是否已经离休，眼睛不好身体差，何必为活人编全集，出版方针，真太难理解了。（实在是对作者的侮辱，似乎令他从此封笔了，你还是保养身体，高兴时自己写点要写的东西，何苦老犹为人作嫁衣裳。）"（1991年8月9日）《王仰晨编辑人生》第157、158页，人民文学出版社2007年11月版。

女士的《一封回信》,信中谈到了他对所谓"西方化"的看法。……紧接着夏衍同志又主动寄来一篇《与友人书》的长文。文章从当前的文艺状况讲起,他认为拨乱反正、肃清"左"的流毒的任务还远远没有完成。然后就着重提出需不需要借鉴现代派的问题。……他们两位的文章发表之后,我又罪加一等。从北京到上海,沸沸扬扬地说我搬出巴金、夏衍来为自己撑腰。对这种传言,我只反问一句:他们两位前辈是别人搬得动的吗?他们是能够接受别人摆布的吗?[①]

关于人道主义问题,巴金在1984年年底巧妙地借助邓朴方的一篇讲话,谈了他的看法:

> 一位在晚报社工作的朋友最近给我寄来邓朴方在中国残疾人福利基金会全体工作人员会议上的讲话。这篇讲话发表在《三月风》杂志上,我看到的是《人民日报》转载的全文。朋友在第二节的小标题上打了两个圈,他在信里写道:"您大概不会把人道主义看作洪水猛兽吧。"原来这一节的小标题是《我们的事业是人道主义的事业》。讲话并不长,特别是第二节留给我深刻的印象:讲得好![②]

这是《随想录》的表达方式之一,巴金总是选择合适的时机,借助个人的回忆或别人的事情,来表达自己的看法;他谈论的这个问题,并不是闭门造车自己苦思冥想的问题,而是社会上某些问题,甚至是热点问题。对于这个问题,他也是从反思"文革"和自己遭遇的角度来提出问题的。

> 我知道在"文革"时期什么事都得跟资产阶级"对着干"。

---

① 李子云:《好人冯牧》,《往事与今事》第163—164页,浙江文艺出版社1998年9月版。

② 巴金:《人道主义》,《巴金全集》第16卷第590页。巴金称作"讲得好"的这些文章,有人却有另外的看法,邓力群曾说"请胡德平转告邓朴方慎言慎行","同时,我还对胡德平讲:那个时候,你有一篇文章,叫做《为自由鸣炮》,邓朴方在《三月风》杂志上发表了王若水的人道主义的文章。我认为这些都不妥当"。邓力群:《邓力群自述:十二个春秋(1975—1987)》第355页。

资产阶级曾经用"人道主义"反对宗教、封建的统治,用"人权"反对神权和王权,那么是不是我们也要反其道而行之,用兽道主义来反对人道主义呢? 不! 当然不会! 在十载"文革"中我看够了兽性的大发作,我不能不经常思考造反派怎样成为"吃人"的"虎狼"。我身受其害,有权控诉,也有权探索,因为"文革"留下的后遗症今天还在蚕蚀我的生命。我要看清人兽转化的道路,不过是怕见这种超级大马戏的重演,换句话说,我不愿意再进"牛棚"。我一定要弄清楚这个问题,即使口里不说,心里也不会不想,有时半夜从噩梦中惊醒,眼前也会出现人吃人的可怕场面,使我不得不苦苦思索。

我终于从那位同志的话中找到一线亮光:问题大概就在于人道主义吧。为什么有的人那样害怕人道主义? ……

前些时候全国出现了一股"人道主义热",我抱病跟着大家学习了一阵子,不过我是自学,而且怀着解决实际问题的目的去学。我的问题始终是:那些单纯的十四五岁的中学生和所谓的"革命左派"怎么一下子会变成嗜血的"虎狼"? ……

究竟是因为什么? ……

在邓朴方同志的讲话中我找到了回答:

我们一些同志对资产阶级人道主义的批判,往往不是站在马克思列宁主义的立场、观点上,而是站在封建主义的立场上去批判的。即使口头不这样说,实际上也是受封建主义思想影响的。"文化大革命"搞的就是以"大民主"为先导的封建关系,是宗教狂热。大量的非人道的残酷行为就是在那时产生的……

他讲得非常明白,产生大量非人道的残酷行为的是什么? 就是披着"左"的外衣的宗教狂热。那么人兽转化的道路也就是披上"革命"外衣的封建主义的道路了。所以时机一到,一声号令,一霎时满街都是"虎狼",哪里还有人敢讲人道主义? 哪里还肯让人讲人道主义?①

---

① 巴金:《人道主义》,《巴金全集》第16卷第590—593页。

巴金一直讲的人兽转化与周扬讲的"异化"有什么关系？巴金是个作家不是理论家，他大概无意做出回答。而此时胡乔木关于人道主义的洋洋大文已经发表，巴金还要如此讨论这个问题，又是什么意思？①有些事情不要轻易下结论，但有一点正如巴金所言，他不会再辨风向、看脸色写作了。

1984年12月29日至次年1月5日，中国作协第四次代表大会召开，此次会议也引起不同方面的不同反响，有人欢呼，也有人斥之为"开糟了"、"一塌糊涂"②。时任《文艺报》主编的谢永旺后来谈到："指责四次作代会主要是两个问题：一个是基调就是错的。这个就包括胡启立代表中央作的祝辞。创作自由，这个是作协四大里鲜明提出来的。张光年作的主题报告，报告里没有提反对精神污染，反对资产阶级自由化。""再一个是会议的选举放任自流，主要是举刘宾雁的例子。"③前者不用多说，后者是指在选举中采取了民主的方式，使得中国作协原副主席贺敬之、刘白羽、欧阳山落选，而没有在候选人之列的刘宾雁当选④。面对不同反应，巴金在《随想录》中表现的态度仍然很清楚，他支持思想解放的声音，所以，他在文章的开头便借用海外的来信对会议予以肯定，并说："这次大会的确是一次盛会……我有一个想法：这次……对于大会可能各人有各人的看法，但有一点则是共同的：大家都欢迎它。当然也有例外，有人不满意这样的会，不过即使有，为数也极少，这些人只好躲在角落里发出一些噪音。"谈到会议的两个焦点：选举和创作自由。巴金认为："不过刘宾雁、王蒙的作品在海外受到普遍的

---

① 周扬去世，巴金的唁电是这样写的："惊悉周扬同志病逝，不胜哀悼。想到八五年和他的最后一面，我无话可说，他活在我的心里。一九八九年八月一日　巴金。"
② 邓力群：《邓力群自述：十二个春秋（1975—1987）》第322页。
③ 陈为人：《唐达成文坛风雨五十年》第217页，溪流出版社2005年版。
④ 主席团委员的选举中，张光年131票、刘宾雁128票、王蒙127票、唐达成121票、丁玲90票、马烽90票、刘白羽73票当选，而贺敬之65票未能当选；作协领导选举，巴金134票当选主席，张光年128票、王蒙125票、冯牧114票、丁玲81票当选副主席；刘宾雁113票当选副主席，贺敬之67票未能当选。见陈为人：《唐达成文坛风雨五十年》第209页。

重视,有人甚至认为他们的当选是'革新派的凯歌'。这样的意见有什么'不好听'呢?我们自己不是也有类似的意见吗?""你们可以按照自己的主张挑选人,哪怕只有一个两个,也总算给我们树立了榜样。我们也可以用打叉叉代替画圈圈,表示自己的意见。既然好不容易向前迈出了一大步,谁还肯退回原地或者更往后退?!"对于创作自由,巴金认为保证代替不了实践,"读者们盼的是作家们的创作实践和辛勤劳动,是作品,是大量的好作品。没有它们,一切都是空话,连"中国文学的黄金时代"也是空话。应当把希望放在作家们的身上,特别是中青年作家的身上——我一直是这样想的"①。

巴金说:"从无标题到有标题(头三十篇中除两篇外都没有标题),从无计划到有计划,从梦初醒到清醒,从随想到探索,脑子不再听别人指挥,独立思考在发挥作用。拿起笔来,尽管我接触各种题目,议论各样事情,我的思想却始终在一个圈子里打转,那就是所谓十年浩劫的'文革',……住了十载'牛棚'我就有责任揭穿那一场惊心动魄的大骗局,不让子孙后代再遭灾受难。"②但并不是所有人都喜欢大讲"文革",特别是已经完成了对于"文革"的揭露和批判任务之后,官方更希望对于历史问题"宜粗不宜细"、希望"向前看"。1981年胡乔木在讲话中,就说过:"揭露和批判阴暗面,目的是为了纠正,要有正确的立场和观点,使人们增强信心和力量,防止消极影响。关于反右派、反'右倾'和十年动乱的揭露性作品,几年来已经发表不少。过去几年这类题材的作品的大量出现是必然的。绝大多数作家写这些作品也是出于对历史、对人民的责任感,出于革命的热情。这些作品总的说来,是有益的……应该向文艺界的同志指出,这些题材,今后当然还可以写,但是希望少写一些。因为这类题材的作品如果出得太多,就会产生消极作用。""我们也希望全国的作家、艺术家能把创作活动的重点转到当前的建

---

① 巴金:《"创作自由"》,《巴金全集》第16卷第601—602、603、604、606页。

② 巴金:《合订本新记》,《巴金全集》第16卷第Ⅴ—Ⅵ页。

设新生活的斗争中来。"①巴金立即就成为这篇讲话的受害者:1981年,为了纪念鲁迅先生诞辰一百周年,巴老写了《怀念鲁迅先生》一文,结果该文在《大公报》发表时,文章中凡是涉及"文革"的词句都被删去了,甚至连引用鲁迅的话中说"我是一条牛……"也被删了——说"牛"容易让人联系到牛棚。作为一个在海内外有威望的作家,不打招呼就大删文章,真是少见的事情。当时责任编辑潘际坰在北京休假,后来回忆:"当时的背景是这样的:1981 年 9 月,在鲁迅百年诞辰之前,国务院外事办的负责人召集了香港几家报纸的总编辑在北京开了一个会,会上外事部门的负责人对各报总编、主编说,海外报纸发表关于文革的文章太多了,有负面影响,中央既往不咎,可是今后再发生这样的事情,就要打你们屁股了。"②巴金不仅写出了抗议文章《"鹰的歌"》表明自己不惜粉身碎骨也要维护自己权利的决心,而且还专门给胡乔木写信,说:我就是你的(不要多写"文革")讲话的受害者……直到1990 年,四川人民出版社出版《讲真话的书》时,收录巴金"文革"后的所有创作,最初认为《随想录》有三篇文章不能收进来,后来对《"文革"博物馆》一篇开了天窗,有人说这是新中国出版史的特例③。

在各种谣言和"点名"的时刻,巴金的信心似乎更坚定了,在《〈序跋集〉再序》中,巴金拒绝了"躺下来过个平静的晚年"的劝说,并坚定地说:"是的,一纸勒令就使我搁笔十年的事绝不会再发生了。"④正是在这种决心下,还有那不能忘怀的"文革"伤痛记忆⑤,使巴金觉得自己有责任向后代说清楚,怎么会有那样的噩梦般的

---

① 胡乔木:《当前思想战线的若干问题》(1981 年 8 月 8 日),杨扬编《中国新文学大系 1976—2000·史料索引卷一》第 74 页、第 74—75 页。

② 潘际坰:《〈随想录〉发表的前前后后》第 127 页,陈思和、周立民编:《解读巴金》,春风文艺出版社 2002 年 1 月版。

③ 李致:《从"存目"谈起》,陈思和、李存光《生命的开花——巴金研究集刊卷一》第 225 页,文汇出版社 2005 年 5 月版。

④ 巴金:《〈序跋集〉再序》,《巴金全集》第 16 卷第 321 页。

⑤ 巴金在《怀念萧珊》的文章中曾追问:"我想,我比她大十三岁,为什么不让我先死?我想,这是多么不公平!她究竟犯了什么罪?"

事情发生,在这些事情中自己扮演了什么角色,以及自己是怎样进入了这样的角色。《随想录》首先是一个心灵自传,接下来是一部社会批判作品,他的主人公是作者自己,作者通过对自己灵魂的解剖来实现社会现实批判的目标。

吕汉东

忧郁性情感的对象化

——对巴金与艾青情感个性和创作路径的比较考察

巴金和艾青是二十世纪中国文学史上的两位巨匠,他们的人生轨迹、情感个性和创作路径等诸多方面都有相似之处,值得认真探讨,而且其晚期创作超越了文学的意义,具有思想史的价值。

法国学者明兴礼在他的《巴金的生活与著作》中这样评价文坛巨擘巴金:

> 他是一位浪漫的诗人,心的每一次跳动便是一首美丽的诗,他的唯一目的便是用他所传布的情感的力量来攫取人心,他好比一座火山,忽然爆裂,从那里冒出强烈的火焰,为的是要光照这个黑暗的世界,燃烧这个罪恶的社会。他又好似一个激流的瀑布,冲走人间一切不义的行为。①

中国学者骆寒超、骆蔓在其《时代的吹号者——艾青传》中这样评价杰出诗人艾青:

> 在二十世纪人类文明的星空中,有一颗又大又亮的诗星在闪烁。他的光芒给一切命运不幸者以温暖,给无数真理追求者以信念,给所有心灵受创者以勇气。他的光芒还将超越这个世纪,通向人类生存时间的尽头。②

---

① 吕汉东:《心灵的旋律——对巴金心灵与文本的解读》,中国文联出版社1999年版。
② 骆寒超、骆蔓:《时代的吹号者——艾青传》,杭州出版社2005年版。

从以上这两段对巴金和艾青的评论中传达出较丰富的多层面的信息:第一,巴金和艾青就人格气质而言都是热情的诗人,有着相似的情感个性;第二,他们的创作都是站在世界上被压迫的不幸者一边,揭露与控诉黑暗社会的罪恶,给一切不幸者以温暖与同情,给一切追求真理与光明者以信念,并有着相似的创作路径;第三,他们的作品都渗透着一种启蒙、人道主义思想,其作品的意义往往超越文学之外,有着思想史的价值。

一 巴金与艾青有着相似的情感个性

情感是主客体相互作用的过程与相互作用的结果,影响个体情感形成的元素至少有遗传基因、文化熏陶和社会环境这三个有机联系的方面。下面我们就据此从个体情感结构的无意识、潜意识和意识三个层面对巴金和艾青的情感个性历时性地加以考察。

(一) 巴金的情感结构

巴金情感的无意识层次即感性欲望,是他的情感世界的生物生理学基础,是潜意识和意识层次的根基,也是他的生命内驱力、情感的原动力之所在。这一层次虽然是感性无意识的,但已积淀着生物学因素和社会文化因素。首先,从人类学角度讲,人类的原始先民对地震、火山爆发、洪水泛滥、瘟疫等的恐惧、痛苦,对狩猎成功、五谷丰登所举行的宗教色彩的庆祝仪式的欢乐情绪,各种图腾崇拜所寄托的美好愿望与祈盼等人类的集体无意识,潜伏在巴金情感结构的最深处,成为他情感结构的底蕴并以生命原动力的形式释放着巨大的能量,影响着他的情感个性。其次,巴金的祖先特别是父母的遗传基因对他的影响更为重要。巴金的祖先世代为官,曾祖父做过县官,还著有《醉墨山房仅存稿》一卷,祖父也做过官,并刊印过一册《秋棠山馆诗抄》,父亲李道河做过知县,母亲陈淑芬是大家闺秀,知书达理,温柔开朗。生物遗传学和心理学的研究表明,不但个体的禀性而且父母的智慧作为一种信息也是可以传递或遗传的。如果这种观点有一定道理的话,我们可以认为在巴金情感世界的无意识层次,较之一般人有更多的诗意的智慧,这是形成巴金情感个性的根源之一。社会文化因素也是构成他的情感个性的重要底蕴。巴金生长在山明水秀、文物昌盛的成都平原,大自然的秀美、风光的多层次性和色彩的丰富性不能不感染和熏陶巴金的心灵,并在他的情感世界中作为一种信息积淀下来。巴金情感的潜意识层次是他在社会生活实践中积累起来的情绪记忆,它可以被意识到,但未被激发时只是作为一种信息储存着,是情感的信息库。在巴金最早的情绪记忆中是一个"爱"字。母亲作为他的第一任老师,总是带着温和亲切的微笑,教他古典诗词、做人的道理,特别是对他进行"爱的教育"。巴金在《我的幼年》一文中满怀深情地回忆说:"使我认识'爱'字的是她,在我幼小的时候,她是我的世界的中心。她很完满地体现了一个'爱'字。""她教我爱一切的人,不管他们贫或富。"①母亲在他幼小的心灵中第一次刻上了一个鲜红闪光的"爱"字,随着年龄的增长和社会实践面的扩大,这个"爱"字从理性上与传统文化的"仁爱"和西方文化的"博爱"思想结合交融起来,成了他的人道主义思想和道德观的核心。从心理学角度考察,人的情绪具有爱与憎、快乐与悲伤、满意与不满意的两极性。就巴金而言,与爱俱来的是恨。产生恨的根源有两个方面:一是他的家庭,一是他接触的社会现实。巴金出身于一个封建专制大家庭,在这里封建家长如同末代暴君,用腐朽的封建道德理念统治着这个大家庭。巴金亲眼看到许多年轻的生命在这里挣扎、受苦、呻吟、憔悴和死亡,就连他自己也受到封建礼教的束缚与迫害。社会更是黑暗得惨不忍睹。在他父亲做官的广元,他亲眼看到,灾荒年郊外饿死的人填满了坑,像无数的蛆一样,而有钱人却趁机囤积粮食,高价出售发了横财。这一切极大地刺激和激怒了巴金幼小的心灵,因此他说:"于是憎恨的苗子在我的心上发芽生叶了。"②反抗的情绪也是他心灵中萌发的最早的幼芽,环境

---

① 吕汉东:《心灵的旋律——对巴金心灵与文本的解读》,中国文联出版社 1999 年版。
② 同上。

的逼迫与社会的不平等是产生反抗情绪的根源。而痛苦忧郁的情绪是植根于他心灵底蕴的最重要的伴随他毕生,直接影响他创作风格的情绪。他十岁时,深深地爱着他的母亲去世了,这对他的打击是致命的,四个月后二姐去世了,接着父亲又离开了人间,这接二连三的沉重打击在他幼小的心灵中产生了强烈的痛苦记忆。随着年龄的增长和社会实践范围的不断扩大,这种痛苦记忆提升到他的社会情感中去,渗透到他的"爱与憎的矛盾,思想与行为的矛盾,理智与情感的矛盾"[①]中去,便表现为忧郁。因为他长期无法解决这些矛盾,便产生了情感的郁结——忧郁性。

  由于他的活动受到复杂的社会关系网络的制约,也受到他的理性的制约,因此他的社会情感明显地表现出情与理的矛盾冲突,造成这种矛盾冲突的根源是中外文化的撞击、熏陶和黑暗社会环境的压迫。具体来说,传统文化中的"仁爱"思想与西方文化中的"博爱"思想,母亲对他的"爱的教育","五四"反帝反封建的时代精神的影响,使巴金逐渐形成了人道主义的道德观;传统文化中的乌托邦思想和西方文化中无政府主义思想的结合使他早年产生了"安那其主义"的信仰和同情世界上一切被压迫者的强烈社会责任感;传统文化中的"侠义"精神与西方文化中的恐怖主义、个人英雄主义献身精神的影响,使他认为推翻中国的专制制度建立美好的社会制度的斗争可以用英雄献身和暴力方法进行。由于认识上的错误和斗争方式的不对头,使他早期到处碰壁,造成情感与信仰、情感与社会现实、情感与道德等诸多方面的矛盾冲突。而在这一系列的矛盾冲突中,有着无意识生命原动力各种元素的发散式本能运动和潜意识各种情绪信息的涌动,从而把情感结构各层次融会贯通。其中,爱与恨、恨与反抗、忧郁与对光明的渴望则是巴金情感的基调。

  (二)艾青的情感结构

  艾青生长的社会文化环境与巴金颇多相似之处。艾青的祖辈

[①] 巴金:《谈〈灭亡〉》,《巴金全集》第20卷第387页,人民文学出版社1993年版。

与双亲都是智商高、思想开放、受过教育的人。艾青的父亲蒋忠尊受梁启超影响成了"维新派"信徒,他在村子里率先剪掉辫子,支持女人放足,不顾封建守旧势力的反对毅然送女儿到新式学堂读书,很有超前意识和叛逆个性,但他身上也有迷信守旧宿命思想。艾青出生地浙江金华与成都相似,也是个山明水秀、文物昌盛、骚人墨客辈出之地,单是二十世纪以来就出现了陈望道、冯雪峰、吴晗等文化名流。大自然的秀美多姿,社会文化环境的熏陶,特别是祖辈和双亲的遗传基因,不能不在艾青情感结构的无意识层次作为生命底蕴积淀下来,构成他的生命内驱力、情感原动力的重要组成部分。在艾青的潜意识层次中,最早最深刻的记忆也是爱与恨。艾青因是"逆生"被认为克父母,因此被送到村子里最穷苦的"大堰河"家寄养,而这位穷苦善良的"大堰河"作为艾青的保姆,却给予他胜过亲生父母般的无私圣洁的爱,从此这个闪光的"爱"字不仅成了他情感的根基,而且后来成为他做人和艺术创作的出发点(原点)。随着年龄的成长和社会活动范围由中国走向世界,这个鲜红圣洁的"爱",与传统文化的"仁爱",西方文化的"博爱"思想交融,不仅成了他的道德观的核心,而且成了他的艺术情感的源泉。与爱俱来的是恨,当到了上学年龄,艾青被接回家去,父母看不上他,把他划在家庭的圈子之外,不许他叫"爸爸妈妈",只能管父母叫"叔叔婶婶",令他万分痛苦无奈,因此在他心灵中升起一股痛苦忧郁的情绪,同时一股"恨"的情绪油然而生。与爱和恨俱来的还有反抗的情绪。有一次妹妹被暖手用的小碳炉烫伤了脖子,本来责任不在艾青,父亲却咆哮着狠狠地痛打了他,气得艾青拿了张纸写上"父贼打我"放在父亲床头以示反抗。他本来以为父亲会抡起鞭子咆哮着找他"算账",可是父亲却和颜悦色起来,从此不再打他,这使他非常高兴。总之,由爱而痛苦忧郁,由恨而反抗,反抗成功使恨的情绪得到发泄而产生快感。从此,忧郁与快乐成了艾青潜意识情绪的主旋律。

艾青意识层次的社会情感由于受到复杂的社会关系网络的制约,呈现出一系列的矛盾冲突。具体而言,积淀在情感结构深处的"爱"与儒家文化的"入世"、"仁爱"思想而生成的忧患意识与西方文化的"博爱"思想相结合,成了他的以"爱"为核心的伦理道德的基础,而在国内所受到的黑暗社会的压迫和底层民众的苦难使他产生了深切的同情和忧虑。因为他对不幸者"爱得深沉"又无力救助,依据情感心理的动力理论"痛苦则是生命力在其离心活动过程中遭受阻碍的结果"①,他产生了忧郁。随着时空的扩展,当他看到越南、印度乃至欧洲底层民众的悲惨生活时,这种忧郁更加刻骨铭心。传统文化中的"侠义"因素、他所经历的"五四"、"五卅"爱国进步人士反帝反封建的反抗情绪的感染,特别是这种反抗取得了成功使他产生了快感,增强了信心。"快乐是来自一切成功的活动"②,这种反抗的快乐和信心的增强与西方文化的叛逆精神,特别是与马克思主义学说的结合愈加理性化。总之,艾青无意识层次中的原始祖先积淀下来的各种情绪元素,与他的潜意识中的忧郁与快乐情绪的最初记忆,特别是与意识层次的作为社会情感的忧郁与快乐这三个有机层次的双向逆反沟通融会,构成了他的情感基调——忧郁与快乐的互补共融③。

综上所述,巴金与艾青有着相似的情感个性,那就是巴金的对忧郁的倾吐与对光明的追求祈盼,艾青的忧郁与快乐的互补共融,而二者都具有诗人气质和忧郁性情感。

二 巴金和艾青有着相似的创作路径

巴金和艾青由于他们气质上都是具有忧郁性情感的真诚诗人,更由于他们是同一代人,生长的社会文化环境与个人经历相似,因此形成大致相似的创作路径,只不过巴金主要是用小说、艾青主要是用诗歌加以呈现而已。

---

① 朱光潜:《悲剧心理学》,人民文学出版社1987年版。
② 同上。
③ 钱理群等《中国现代文学三十年》在《艾青》章中认为:"艾青的诗神是忧郁的"、"我们可以把它叫做'艾青式的忧郁'",笔者以为把艾青的情感基调只定为"忧郁"有失偏颇,而定为"忧郁与快乐的互补共融"较为准确,笔者将有另文讨论这一问题。

（一）巴金和艾青个人经历路线

现简要地标示一下巴金和艾青个人经历路线：

巴金：成都→上海→巴黎→改行（由从事社会运动改为文学创作）→人生拐点（"文革"时的磨难痛苦）→两次创作高峰（1929—1948年；1978—1986年）→晚年的反思和升华

艾青：金华→杭州→巴黎→改行（由绘画改为写诗）→人生拐点（从批胡风"说真话"开始受磨难）→两次创作高峰（1937—1941年；1978—1982年）→晚年的反思升华

在巴金和艾青个人经历路线中的7项主要指标中，有5项是基本相同的。他们都曾留学巴黎（巴金1927年初赴法，1928年底回国，在法国近两年；艾青1929年初赴法，1932年1月底回国，在法国三年多）。在巴黎，巴金和艾青都曾受到西方各种思想思潮的影响和文化熏陶，受到各流派艺术的浸染。具体讲来，无政府主义、空想社会主义等思想思潮，康德、黑格尔等的哲学著作都共同地对巴金和艾青产生了一定影响，而卢梭、左拉、托尔斯泰、雨果和高尔基等西方和俄国的作家的思想和作品也对他们产生了熏陶和深远的影响。稍有不同的是，巴金在西方和俄国思想家、作家作品中吸纳的主要是偏重于思想，而艾青在各流派艺术家中则偏重于捕捉一种自由、活跃又反抗传统的创作元素和创作精神。总之，中国传统文化为根基、西方现代文化为营养，二者在他们心灵中的撞击、融会，使他们具备了全球化的文化视野，丰富并增强了审美经验和审美理想，培养了他们"平等、博爱"的人道主义思想和对黑暗势力反抗叛逆的精神，而这一切又以从"说真话"到"写真实"一以贯之于他们为人与为文的终生操守之中。

巴金和艾青从巴黎回国后都"改了行"。巴金从事社会运动失败后改为文学创作，艾青则"母鸡下了鸭蛋""戴着脚镣跨上诗坛"——由绘画改为写诗。"文革"前后他们的命运都出现了拐点——由春风得意贬至磨难痛苦。巴金在"文革"中招致不幸和苦难长达十年多，其中爱妻萧珊受尽迫害忍辱病逝是对他的致命一击。艾青则更是从批胡风"讲了真话"惹祸到平反"归来"竟长达二十二年！从发配到北满森林冒着零下30度的严寒在无人烟的荒滩上熬煎，到流放到中国的小西伯利亚住"地窝子"，右眼失明左眼只有0.02的视力，艾青经历了常人难以想象的苦难。"丰富的痛苦"不仅成了巴金和艾青宝贵的财富，更成了他们晚年反思自我思想升华的催化剂。

他们漫长的创作生涯中都出现过两次创作高峰。这里所说的巴金和艾青的创作高峰，即人才学和创造心理学所指的"个体创造的峰值状态"[1]。"一个人在他一生的创造活动中，总会有个光辉的顶点，犹如火山爆发一样，所喷出的岩浆达到一个制高点后便开始下降，形成一个'A'字形。创造者在某一生命的最光辉的时刻，达到了创造力的高峰，取得了他一生中最大、最好、最高的创造成果，这就是个体创造的峰值状态。"[2]巴金和艾青在他们的文学创作生涯中都出现了两次"个体创造的峰值状态"，即两次创作高峰。

（二）第一次创作高峰

在第一次创作高峰期，巴金和艾青相似的情感个性即对忧郁的倾吐与对光明的追求，在他们的创作中都得到了充分的展示，他们的作品都显示了辉煌，为二十世纪中国文学贡献了一批示范性的经典文本。巴金的《家》、《憩园》、《寒夜》，艾青的《大堰河——我的保姆》、《雪落在中国的土地上》、《吹号者》等便是这方面的代表。

巴金和艾青一样，本质上也是一位真挚热情的诗人。他不但从1922年起到1932年陆续在刊物上发表了《路上所见》、《梦》、《病人》、《惭愧》、《寂寞》、《一生》、《黑夜行舟》和《上海进行曲》等至少25首新诗[3]，而且他的小说都是倾吐忧郁性情感并加以诗化的产物。他说："我从人类感到一种普遍的悲哀，我表现这悲哀，要使人普遍地感觉到这悲哀，感到这悲哀的人，一定会努力地消

---

[1] 吕汉东：《思维创造学》，中国文联出版社1999年版。
[2] 同上。
[3] 详见李存光《巴金著译年谱》，载《巴金全集》第26卷末尾，笔者就这些诗曾请教过李存光先生。

灭这悲哀的来源的。"①巴金用一颗火热燃烧的心,一颗真诚善良的心,在倾吐个人和时代的悲哀,奏出那个黑暗时代的痛苦人生的旋律,这心灵的旋律中既蕴藏着民族哀痛的集体无意识的因子,又包融着个人和时代的悲哀,这就是巴金小说艺术的全部蕴意。

在巴金六十多年的创作生涯中,第一次创作高峰是从1929年到1948年,其峰值是1931年他二十五岁时对《家》的写作。巴金这样描写自己创作高峰体验的情形:"每天每夜热情在我的身体内燃烧起来,好像鞭子抽着那心发痛,寂寞咬着我的头脑,眼前是许多惨痛的图画,大多数人的受苦和我自己的受苦,它们使我的手颤抖着,拿起笔在白纸上写黑字,我不停地写,忘了健康,忘了疲倦地写,日也写,夜也写,好像我的生命就在这些白纸上,似乎许多许多的人都借着我的笔来申诉他们的痛苦。"②这段文字就是巴金第一次创作高峰期写作心态的形象描绘,是他作为一位艺术家的"自画像"。从1929年到1948年这二十年正是巴金从二十四岁到四十四岁的人生黄金时代,是生命最壮丽、光芒四射的时期。巴金创作的火山爆发期的制高点是1931年,他用几个月时间完成了《家》的写作。这期间他还完成了《憩园》《寒夜》等在他的创作历程中最有分量、最富审美魅力的作品。巴金的创作路径是早期由写英雄悲剧为主、英雄悲剧与凡人悲剧杂陈过渡到中晚期写凡人悲剧,这两种悲剧都是他的忧郁性情感的对象化。巴金早期创作的英雄悲剧,主要是塑造了杜大心(《灭亡》)、李冷(《新生》)、王学礼(《死去的太阳》)、陈真(《雾》)、敏(《电》)等英雄悲剧形象,他们用生命和鲜血企图反抗、推翻黑暗的"吃人"社会,实现自己心目中的美好社会理想,由于指导思想和斗争方式的错误,在强敌面前遭致灭亡,但他们抛头颅洒热血的英雄壮举足以惊天地泣鬼神。凡人悲剧创作是巴金对中国二十世纪文学最重要的贡献之一,他塑造了三个系列的悲剧人

---

① 吕汉东:《心灵的旋律——对巴金心灵与文本的解读》,中国文联出版社1999年版。

② 巴金:《写作生活的回顾》,《巴金全集》第20卷第551页,人民文学出版社1993年版。

物形象,即高老太爷、克明、克安、克定、周伯涛、冯乐山、杨老三等腐朽者的艺术形象;梅、瑞珏、婉儿、鸣凤、倩儿、郑佩瑢、曾树生等"几乎无事的悲剧"的艺术形象;周如水、高觉新、汪文宣等"好到了无用的人"[①]的艺术形象。巴金是从解剖一个封建地主大家庭开始他的凡人悲剧创作的,巴金贡献给中国二十世纪文学乃至世界文学的是高觉新、汪文宣等不朽艺术形象,高觉新的"作揖—无抵抗主义"、汪文宣的"忍"与阿Q的"精神胜利法"一样,概括了地球人生存发展到某一阶段中的某种共同的病态精神心理,有着超国度超时代的意义,这些艺术形象与唐·吉诃德、哈姆雷特等具有世界意义的艺术形象一样,具有永恒的审美和认识价值。

艾青第一个创作高峰期是1937年到1941年,共四年。忧郁性情感的对象化产生悲剧艺术,如果说巴金是从解剖一个封建地主大家庭开始了悲剧创作的话,那么艾青也与他相似。艾青是从对他的保姆"大堰河"一家的深沉的爱和对她穷苦悲惨命运的无限同情和忧虑开始悲剧创作的。他在狱中完成的《大堰河——我的保姆》就是他倾吐忧郁性情感的艺术结晶,是他的悲剧艺术的开篇之作。艾青出狱后满腔热忱地投入了血与火的抗战行列,"高举着我们血染的旗帜"奔波在浸透鲜血的祖国悲苦的大地上,民族的浴血奋战,贫穷饥饿而又顽强不屈的人民,日本侵略者野兽般的暴行,极大地激发了艾青的爱国热情和创作激情,他连续发表了《雪落在中国的土地上》、《北方》、《手推车》、《我爱这土地》、《向太阳》、《吹号者》等他创作生涯中最好的诗篇,而且这些作品也成了中国新诗史上示范性的经典之作。这些蕴涵着悲剧美的诗篇,把个人的痛苦与不幸融入民族与国家的痛苦之中,用忧郁悲哀的调子唱出民族灵魂中的哀痛,用对太阳、光明的歌颂与向往,表达了国人对前途的追求与企盼。艾青与巴金一样是一位忧郁的诗人,但不是绝望的诗人,他总是突破黑暗去追求光明和希望。历时性多元文化的积淀和共时性中西文化的熏陶,使艾青成为世界文化的载体,具有全球化的大视野,丰富的痛苦磨难,对各种异质信息的吸

---

① 吕汉东:《艾青:四足鼎立的辉煌》,《海南大学学报》2000年第4期。

纳,使他在中外各流派大诗人和画家的创作与理论的扬弃继承与综合创新中,在巨人肩上崛起,实现了在中国二十世纪文学史上四足鼎立的辉煌:"创立了中国的现实主义现代诗派,把自由体由'尝试'推向自律成熟,创作了一批典范性作品,创立了一个独树一帜的诗学美学理论体系。"①

(三) 第二次创作高峰

巴金和艾青的第二次创作高峰与他们晚年思想的升华对应重合,所以把他俩的第二次创作高峰和晚年思想升华结合起来讨论。

巴金和艾青的第二次创作高峰都是从1978年开始的(巴金1978年到1986年;艾青1978年到1982年),"四人帮"垮台后他们得到平反"归来","文革"时期他们个人和我们民族的灾难痛苦,融合到巴金与艾青半个多世纪的对人生的感悟反思中,不仅促成了他们第二次创作高峰的出现,而且在回顾与理性反思中,使他们的思想升华,巴金的《随想录》,艾青的《古罗马的大斗技场》、《光的赞歌》、《诗人必须说真话》、《鱼化石》等便是这方面的重要成果,这些成果远远超越文学的意义,具有思想史的价值。

在中国文学史上有热情的作家随处可见,具有真挚的热情又有冷静清醒的理性精神的却不多,而具有真挚热情又有冷静深邃的理性精神,"文革"后敢于忏悔、说真话,大胆无情地揭露自己灵魂深处的"奴性"伤疤的则寥若晨星,巴金则是这后者中的杰出代表。巴金第二次创作高峰和晚年思想升华反思的重要成果《随想录》,包括《随想录》、《探索集》、《真话集》、《病中集》、《无题集》等五卷共152篇,长达50多万字。这是一部力透纸背、情透纸背,敢于说真话的大书。用巴金自己的话说:"这五卷书就是用真话建立起来的揭露文革的'博物馆'。"②巴金在晚年立下一个志愿:"我也只是以说真话为自己晚年奋斗的目标。"③他一遍又一遍地忏悔,挖

---

① 吕汉东:《艾青:四足鼎立的辉煌》,《海南大学学报》2000年第4期。
② 巴金:《合订本新记》,《巴金全集》第16卷第Ⅺ页,人民文学出版社1991年版。
③ 《说真话之四》,同上书,第387页。

开自己心灵最深处的"耻辱"伤疤给人看:开批判会时"表态,说空话,说假话,后来自己跟着别人说,再后是自己同别人一起说"①;在批判胡风、冯雪峰等文艺界的同仁时,"我跟在别人后头扔石头","想保全自己"②。他这样揭露自己灵魂中的"奴性":"最可笑的是,有个短时期我偷偷地练习低头弯腰、接受批斗的姿势,这说明我是甘心情愿地接受批斗,而且想在台上表现好。"③他无情地揭露自己灵魂中的劣根性:"我就是'奴在心者',而且是死心塌地的精神奴隶。"④巴金的《随想录》与鲁迅的杂文是血脉相通的,只不过鲁迅从未有过丝毫奴颜媚骨,他的杂文是韧性战斗和无情揭露,而巴金的《随想录》以忏悔自己的软弱而现身说法,其勇气和境界是一致的,他以揭露自己的"奴性"出发,但说出了具有共性的知识分子的普遍思考,有着唤起国人对整个民族灾难的反思与批判,建设高境界的精神道德的作用。从这个意义上讲,巴金无愧为鲁迅精神当代传承的代表人物之一,《随想录》的意义远远超越文学,具有思想史和道德史的价值。

艾青第二次创作高峰期也和巴金一样强调"说真话",把晚年的思想升华与创作结合起来,在他的创作中把对社会人生的思考提升到历史哲学的高度展开。

艾青在二十世纪三十年代就强调诗人必须说"老实话"⑤,二十世纪五十年代批胡风时因"说真话"惹了祸,遭致二十多年的灾难,但他"归来"后仍不改初衷,继续强调诗人必须"说真话","当然,说真话会惹出麻烦,甚至会遇到危险。但是,既然要写诗,就不应该昧着良心说假话"⑥。1982年5月31日他去上海拜访巴金时,这两位经历相似,一贯"说真话"的文学巨擘,一定又说了许多发自肺

---

① 巴金:《三论讲真话》,《巴金全集》第16卷第372页,人民文学出版社1991年版。
② 巴金:《纪念雪峰》,《巴金全集》第16卷第134页,人民文学出版社1991年版。
③ 《怀念丰先生》,同上书,第317页。
④ 《十年一梦》,同上书,第324页。
⑤ 艾青:《诗论》,人民文学出版社1983年版。
⑥ 同上。

腑的"真话"①。

艾青第二次创作高峰发表了《诗人必须说真话》、《谈艺术民主》、《中国新诗六十年》等重要文章,出版了《归来的歌》、《彩色的诗》和《雪莲》等三部诗集。其中《鱼化石》、《古罗马大斗技场》和《光的赞歌》是艾青从历史哲学的高度反思社会人生,使艺术和晚年思想升华的代表作。

《鱼化石》发表后,艾青曾对朋友说过一句话:"这些年变成化石的人太多了。"②这句话是打开《鱼化石》这首诗的钥匙。《鱼化石》写一条"动作多么活泼,精力多么旺盛,具有强旺生命力"的鱼,因遭遇到突然的"不幸"变成了化石,失去了自由,虽然"鳞和鳍还完整,却不能动弹",暗示一代朝气蓬勃的知识分子在人所共知的二十世纪五十年代的极左思潮中被打入"另册",成为"化石",失去了生命的价值,由此感悟到"活着就要斗争,在斗争中前进,当死亡没有来临,把能量发挥干净"的人生哲理。《古罗马大斗技场》、《光的赞歌》则是从历史哲学高度对宇宙—社会—人生的历时性思考。《古罗马大斗技场》通过对古罗马的奴隶主驱使奴隶进行惊心动魄的搏斗以供取乐的场景描写,融入诗人对民族—人类,对过去—今天—未来的思考。长诗《光的赞歌》正如吕剑《归来的歌·书后》中所评论的那样:"我认为《光的赞歌》是艾青的一篇力作,是他的又一座里程碑。他在更大的篇幅之内穷究'光'的问题。实际上他是艾青的诗体哲学,是他的宇宙观,真理观,甚至美学观的一篇诗的表述。"③《光的赞歌》共分9章,第1—3章写光(太阳)的价值,她是宇宙和生命的原动力;第4章写"有人害怕光",欲把世界变为黑暗;第5章写黑暗与光明的斗争;第6章写人类社会发展进化的历

---

① 《巴金全集》第26卷末所附李存光的《巴金著译年表》中有1982年"五月三十一日在寓所会见诗人艾青"的记载,附在《时代的吹号者——艾青传》末尾的《艾青年表》中也有1982年5月底艾青"拜访中国作家协会主席巴金"的记载,但因这时巴金和艾青都不再写日记了,所以无法找到他俩谈话的具体内容。

② 骆寒超、骆蔓:《时代的吹号者——艾青传》,杭州出版社2005年版。

③ 同上。

史;第7—8章写生命的价值;第9章写对未来的展望。《光的赞歌》借助"光"的形象,诗人在自然界—宇宙—人类社会中进行巡行,既纵观宇宙万象,又俯瞰人间现实,从中引发感悟出物我互鉴、古今相通的哲理,它是诗与哲学的结合。海德格尔说,诗与哲学是近邻,晚年的艾青已达到诗与哲学共融的高境界。

当巴金和艾青将达人生终点之际,巴金在回顾总结自己的毕生创作时说:"我拿起笔写小说,只是为了探索,只是在寻找一条救人、救世、也救自己的路。"[①]艾青则说:"我一直生活在途中——永远不会到达的旅途中。"[②]敢于讲真话、勇于探索追求真理和正义的巴金与艾青,他们的人生在"探索"的路上永远展示着辉煌……

[①] 巴金:《再谈探索》,《巴金全集》第16卷第175页,人民文学出版社1991年版。

[②] 骆寒超、骆蔓:《时代的吹号者——艾青传》,杭州出版社2005年版。

齐 佳

论巴金创作对80后的现实意义

如果说中国有一位作家是在用生命进行创作,那么他一定是巴金。看巴老的传记,这一瞬间,我泪流满面——他在病中说:"我已经不能再写作,对社会没有用处了,还是停止用药吧。"[①]出于一种虔诚的崇敬,我写出这篇文章。没有学术用语的推敲,没有专业研究的考证,仅仅凭借一腔热情,力图表达我——一个80后,对一代文学巨匠的深深怀念。

一 创作——与文学无关

没有一个作家不钟爱自己的著述,但是没有一个作家像巴老那样钟爱他的作品。读一些他的序跋,你便可以明白那种如母爱般的一往情深。他会告诉你,他蔑视文学:"文学是什么?我不知道,而且我始终不曾想知道过。""我写文章不过是消耗自己的年轻的生命,浪费自己的活力。我的文学吸吮我的血液,我自己也知道,然而我却不能够禁止。社会现象像一根鞭子在驱使我,要我拿起笔。但是我那生活态度、那信仰、那性情使我不能甘心,我要挣扎。"(《将军》序)

一个用生命去祭奠创作的人,我们无法理解那是怎样的热忱,巴金说:"我的作品整个儿就是个人对生活的感受,我有苦闷不能

---

① 李存光:《巴金传》,十月文艺出版社1994年版。

发散,有热情无法倾吐,就借文字来表达。"文字是什么,充其量不过是一些干瘪的符号。文学是什么,在无情感的支持下,只是一群符号无规则排列的可笑的涂鸦。文学是需要温度来滋养的,而温度源于生命本真的热忱,这是我从巴金身上学到最深刻的体会。

巴老这样描述他的创作:"我是从探索人生出发走上文学道路,五十多年中我也有放弃探索的时候,停止探索,我就写不出作品,我开始读小说是为了消遣,但是我开始写小说绝不是为了让读者消遣。我不是一个文学家,我只是把写作当作我生活的一部分,我的思想有种种的局限性,但是我的态度是严肃的,让雅克·卢梭是我的启蒙老师,我绝不愿意在作品中说谎,我常常解剖自己,我的生活中充满了矛盾,我的作品里也是这样,爱与憎的冲突,思想与行为的冲突,理智与感情的冲突,理想与现实的冲突这一切织成了一个网,掩盖了我的全部生活、全部作品。我的每一篇作品都是我追求光明的呼声。艺术应该对社会改革、人类进步有所帮助,要使人们变得善一些好一些,使社会向光明前进,我就是为这种目的才写作的,我只愿意做一个写到生命最后一息的作家。"[1]

巴金很早就被人称为文学大师。而他自己却在多种场合真诚地表示他写作不是因为有才华,而是因为有感情。他是在用作品来表达自己对国家和人民无穷无尽真挚的感情。真正读懂巴金的人们相信,正是贯穿他一生的怜悯、真诚、宽容和爱,造就了巴金独特而伟大的艺术感染力和精神财富,他留下的是他的作品和他的精神力量(中国当代作家舒乙语)[2]。

二 青春启示录

巴老的读者大半是二十岁上下的青年。从天真到世故,这段人生的路程,最值得一个人留恋:是希望、信仰、热诚、恋爱、寂寞、痛

---

[1] 汪应果:《巴金论》第169、242、207页,上海文艺出版社1985年版。
[2] 汤叔敏:《中国当代文学研究资料巴金专集》第195页,江苏人民出版社1981年版。

苦、幻灭种种色相的交织。巴金是幸福的,因为他的人物属于一群真实的青年,而他的读者也属于一群真实的青年。他的心燃起他们的心。他的感受正是他们悒郁不宣的感受。他们(巴金作品中的青年)都才从旧家庭的囚笼走出,来到心向往之的都市;他们有憧憬的心、沸腾的血、过剩的力;他们需要工作,不是为工作,不是为自己,是为一个更高尚的理想,一桩不可企及的事业(还有比拯救全人类更高尚的理想,比牺牲自己更不可企及的事业吗?);而酷虐的社会——一个时时刻刻讲求苟安的传统的势力——不容他们有所作为,而社会本身便是重重的罪恶。这些走投无路、彷徨歧途、春情发动的纯洁的青年,比老年人更加需要同情、鼓励、安慰,他们没有老年人的经验,哲学,一种潦倒的自嘲;他们急于看见自己——哪怕是自己的影子——战斗,同时最大的安慰,正是看见自己挣扎,感到初入世被牺牲的英勇。于是巴金来了,巴金和他热情的作品来了。

　　他写给青年的三本小说就是《家》、《春》、《秋》,陈思和认为,这三本书最重要的主题就是对于青春、生命和爱的歌颂,是巴金写给青年的最重要的三部作品。他说:"我们今天这个时代丧失了青春的热情,被现实功利和斤斤计较遮蔽了眼睛,看不到人是需要有青春活力、需要有朝气蓬勃的理想和热情的。但是我相信只要人类社会还需要用青年的力量来创造未来世界,那么,巴金所描写的青春生命的激流是永远也不会过时的。"①巴金留下了1500万字的文学作品,那里记载着属于巴金的永恒的青春。我看到了巴金思想中很美丽的东西,他对人生有一个非常坚定的信仰,他对生命有一套哲学,他认为,生命像花朵一样会开放。

　　二十世纪三十年代初巴金的作品《家》的流行似乎成为一个时代的隐喻:这是生于一方望族,长于诗礼人家,自幼受过严格的古典训练的一位年轻作家在"五四"精神感召下对现存制度的反叛。"五四"话语在《家》中留下了清晰的痕迹,例如"成为人道主义者","我是一个青年","要成为一个新女性","脱离旧家庭","吃人的旧制度"等等。《家》中充满了对"新"和"青春"的崇拜,小说

---

① 陈思和:《当代文学史教程》,复旦大学出版社2005年版。

的时间流向似乎毫不犹疑地指向了革命的未来。巴金曾经这样解释自己喜欢《家》的原因："它至少告诉我一件事情：青春是美丽的东西。"①

《家》中所呈现的青春的一个重要特征是"我在爱着"。爱情的对象虽然也重要，但是这种理想之爱更强调的是爱作为一种进行时的行为本身。高家三兄弟皆是"多情人"；即使另一位"零落人"剑云对琴"为伊消得人憔悴"的痴情也表现了其对"爱情"本身病态的迷恋，这是一种不奢求回应的充满了自我牺牲精神的爱。《家》中对"情"的追求在根本上承担了一种反抗家族制度的责任，捍卫个人幸福被赋予崇高的意味："我是青年，我不是畸人，我不是愚人，我要给自己把幸福争过来。"这样的话语即使是80后的我们读来，也能强烈地感受到一种源自生命不安的感召力。青春原该如此，反抗——觉醒——睿智，永远不停歇的追逐，追逐即使是虚无的、完全无形的"梦想"，冲动，是独属青春的可爱，老成持重，本不该在这个季候显现。所谓的"非主流"情节无疑是在亵渎——打着艺术的旗号，在自己最美丽的季节做无病呻吟。

复旦大学教授、巴金研究专家陈思和几年前说："这个社会正在逐渐走向开放，人人都有权利追求事业成功、财富增长、名利双收……但唯独巴金，还在一字一句地写他的忏悔录。他沉浸在噩梦般的恐怖之中，把自己作为箭垛，一鞭一条血痕地解剖自己、指责自己，提醒人们不要忘记二十年前的民族劫难。这种对世人的爱心与对自己的苛刻情绪近似宗教信仰，可是在所谓'后现代型'的社会里，却变得那么不合时宜。人们在仪式上保持了对老人的尊重，但他的警告却被视为一种杞人之忧。"②陈教授以其犀利的视角，向我们这代人发出沉痛的呼吁，难道不应该警醒吗？我们不是靡费的一代，更不是垮掉的一代，不要再沉溺于对青春的漠视，重读巴金，希冀我们每个人都能找到激越青春的动力。

---

① 贾植芳：《巴金专集》，江苏人民出版社1987年版。
② 陈思和：《当代文学史教程》，复旦大学出版社2005年版。

史　　料

资　讯

卢剑波：巴金眼中的"中国甘地"

　　卢剑波(1904—1991)，著名历史学家、语言学家。四川合江人（祖籍湖北孝感）。原名卢廷杰，笔名剑波、左馨、田申雨、幼葭、黑囚、inferlo、江一、Gitav。1928年上海国民大学毕业，在上海、四川教中学。曾编《时与潮》、《民锋》等刊。1944年入四川大学任教，后为历史系教授，并任四川省历史学会理事、省语言学会理事、中华全国世界语协会理事等职。早年著有《世界女革命家》、《社会价值的变革》、《为世界语主义的世界语》及《伊索智慧》等。

　　卢剑波是著名历史学家、语言学家。他才华超人，学识渊博，中西贯通，精通英语、德语、法语、俄语、拉丁语、古希腊语、意大利语、西班牙语及世界语。卢剑波具有强烈的反封建意识及寻求改革社会、振兴中华的热情。他和巴金因共同的理想而相知相识，并在后来的斗争中相互鼓励支持，巴金曾称他是"中国的甘地"。他曾经在华西协合高级中学教国文和外国史长达十多年，以后又被聘为四川大学历史系的教授。1991年12月8日，卢剑波不幸病逝，享年八十七岁。

安那其主义的信仰者

　　卢剑波1904年7月出生在四川合江,原名叫卢廷杰。他的祖父亲是一位手工艺匠人,父亲是清末廪生,也就是通常人们说的秀才。卢剑波在合江中学读书时,受新文化运动和"五四"运动的影响,从《新青年》、《新潮》等书里接受不少的新思潮,例如"安那其主义(无政府主义)"和"世界语"。随后他在学校里组织学生联合会,印传单,开讲演会,主张取消"二十一条",反对北洋军阀;主张思想自由、男女平等、男女同校,反对各种宗教迷信。他用笔名"剑波"给重庆联中学生组织的渝江评论社刊物《渝江评论》写稿。

　　后来,合江中学来了一位叫李宗泌的青年教师,在他的影响下,卢剑波知道了苏联的十月革命,希望到苏联去学习。1921年,他拿了家里的三个大洋,带着李老师的信到重庆找到了重庆联合县立中学监学、适社(一个无政府主义组织)负责人陈小我(又名陈慕勤),却被告知已经不能去苏联了。陈小我安排他住在重庆联中,参加川东学生联合会组织的反对日本侵占山东的游行、抵制日货、罢课示威和烧毁日货的活动。

　　那个时期,远在成都的巴金从《半月》上看到了介绍重庆适社的文章,知道了该社的宗旨是"铲除统治权力"、"建设互助——博爱——平等——自由底世界"……他抑制不住内心的激动读完了文章,"那意见和那组织正是我朝夕所梦想的"。处在徘徊、迷茫中的巴金看到了希望,他想加入适社,于是给《半月》编辑写信请求他们做介绍人,就这样巴金也认识了适社的负责人陈小我。陈小我把卢剑波介绍给与他同岁的巴金通信认识,巴金认为卢剑波"锋芒毕露"、"年少气盛"、"有极强的精神力量",是一个"为理想献身的革命家"。

　　1922年,卢剑波转学到泸县川南师范,在那里他积极宣传无政府主义。同年5月间,卢剑波和同学准备办一个刊物,利用川南道军警学校运动会的机会扩大宣传。不幸此情泄露,卢剑波被抓捕,以蓄谋煽动军警叛变罪名被判处死刑,立即执行。就在赴刑场的路上,传令兵赶来叫停了枪决命令。原来川南道尹王缵绪请示了他的上司杨森,杨森认为卢剑波年纪轻轻的,有胆量,改判为禁闭教育,叫司法官对他说:"你小小年纪,竟有这样胆识,如果'改邪归正',将来定会为国家建功立业。"不久由教育厅厅长、川南日报社社长卢作孚作担保才把他保释出来,但要他3日之内离开泸县回合江去。

战斗在上海

卢剑波回家不久后,怀揣着寻求社会改革的理想,决定出川求学。他去南京考入了江苏省第一中学,并和同学胡迈创办了《民锋》杂志,该杂志主要介绍世界无政府主义名著,抨击军阀政府。而此时巴金也离开成都到上海求学,看到了该杂志。两位通信神交已久的四川同龄人在南京第一次见面了,他们一见如故,从此一直以兄弟相称。

高中毕业后,卢剑波准备考北京大学,但有人告密说他参加了反对曹锟贿赂竞选总统活动而无法到北平去投考,《民锋》杂志也被迫停办,卢剑波只好进了上海国民大学政治经济学系学习。当年5月,上海发生了"五卅惨案",他和卫惠林等人编《正义报》,参加上海工团联合会的宣传活动。巴金8月从北京考北大回上海后,和卢剑波等16人创办了《民众》半月刊,提倡"民众自己的利益,需民众自己去谋","要把为资产阶级独占的学术取回后交与民众全体"。

在读大学期间卢剑波恢复《民锋》杂志,撰写文章公开批判国民党的所作所为,第二年该杂志就被查禁了。

1928年,卢剑波以一篇《马克思资本集中说》的论文从上海国民大学毕业,获学士学位,经朋友介绍在上海私立正始中学教外国史。这期间他继续主编《民锋》杂志,为《新女性》、《群众半月刊》杂志撰稿并翻译出版外国书刊。但他在《民锋》杂志上发表"我们认定,阶级斗争为工人和农人解放运动的基础"等等言论,却导致该杂志再次被当局查禁。国民党中央监察委员吴稚晖等人,说他是"布尔什维克化",淞沪警备司令钱大钧想通过法租界抓捕他,幸好得法国友人的通风报信,他才躲过一劫。不久上海光华书局出版了他写的杂文集《有刺的蔷薇》,对社会的丑恶、黑暗和国人的劣根性、装腔作势的虚伪性等等都给予无情的揭露。

卢剑波精通多种语言,通过参考从国外友人那里得到的书刊,他翻译发表并出版了不少介绍进步思想和宣传科学、民主的书籍。《失败了的俄国革命》、《世界产业工人简史》、《自由的女性》、《生与生之表现》、《妇女解放与性爱》、《世界女革命家》、《社会价值的变革》等都是那个时期卢剑波的杰作。

四川的教育生涯

1931年年底,卢剑波从上海乘船回四川养病。1932年"一·二八"事变,上海沦陷,卢剑波决定到成都发展事业。他被邀请到三台潼川共立高级中学教书。在教学活动中,卢剑波一直宣传革命的进步思想。他当年的学生杨静远还记得,卢老师借用《华沙工人之歌》的原调专门为中学生写了一首革命歌曲,并且在课堂上教学生唱。为了掩人耳目,歌词用文言文写得隐晦深奥,下面这段歌词就表达了他反抗暴政拯救黎民的思想和抱负。

  黑浪红潮翻腾夭娇蔽天兮,
  黑鹫红蛇吾目为之迷蒙兮,
  屡危蹈险吾无惧何论痛苦兮,
  良心召吾殛吾诛暴戾拯黎元兮。

1933年初,卢剑波离开三台回到成都,在华西协中教国文和外国史。卢剑波坐黄包车到学校上课的路上,常常诗兴大发并将想好的诗句记在脑子里,课后便随手写在教科书的空白处,如《上路的人》、《春雷动了》、《脚边的芭蕉已举起了红旗》、《罗兰夫人害怕自由被假冒》、《你的眼睛里有的是爱情,还有的是火?》等诗都是他在黄包车上构思而成。

不久,卢剑波、吴先忧和张良卿等人组织发起成都世界语学会,办讲习班,出版世界语《绿帜》杂志,推广世界语,卢剑波被推举为第一届主席。学会不仅把讲习班开到了华西协合大学,还教小学生学世界语。很快在成都就有会员一百多人,组织了绿星合唱团,成都广播电台还邀请合唱团在电台用世界语播出节目。很快在成都市就形成了一个学习世界语风气。

当时在省立成都师范学校任教的中共地下党员车耀先也热心学世界语,他每周两次从努力餐馆坐黄包车到卢剑波的住所上半节巷去上课。只读过两年私塾,靠自学成才的车耀先深知平民读书难、识字难,因而他极力推广注音符号和文字改革。通过学习世界语,车耀先和卢剑波、张良卿成了好朋友,而卢、张二位也是热衷于文字改革的,三人便一同创办了《语言》刊物,该杂志是一本以宣传世界语、文字改革和推广汉语拼音文字的刊物,车耀先把他的餐馆作为刊物的大本营了。

巴金:以编他的书为荣

1947年6月,巴金在上海看完了卢剑波寄给他的40多篇文章后,写道:"读着剑波的文章,我觉得有什么东西在我心里激荡,仿佛就要把我的心推出我口腔来,又好像要将它捣成粉碎似的。接着我全身起了一阵轻微的颤动。这颤动一下就过去了,但我感到相当长期的喜悦。"

巴金从这四十多篇文章中选出二十六篇,编成一本散文集,卢剑波自己取名为《心字》,由上海文化生活出版社出版。巴金还在这本书的后记中,谈了他和卢剑波的相识,他写道:"我和剑波在二十六年前第一次通信,二十四年前第一次见面。我那时还是一个不知天高地厚的孩子。他和我同年,但他比我更有勇气,而且跑过更多地方,做过不少惊人的事。"巴金是这样评价卢剑波的:"剑波是一个病弱的人。但是他却有着极强的精神力量。他过刻苦的生活,做过度的工作,二十年如一日,不仅物质的缺乏折磨着他,他还受到常人无法从其中自拔的精神上的煎熬。"他"始终保持年轻人的认真与热情",他"不会失去他那颗'赤子心'"。

最后巴金写道:"虽然他至今还是一个默默无闻的中学教师,可是我喜欢我有这样一个朋友,我更以能够代他编辑这一本集子为我的光荣。"1987年10月,八十四岁的巴金最后一次回成都,两位同龄的老朋友又见面了。

卢剑波写了一首"相互勉励"的五言诗《别巴金》：

霹雳缘何迟？秋意已阑珊。旦暮思奋发，岂惧雪与霜！前日见故人，一别廿七年。

谢君相勉励，未死还发扬。羽翼尚未剪，意志犹顽强。理想信不诬，笔墨透纸张。

莫言名与利，名利毒肺肝。百岁等旦暮，何者为彭殇？言语未道断，息息当自强。

痴愚缘自性，忍死效春蚕。别君劳梦想，引领望武康。

卢剑波的学识、人品在成都很有口碑，而且他的教学很有开拓性。他为了提高高中生的思维能力，通过自学，把传统逻辑、数理逻辑和因明学(起源于古印度的逻辑学，又称为佛教逻辑)编写了《因明易解》教材，在学校给高中三四年级学生开课。1944年他被四川大学邀请去授课，先后讲过逻辑学、古希腊史、意大利史、世界中世纪史、世界文化史等课程。而《因明易解》讲义也被教育部认可为可取得教授资格的学术论文。卢剑波从1946年离开华西协合高级中学，一直在四川大学任教。他在国内第一次用汉语编写《古希腊语》讲义，并且用此教材第一次给世界古代史研究生讲课。他曾任世界古代史研究会副理事长、四川省历史学会理事、四川省语言学会理事、成都市世界语学会副理事长、中华全国世界语协会理事等职。

(《成都日报》2012年2月13日　戚亚男　罗俊荷)

巴金赴朝有关史实正误

抗美援朝战争期间，巴金曾两度赴朝鲜前线，共在朝鲜活动363天(第一次从1952年3月16日过鸭绿江到同年10月12日夜宿朝鲜龟城，共211天；第二次从1953年8月10日过鸭绿江到

1954年1月8日夜回到丹东,共152天)。这段经历虽然不算太长,但对他后半生的思想和创作都产生了重大影响。

时过半个世纪,当事人的回忆在细节上难免互有出入,现今的研究者又碍于时代的隔阂,这样就造成了对当时一些史实叙述的错讹。这些史实虽然并非"大事",但事关巴金这样的永载史册的作家,"小事"也就不小了。所以,笔者予以考辨,以免以讹传讹。

当然,所据资料仍然会有出入,所以所谓"正误"也许仍然有误,欢迎质疑、商榷、纠正。

一 巴金所率是全国文联"赴朝创作组",不是"战地访问团"、"代表团"或"慰问团",巴金是"组长"而非"团长"

许多巴金研究论著,往往把1952年3月巴金赴朝时的组织称为全国文联"朝鲜战地访问团"、"慰问团"或"代表团",称巴金为"团长",包括一些最具权威性、影响最大的著作,如李小林编《家书——巴金萧珊书信集》(浙江文艺出版社,1994年版)和《巴金家书》(浙江文艺出版社,2003年版)中《巴金致萧珊(1952年3月18日朝鲜)》一信的注释;唐金海、张晓云《巴金的一个世纪》(四川文艺出版社,2004年版)在"一九五二年 四十九岁"的记事;徐开垒《巴金传(增订版)》(上海文艺出版社,2006年10月第3版);黄茵在《黄谷柳朝鲜战地写真》(岭南美术出版社,2006年版)写的"后记";黄茵编著的《1951—1953,中国的文人与中国的军人:巴金与他的战友们在朝鲜前线》(岭南美术出版社,2007年版);李辉等主编的《百年巴金:一个知识分子的历史肖像》(四川人民出版社,2003年版)所附《巴金年表》;等等。散见于权威性报刊中的,也不少见。如《人民日报·海外版》2007年11月30日关于中国现代文学馆举办"巴金的珍藏"暨"中国的文人与中国的军人"图片展览纪念巴金诞辰103周年的报道,《昆仑》1983年第1期刊载的曾陪同巴金在朝鲜前线活动的张文苑的回忆散文《巴金在砂川河畔阵地上》,《文艺报》2003年1月7日所发表的金炳华为作家古立高作品研讨会的书面致词《"永远向着前面"的文艺老战士》等。

但是,我们如果认真检核一下原始资料,可知当时的那个赴朝组织并没有"访问团"、"慰问团"、"代表团"的名义，而是全国文联"赴朝创作组"；巴金也不是"团长"，而是"组长"。

1.《文艺报》1952年第5号（1952年3月10日出版）发表的《全国文联组织作家深入生活进行创作》："全国文联已在全国范围内，组织第一批作家深入部队、工厂、农村体验生活。第一批作家中赴朝鲜的有巴金（组长）、古元、葛洛……"《人民日报》1952年3月6日发表新华社1952年3月5日消息《中华全国文学艺术界联合会组织作家深入生活进行创作——第一批作家巴金、曹禺等将分赴朝鲜和工厂、农村》，内容与上引《文艺报》的报道基本相同。

2.《文艺报》1952年第8号（1952年4月25日出版）发表的《巴金等控诉美帝国主义进行细菌战》："全国文联赴朝创作组在巴金率领下，于三月二十日抵达朝鲜前线，……"

3.《人民日报》1952年4月4日发表新华社1952年4月2日电讯《我国文联创作组到达平壤》："中华全国文学艺术界联合会赴朝创作组在巴金率领下，在三月三十一日从朝鲜前线抵达平壤。"

4. 巴金1952年2月18日致萧珊信："现在分组大致已定，……"1952年3月11日致萧珊信："这次出来挂了个组长的名义，……"1952年3月12日致萧珊信："同照的是部队里来的葛洛同志，他和古元是我们这个组的副组长。许多事情都是他在办。"1952年4月10日致萧珊信："我们在前线先参观一些地方，以后就分散到各个部队里去，我的组长的名义就可以取消，活动也就简单化了。"[1]

5. 巴金1991年7月5日致王树基（王仰晨）信："一九五二年一、二月我在上海接到家宝的信，他说丁玲要他动员我参加全国文联组织的赴朝创作组，……三月初离开北京。出发前宣布了组员的名单，一共十七人，我担任组长，两位副组长是葛洛和古元。"[2]

---

[1] 巴金、萧珊：《家书——巴金萧珊书信集》，李小林编，浙江文艺出版社1994年版。

[2] 巴金：《巴金全集》第20卷代跋（一），《巴金全集》第20卷第708页，人民文学出版社1993年版。

6. 巴金1992年9月15日致王树基(王仰晨)信:"一九五二年我参加全国文联赴朝创作组到中国人民志愿军采访。"①

7.《人民文学》1953年第1期发表李蕤《在朝鲜前线八个月》:"我们第一批入朝创作小组,三月七日离京,⋯⋯"

上述资料表明,这次组织作家艺术家赴朝,是组织艺术家深入生活的一部分,不论下农村、工厂、前线,都是为体验生活、繁荣创作,并没有"访问"、"慰问"的性质和任务,成员也不是经某种程序推出的代表。所以,不能称"访问团"、"慰问团"或"代表团"。另外可以证明这一点的是,在1952年12月,全国文协又组织了第二批作家和文艺工作者深入生活,"参加实际斗争,体验生活,进行创作"②。

组织作家艺术家到志愿军中去,离不开解放军总政的支持和参与。巴金1952年2月29日致萧珊信说:"总政文化部又派了一个通信员给我,⋯⋯"③从北京出发一直到志愿军后勤部,一路负责陪同、联系的都是总政文化部处长宋之的、志愿军后勤部副参谋长罗文。创作组从志愿军后勤部出发往志愿军总部时,宋之的、罗文才向其告别——黄谷柳日记写道:"(一九五二年)三月二十日:昨午四时二十五分离香枫山,罗文同志、宋之的同志送行。"④但是,因为创作组成员并没有现役军人,主其事者是中国文联,所以正式名称仍是"中华全国文学艺术界联合会赴朝创作组",简称"全国文联赴朝创作组"。

有些研究者也正是这样叙述的,如:吴泰昌《我亲历的巴金往事》第65页(文汇出版社,2003年11月版),陈丹晨《巴金评传》第273页(河北人民出版社,1981年8月版),陈丹晨《巴金全传》第234页(中国青年出版社,2003年10月版),李存光《巴金传》第290

---

① 巴金:《巴金全集》第25卷代跋,《巴金全集》第25卷第612页,人民文学出版社1993年版。
② 记者:《全国文协组织第二批作家深入生活》,《文艺报》1952年第24期。
③ 巴金、萧珊:《家书——巴金萧珊书信集》,李小林编,浙江文艺出版社1994年版。
④ 黄谷柳、黄茵:《黄谷柳朝鲜战地写真》,岭南美术出版社2006年版。

页(北京十月文艺出版社,1994年12月版)、陆正伟《巴金:这二十年(1986—2005)》第121页(上海人民出版社,2006年10月版)。这些叙述才是正确的,符合当时实际的。

二 赴朝创作组成员是18人还是17人?

"赴朝创作组"成员有18人,还是17人?许多论著也不一致。

首先是"十八人说",主要者如:巴金1952年2月29日致萧珊信:"同去十八人,我年纪最大,……"[①]黄茵在《1951—1953,中国的文人与中国的军人:巴金与他的战友们在朝鲜前线》一书写的《后记一:476张胶片背后的传奇》引罗工柳的2003年12月25日信:"……你录的一段黄谷柳的日记,和我的日记时间是一致的。西虹的日记也是十八人,……"[②]《文艺报》1952年第5号《全国文联组织作家深入生活进行创作》的消息,和《人民日报》1952年3月6日报道的新华社消息《中华全国文学艺术界联合会组织作家深入生活进行创作——第一批作家巴金、曹禺等将分赴朝鲜和工厂、农村》,所列的赴朝作家艺术家名单计18人。唐金海、张晓云《巴金的一个世纪》:1952年1月,"在北京筹备全国文联组织的'朝鲜战地访问团',任团长。该团有文学、音乐美术工作者葛洛、艾芜、古元等十八人"[③]。

第二种是"十七人说",影响较大的如:巴金1991年7月5日致王树基(王仰晨)信:"出发前宣布了组员的名单,一共十七人,我担任组长,两位副组长是葛洛和古元。"[④]《文艺报》1952年第8号报道《巴金等控诉美帝国主义进行细菌战》:"三月二十二日,创作组的十七位文艺作家会见了中国人民志愿军彭德怀司令员。"《人

[①] 巴金、萧珊:《家书——巴金萧珊书信集》,李小林编,浙江文艺出版社1994年版。

[②] 黄茵:《1951—1953,中国的文人与中国的军人:巴金与他的战友们在朝鲜前线》第187页,岭南美术出版社2007年版。

[③] 唐金海、张晓云:《巴金的一个世纪》第280页,四川文艺出版社2004年版。

[④] 巴金:《巴金全集》第20卷代跋(一),《巴金全集》第20卷第708页,人民文学出版社1993年版。

民日报》1952年3月24日发表新华社1952年3月23日电讯《志愿军领导机关举行盛会　欢迎祖国作家艺术家》："中国人民志愿军领导机关举行盛会,欢迎由著名作家巴金率领在二十日抵达朝鲜前线的祖国十七位文艺家。"巴金《我们会见了彭德怀司令员》："我们十七个从祖国来的文艺工作者坐在板凳上,怀着兴奋的心情,用期待的眼光望着门外半明半暗的甬道。"①

陈丹晨《巴金评传》第273页(河北人民出版社,1981年8月版),李存光《巴金传》第290页(北京十月文艺出版社,1994年12月版)等,都作"十七人说"。

另外,如中共中央党校理论研究室编《历史的丰碑:中华人民共和国国史全鉴　文化卷》中,1952年"大事记"《全国文联组织作家深入生活进行创作》也作"十七人说":"赴朝鲜的作家和文艺工作者有巴金、葛洛、白朗、黄谷柳、李蕤、王希坚、菡子、立高、逯斐、寒风、古元、罗工柳、辛莽、高虹、西野、王莘、伊明。"②

以上资料,时间都相隔不久,为什么会有"十八人"和"十七人"的不同说法呢?原因就在于古立高同志。从资料看,文联起初的安排,古立高是参加创作组的,而且已经宣布,所以巴金在1952年2月29日给萧珊的信中说"同去十八人",《文艺报》和新华社在1952年3月初的报道都列有古立高,创作组的其他成员印象中也有古立高。但是,如黄谷柳日记所说,3月7日创作组离京和入朝时,"立高未到"③,实际上只有17人。

据徐光耀《阳光·炮弹·未婚妻:徐光耀抗美援朝日记》可知,古立高因故未能与创作组一起入朝,他是1952年4月16日与徐光耀两人一起离开北京,4月19日过鸭绿江到朝鲜④。而创作组在4

---

① 巴金:《我们会见了彭德怀司令员》,《巴金全集》第14卷第109页,1990年版。
② 中共中央党校理论研究室编,刘海藩主编:《历史的丰碑:中华人民共和国国史全鉴:文化卷》第37页,中央文献出版社2005年版。
③ 黄谷柳、黄茵:《黄谷柳朝鲜战地写真》,岭南美术出版社2006年版。
④ 徐光耀:《阳光·炮弹·未婚妻:徐光耀抗美援朝日记》第1—3页,中国文联出版公司2008年版。

月6日已经结束集体行动,分散到各部队去了,等于说创作组作为一个团体已经不存在了。所以说,巴金他们在离京、渡江、会见彭德怀、在平壤会见金日成等集体活动中,都是17人,没有古立高。徐光耀、古立高到朝鲜后,因为创作组集体活动早已结束,他们的行动都是自己计划、选择的。他们4月27日离开志愿军政治部,到二十兵团的六十八军(徐光耀的老部队,在元山方向,属于东线)。5月20日,原先创作组的辛莽、王希坚、古元、菡子这时从二十兵团到了六十八军参加军英模会,方与徐光耀、古立高相见。之后又分开行动。

所以,从起初宣布"赴朝创作组"的成员名单说,创作组包括古立高共18人;从一个团体的真正活动来说,创作组则不包括古立高,是17人。

通过对有关文献的查阅引述,同时也发现这些文献的一点讹误。《黄谷柳朝鲜战地写真》称:"一行巴金、葛洛、古元、白朗、王希坚、罗工柳、辛莽、菡子、逯斐、寒风、西虹、高虹、西野、王莘、伊明,加上艾芜夫妇一共十八人,立高未到。"①黄谷柳说"共十八人",已把他自己算在内,那么,除去艾芜夫妇只有16人,漏掉了李蕤。这应该是作者一时疏忽。据李蕤《在朝鲜前线八个月》:"我们第一批入朝创作小组,三月七日离京,三月十六日过鸭绿江,……"②李蕤肯定是属于17人之内的。另外需要指出的是,徐开垒《巴金传(增订版)》第405—406页(上海文艺出版社,2006年10月第3版)对文联赴朝组织的成员的罗列,也是漏了李蕤计为16人。至于中共中央党校理论研究室编《历史的丰碑:中华人民共和国国史全鉴文化卷》所列赴朝文艺工作者17人,列了古立高而缺了西虹,并把"李蕤"错成"李甦",作为国家级的大型文献,这实属不该出现的错误。

三　巴金没有参加六十三军1952年8月底的英模会

原志愿军六十三军军长傅崇碧在《傅崇碧回忆录》里提道:

---

① 黄谷柳、黄茵:《黄谷柳朝鲜战地写真》,岭南美术出版社2006年版。
② 李蕤:《在朝鲜前线八个月》,《人民文学》1953年第1期。

"1952年8月28日至31日,我军(引者注:指志愿军六十三军)利用战场相对稳定的间隙,召开了抗美援朝首次英模大会。……著名作家巴金、魏巍出席了会议。"①

六十三军这次英模会,魏巍参加了是毫无疑问的。魏巍在《四行日记》中的《二次赴朝日记》里,记载1952年"八月二十六日至九月二十二日","从二十八日至二日开了四天英模会。会场在不远的山坡上,布置得很堂皇。又听了郭恩志等十几个同志的典型报告,与他们合影。"②然而,根据巴金日记的记载③,他并没有参加这次大会。他从6月23日至8月14日,一直在六十三军,共约五十天时间,曾先后深入六十三军的一八七、一八八、一八九师体验生活。其中,6月25日—27日,巴金与魏巍、李蕤一起参加了一八七师的庆功会;7月28日—30日,他们又一起参加了一八八师的庆功会;之后在一八八师采访了一些英雄人物。但是,他在8月12日的日记中已写道:"对路主任(引者注:六十三军政治部主任路扬)说明十四日去开城,他答应派车送我。"8月14日日记记载:"三点半下山吃晚饭,……六点开车,临行颇感留恋。……十点一刻到七〇部(引者注:指六十五军),……"黄谷柳1952年8月14日的日记也清楚地记着:"巴金夜十时从63军回来。"④1952年8月15日巴金致萧珊的信也证明了这一点:"昨晚回到开城(引者注:六十五军军部驻开城),……离开这里五十天,生活好,收获多,……"⑤巴金在六十五军政治部住下后,写了给全国文联的报告,于8月20日就去了六十五军一九四师,一直到9月8日再回到六十五军政治部。他的日记和家书都证明了这一点。这些都表明,8月底至9月初六十三军开英模会时,巴金正在六十五军一九四师的连队里,并没有

---

① 傅崇碧:《傅崇碧回忆录》第155—156页,中共党史出版社1999年版。
② 魏巍:《四行日记——魏巍文集:续二卷》,中国文联出版社2008年版。
③ 巴金:《赴朝日记(一)》,《巴金全集》第25卷,人民文学出版社1993年版。
④ 黄谷柳、黄茵:《黄谷柳朝鲜战地写真》,岭南美术出版社2006年版。
⑤ 巴金、萧珊:《家书——巴金萧珊书信集》,李小林编,浙江文艺出版社1994年版。

去参加。

巴金没有等到六十三军英模会召开就离开六十三军,推测其原因,可能因其在六十三军五十天的生活中,对六十三军各师的英雄人物大体已经接触交谈过了,而考虑到一个新的部队为好。

那么,为什么傅崇碧同志回忆中,巴金参加了六十三军英模会呢?原因似乎在于,巴金在六十三军较长时间地体验生活,而且与魏巍一起参加过两个师的庆功会,与军首长多次接触。如6月25日,巴金与魏巍、李蕤一起参加一八七师庆功会时,军司令部设宴招待,傅崇碧参加[1],在7月28日到7月30日的一八八师庆功会的开幕式上,巴金和魏巍还被要求在大会上讲了话[2],而魏巍又确实参加了六十三军的英模会,因此,这些都可能给傅崇碧将军留下了较深的印象,只是事隔几十年,有些细节忆起略有模糊吧。

四 巴金没有采访过赵先友烈士的事迹

随着电影《英雄儿女》的广泛传播,王成形象的原型成为一时受关注的热点。其中关于巴金采访英雄赵先友事迹,赵先友是王成形象原型的说法流传最广。这应该与张振川将军的回忆录有关。巴金为赵先友烈士塑像题词"王成式的战斗英雄——特等功臣赵先友",似乎更坐实了这一说法。

张振川将军陆续写过《朝鲜战场逢巴金》(发表于1991年12月25日《中国人才报》)、《怀念王成式的战斗英雄——纪念赵先友同志牺牲50周年》(2002年)、《祝贺巴金同志百岁诞辰——再说朝鲜战场逢巴金》(2003年)等文章,回忆了"三打红山包"和"攻防六七高地"的战斗、烈士赵先友的英雄事迹和巴金采访的经过。

"红山包"等三个山头位于朝鲜半岛板门店东南五公里,攻占

---

[1] 魏巍:《四行日记——魏巍文集·续二卷》,中国文联出版社2008年版。

[2] 巴金:《赴朝日记(一)》,《巴金全集》第25卷第62页,人民文学出版社1993年版。

它可以有力打击停战谈判中美方代表的嚣张气焰,意义重大。攻打"红山包"战斗由志愿军六十五军一九四师五八二团实施,张振川当时任五八二团团长兼政委,指挥了这场战斗。"一打"发生在1952年9月6日,"二打"是在9月19日,都是迅速攻占了敌军阵地,全歼守敌,然后撤回。"三打"从10月2日开始,我方不仅要消灭守敌,而且要占领、坚守"红山包"等三个山头。10月2日夜,五八二团二营五连攻占"六七高地"后,10月3日由六连接替坚守。六连副指导员赵先友率领一个加强班从3日到5日打退了敌人29次反扑。到5日上午11时以后——

> 经过反复拼杀,最后我阵地上伤亡只剩六连副指导员赵先友、通信员刘顺武两个人。……赵先友已5次负伤,双目失明,由负伤的通信员刘顺武搀扶着他与敌拼命。最后敌人的飞机轰炸,敌数个炮群猛烈轰击,敌人的喷火坦克的火焰,使我阵地变成一片火海。这样的严重情况下,赵先友他们决不后退一步,还用步话机向团指挥所呼叫:"团长!敌人上来啦,开炮打吧!"[①]

张将军回忆中一再说到"三打红山包"战斗后,巴金到五八二团采访了赵先友烈士的事迹。其中仍以《祝贺巴金同志百岁诞辰——再说朝鲜战场逢巴金》一文说得最为具体:

> 一天,我们194师政治部刘主任还有文化科长王文清……陪同巴金同志来到我们582团开城前线的团指挥所廖川洞。……巴金文文静静和蔼可亲,他说:"我听谈判代表团说,你们团三打红山包,攻防67高地,打得很漂亮。美国人武器好,我们士气高,英勇顽强……"
>
> 巴金同志听我介绍67高地顽强战斗情况,特别对赵先友他们顽强战斗精神,很感动。他要求到6连去看看。我们的主任王克昌还有师王文清科长陪他去了6连。后来听说,巴

---

① 张振川:《祝贺巴金同志百岁诞辰——再说朝鲜战场逢巴金》,张振川:《鏖战疆场续闻》,河北文化音像出版社2006年版。

金同志在朝鲜到过很多部队,收集了大量的英雄事迹。……他精心写出的《团圆》小说,改编成电影《英雄儿女》。①

面对媒体采访,张振川将军又作过类似的介绍。由于他是当事人,他的回忆很快被广泛传播,甚至被巴金研究者当作史实写进论著。有的写作者更进一步发挥,有声有色地演绎出巴金在六连生活两个月,创作《团圆》,以赵先友为原型创作王成形象的一些情形。

但是,张将军关于巴金采访赵先友事迹的回忆,似乎很难得到资料的证明。

赵先友烈士10月5日牺牲,10月7日"六七高地"攻防战全部结束。如果巴金真的到前线采访了赵先友事迹,并亲自到了六连,那只能发生在10月6日以后,但是从巴金10月5日到10月11日这几天的日记看,他根本就没有离开过十九兵团政治部和司令部驻地。为清楚地作说明,笔者据巴金日记整理出他1952年10月5日—11日的活动日程如下:

10月5日

6时—约8时,起床,读俄文。

8时—约10时,饭后与胡可、罗工柳同到赵科长处谈工作,到朝鲜人民军驻十九兵团金代表处要载有巴金《平壤》译文的《劳动新闻》。

约10时—14时,在住处休息。中间11时—11时30分,兵团报记者张涛来谈;约13时50分,兵团文工团团长路坎来谈。

14时—15时,到路坎住处闲谈。

15时—16时,回住处看《劳动新闻》之《平壤》译文。

16时—20时,晚饭,饭后到兵团政治部主任陈先瑞处下棋,回住处同罗、胡、赵闲谈。20时睡觉。

---

① 张振川:《祝贺巴金同志百岁诞辰——再说朝鲜战场逢巴金》,张振川:《鏖战疆场续闻》,河北文化音像出版社2006年版。

10月6日

6时10分,起床,读俄文,收拾行李(准备回国)。

约6时30分—8时,兵团政治部宣传部部长李希庚来谈,要求巴金多留一天。

8时—10时,早饭,回住处整理行李,看译成朝文的散文《平壤》。

10时—16时,到兵团司令部礼堂看各部队文艺会演。

16时—约20时,晚饭,之后在兵团司令部礼堂参加座谈会,讨论会演节目问题。兵团政委李志民要巴金修改文工团的"献诗"(准备欢迎祖国慰问团的朗诵诗)。巴金确定延至10日回国。

约20时—22时30分,座谈会后回到兵团政治部,与胡、罗等同到宣传部部长李希庚处交谈。

22时30分,回住处,看"献诗"稿一遍,睡觉。

10月7日

约6时10分,起床,读俄文。告诉兵团政治部秘书科余科长推迟了行期。

8时—10时,早饭,在住处修改"献诗"。

10时—11时,文工团朗诵者韩同志来,取"献诗"修改稿,与之交谈。

11时—12时,午睡。

12时—16时,看报,写日记,写信一封。

16时—18时,晚饭后同李希庚等四人散步,到摄影组要照片,到山沟外的"汽车站"。

18时—20时,在李希庚处交谈张渭良、李江海等志愿军英雄事迹。

20时,回住处,看书,即睡。

10月8日

6时—12时,起床,在住处读俄文。早饭后在住处看朝文译文《平壤》,接待朝鲜人民军联络部翻译赵同志(赵同志代朝鲜金代表赠巴金一盒人参)。

12 时—约 16 时,与李希庚等一起在兵团司令部礼堂,参加祖国赴朝慰问团的展览会。

约 17 时—23 时,在兵团司令部参加欢迎慰问团宴会、文艺晚会。

约 23 时—24 时,从司令部回到政治部的住处即睡。

10 月 9 日

6 时 15 分—8 时,起床,早饭。

8 时—17 时,和政治部同志同去司令部,参加在树林中举行的欢迎慰问团的群众大会(9 时—14 时大会,14 时—17 时慰问团杂技团演出)。

17 时,晚饭。

18 时—24 时 15 分,参加欢迎慰问团舞会。

将近次日凌晨 2 时,回到住处入睡。

10 月 10 日

6 时 50 分—约 9 时,起床,早饭,在住处休息。

9 时—15 时 15 分,在兵团政治部饭厅写《向朝鲜战场的朋友告别》两千字。

16 时—约 21 时,晚饭后,在住处与罗工柳闲谈。续写《告别》一千多字,入睡。

10 月 11 日

6 时 15 分—8 时,起床,读俄文,兵团《抗美前线》报负责人王楠来送兵团报副刊。

8 时—14 时,早饭后同胡可、罗工柳同去他们住处照相,话别。回住处,收到路坎的信和礼物。续写《告别》二千字,全文完成。

约 15 时—16 时,休息,与余科长下棋。

约 16 时—18 时,与兵团政治部组织部、宣传部首长、罗工柳、胡可晚餐话别。

约 18 时,乘车离开十九兵团回国,由兵团政治部司机郑晓初驾车,政治部主任陈先瑞的警卫员薛正普、解放军总政所派勤务兵赵国忠护送。

24时,宿于明德里。

10月12日

9时,从明德里出发。

12时30分—15时30分,修车。

18时30分,到龟城。夜宿于龟城。

10月13日

早4时,由龟城出发,8时20分过鸭绿江回到丹东。

可以看出,巴金10月5日后既没有外出采访,也没有见到一九四师或五八二团的人来兵团汇报。10月11日巴金就动身回国了,中途没有做其他活动,更不可能有到六连生活两个月,在坑道中耐着寒冬、喝着白干、嚼着花生米创作《团圆》的事。

巴金之所以没有采访"三打红山包"和赵先友烈士坚守"六七高地"战斗的事迹,从当时情势推测,原因可能在于:

一是巴金回国在即。巴金于9月8日从连队回到六十五军政治部时,预定参加过军里的庆功会后就回十九兵团,9月底回到北京。按照全国文联原定的在朝鲜半年时间,9月期满。但是,六十五军的英模会延期到了9月25日召开,让巴金推迟了行期。10月2日晚8时,五八二团在前线开始"三打"红山包战斗,而巴金大约在这天下午5时就离开六十五军军部回十九兵团政治部了。在兵团,回国的各项事宜都办完,但10月6日兵团宣传部部长李希庚要巴金看各军文工团队会演,推迟一天动身;看了演出后,兵团政委李志民又要巴金帮助修改文工团欢迎祖国第二届慰问团的"献诗"。7日修改好"献诗",8日慰问团就到了,巴金又参与欢迎活动。所以,兵团不可能安排巴金作新的采访,再误归期。

二、十九兵团司令部驻地在市边里附近的仙女洞,距六十五军前线有相当距离,且是山路,到六十五军前线还必须夜间行车以防敌机轰炸,约需要三小时方能到达。如果到五八二团采访,往返至少需要两天,所以兵团也不便安排巴金再去前线。

三、"三打红山包"和"六七高地"攻防战10月7日刚结束,对于赵先友烈士的事迹,还来不及全面总结,特别是他呼唤炮火的壮举,其典型意义还没有立即被充分、突出地宣扬。比如,当时十九兵团的《抗美前线》报记者何日红的报道《在步炮坦联合指挥所里——记西场里北山和六七高地攻防战斗》，全面记叙了从10月2日到10月7日的战斗过程，关于10月5日赵先友烈士牺牲，报道这样写道：

> 激战了20分钟以后，11时40分，阵地一度被敌人占领。……六连在多次负伤双目失明的副指导员赵先友指挥下，英雄们和100多个敌人扭打在一起，他们主动呼唤炮火，誓与阵地共存亡，绝不后退一步。最后全体壮烈牺牲。刚刚占领阵地的敌人正要挖工事，我排炮立即轰击过去，我反击部队反击了。……
>
> 6日，7日，我打退小股敌人的进攻后，敌人便停止了攻击。……战后，通过调查伤员等又总结了赵先友、刘顺武的英勇事迹。[①]

至于如何"呼唤炮火"，喊了什么话，恰恰没有写出来。待到对赵先友烈士的事迹全面总结、请功、褒奖之时，巴金早已在国内了。

巴金没有采访"第三打"红山包战斗和赵先友烈士事迹，那么张振川将军所回忆的巴金采访又从何而来呢？笔者认为，问题可能在于：

一、巴金曾在六十五军一九四师包括五八一团、五八二团体验生活，与指战员接触很多。从连队回到一九四师师部后，还与五八二团的战士、英雄赵杰仁交谈，写了《青年战士赵杰仁同志》一文。1952年9月25日到28日巴金参加六十五军英模会期间，和各师英雄广泛接触。28日英模会闭幕式会餐时，巴金和军政治部陈宜贵主任还特地与一九四师的英模们一起聚餐。张将军曾先后任五八一团、五八二团团长，在这过程中，与巴金可能会不止一次接触，所以对巴金留有相当深的印象。

二、更重要的是，巴金确实了解或知悉了"三打红山包"中的

[①] 何日红：《在步炮坦联合指挥所里——记西场里北山和六七高地攻防战斗》，张振川：《鏖战疆场余墨》第53—54页，河北人民出版社2003年版。

"一打"和"二打"两次战斗。9月6日他还在一九四师师部,晚饭后到开城六十五军军部参加一个晚会,日记写道:"王政委(引者注:六十五军政委王道邦)来得晚去得早,他说今晚八二(引者注:指五八二团)的小仗已结束,红山包拿下来了,战果正在清查。我今天听见几个人谈起今晚出击的事。赵杰仁谈得最多。"①9月7日的日记又写道:"陈政委(引者注:一九四师政委陈亚夫)来谈一阵,并谈到昨天打小仗胜利的情形。"②

9月19日晚上"二打"红山包时,巴金已经在六十五军军部,王道邦约巴金到前线一起观战。巴金在这天的日记中记录了所看到的战斗过程:

> 先去一五二口径炮阵地,在那两个阵地待了一个钟头,五点前到七九·九高地。赵文进师长(引者注:一九四师师长)、陈亚夫政委、陈主任(引者注:六十五军政治部主任陈宜贵)、黄部长(引者注:可能是十九兵团政治部组织部长黄文明)、阮参谋长(引者注:六十五军参谋长阮平)都在那儿。五点二十分开始打炮十分钟,过后就看见爆破铁丝网的火光两三次。看见绿色信号弹一发,这是敌人的信号弹。接着看见一发红色信号弹,我军开始冲锋,一分钟即突破前沿,发出两发红色信号弹,过九分钟即发出三发红色信号弹,表示占领了阵地。以后一直没有看见撤出阵地的信号弹。从电话中知道敌人进入地堡抵抗,向外投掷手榴弹,打了好久,又听说敌人开来一坦克。只看见敌人打过来一些空中炸的炮弹。一直没有解决敌人的消息,赵师长劝王政委回去,我们都回去了。③

接着在9月20日、22日,巴金从六十五军陈宜贵主任和蔡秘书那里得知"二打"的部分战绩。

---

① 巴金:《赴朝日记(一)》,《巴金全集》第25卷第84页,人民文学出版社1993年版。

② 同上。

③ 同上书,第89页。

9月28日，六十五军英模会闭幕式后，我国停战谈判代表团就邀请王道邦和巴金到代表团驻地，代表团负责人李克农、乔冠华、丁国钰等与他们共进午餐。六十五军"一打"、"二打"红山包，大灭敌人威风，对于我方谈判十分有利，所以代表团邀请王道邦，可能甚至可说必然以"一打"、"二打"红山包为中心话题，称赞五八二团打得好，说明这场战斗对停战谈判的作用。

这场"小仗"既然如此重要，所以第二天，即9月29日，六十五军政治部陈宜贵主任又与巴金一起到一九四师政治部刘主任（引者注：刘绍先）那里，听五八二团政治处主任汇报"二打"（即"小仗"）情况。很可能听汇报后还到团指挥所看了一下。

张振川将军回忆中说，巴金等艺术家参加了六十五军庆功大会，在会后巴金到五八二团采访，一九四师政治部刘主任陪同巴金到五八二团开城前线的团指挥所，巴金向张振川说"我听谈判代表团说，你们团三打红山包，……"等，与巴金日记所记在一定程度上是相契合的。即是说，这次巴金去一九四师或五八二团，只能是9月29日这一次。而这时"第三打"红山包和"六七高地"攻防战尚未发生，毫无疑问，巴金和五八二团的指挥员们所谈的当然也只能是"一打"和"二打"红山包的战斗。因为当时战事倥偬，距今又过去了几十年，张将军回忆中误将其当作采访"三打"和赵先友事迹了。

正因为巴金当时没有机会采访赵先友的事迹，所以，几年后在上海创作的《团圆》，并不是以赵先友烈士为原型塑造王成形象。

将《团圆》改编为电影《英雄儿女》的编剧毛烽，朝鲜战争期间在四十七军，当时也不知道赵先友烈士的事迹，同样不可能以赵先友为原型，而主要是以自己在朝鲜的见闻为素材塑造王成形象的。电影《英雄儿女》中"向我开炮！为了胜利"那一句惊天地泣鬼神的呼唤，主要受《志愿军一日》中记通讯兵英雄于树昌的《"向我开炮！"》[①]一文的启发而来。巴金看了《英雄儿女》电影后，在1965

[①] 孙绍均：《"向我开炮！"》，志愿军一日编辑委员会：《志愿军一日》第4编第170—176页，人民文学出版社1956年版。

年2月23日的日记中写道:"《英雄儿女》改得不错。关于王成的一部分加得好。"①王成在战斗中的英雄行为确实是编剧所"加"的。

当然这并不意味着电影中的王成形象没有巴金创作的成分。《团圆》塑造人物的重心没有放在王成身上,所以没有写王成如何战斗,但巴金在朝鲜战场上采访过不少坚守阵地的英雄,在其他作品中也有所描写,在电影作品的王成形象上也有反映。

张振川将军关于巴金采访的回忆,时间和内容上虽与事实有出入,但是对于宣扬赵先友烈士的事迹,意义重大。它使赵先友烈士五十多年前的英雄呼号重新响彻在人们的耳际,使他伟大的形象永远雄立在人民的心里,成为中华民族的宝贵精神财富,这可以说是一大功绩。

电影《英雄儿女》中的王成不是赵先友,但是,王成形象包含了赵先友,包含了一切像赵先友一样的志愿军英雄。这正表现了文学艺术的典型性规律。

所以,巴金后来知道了赵先友的动人事迹,欣然为其纪念塑像题词。赵先友烈士不愧为"王成式的战斗英雄"。

五 巴金没有到过志愿军第九兵团二十六军体验生活

《福建党史月刊》2010年第15期发表了王直将军的回忆散文《电影〈英雄儿女〉背后的故事》,其中说:

> 巴金生活工作在上海,对解放上海后入朝的部队有着特殊的感情。他在朝鲜期间,大部分时间呆在我们从上海入朝的第九兵团部队,与兵团司令员宋时轮同住过一个坑道,同时也结交了不少部队的文学艺术工作者,我们二十六军的文艺科长王剑魂就是巴金很熟悉的一位同志。王剑魂作为志愿军英模事迹归国报告团的副团长,在华东地区作巡回报告期间,曾和巴金进行过深入的交谈,并向他提供过第二十六军在朝鲜战场上的许多资料,这对巴金反映朝鲜战争的文学创作会

---

① 巴金:《上海日记》,《巴金全集》第25卷第483页,人民文学出版社1993年版。

产生一定的影响。①

由此,推出一种说法,《英雄儿女》中的军政治部主任王东原型之一就是时任二十六军政治部主任的王直。

我们不管王东形象有无原型、原型是谁,但有一点可以肯定,巴金在朝鲜并没有到过二十六军,也没有与宋时轮将军"同住过一个坑道"。

细读巴金的《赴朝日记》,他两次入朝,都是在十九兵团体验生活。1952年4月巴金率领的创作组在平壤参观访问后,创作组大体分成了两个方向:"一组由古元、葛洛率领,参加东线;另一组由巴金率领,投入朝鲜西线。"②而罗工柳的回忆说:"在志愿军总部了解情况后,各人选择创作基地,四月六日分头出发去前线,巴金、黄谷柳八人去开城,去中线的有西虹、高虹、西野、罗工柳,去上甘岭方向有古元、葛洛、辛莽六人。"③罗工柳所说的巴金等"去开城",即李蕤说的"投入朝鲜西线",主要是去十九兵团各军。

巴金、黄谷柳、李蕤等到十九兵团以后,受到司令部、政治部热烈欢迎。据当时兵团所派陪同巴金的张文苑同志回忆,兵团杨得志司令员、李志民政委亲热地对巴金说:"巴金同志,你到我们这里来,就是我们兵团的人了。"④巴金在十九兵团各军生活了七个月,临回国时兵团的政治委员对他说:"你不要忘记你是这个兵团的人啊!"巴金说:"这句简单的话使我非常高兴。我觉得成为这个'大家庭'的一分子是莫大的幸福。隔了八个月我还记得那一句话(引者注:说此话时巴金第二回到了朝鲜),而且想到那一句话,我的心就激动。"巴金说:"我的心始终忘不了这些人和这种生活。我想念这些人就像想念自己家里人一样。"⑤1953年,第二次入朝,巴金直

---

① 王直:《电影〈英雄儿女〉背后的故事》,《福建党史月刊》2010年第15期。
② 李蕤:《在朝鲜前线八个月》,《人民文学》1953年第1期。
③ 黄茵:《1951—1953,中国的文人与中国的军人:巴金与他的战友们在朝鲜前线》第187页,岭南美术出版社2007年版。
④ 张文苑:《巴金在砂川河畔阵地上》,《昆仑》1983年第1期。
⑤ 巴金:《衷心的祝贺》,《巴金全集》第14卷第193页,人民文学出版社1990年版。

接就去了十九兵团,真像回到自己的家一样。第二次在朝鲜五个月,除8月20日至9月9日在开城参加停战谈判中朝代表团有关遣返战俘的采访活动外,都仍然在十九兵团各军。

九兵团及二十六军属于东线,巴金从没有到过东线,更不可能如王直将军说的,"大部分时间呆在从上海入朝的第九兵团部队"。

巴金与宋时轮将军只在1952年3月22日志愿军司令部欢迎创作组的会上接触过一次,相关资料见于巴金这一天的日记和《我们会见了彭德怀司令员》一文。会议是在"洞"内举行的,会后又同在"洞"内看电影,以后并没有再与宋将军接触,所以更不会有"与兵团司令员宋时轮同住过一个坑道"。

至于《团圆》和《英雄儿女》中的王东形象,与上述王成形象一样,不会是以王直将军为原型,但是也是包括了像王直将军这样的优秀政治工作者,这同样证明了艺术典型的高度典型性。

(贾玉民　张玉枝)

经典话剧《雷雨》诞生的曲折

2012年是曹禺逝世十六周年。曹禺作为人的生命已经逝去十六年了,但是他的思想和艺术的生命是永生的。他创作的五大经典:话剧《雷雨》、《日出》、《原野》、《北京人》、《家》,已在世界舞台上广泛传播,成为各国人民心心相印的桥梁,产生了深远的影响。说起话剧《雷雨》的发现,应该理所当然地归功于著名作家巴金和靳以。

一个年轻作者经过辛勤劳作,写出一部好作品。但无人发现、推荐、评价,这对作者是一个十分沉重的精神打击。正如曹禺所说:"事实上最使一个作者(尤其是一个年轻的作者)痛心的还是自己的文章投在水里,任它浮游四海,没有人来理睬,这事实最伤害

一个作者的自尊心。"(《日出·跋》)

《雷雨》的发现就遭遇过一段曲折。1933年8月,曹禺完成《雷雨》的初稿,将稿子交给正在筹备《文学季刊》(该刊于1934年1月在北京创刊)的靳以,靳以是曹禺南开中学的同学、交换过兰谱的结拜兄弟,他深知曹禺的才华,见曹禺写出一部大型话剧,自然十分高兴。他首先向谁推荐呢?第一个便是郑振铎。

1932年,靳以从上海复旦大学商学院毕业后,经友人辗转介绍,答应为北京立达书局创办一个大型文学刊物《文学季刊》,书店委托他担当主编。靳以"自觉编这样的刊物,资历和能力尚感不足,便去找已有名气、很有经验的郑振铎一起合编"。郑振铎一口答应,但实际编辑工作由靳以担任。两个主编,第一主编是郑振铎。因此很自然的,靳以将《雷雨》首先推荐给第一主编,不料振铎一看"认为剧本写得太乱而搁置下来"。

但是,靳以并不甘心让挚友辛辛苦苦写出来的厚达数百页的剧本原稿没有人理睬,伤害好友的自尊心。因此,过了不久,他又将剧本交给《文学季刊》分工负责审读剧本的编委李健吾看。《文学季刊》早期有一个编委会,"邀请了巴金、冰心、李健吾、李长之、杨丙辰等任编委,而具体工作多为靳以一人承担"。编委会成员有分工,有的负责审读评论,有的审读剧本等等。

李健吾是清华大学西洋文学系毕业生,毕业后留校任系主任王文显教授助教,在戏剧方面有很深的造诣,是当时誉满京都的话剧旦角。不料这位戏剧名家看过《雷雨》原稿后,并不认可,"不肯推荐这个剧本"发表。这就让靳以十分尴尬,只好把剧本暂放在抽屉里。靳以的第二次推荐又失败了。

恰在此时,靳以为《文学季刊》一篇批评丁玲《夜会》稿子临时抽掉(因巴金和靳以得知鲁迅先生对这篇稿子有些意见,便在此刊第二次重印时抽了下来,来不及告知另一主编郑振铎),得罪了郑振铎,"靳以有点怕他"。

由于这一情况,加上李健吾又不认可《雷雨》,靳以只好把剧本暂时放在抽屉里,既不退还给作者曹禺,更不能擅自做主发表,他在等待时机。不久,机会终于来到了。这时正好巴金从上海到北京来看望沈从文,住在《文学季刊》编辑部所在地三座门大街十四号靳以这里(平时编辑部只有靳以一人工作)。前后住了几个月,并同时应邀兼任编委。一次,靳以和巴金谈起怎样组织新的稿件,巴金主张还是要注意文坛的新人,组稿的面要宽一些,不一定都是有金字招牌的名家,或文坛上的名人,还要多多发表有才能的新人的作品。

一席话提醒了靳以,靳以随即告诉巴金,以前周末常到我们这儿坐坐的文学青年万家宝,他写了一个剧本,放在我这儿半年多了,家宝是我的好朋友,我不好意思推荐他的稿子。巴金一听很感兴趣。靳以马上把《雷雨》的手稿交给了巴金。

实际上此时靳以心里想说的是,他不好意思一而再、再而三地推荐挚友的剧本。但他也清楚地意识到,人微言轻。巴金当时名气很大。不光处女作《灭亡》早已出版,激流三部曲的第一部《家》、爱情三部曲的《雾》和《雨》均已发表,短篇小说《将军》更被鲁迅、茅盾收入他们合编的《草鞋脚》集子里介绍到国外。有些事巴金便于讲话,他的话有作用,郑振铎能听他的意见。

果然,巴金当晚一口气读完了《雷雨》。1940 年在《关于〈雷雨〉》一文中,他写道:"……六年前在北平三座门大街十四号南屋中客厅旁那间用蓝纸糊壁的阴暗小房里,我翻读那剧本的数百页原稿时,还少有人知道这杰作的产生。我是被它深深感动了的第一个读者。我一口气把它读完,而且为它掉了泪。"

第二天,巴金就将这个剧本推荐给郑振铎,并且做主将这个剧本"在《文学季刊》一卷三期(1934 年 7 月 2 日出版)上一次登完"。因为《文学季刊》三个月才出一期,如果连载一年,读者断断续续地看就可能断断续续地忘,不能有一个完整的印象。

靳以第三次推荐《雷雨》获得了成功,在巴金的力荐下,剧本很顺利地发表了。不仅如此,鉴于编委会建立之后,几次在作品发表上编委之间发生矛盾,巴金还建议取消编委会,"因他觉得编委意见多很麻烦,就作了这个建议。当然,他的名字也取消了,但他实际上还是和靳以一起负责编刊物"。靳以当然表示赞成。于是不但《雷雨》顺利发表,连引起《雷雨》发表产生争议的编委会也顺利取消。这件事意义十分重大，它为曹禺日后创作的剧本《日出》、《原野》在巴金、靳以主编的《文季月刊》、《文丛》上顺利发表创造了一个先决条件。

从上所述，我们可以清楚地看到，对名剧《雷雨》的诞生巴金起了关键作用，他以艺术家的敏感和高度的艺术鉴赏力，立即发现了《雷雨》的价值。同时，曹禺挚友靳以的三次力荐功不可没，也起了十分重要的作用，他们两位都是发现《雷雨》价值的功臣，是发现曹禺这一杰出人才的伯乐。这段故事当时被人们称为"文坛三人佳话"。

现在要问：为什么一部优秀剧作，四位文化名人会有截然不同的两种评价？这里涉及艺术作品鉴赏上的两个文艺理论问题。

一是内容与形式的问题，欣赏一部作品主要从内容着眼，还是主要从形式着眼。

郑振铎看了这个剧本认为"剧本写得太乱"，这与他长期形成的欣赏习惯有关。郑振铎擅长古典戏曲、民族文化研究，熟悉民族艺术形式。而《雷雨》在艺术形式上偏洋。

曹禺的话剧《雷雨》，主要采用的是欧洲以易卜生为代表的近代剧的表现形式。这种戏剧形式在结构上强调时间地点集中，不少故事情节不能在舞台上直接表现出来，多用大段说白交代，因此有较多的暗场叙述。这种表现方式同郑振铎熟悉的戏曲形式有很大区别。我国的戏曲善于以简洁、洗练的手法表现瑰丽多姿的生活内容，在结构上多半采用"开放式"结构，情节叙述有头有尾、原原本本，受时间、空间局限较少，戏剧冲突大多通过明场在舞台上一一表现，而且场次变化多，极少采用大段冗长的台词进行沉闷的介绍。

看惯了戏曲的郑振铎对于曹禺采用的西方的"锁闭式"结构很陌生，自然会有"剧本写得太乱"之感，从而不欣赏此剧。

和郑振铎相反，李健吾学的是西洋文学专业，他很热爱外国戏剧，但他熟悉的主要是法国的莫里哀、博马舍等人的古典主义戏剧（他是我国著名的莫里哀戏剧专家），莫里哀、博马舍的戏剧在结构形式上用的是戏剧情节从头至尾、原原本本展开的"开放式"，因此他看《雷雨》就多处感到这个戏"太散"。

剧本的生命在于演出。在李健吾不认可《雷雨》的第二年，1935年8月17日，《雷雨》由天津市立师范学校孤松剧团演出，轰动天津；这年4月，《雷雨》又由中国留日学生在东京演出，并译成日译本，影响到海外。用李健吾的话来说："《雷雨》现在可以说是甚嚣尘上。我来赶会也敬一炷香。"此时的李健吾改变了他原先否定《雷雨》的态度，1935年8月31日在天津《大公报》上发表了《〈雷雨〉曹禺先生作》一文，化名刘西渭。然而这篇剧评，表面上赞扬《雷雨》，说它是"一部具有伟大性质的长剧"，实际上挑了《雷雨》许多的毛病，从中可以窥见李健吾1933年否定《雷雨》的种种原因。李健吾批评《雷雨》的主要观点一是《雷雨》宣扬了"命运"观念，这是"一个古已有之的旧东西"。二是"鲁大海写来有些不近人情"，"这是一个没有精神生活的存在"。三是周冲第四幕放周萍、四凤走，在性格上"把周冲写失败了"。四是"作者的心力大半用在情节上"，用得过分。没有用人物来支配情节。五是头绪太多，无用的枝叶没有加以删削。第四幕观众只剩下受惊。"也不知道同情谁好了。我们的注意力反而散在不知谁的身上了"。如此等等，数落了《雷雨》不少缺点。

1935年曹禺也在天津，当时他在天津女子师范学院任教。他很关心孤松剧团演出《雷雨》，也很关心《雷雨》在东京的演出（笔者见过当时曹禺收藏关于这两次演出的剧照和剪报）。曹禺是一个聪明绝顶的剧作家，李健吾的这篇《雷雨》评论，他不难看出表扬是虚、批评是实，净在艺术形式上挑毛病，心中自然不快。于是不久他便在一篇文章中作了回应，对李健吾的批评进行了尖锐的、毫不客气的反批评。

与郑振铎、李健吾审读剧本更多地注重艺术形式不同，巴金读《雷雨》，他首先是感受剧本的内容，为《雷雨》艺术的情感冲击力所打动："我喜欢《雷雨》，《雷雨》使我流过四次眼泪，从来没有一本戏像这样地把我感动过。"巴金一边看一边抹泪，深深地为剧中主人公的命运所打动。繁漪、侍萍、四凤这些活生生的被压迫、被凌辱的女性的遭遇，尤其激起了他阵阵感情波澜。他触摸到这部剧真正的艺术生命力,从而激起了他立即要帮助曹禺将这部作品迅速传播开来的强烈渴望。

造成《雷雨》评价分歧的第二个原因,是如何看待艺术借鉴与艺术独创的关系问题。

李健吾对西方戏剧十分熟悉,他读《雷雨》很明显地感觉到曹禺在学西方戏剧。在《雷雨》剧评中,他认为"作者隐隐有没有受到两出戏的暗示?一个是希腊欧里庇得斯的《伊波吕得斯》,一个是法国拉辛的《费德尔》",二者用的全是同一的故事"后母爱上前妻的儿子"。"作者同样注重妇女的心理分析,而且全要报复"。然而繁漪的报复,"作者却把戏全给她做",作者头绪的繁多,使观众的"注意力反而散在不知谁的身上去了"。

1936年1月,年少气盛的曹禺对李健吾的批评立即在《雷雨》序中作了不点名的尖锐的驳斥:"我很钦佩有许多人肯费了时间和精力,使用了说不尽的语言来替我剧本下注脚:在国内这次公演之后更时常地有人论断我是易卜生的信徒,或者臆测剧中某些部分是承袭了 Euripides 的 Hippolytus 或 Racine 的 Phedre 的灵感。认真讲,这多少对我是个惊讶。我是我自己一个渺小的自己:我不能窥探这些大师的艰深,犹如黑夜的甲虫想象不来白昼的明朗。在过去的十几年,固然也读过几本戏,演过几次戏,但尽管我用了力量来思索,我追忆不出哪一点是在故意模拟谁。"

在曹禺剧作演出史和批评史上,围绕曹禺剧作借鉴与创新这一问题曾经多次产生争论。据戏剧前辈回忆,《雷雨》手稿曹禺还曾给当时北京的戏剧名家熊佛西看过。当时剧坛有"南田北熊"之说。即田汉、熊佛西是南北两位公认的戏剧泰斗。不料,熊佛西也不认可。熊佛西对易卜生剧作烂熟于心,他曾在三十年代北京导演过《群鬼》,他一读《雷雨》便感到此剧有模仿《群鬼》的痕迹。1935年4月,《雷雨》在东京首演时,留日学生也发生了激烈的争论。

在中外戏剧史上,再有名作品的创作也并不排斥艺术的借鉴。如同曹禺所说:"其实偷人家一点故事,几段穿插,并不寒碜。同一件传述,经过古今多少大手笔的揉搓塑抹,演为种种诗歌、戏剧、小说、传奇,很有些显著的先例。"尤其是剧作家的处女作,在艺术上借鉴别人更在所难免。

正如茅盾在《创作的准备》一书中指出:"就一个知识分子的从事文学而言,他在试笔以前所读的文学作品特别是他爱读的、读得入迷的部分,往往会影响到他的初期作品。"在《雷雨》问世之前,曹禺精心研读并导演过的《少奶奶的扇子》、粉墨登场演过的《争强》、《罪》以及易卜生的剧作,无疑对《雷雨》的构思产生了影响。曹禺曾说,编剧编剧,就是千丝万缕地编,千丝万缕地织。这编织之工与生活积累相结合,构思起来就会得心应手、左右逢源。在情节的构思、场面的安排上如鱼得水,使烂熟于心的生活素材,通过艺术的纺织,创造出一件天衣无缝的艺术精品。

李健吾等人片面批评《雷雨》的艺术借鉴,没有认识到《雷雨》的总体构思来自生活,来自剧作家对生活的深刻体验和认识,致使他们对《雷雨》未能作出正确公正的评价。

抗战前的这段争论,后李健吾与曹禺相互达成谅解,又成为艺术上的好友——笔者注

(曹树钧)

花怜人瘦　人比花愁
——从兰陵三秀看汤氏女性文化传承

美国女学者曼素恩教授的著作《张门才女》(英文),描述常州词派创始人张琦一门几代女性在诗词上的成就,其中最关键的人物就是其中的汤氏女性——张琦夫人汤瑶卿。她在教育张门四女一子上起了重大作用。不仅个个成才,而且又把这一教育传统传给了再下一代。其中四个女儿更被誉为"毗陵四才女"。

在漫长的中国历史上,家庭中男性的责任是通过科举走上仕

途，而家庭子女教育承上启下的重大责任往往落在主妇肩上。这在清代尤甚。这是由于清代的两项政策：做官一般不得在本地，科考则又必须回原籍。这样丈夫科举后常常千里迢迢到外地做官，无论是否随行，主妇都成了家庭教育的关键人物。如果是留守，主妇的责任更重大。江南厚文重科举，很多大家族在选媳妇时特别注重品德和才学。这就是更高一个层次上的"门当户对"。汤瑶卿就是一个绝好的例子。但有意思的是就在汤瑶卿的近枝家族中，还有一位几乎一模一样的叔伯姐妹。

汤瑶卿的曾祖父汤自振，是武进汤氏始祖汤廷玉的八世孙。汤瑶卿的祖父汤大绅是汤自振长子，乾隆壬戌年会魁探花，赐翰林院编修。汤自振的次子为汤大绪，汤大绪的儿子为汤健业。汤瑶卿的父亲汤修业无子，过继了堂弟汤健业五子汤贻模为嗣。汤健业有共六个儿子和五个女儿。其中第四个女儿嫁给了同邑(《汤氏家乘》误为无锡)赵胜。因为名佚，按中国旧例，闺中自是汤四小姐，出阁后应称赵汤氏，身后当为赵母汤太儒人。赵胜字邦英，与父亲赵遐龄(字九峰)一道，乾隆晚期随杜玉林(杜甫后人)入蜀，赵遐龄留任会理苦竹坝巡检，赵胜后任四川铜梁县安居司巡检，都是芝麻小官，在外颇为艰辛。"往事回思倍黯然，微官三试留西川。""德薄敢期膺紫诰，家贫犹幸守青毡。"与张琦和汤瑶卿一样，赵胜夫妻也是育有一子四女。不过，赵胜与汤氏夫妇之子弱智，长女早卒。跟汤氏母亲学得满腹经纶一身才华的是被誉为"兰陵三秀"的次女赵云卿、三女赵书卿、四女赵韵卿。

不过与汤瑶卿不同，汤瑶卿有《蓬室偶吟》，赵汤氏的诗词未见流传。但是她"熟精选学"(紫垣潘时彤语)教育子女。正如三秀族兄赵桂生(字眉伯，号竹庵)为《兰陵三秀集》序云："……三女史为余同辈，侍宦西川，秉母氏之教，皆好为诗。"所以今天只能从三秀的诗词中捕捉赵汤氏的文化传承了。

赵云卿字友月，适杨某归故里，未四十而卒。早年作品被编为《绣余小咏——友月诗草》(附《诗余》)收入《兰陵三秀集》；后期作品分为两部分，自己身边的被编为《寄愁轩诗存草》录诗二百首；寄给小妹赵韵卿的另一部分也以《寄愁轩诗词》为名被附刻入韵卿

《寄云山馆诗钞》。

赵书卿字友兰,号佩芳,后改佩芸。适浙江山阴王文构,未四十而寡。因无子,故后依女(及婿)生活。早年作品被编为《绿窗吟稿——佩芳拙草》收入《兰陵三秀集》;后期作品也分为两部分,寄给小妹赵韵卿的一部分以《澹音阁诗词》为名被附刻入韵卿《寄云山馆诗钞》。自己身边的被编为《澹音阁诗词》,交给了前来看望她的表弟汤成彦(号秋史,道光进士,缪荃孙之师),后来由汤成彦带出四川,交给了另外一个表弟张曜孙(张琦和汤瑶卿之子)。其中词部被收入《国朝常州词录》(缪荃孙辑)和《小坛栾室闺秀词汇刻》(徐乃昌辑)。有趣的是在台北"国立图书馆"收藏的《小坛栾室闺秀词汇刻》誊稿本中《澹音阁词》署名赵书卿佩芸,刻印出来变成了赵友兰。以至于后来著录闺秀诗词的多种著作,都没有把赵友兰与姊妹赵云卿和赵韵卿联系起来。赵书卿还作画,晚年部分画作署名澹音阁老人。

赵韵卿字友莲,后改悟莲,适吴县潘曾莹,亦未四十而寡。她一直以寄云山馆为室名。她最早的诗作被编为《寄云山馆诗钞——友莲拙草》收入《兰陵三秀集》道光十三年版。道光十五年

重刻《兰陵三秀集》时,又增加了《寄云山馆诗钞——友莲续草》。她后来的诗词则被编成《寄云山馆诗钞》诗十卷词二卷(附刻亲属诗词若干卷)。

三秀幼有诗名,尝与朱希蕴、顾琳、曾宏莲、赵云霞、李锡桂等"诸女伴结吟社,邮筒来往,亦韵事也"(王培荀《听雨楼随笔》)。年及四十,云卿夭、书卿韵卿寡,命运潦倒、生活清贫。道咸名士王培荀评价她们:"流寓于蜀,后来孤苦特甚。女子知书,果非福欤!"但是书卿与韵卿仍然在各自家中自强不息。丁碧溪描述说:"友月早卒,佩芳夫亡,只一女,现居嘉郡(乐山),十指为活。"就是说她靠书画刺绣为生。王培荀感赞兼之,云"余嘱碧溪有延女师者荐之,亦风雅中厚意也"。"妹友莲适潘某,潘以微员坐屯,每分俸津寄佩芳,以养其老母弱弟。今岁丁末,潘又卒,友莲又称未亡人,吁可悲矣"。赵氏一家之艰辛,可见一斑。

书卿、韵卿均年逾八十,历经嘉庆、道光、咸丰、同治、光绪五朝,晚年则与表弟媳陈季畹(汤成彦妻)、同乡左锡佳和曾懿母女等诗词往来,唱和不已。

赵云卿四十而夭,后期大多数诗作又未见刻本,所以传下来的

附镌寄愁轩澹音阁诗词

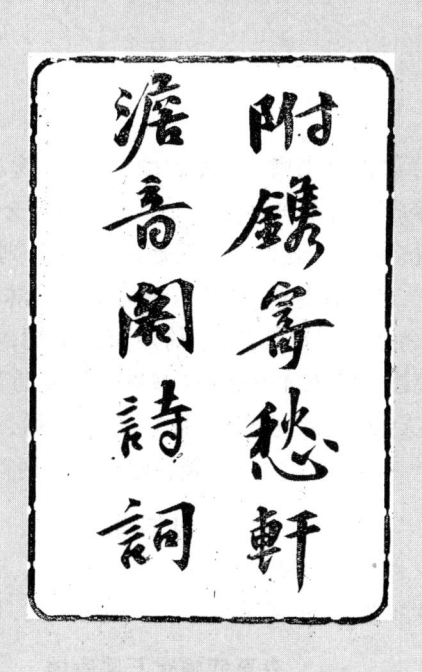

诗词不多，但是却很有特点。比如她的《闺情回文》：

> 晴窗透影日横斜，寂寂春庭满落花。清梦觉残香篆冷，轻烟笼柳晓啼鸦。
>
> 风摇桂影飘香乱，久坐闲堦玉露零。鸿度远天秋夜静，半窗明月冷空庭。

这首诗无论从前往后读，还是从后往前读，都是工整完全的诗，可谓匠心别具。

近现代名家胡云楷所抄《寄愁轩诗存草》的抄本近年来在上海拍卖中高价拍出，也说明其诗词价值。

赵书卿最著名的词则是《渔家乐·本意》：

> 家住桐江临曲渚。富春山色长当户。
> 独棹扁舟傍烟屿。邀伴侣。桃花春水催柔橹。
> 渔弟渔兄忘尔汝。生成傲骨容狂语。
> 市散归来沽酒煮。长歌处。月明醉脱蓑衣舞。

这首词把渔夫们工余生活描写得活灵活现、栩栩如生。

由于《澹音阁诗词》被带出四川，得到了江南文人的点评，张琦子曜孙(仲远)评论赵书卿"天才俊敏,气韵疋逸。以近日才媛论之,足与《花簾词》(清代四大才女之一仁和萆香女史吴藻著——本文作者注)相抗衡矣。"道光进士汤成彦(秋史)则称赞她"精神深调,音谐畅洵。足平睨尧章,分镳玉田。至跌宕淋漓处,壮彩豪情,又直入苏、辛之室。词旨气韵,于倚声家之榘矱,不差累黍。此岂闺阁中所易观哉。"清末才女曾懿(书卿闺友左锡佳之女)云"佩芸夫人,风雅宜人,兼工诗词;幼操柏志,今近古稀,著有澹音阁诗词集。"道咸名士王培荀赞其"五律颇苍健",今选两首:

渡石鸭滩遇雨

滩险寸心惊,危舟骇浪行。浓云遮日色,骤雨壮涛声。作客知非愿,还家固有情。来朝乞风便,莫更阻归程。

舟至叙州登石凤庵楼

登岸上江楼,山川豁远眸。晚峰衔日照,远水带云流。灯火孤城暮,风烟两岸秋。兴阑返舟后,魂梦续清游。

三秀之中,小妹赵韵卿流传下来的诗词最多,其中最为后人唱诵的是《青门引·咏雪兰》:

嫩蕊迎风吐。犹带湘江清露。移来幽室伴诗人,吟香纫佩,日诵楚骚句。

寒梅瘦竹宜同赋。好咏新词补。倘许素心相契。一枝合向冰壶贮。

这首词脍炙人口,被收入多种咏兰诗词集。她的另外一首《诉衷情·病起看秋海棠》:

碧梧庭院暑初收,凉意逗衣篝。为忆海棠开未,呼婢卷帘钩。

扶薄病,怯惊秋,强凝眸。西风萧瑟,花怜人瘦,人比花愁。

后人评说其全词脱胎于李清照的名篇《如梦令》和《醉花阴·重阳》词,"花怜人瘦,人比花愁",与"帘卷西风,人比黄花瘦"比,可说是毫不逊色,各有千秋。

其实赵韵卿还有一首七言长诗,是写给三秀共同的闺友左锡嘉的。左锡嘉,阳湖名门左昂之六女。字韵卿,一字小云,又字浣芬。性至孝,有左家孝女之称。适四川华阳曾咏(道光甲辰进士、吉安知府)为继室。咸丰年间曾咏殁于太平军次,锡嘉扶柩归葬,自写孤舟回蜀图,为时人所称。后守节扶孤,自署冰如以明志,其子孙成才者众,以老寿终于成都。左锡嘉扶柩携幼,孤舟回蜀,历尽艰辛,至为感人。赵韵卿为之写道:

云茫茫、天苍苍。

孤舟一叶来长江,两岸哀猿号断肠。孤儿幼女声凄怆,何处白云是故乡。

西风萧萧木叶黄,迢遥滟滪与瞿塘。乱石磷磷排戟枪,滩声如雷响奔泷。

舟人推蓬心惊惶,仰天痛哭沥酒浆。水底蛟龙齐潜藏,片帆稳渡真慈航。

万里归来慰高堂,承欢侍膳子职当。琼枝玉树皆联芳,廿年如荼苦备尝。

闺仪懿德世无双,诗画清才千秋扬。指日九重贲鸾章,荣旌绰楔增辉光。

这首诗写得荡气回肠,感人肺腑,可称赵韵卿诗词中最佳之作。尽管赵韵卿诗词留下来的最多,但是因为没有被带出当时偏僻遥远的四川,未能得到更广泛的流传,近年来从南开大学馆藏清人别集数百种中择其稀见者选录161种集成《南开大学图书馆藏稀见清人别集丛刊》。《寄云山馆诗钞》得选其中,总算得到了恰当的认可。

虽然未能留下自己的作品,甚至未能留下自己的名字,但是从她亲自培养出的三个女儿的文学艺术成就,不难看到汤四小姐自身的文学素养,也不难看到汤氏母亲在文化传承中的承上启下作用!

(李治墨)

商务版《说部丛书》新考

《说部丛书》是二十世纪初商务印书馆出版的介绍西方文学的小说丛书，它在当时社会曾引起广泛影响。目前学界对商务版《说部丛书》已有一些研究，然因时间久远和资料的缺乏，尚存在分歧和不详尽之处。现笔者有幸见到巴金故居所藏该套丛书，且近乎完整，故结合实物及其他所搜集的相关资料，拟对商务版《说部丛书》的出版、种类数量，差异以及影响等多个方面进行较为详尽系统的分析、研究，以进一步了解和认识其全貌。

一 《说部丛书》之"考镜源流"

"说部"一词（旧指）小说以及关于逸闻、琐事之类的著作。古代的"说部"并非单一的文体概念，而是一种著述体例，大体可分为论说体与叙事体两种。清末民初以来，随着小说文体的独立和地位的提升，叙事体一家独大，"说部"最终确立为"小说"之"部"，专指现代意义的小说[①]。"丛书"又称"丛刊""丛刻""汇刻书"，即将各种单独著作汇总而冠以总名。1903年4月商务印书馆开始编辑出版《说部丛书》，至1924年结束，前后长达22年。该套丛书是"新小说"行世后第一部小说丛书，此后也有多种同名的丛书出版，如1908年上海改良小说社出版的《说部丛书》，1909年上海小说进步社出版的《说部丛书》等，但无论是出版数量还是质量，都无法与商务版并论。

该套丛书的出版需从张元济和林纾两人说起。张元济1902年进入商务印书馆，创办编译所，带领商务印书馆进入出版事业。

[①] 参看刘晓军《"说部"考》，《学术研究》2009年第2期。

"张元济先生是十九世纪末的维新派人物,学识广博,眼光远大。他进商务之后,特地去欧美考察编辑出版事业"。[1]他为编译所花费了不少心血,物色人才,甚至亲自编制译名对照表。他介绍西方著作,有着明确的目标,即首先研究看对救国救民有利与否[2]。林纾是光绪二十三年(1897年)因译作《巴黎茶花女遗事》大受欢迎而开始了著译生涯(他不懂外文,由通外文者口述,然后以意译之,但文笔甚佳,当时极受学人称誉)。后来他接受商务印书馆的邀请专译欧美小说,与熟知外语的人合作,先后共翻译了179种欧美小说。1903年5月商务印书馆出版了林纾与严复侄子严培南、长子严璩合译的《伊索寓言》,这是商务印书馆出版林纾译作的开始。之后,林纾小说被收入商务印书馆的世界小说丛刊《说部丛书》中陆续出版。至于翻译出版外国文学的原因,陈原曾说"张出版翻译小说,是为了借此传播爱国思想。林纾不识外文,他之所以从事翻译,因他相信梁启超说的'在昔欧洲各国变革之始,其魁儒硕学,仁人志士,往往以其身之经历,及胸中所怀政治之议论,一寄于小说'。"[3]

清末,康梁变法失败,而西学东渐之风日益兴盛,外国文学作品成为时人认识世界的一个窗口。当时变革的时代背景和个人原因的融合,最终促成了一部介绍西洋文学的世界小说丛刊的诞生。《说部丛书》也是我国较早介绍外国作品的一部大丛书,其中林纾翻译和商务编译所自己翻译的占了相当大比重。

二 《说部丛书》的种类、数量

关于《说部丛书》的种类和数量,学界对商务印书馆出版的该套丛书虽有所研究,但仍存在分歧和不详尽之处。目前巴金故居藏有商务馆出版的这套丛书,且近乎完整,它们是巴金1978年4月

---

[1] 叶圣陶:《我和商务印书馆》,《商务印书馆九十年》第301页,商务印书馆1987年7月版。

[2] 陈原:《代序》,张树年主编《张元济年谱》第7页,商务印书馆1991年版。

[3] 同上。

14日花费六百元买来的①。结合前人研究成果和实物图书,下面笔者对商务版《说部丛书》的具体种类、数量和发行等情况进行比较系统和细致的探讨,力求还原丛书本来面貌。

对《说部丛书》种类的说法,笔者统计了一下主要有以下几种。第一种是陆昕说。2001年,陆昕撰写了《说〈说部丛书〉》一文,文中重点描述了丛书的面貌,认为"《说部丛书》共分四集,前三集每集一百种,第四集四十种,多是用文言文将欧美的作品翻译过来,供时人阅读"②。此后该结论在很长一段时间内被大家所肯定,普遍认为《说部丛书》四集共三百四十种。后来黄恽从自己家中发现该套丛书竟然还有第六集第一编,第九集第十编后,才对陆氏的说法产生了质疑。2008年黄恽在《也说〈说部丛书〉》一文中说"20世纪初叶商务印书馆出版的《说部丛书》,存在着两个不同统系:一个是陆昕先生所说的初集、二集、三集各一百种,加上四集的四十种;另外还有一个则是每集十编,已见到九集第十编《一仇三怨》(具体出到几集不明)的《说部丛书》存在。这两个《说部丛书》在收集的书目上又有着相互联系"③。即第二种是黄恽笼统的"两个统系"说。第三种是付建舟"四集和十集"两个系列说。付提出"商务版《说部丛书》有两个系列,即'十集系列'与'四集系列'。前者共分为十集,每集10种,合计100种。后者共分四集,前三集每集100种,第四集22种,合计322种。而且'十集系列'的100种小说恰好作为'四集系列'的初编"④。付建舟的文章对《说部丛书》的种类进一步明确化,笔者经过查阅实物,以及上海图书馆编的《中国近代现代丛书目录》,均印证了《说部丛书》确为两个系列。《中

---

① 此套丛书的购书发票现存放在巴金故居一楼展厅。经统计,故居所藏目前缺四种,共五册,详见文末附表1。
② 陆昕:《说〈说部丛书〉》,《藏书家》第三辑第106页,齐鲁书社2001年版。
③ 黄恽:《也说〈说部丛书〉》,黄恽《蠹痕散辑》第61页,远东出版社2008年版。
④ 付建舟:《谈谈〈说部丛书〉》,《明清小说研究》第304页,2009年第3期。

国近代现代丛书目录》是根据上图所藏的建国前出版的多种丛书进行整理,"把冠有丛书名称的图书集中起来,逐一区分,汇集成套……按丛书名称的笔划为顺序,编成书本式目录"[①]以供读者参考。书中将当时所藏有的《说部丛书》版权信息(书名、责任者、出版社、版次、页码)都一一列举出来,虽然部分单本缺失,但已为揭开《说部丛书》的面纱提供了丰富的资料。

还有一种是王绍曾的 322 种说,他在其著作中说"从一九〇三年起,出版了《说部丛书》,共四集、三百二十二种"[②]。王的说法其实与四集系列相符合。

笔者根据巴金故居所藏该套丛书及上海图书馆所藏等其他相关资料,认为商务版《说部丛书》应是分为"十集"和"四集"两个系列,"十集系列"每集 10 编,共 100 种;"四集系列"前三编各 100 种,第四集为 22 种,共 322 种。"十集系列"的 100 种与"四集系列"初集的 100 种,有 98 种相同,仅有前 2 种不同。这两种分别是:"四集系列"的初集第一编为《天际落花:言情小说》(1908.5 初版),第二编为《剧场奇案:侦探小说》(1908.6 初版);"十集系列"的第一集第一编为《佳人奇遇》(初版时间缺),第一集第二编为《经国美谈前后编》(初版时间缺)。全套合计 324 种。

实物图书的存在证明该套丛书确有两个系列,既如此,我们产生了一些疑问。既然"十集系列"的 98 种书实际已经囊括在"四集系列"中,那么商务印书馆又为何重复印刷,并分为两个系列出版呢?原因是什么?下面笔者结合这些丛书的"初版时间"、两个系列的出版形式和书后所刊登的书目"发行广告"三个方面进行数据统计和对比分析,以进一步揭示丛书之全貌,具体如下:

(一) 从初版时间看

从下表(表 1)中的统计可见,"十集系列"初版印刷时间基本是在 1903—1908 年间完成的,而"四集系列"的初版本发行时间较

---

① "编辑简说",上海图书馆编印《中国近代现代丛书目录》,1980 年版。
② 王绍曾:《近代出版家张元济》(增订本)第 28 页,商务印书馆 1995 年新 1 版。

长,从 1903—1924 年,跨域了 22 年,且分了四个时间段。除初集和二集的初版时间有一点交叉外,二集至四集均是阶段性进行,一集发行完毕才又进行下一集。表 1:

四集系列		十集系列	
集数	初版时间	集 数	初版时间
初集	1903—1908 年	第 1—10 集	1903—1908 年
二集	1907—1915 年		
三集	1916—1920 年		
四集	1921—1925 年		

　　进一步搜寻资料,发现关于该套丛书的出版时间,商务印书馆馆史中有所记载:"1903 年译印《说部丛书》。……1906 年出版《说部丛书》第一、二、三集"。①根据这个描述,对照两个系列的初版时间年份统计表(见表 2 和附录 2②),"十集系列"的前三集确在 1906 年完成(见表 2),因此馆史中所说的第一、二、三集当是"十集系列"。另外,"四集系列"初集的前两编均是 1908 年印刷出版的,且馆史中未提及"四集系列",因此笔者大胆推测,商务当时编印该套丛书的初衷只有"十集系列"这一个。表 2:

初版年份 集数	十集系列								
	1903 年	1904 年	1905 年	1906 年	1907 年	1908 年	1909 年	1910 年	不明
第一集	1 编	4 编	1 编	0	0	0	0	0	4 编③
第二集	1 编	1 编	8 编	0	0	0	0	0	0
第三集	0	0	8 编	2 编	0	0	0	0	0
第四集	0	0	2 编	8 编	0	0	0	0	0

　　① 《商务印书馆 110 年大事记》,商务印书馆,2007 年,见 1903 年、1906 年大事记。但 1906 年之后该套书的出版情况没有记录。
　　② 因页面有限,四集系列的初版本时间列在文末。
　　③ 这四编中,除该集前两编无法找到初版时间外,另外两集比对"四集系列"的初集当为 1905—1906 年间出版。

(续表)

初版年份 集数	十集系列							
	1903年	1904年	1905年	1906年	1907年	1908年	1909年	1910年	不明
第五集	0	0	0	10编	0	0	0	0	0
第六集	0	0	0	10编	0	0	0	0	0
第七集	0	0	0	1编	9编	0	0	0	0
第八集	0	0	0	0	10编	0	0	0	0
第九集	0	0	0	0	10编	0	0	0	0
第十集	0	0	0	0	2编	8编	0	0	

此外,笔者对"十集系列"的100种书与"四集系列"初集100种书的初版时间进行了比对,发现"十集系列"与"四集系列"中同一本书大部分同年同月发行,还有一部分则是先于后者发行,举例如下,见表3:

两个系列中对应编数	书名	"十集系列"中初版时间	"四集系列"中初版时间
初集第五编; 第一集第五编	小仙源	光绪三十一年十一月首版(1905.11)	乙巳年十一月初版(1905.11)
初集第六编; 第一集第六编	案中案	光绪三十年五月首版(1904.5)	甲辰年十一月初版(1904.11)
初集第十九编; 第二集第九编	夺嫡奇冤	光绪二十九年十月首版(1903.10)	丙午年十一月初版(1906.11)
初集第七十一编; 第八集第一编	圆室案	光绪三十三年七月初版(1907.7)	丁未年八月初版(1907.8)
初集第七十二编; 第八集第二编	宝石城	光绪三十三年七月初版(1907.7)	丁未年十月初版(1907.10)

综上所述,从初版时间来看,"十集系列"先行印刷出版,后因某些原因将该套丛书扩大,发展为后来的"四集系列"。"四集系列"的初集与"十集系列"部分出版时间相同,而其余的二集、三集和四集的发行分阶段进行,且发行相对较晚。

(二)从两个系列的出版形式看

前文得知,"四集系列"的初集100种书与"十集系列"的100种书,有98种相同。笔者比对实物,发现它们的相同点不仅在书名上,书的实际内容(包括序言)甚至页码也完全相同。它们的不同点则主要表现在出版形式上:1.在版次的时间表达上,"十集系列"中的出版时间均用朝代纪年法,如光绪。而"四集系列"则采用天干地支纪年法,比如己巳年、丙午年。版次表达的变化,笔者认为可能与二十世纪初的社会和政治情况有较大关系。2.在篇名的表达上,"十集系列"仅有篇名,而"四集系列"采用"书名+类别"的形式,即丛书将小说划分为言情、侦探、冒险、科学、神怪、伦理、义侠等诸多种类,然后将类别添加在书名旁。如第一集第八编为《吟边燕语》,在"四集系列"初集第八编中书名则为《吟边燕语:神怪小说》。3.在封面版式上,除封面颜色和图案不同外,主要区别为"四集系列"书名纵向排版,"十集系列"书名横向排版。

因此,概括来说《说部丛书》的"十集系列"分集先行印刷出版,"四集系列"的初集则是从1908年开始将前面十集汇编起来,集中出版。它们在先前版本的基础上未作重大调整,变化更多的是形式,如改变出版年份的表达形式,添加小说分类、封面设计不同等。甚至可以说,"四集系列"的初集是"十集系列"的再版。具体原因将在下文提及。

(三)从发行的"书目广告"看

商务版《说部丛书》从开始印刷出版起一直都在进行广告销售。不仅已出版的部分书后罗列了《说部丛书》书目的情况,而且还有"广告介绍性"资料专门介绍该丛书。如《商务印书馆出版书目》一书中前言部分写到:"商务印书馆发行所广告(一)本馆编译新书陆续出板(版)日益繁复随时编列书目叙述各书大旨并刊明定价以便购阅　诸君之采择如蒙赐函　本馆索阅书目者本馆印行奉赠"。①由此我们看到书中豆腐块格式罗列的十集系列中第一集至第四集的书目和简介。而这些书目与该系列单本书后刊登的目录一致。

从书后刊登的"目录广告"角度看,"十集系列"的编辑出版更有计划和系统性。详细来说,即第一集至第十集大部分单册书末甚至封底都刊有丛书目录的广告(含集数、篇名、册数、价格等),而且它不单单刊登了已经出版的书目,部分正在印刷尚未出版的书目也刊登出来②,这当是推广和扩大销售的一种形式。如第一集第一编《佳人奇遇》书末刊有第1—4集的书目;第二集第八编《忏情记(卷下)》登有第1—6集数目;第四集第十编《寒牡丹(卷下)》书末印有第1—7集书目;而第八集第八编《红星佚史》则刊登了第1—10集书目(第10集数目有6编,此外还有"欧美名家小说""袖珍小说"书目)等等。

与上一系列不同的是,"四集系列"书后广告有较大的差异之处,这些广告的侧重点不是放在推销《说部丛书》上,而是放在推广介绍其他书籍、杂志、仪器文具等上面,笔者推测是借着《说部丛书》当时发行量和影响量大的优势借机推介商务印书馆的其他出版物。如初集第九十一编《新飞艇》,书末是介绍"小本小说"的书目;初集第九十五编《铁血痕(卷上)》则是"发售学校仪器文具"的广告和几本单册书介绍;二集第二十五编《脂粉议员》登了《小说月报》等杂志的广告;《林译小说》、《小本小说》等广告;二集第七十二编《海外拾遗》刊登了《说部丛书》初集一百种图书的书名、每篇册数和初集总定价等等。

如前所述,"四集系列"的初集实际是"十集系列"的变形,形异而质同。这点从"四集系列"书后刊登的介绍初集的广告可以验证。详见《海外拾遗:笔记小说》一书后的广告信息,它是将一百本

---

①　《商务印书馆出版书目》,光绪三十二年(1906年)四月增订本。
②　详见《鬼山狼侠传(卷下)》书末刊登的"书目广告",部分书下标注"现印",《说部丛书》第三集第二编,光绪三十三年九月三版。除此之外,该系列丛书的第六集第一编等书目也有不少类似情况。

书分为十编，每编十册进行排列。广告抬头是"商务印书馆出版说部丛书（初）（集）百种一百三十三册，从前售预约价十元，零售四十余元，全部定价二十元，书名列下"，内容则是分为十编，每编十册，列出了这一百多种小说的名称，书名下方一册以上的有标注，林纾翻译或创作的有标注，白话文的有标注。①这里的书目和已出版的实物图书完全对应。

　　关于二集的书目广告，我们在该系列的《战场情话（下册）》书末找到了相关信息，标题是"商务印书馆出版　说部丛书（二）（集）百种一百六十二册，零售五十五元，全购定价二十八元，书名列下"，内容是分为十编，每编十册，列出了这一百多种小说的名称，书名下方一册以上的有标注，林纾翻译或创作的有标注。②

　　三集和四集的完整目录广告未见刊登，只对个别篇目有所介绍，而第四集则只出了22编。结合前文提到的出版时间、出版形式、发行广告和数量等，笔者认为，《说部丛书》四集系列的发行与其质量和销量的好坏有着密切的联系。首先，作为私人企业的商务印书馆，其出书有几个原则，其中一个原则是"不赚钱的书刊一般不出版"③。该套丛书中林译小说占有相当的比重。在商务负责发行业务的黄警顽说："民国初年的畅销书是林译小说。"④如果林纾的译作不受欢迎，销量不大，那么商务印书馆当不会这么多的采纳其作品，不会后来专门将林译作品结集成《林译小说丛书》出版，更不会后来又收入《万有文库》、《新中学文库》等丛书中。其次，从林纾的稿酬也可一定程度上看出书的畅销情况。"张元济给林纾开的稿酬是每千字6元（银元）。《小说月报》主编沈雁冰说，商务各杂志社的稿酬标准每千字最低2元，最高5元。"⑤因此一定程度

---

　　① 见《说部丛书》第二集第七十二编，商务印书馆著作兼发行，中华民国四年十月十九日再版发行。《说部丛书》第三集第十《战场情话（上册）》书末也刊登有初集第一编至第十编一百种的书目，与此相同。

　　② 见《说部丛书》第三集第十，商务印书馆，中华民国五年八月初版。

　　③ 张学继：《出版巨擎——张元济传》第72页，浙江人民出版社2003年版。

　　④ 黄警顽：《我在商务印书馆的四十年》，《商务印书馆九十年》第95页，1987年版。

　　⑤ 张学继：《出版巨擎——张元济传》第112页，浙江人民出版社2003年版。

上可以说,商务版"四集系列"的出现是因发行和销量好而扩大丛书规模的结果,它在当初只出"十集系列"的出版计划意料之外。商务可能原打算用新译著扩充原丛书系列,"四集系列"前两编1908年初版,与"十集系列"前两编不同,版次表达、封面排版、篇名补充类别等即是证明,但鉴于"十集系列"的欢迎程度和成本等原因,后98种直接采用了原有系列。再次,该套书的第四集只有22编,与林译小说后期质量差、和白话文的传播以及竞争对手多,销量受影响等有关。

综上所述,《说部丛书》有两个系列,分三个阶段出版。两个系列,即"十集系列"和"四集系列",前者共分为十集,每集10种,共100种。后者分四集,前三集每集100种,第四集22种,共322种。且"四集系列"的初编是对"十集系列"的100种小说进行略微调整的集合版(有2种不同)。全套共324种。三个阶段,指1903—1908年间出版"十集系列"的第一个阶段;1903—1915年出版"四集系列"中初集、第二集的第二个阶段,以及1916—1925年出版第三集和第四集的第三个阶段。"十集系列"的畅销从而促使商务馆将其扩展为"四集系列"。整套丛书的出版伴随着时代的烙印,从二十世纪初变革动荡的时代背景而始译外国小说,结册出版,其广受欢迎和巨大发行量与商务印书馆自身的发展壮大密不可分,民国前后因战争等原因该丛书的翻译出版基本停滞,1913年以后又回归正常。

三 结 语

商务版《说部丛书》是"新小说"行世后的第一部小说丛书,这些西洋小说向中国民众展示了丰富的西方文化,开拓了人们的视野。翻阅上海图书馆编的《中国近代现代丛书目录》发现,从一九〇二年至一九二六年间商务出版的丛书共有七十多种。其类别也非常丰富,涉及哲学、历史、地理、语言、世界名著、中国古典名著、古籍、经济、法律、医学、农业、工业、科技、教育等所有领域,几乎无所不包。商务印书馆出版的《说部丛书》是众多丛书中的一种。

毋庸置疑,《说部丛书》当时引起了广泛的影响,并在传播文学，沟通东西方文化方面做出了不少贡献。王韶曾曾这样描述"而林译小说百种，以《左》、《孟》、《庄》、《骚》之笔出入，先收入《说部丛书》，复扩为《林译小说丛书》，风行海内，亦几家喻户晓"①。由此可见其普及和畅销程度。

  但丛书中优秀作品的数量毕竟有限，而且其后期的译作不如前期。以丛书中占较大比重的林纾译作为例，据学者研究，"林译小说，大致以1913年左右为界，前期的译作感情真切，文字生动，令人爱不释手。但到了后期，也许为了多得稿酬，不仅翻译时粗制滥造，而且选题格调去趋向低下。……《张元济日记》中多处记载了他对这方面情况的处理：……'竹庄昨日来信，言琴南近来小说译稿多草率，又多错误，且来搞太多。余复言稿多只可接受，惟草率错误应令改良。侯梦归商办法。（1917年6月12日）'……"。②陈原对此的描述更加详细："他（指林琴南）译书的主旨，每每披露在序跋中……在另一译文序（1905年）中又说：'欧人志在维新，非新不学，即区区小说之微，亦必从新世界中着想，斥去陈旧不言。若吾辈酸腐，嗜古如命。终身又安知有新理耶？'——谁知十多年后，他自己却拼命反对白话文，'嗜古如命'，简直成了他早期译书时所讽刺的腐儒。林译小说都在商务出版，后期粗制滥造，而张元济念旧情也只好收下了。③"上述日记等资料已明确反映了后期林纾作品质量的下降，但考虑到他是老作者，张元济才对其来搞照收。后来随着新文化运动的到来，这些小说已经不能引起读者的阅读兴趣，发行量下降，这迫使张元济对刊物进行改革，改革之一是对积存的稿子一律不用，其中包括已经买下的林译小说数十万字④。这可能也是第四集只出到第22编的一个原因。

  另外翻译西学只是商务馆当时业务中的一部分，编教科书、编工具书、整理古籍等也是其重要业务，而且随着清政府灭亡，战争，

---

  ① 王绍曾序，张树年主编《张元济年谱》第20页，商务印书馆出版1991年版。
  ② 张学继：《出版巨擘——张元济传》第111页，浙江人民出版社2003年版。
  ③ 陈原代序，张树年主编《张元济年谱》第8页，商务印书馆1991年版。
  ④ 张学继：《出版巨擘——张元济传》第112页，浙江人民出版社2003年版。

新的竞争对手等诸多原因,使这套曾风靡一时的《说部丛书》逐渐散去光华,淡出了人们的视野。

附表1：

\multicolumn{7}{	c	}{巴金故居《说部丛书》所缺图书表}
系列	集数、编数	所缺篇名、册数	系列	集数、编数	所缺篇名、册数
四集系列	三集第十五编	《血痕》(1册)	十集系列	第四集第五编	《白巾人》(上册)
				第九集第六编	《苦海余生录》(1册)
				第九集第八编	《情侠》(1册)
				第九集第九编	《媒蘖奇谈》(1册)
合计	\multicolumn{5}{	c	}{两个系列共缺图书4种,共计5册。}

附表2：

\multicolumn{5}{	c	}{四集系列——各集出版年份时间表}
初版年份	\multicolumn{4}{	c	}{集　数}
	初集	二集	第三集	第四集
1903年	2编	0	0	0
1904年	5编	0	0	0
1905年	15编	0	0	0
1906年	32编	0	0	0
1907年	28编	12编	0	0
1908年	13编	25编	0	0
1909年	0	16编	0	0
1910年	0	3编	0	0
不明	5编①	0	0	0

① 该集五编中,比对"十集系列"的相同篇目,得知其中三编是1905年初版,另两编是1906年初版。

(续表)

初版年份	集　数			
	初集	二集	第三集	第四集
民国二年(1913 年)	0	1 编	0	0
民国三年(1914 年)	0	9 编	0	0
民国四年(1915 年)	0	34 编	0	0
民国五年(1916 年)	0	0	17 编	0
民国六年(1917 年)	0	0	22 编	0
民国七年(1918 年)	0	0	18 编	0
民国八年(1919 年)	0	0	25 编	0
民国九年(1920 年)	0	0	18 编	0
民国十年(1921 年)	0	0	0	15 编
民国十一年(1922 年)	0	0	0	4 编
民国十二年(1923 年)	0	0	0	1 编
民国十三年(1924 年)	0	0	0	2 编

四集系列——各集出版年份时间表

（王伟歌）

美国人演的《家》感动中国人

二十多年前，中国观众在电视上看到了一部极为奇特的舞台剧：在典型的中国封建地主庄园里，金发碧眼的觉新、觉慧、梅表姐、瑞珏等身穿长衫旗袍，说着最流利、最动听的中文，讲述着"五四"运动之后一个封建家庭衰败崩溃的故事……中国观众对剧情太熟悉了，这不是巴金原著、曹禺改编的话剧《家》吗？可为什么会是清一色的外国演员来表演？这中间其实有一段颇为有趣的故事。

英若诚

"奇小奇艺"的中国大师用《家》讲授中国戏剧

1979年,美国脱口秀大明星鲍伯·霍卜来华拍摄大型歌舞特辑《去中国的路上》,其间曾受邀在北京人民艺术剧院的舞台上插科打诨,说美国的"单口相声"。就像让侯宝林在美国说相声一样,面对着满剧场的中国观众,如何把一些美国俚语准确地表达出来,着实让鲍伯·霍卜有些吃不准。当翻译发生"语言卡壳"的时候,被中国话剧界称为"奇小奇艺"的北京人艺艺术家英若诚赶上台去,用几近相声的幽默语言为他做了即兴翻译,他解释的每句话几乎都会逗得观众哄堂大笑。演出结束后,鲍伯·霍卜由衷称赞英若诚:"今天你是主角。"

英若诚,1950年毕业于清华大学外文系,后考入北京人民艺术剧院。熟悉英若诚的人都记得,他不仅讲得一口地道流利的英语,还长期活跃在话剧舞台上。英语"科班出身"的他更将莎士比亚的《请君入瓮》、米勒的《推销员之死》等多部剧作名著翻译成中文,并将中国话剧舞台上的优秀剧作《茶馆》、《王昭君》、《家》等译成英文。他为鲍伯·霍卜所做的翻译工作给美国文化界留下了深刻印象。1982年8月,美国斯诺基金会、富布莱特基金会和美国中西部各大学联合向英若诚发出邀请,请他出任埃德加·斯诺的母校密苏里大学戏剧系的客座教授。

当时他讲授的是中国戏剧表演课,英若诚决定排演曹禺根据巴金原著改编、由他翻译的话剧《家》。至于为什么会选择《家》,英若诚在1984年4月发表的《从在美国排演〈家〉想到的》一文中写道:第一,《家》是"两位大师(巴金和曹禺)的完美合作","深刻反映中国人的生活,接触到中国几千年的封建制度";第二,这也是他所带的班级情况所决定,"就这点水和这点泥,班上二十多个人一半是女生"。

不就是恋爱嘛,让我们拥抱接吻吧

让一群从未到过中国的美国学生来排演一出中国味儿十足的经典之作,其难度可想而知。这种时代和文化观念上的差异后来在排演过程中闹出了许多笑话。

《家》的第一场排练表现的是高家三少爷觉慧和鸣凤的感情戏,美国演员起初认为这不就是年轻人的冲动与恋爱嘛,于是两人就搂搂抱抱上台下场,其中还有即兴发挥的亲吻镜头。还有一场戏中,拥有高公馆无上权威的高老太爷正襟危坐在大厅中央,见到丫头进来,他却不由自主地站起来,原来这位演员习惯性地以示对女士的尊重。美国演员们不理解封建顽固势力的总代表——高老太爷和冯乐山为什么一碰面就要谈诗论文,丝毫没有西方贵族颐指气使的做派,演员们不懂什么是"宁可食无肉,不可居无竹"的中国文人意境,不知道什么是"封建家长"……

为了缩短这种距离,英若诚每天花八个小时给演员讲剧本的历史背景,以及人与人之间的关系,这个法子用了一个星期。然后,英若诚还带着学生到堪萨斯城博物馆的中国厅,那里收藏着中国的文物资料,英若诚给学生讲国画、书法甚至明代的泥塑观音,因为"观音本身就带有中国女性的柔媚端庄"。就这样,中国的传统观念在潜移默化之中传达到了这些学生的头脑中。

英若诚还对剧本进行了删节,将原剧本中的觉民、琴和钱姨

《家》的书影

妈等角色删掉了,使情节更加紧凑。他把原剧中老实巴交、性格脆弱的觉新进行了角色处理,使之带有更大的斗争性,"因为这是给二十世纪八十年代的美国人看的戏,应让戏剧冲突更加强烈一些"。英若诚不大注意形似问题,主要讲究精神和气质上的接近,他认为单纯追求形似引起的那种猎奇心理反而会使观众不能很快入戏。

《家》征服了美国

经过一番艰苦努力,1982年,话剧《家》终于在堪萨斯城上演了,受到美国观众的热烈欢迎,许多人感动得流下眼泪。拍成电视片后,美国电视台半年之内连续播放了四次,这是很少见的。当地媒体评价说:"《家》的演出使美国人深刻理解了二十年代的中国社会,这是理解后来发生的伟大的中国革命的钥匙。"

表演中,英若诚努力激发美国学生把戏的内容挖得更深一些。在展现与觉新关系密切的瑞珏和梅表姐这两个人物的关系时,美国演员起初只意识到"这是两个女人争一个男人",但英若诚让她们仔细揣摩瑞珏和梅表姐身上都特有的中国女性温良贤淑的特征,她们表面上都真诚地希望对方能与觉新终成眷属,但各自内心深处又都希望自己在觉新的心里占有一席之地。在公演时,扮演梅表姐的演员在告别那场戏中有极为出色的发挥,当觉新挽留她多住几天,梅表姐抬头用异样的眼光看着觉新说:"可也住了十多天了。"演员的表演一下子让人读到了潜台词:"我来了这么多天了,你也没好好搭理过我啊。"后来,扮演瑞珏和梅表姐的演员均获得了全美大学会演的表演奖。

名角哪怕为只言片语的四姨太配音都心满意足

英若诚回国后,1984 年,中央电视台节目编导吕大渝找上门,希望根据他的赴美经历制作第一期《人物述林》电视专题片,名字就叫《他为祖国争得荣誉》。在访谈中,吕大渝看到了美国人演出的中国话剧《家》的画面时,很有一种骄傲的感觉:不是只有中国人演出外国名剧的份儿,中国优秀的剧作也同样在外国的舞台上受到欢迎。

采访结束后,吕大渝的脑海里始终在想着如何让广大中国观众也能看到这部非同寻常的《家》。机会很快来了,当时中央电视台的摄制小组正在中国最著名的上海电影译制厂进行中意合拍连续剧《马可·波罗》的后期译制工作,吕大渝想何不捎带把美国版的话剧《家》换成汉语对白,也让中国观众有机会看看外国人演出的中国话剧?

说干就干,经过各方沟通和版权确认,美国版的《家》终于送进了上海电影译制厂的录音棚。按说这本是一出中国戏,曹禺原作的对白和英若诚翻译的对白都是现成的,上译厂的工作应该不太难,不料做起来却不是那回事。据中国著名配音演员曹雷所著的《远去的回响》一书介绍,当时的译制工作首先遇到口形问题,由于原片中的英语对白和中文习惯不一样,使得演员说话的口形、吐字时间长短都跟原来曹禺写的台词对不上,因此这部戏只能按照标准译制片的规矩来进行,先进行剧本的初对。上译厂请英若诚陪着译制导演一句一句对着录像上的演员口形,根据口形、停顿、表情、动作,参考原著剧本的原意,把台词重新组织,编成一个新的中文对白本。

尽管美国演员都穿着中国的长衫马褂,乍一看有点滑稽,但他们把握人物很细致到位,很快上译厂的配音演员们就跟着入戏,并被戏剧所吸引和感动。在上译厂为《家》配音期间,许多已退休的老演员都主动要求回厂参加配音工作,哪怕为台词不多的四姨太、五姨太配音都行。曹雷回忆说:"我很喜欢这些美国演员念台词的感觉,他们并没有因为这是一部经典名剧,念台词就要有'舞台腔',要故意夸张地去表现抑扬顿挫,他们非常朴实地用这些台词表达内心。那些停顿甚至带有语塞的口吃,都非常自然。感觉演员是在思想,是在选择适当的语句把自己的思想表达出来。"

1984年冬天,中央电视台数次播出由上译厂译制的《家》,创下了收视奇迹。众多中国观众为这部电视片感到惊叹,有一名观众这样描述自己的感受:"除了无法掩饰的金发碧眼,他们(演员)就是我心目中的觉慧、瑞珏、鸣凤。"

(张韶华)

复旦举办《巴金与日本作家图片展》

日前由巴金故居、复旦大学外文学院、日本文学研究会共同举办的《巴金与日本作家图片展》在复旦大学开幕,同时举办井上靖长子井上修一演讲会,演讲的主题是《中日两大文豪的世纪友情》。

巴金和日本作家之间有着十分深厚的友谊,此次图片展主要展出巴金和十三位日本作家交往的图片以及巴金珍藏的日本作家著作书影等,这些日本作家和文化人是:内山完造、芹泽光治良、中岛健藏、井上靖、饭塚朗、龟井胜一郎、武田泰淳、木下顺二、野间

日本作家井上靖之子井上修一夫妇参观展览

宏、水上勉、山崎朋子、黑井千次和大江健三郎。收藏于巴金故居的这些日本作家赠送给巴金的著作，上面大多有作者本人的题词，是中日文化交流的宝贵见证。

这些日本作家都是中日交流的友好使者。如中岛健藏，一生都在为着中日两国人民友谊的事业艰苦奋斗，巴金六十年代三次访日，当时两国邦交并未正常化，在复杂、困难的环境中，中岛健藏是巴金访日活动的一个有力支持者。

许多日本作家也敬佩巴金先生的为人和为文，大江健三郎2005年曾在《悲哀与羞耻》一文中这样写道："从今天早晨的报纸上惊悉巴金先生去世的噩耗，在感到深深悲哀的同时，对巴金先生再度产生了巨大的敬意。我以为，《家》、《春》、《秋》是亚洲最为宏大的三部曲……先生的《随想录》树立了一个永恒的典范——在时代的大潮中，作家、知识分子应当如何生活。我会对照这个典范来反观自身。"

(2012年8月31日《文汇读书周报》 朱自奋)

巴金与井上靖后人重温先辈友情

文学大师巴金诞辰107周年纪念日前夕,日本文豪井上靖长子井上修一、女儿浦城几世与日本文化交流协会一行十余人在14日下午造访上海,并参观了巴金故居。

"一切好像就在昨天。"在与《收获》主编、巴金先生女儿李小林的亲切会面中,双方重温了巴金与井上靖两位文坛巨匠之间延续三十年、极其真挚而动人的友情。

"破冰之旅"

李小林回忆说,巴金先生与井上靖初识于1961年3月26日。在那个漫天飞雪的夜晚,巴金去井上靖在北海道的家中做客,两人在二楼喝着咖啡,交谈文学上的见解,彼此一见如故。

两人初次见面时,中日两国还未建立友好邦交。巴老后来在《答井上靖先生》一文中,用诗意的文字回忆中日文坛的这段"破冰之旅"。"那个寒冷的夜晚,你的庭院中积雪未化,我们在楼上您的书房里,畅谈中日两国人民之间的文化交流。友情使我忘记了春寒……"

巴老回忆说,当时中日两国间没有邦交,访问日本到处遇见阻力,仿佛在荆棘丛中行路。但是在泥泞的道路上,也处处有井上靖先生这样热心于中日友好事业的人,"处处有援助的手伸向我们"。

这一段友谊,从此横跨了三十余年。以《敦煌》等名作享誉于世的日本文豪井上靖,生前曾二十七次造访中国,对中国文化的感情至为深厚。而只要来到中国,他几乎都要拜访巴老,有时一年要来看好几次。井上修一回忆说,父亲生前朋友遍天下,但他常说"巴金先生才是他为数不多的真正挚友"。

"三顾茅庐"

1984年5月9日,患上帕金森氏综合征,又因骨折卧病在医院一年多的巴金,因为井上靖的邀请,不顾亲友和医生的反对,踏上了飞往东京的旅程,出席了在那里举办的国际笔会第47届大会。

"我来了!"坐在轮椅上被推出成田机场时,巴金看到井上靖那亲切熟悉的面容,握住日本友人温暖的手,兴奋得泪水盈眶。

巴金抱病访问日本,成为当时轰动日本文坛的一件盛事。巴老在东京出席了日中友协举办的欢迎酒会,还发表了题为《核时代的文学——我们为什么写作》的演讲。对于这次"勇敢"的行为,巴金先生幽默地归功于井上靖先生三次来医院探望他并锲而不舍地发出邀请。巴老说:"这可不是三顾茅庐嘛。"

怀念老舍先生

从中日两国未建邦交开始,经过了严酷的"文革"时期,走进了中国改革开放欣欣向荣的腾飞时代,中日两位文学大师之间彼此引为知己、长达数十年的友谊,缘于两人共同的"讲真话"、掏出真心来交友的宝贵品格。而对老舍先生的共同怀念,就是两位文豪交往中最为闪耀人性光辉的一笔。

1977年,井上靖在"文革"后又来到上海与巴金相见。他送给巴老几本近作,其中包括散文集《桃李记》。翻开这本文集,巴老意外地看到了一篇揭露作家老舍悲剧性死亡的散文《壶》,写于1970年。阅读这篇文章,让巴老感触良多,夜不能寐。

第二天早晨,到机场送别井上靖时,巴金忍不住向他表示感谢。他说:"中国作家对老舍之死保持沉默的时候,日本作家出来为他们的中国友人雪冤,我们真该向日本同行学习交友之道……"

浦城几世回忆说,写怀念老舍先生的文章,井上靖在当时也冒着巨大的风险。日本文学界有人提醒井上靖先生,写这样的文章可能意味着他再也无法去中国进行访问。而井上靖的回答是:"我宁可不访问,也要写老舍先生。"回顾这段文坛轶事,巴金之女李小林感慨地说,"这就是朋友之间的信义!"

"把心掏出来交朋友"

1991年1月30日井上靖先生逝世，巴金在医院病榻上通过电台广播获悉了这一消息。失去挚友的悲痛，让巴老奋笔写下了《怀念井上靖先生》一文。"往事像长了翅膀似的飞来飞去，已经到了尽头。仿佛有人用针刺痛了我的心。这不是梦，这是永别。他走了，留下了很多美好的东西。"

巴老在挽文中写道："三十年并不曾白白地过去，两个作家的友情也不会徒然地消亡，我们为之奋斗了半生的中日人民友好的事业将永放光芒。"

"与西方人相比，日本人的心灵和中国人的心灵更近，更容易相互理解"，"人民的友谊是建立在个人友谊的基础上"……井上靖先生走了，但给他毕生为之努力的中日友好事业留下了金子般的箴言。

对此，巴老的回应是："对朋友应当掏出自己的心"，"我认为交朋友就是要交到底"，"人民友谊既深且广，有如汪洋大海，多一次的访问，多一次心和心的接触，朋友间的相互了解也不断加深……"

为了祭奠井上靖，巴金拿出了10万日元稿酬，委托另一位日本友人白土吾夫购买鲜花或者花篮，放在亡友的墓前寄托哀思。多年之后，老舍的儿子舒乙，从井上靖的墓前为巴金带回了一片青翠的竹叶。这片竹叶，巴老一直珍藏。

巴金和井上靖，这两位中日文学大师用彼此之间跨越三十年的真情，碰撞出了弥足珍贵、永不消逝的光芒。

(《新华每日电讯》2011年11月17日　孙丽萍)

记 事

"巨匠的风采——徐福生镜头里的巴金"主题摄影展开幕

2012年9月25日上午,由巴金故居和徐汇区旅游咨询中心共同主办的"巨匠的风采——徐福生镜头里的巴金"摄影展在上海市徐汇区老房子艺术中心(武康路393号甲)正式拉开帷幕。全国人大教科文卫委员会副主任委员,中国作家协会名誉副主席金炳华先生,文汇报业集团党委书记缪国琴女士,巴金先生的儿子、作家李小棠先生以及著名作家孙颙、白桦、王周生、王小鹰、王维、

巴金故居常务副馆长周立民为徐福生颁发收藏证书

金炳华（右三）、王维（左三）、燕爽（左二）、孙颙（右一）、缪国琴（右二）、徐福生（左一）在摄影展上

陈歆耕、李伦新、吴谷平、严建平等嘉宾领导出席了本次开幕剪彩仪式。

开幕式上，文汇报业集团党委书记缪国琴说，徐福生先生通过捐赠行为来表达对文学大师的憧憬，这是一种了不起的奉献精神。从镜头中，人们可以感受到一代文学巨匠高尚的风貌和博大的胸怀，可以引导人们阅读经典、感受文学、走近大师的心灵世界。

徐福生先生回忆了巴老过去对其的关怀，对能够记录巴老二十多年来的生活影像深感荣幸。徐福生先生表示将照片全部捐献给巴金故居、让更多读者能走近巴老的生活是他一直以来的愿望，本次摄影展和捐赠既达成了这个愿望，也表达了他对一代文坛巨匠的深深敬意。

巴金故居常务副馆长周立民先生代表故居接受徐福生先生捐赠的千余张巴金照片，对徐福生将这些珍贵资料化私为公、使之能发挥更大作用的无私行为表示深深的谢意。

（来源：巴金文学馆 http://www.bjwxg.cn）

还原巴金在沪的一天
——"巴金大型回顾展"11月10日开幕

由长宁区委宣传部和长宁区文化局主办、巴金故居策划的《巴金大型回顾展——生命的开花》作为首届"长宁文学季"的重头戏，将于11月10日至28日在长宁图书馆举办。

巴金是"五四"新文化运动以来最有影响力的中国作家之一，是二十世纪中国文坛巨匠。这次展览以巴金与上海的关系为线索，通过大量珍贵的图片、手稿和文献资料展示巴金先生百年风雨人生、丰硕的创作成果和奉献社会的人生风范。

展览分为家、春、秋三部分展开。"家"是通过不同时期的巴金的"小家"与国家的"大家"之间的关系，演绎二十世纪风雨中一个知识分子的人生历程；"春"围绕着"青春是美丽的"主题，从巴金信仰、写作、友情等方面呈现巴金绚烂、富有创造的青春岁月；"秋"则展示巴金的"生命的开花"和人生的收获，通过《随想录》的写作、对中国文学的贡献等方面展示巴金的人生价值。

展览还特别根据巴金的文章和日记，饶有趣味地复现了巴金1936年和1966年"在上海的一天"的场景，让人们能够生动而具体地感受到他的活动与这座城市的关系。

今年春天，位于武康路113号的巴金故居正式对外开放，吸引了大批读者去参观访问。从1955年起，巴金全家就搬到了武康路上的一幢三层小洋楼居住，直至去世，一共在这里住了四十多个年头。这处寓所里保留下了异常珍贵的资料、书籍和物件。经过巴金故居工作人员的细心整理，精心挑选出百余件手稿、书信、照片、书籍、绘画和物件举办这场回顾展，力求展现这位文坛巨匠一生的生活和创作轨迹，让观众感悟文化伟人的胸怀。

此次展出的很多珍贵照片、手稿、图书平时鲜有展示，如巴金收藏的《夜未央》、《克鲁泡特金自传》等珍贵图书，还有巴金在其译作《丹东之死》上写下的关于法国大革命的感想,巴金收藏的沈从文给他的明信片、结婚请柬,萧乾《南德的暮秋》的手稿,萧珊在"文革"期间的病历,以及萧珊代巴金处理过的读者来信等众多难得一见的珍贵资料。

这次展览,对于熟悉、热爱巴金作品的读者来说,是一个了解那些书籍、思想背后的巴金的难得机会;对于年轻一辈而言,这是一个可以感性地接触文化大师的别样课堂,会让他们对大师的魅力有更多体会。展览期间,主办方还将邀请李辉、赵丽宏等与巴金先生有交往的作家、学者,举办"走近巴金"系列公共教育讲座。

(2012年11月7日《新闻晚报》 詹 皓)

"忘不了——巴金·深圳图片文献展"开幕

由巴金故居、深圳报业集团、深圳出版发行集团共同主办,晶报社承办的"忘不了——巴金·深圳图片文献展"17日上午在深圳中心书城开展。展览以大量珍贵的照片、巴金先生的手稿以及图书书影,向深圳市民展示巴金先生百年风雨人生、丰硕的创作成果和奉献社会的人生风范。展览将持续至11月25日。

深圳市文联主席罗烈杰,巴金故居常务副馆长、巴金研究会常务副会长周立民,深圳读书月组委会办公室主任、深圳出版发行集团总经理尹昌龙等出席了开幕式,巴金外孙女、巴金故居馆长助理祝云立也专程从上海赶来参加开幕式。

展览开幕后,主办方还特别邀请剧作家宗福先在中心书城南区多功能厅举行了一场"我所看见的巴老"主题讲座,让现场观众更好地理解巴金先生走过的道路。

还原"巴金的一天"

  现代文学家、出版家、翻译家巴金,被誉为是"五四"新文化运动以来最有影响的作家之一,是二十世纪中国杰出的文学大师、中国当代文坛的巨匠。记者采访了解到,本次展览由巴金故居工作人员精心挑选出巴金先生的上百件手稿、书信、照片、书籍、绘画和物件,力求展现大师一生的生活和创作轨迹,以及文坛巨匠不平凡的创作人生,感悟文化伟人的胸怀。

  周立民告诉记者,本次展览在内容上分为"家"、"春"、"秋"三大部分,其中,"家"是通过不同时期巴金的"小家"与国家的"大家"之间的关系,演绎二十世纪风雨中一个知识分子的人生历程;"春"围绕着"青春是美丽的"主题,从巴金信仰、写作、友情等方面展览巴金绚烂、富有创造的青春岁月;"秋"是展示巴金的"生命的开花"和人生的收获,通过《随想录》的写作、对中国文学的贡献等方面展示巴金的人生价值。此外,展览还根据巴金的文章和日记,饶有兴趣地再现了巴金1936年和1966年"巴金的一天"的场景,让人们能够具体地感受到他一天的活动。

珍贵图片文献集中亮相

记者了解到,本次展览集中展示了巴金故居近年来在搜集和整理巴金文献资料方面的成果,有很多珍贵的照片、手稿、图书书影平时很少向公众展示。比如巴金收藏的《夜未央》、《克鲁泡特金自传》等珍贵图书,还有巴金在其译作《丹东之死》上写下的关于法国大革命的感想,巴金收藏的沈从文给他的明信片、结婚请柬,萧乾《南德的暮秋》的手稿,萧珊"文革"期间的病历,以及萧珊代巴金处理过的读者来信等众多难得一见的珍贵文献资料和图片都在展览中集中亮相。

通过此次展览,深圳观众能够看到巴金坦诚的生活态度、忧国忧民的胸怀,以及一生奉献的高贵品格。他把自己的稿费大量地捐献给希望工程、慈善基金和各地的灾区,常常连姓名都不留。在他去世后,其子女继续以他的名字在捐款,老人虽然远去,但他的爱、他的情义却从未在人间消失。

对于许多爱好藏书的"书迷"而言,还可以通过本次展览的"巴金藏书掠影"一窥巴金先生丰富的藏书,比如鲁迅译《苦闷的象征》、徐志摩《爱眉小扎》签名本、但丁《神曲》德文本、《托尔斯泰文集》俄文本等等。

亲手"翻阅"《随想录》

提起巴金,许多人都会想到他的重要作品之一《随想录》。从1978年12月到1986年7月,巴金先生耗费了整整七年的时间,终以煌煌五卷四十多万字的巨著,奉献给人们一部"说真话"的大书。它渗透了老人晚年的真实思想与感情,写出了一个中国知识分子近四十年来心路历程的伟大"忏悔录"。

本次展览中,观众可通过展厅中安放的一台触摸屏,亲手"翻阅"这部巨著,缅怀巴老从未忘记历史,并对历史进行深刻反思的情怀,这也成为主办方将本次展览主题定为"忘不了"的初衷。

据了解,本次展览引进了"数字有声图书馆",首次以电子书的形式,向深圳市民展示巴金先生《随想录》和《家》、《春》、《秋》手稿。读者只需轻轻触摸多媒体屏幕,就可以打开书稿,用触摸翻页的方式,让观众最直观地感受巴金先生作品的魅力。这也是巴金故居在国内相关展出中,首次以流动的声光电影像,展示巴金先生的作品。

深圳市民与巴金的故事

"寻访我和巴金的故事"是本次展览的另一亮点。展览开展前,主办方发起了"寻访我和巴金的故事"主题征集活动,向深圳市民征集与巴金有关的信札、照片、签名图书等实物和影像资料,吸引了不少市民的参与。

深圳小学美术教师禹天建在参阅了巴金大量照片的基础上,构思创作了以巴金为素材的中国画《人民作家》,以此表达他对这位老人的敬仰。这幅作品曾入选海峡两岸首届教育界书画联展和深圳市第二届学校艺术展演季教师美术作品展览,广受好评。而一位深圳藏书家更是拿出了巴金先生作品《新生》的亲笔签名本,吸引了不少观众驻足观看。

(来源:2012 年 11 月 19 日《深圳商报》C01 版　钟华生)

中国著名文学双月刊《收获》迎来创刊五十五周年

被誉为"中国当代文学简写本"的大型文学双月刊《收获》,23日迎来创刊 55 周年。

从维熙、水运宪、李锐、余华、苏童、格非、李辉等来自全国各地的数十位著名作家以及王安忆、叶辛、陈村、赵丽宏、孙甘露、王小鹰等上海作家,济济一堂,向这面中国文学的"旗帜"表达祝贺与敬意。

1957 年 7 月 24 日,一本大型的、厚达 318 页的文学双月刊诞生,即是《收获》。主编是巴金和靳以,编辑部设在上海巨鹿路675号。《收获》的诞生,具体实现了中国文学"百花齐放"的方针,创刊号就刊发了鲁迅的《中国小说的历史变迁》以及老舍的《茶馆》。

五十五年来,这本杂志在漫长的岁月中与中国当代文学携手相伴而行,两度停刊、又两次复刊,经历了中国文学的风风雨雨、起起伏伏。

在1960年停刊之前,它曾刊发《野火春风斗古城》、《平原枪声》、《山乡巨变》、《上海的早晨》等众多红色经典文学;1964年复刊后,又陆续发表了《艳阳天》、《欧阳海之歌》等影响广泛的作品。

1966年《收获》再次停刊,1979年浴火重生,再次复刊,依然由巴老担任主编。它推动《蹉跎岁月》、《人到中年》、《男人的一半是女人》等一批知识分子小说问世,突破思想禁锢的坚冰,引起巨大反响。而二十世纪八十年代末,《收获》又以两次青年文学专号"集结"了余华、苏童、格非、马原、孙甘露等一批先锋作家,形成了中国文学蔚为壮观的新气象。

《收获》堪称中国作家的"福地"。贾平凹的《秦腔》、迟子建的《额尔古纳河右岸》、莫言的《蛙》、乔叶的《最慢的是活着》等众多文坛佳作,从这里走上茅盾文学奖的领奖台。苏童的小说《河岸》和王安忆的《天香》,则分别"收获"曼布克亚洲文学奖和红楼梦文学奖。

众多文学经典还从《收获》走上电影银幕,包括《人到中年》、《人生》、《活着》、《大红灯笼高高挂》、《阳光灿烂的日子》等等。它们对世界讲述了独特的中国,构成了国人的影像记忆。

《收获》曾两次获得中国出版政府奖、三次被认证为上海市著名商标。在日益喧嚣浮躁的商业大潮中,它以巴金先生所确立的"不趋时、不媚俗、不跟风"为传统,始终以最高的文学标准收录中国当代文学中的"精品"和"经典",推动了文学的繁荣,也坚守了文学的气节。上海作协党组书记孙颙说:"《收获》为中国文学界、文化界保留了一片净土。"

"巴金先生的《收获》是中国文学的一面旗帜。如果要写作新时期中国文学史,它就是一本绕不开的杂志。"老一辈著名作家从维熙说。

上海作协主席、著名作家王安忆说,55 岁的《收获》还是年轻的,既尊敬传统,又具有好奇的童真。"它对一切新鲜的事物都抱着探索的准备,始终显示出年轻的面貌。其实,这也就是它的创始者巴金先生的性格。巴金先生虽然走了,《收获》还和我们在一起。"

(来源:2012 年 11 月 23 日新华网　孙丽萍)

"青春是美丽的——巴金图片文献展"在上海大学开幕

由巴金故居、上海大学党委宣传部、上海大学博物馆(筹)联合主办的"青春是美丽的——巴金图片文献展"于 2013 年 4 月 23 日(周二)上午 9 时 30 分在上海大学图书馆展厅正式开幕。这是巴金文献图片展首次走进高校,与青年学生互动,向当代大学生展示巴金的创作历程与人生信仰。

本次展览以"家"、"春"、"秋"为主线,"家"以 1923 年,巴金十九岁时离开家乡成都到上海求学为起始,展示他在上海这座城市中写作、生活、恋爱的人生经历。"春"以"青春是美丽的"为主题,以丰富的文献资料从信仰、写作、友谊等方面展现巴金青春的激情和勤奋的著作成果,以及在人生选择和探索中的追求与实践。如在"信仰"一部分,通过图片、手稿、书影等展示巴金追求人类自由、平等的理想,正如他所说:"从《告少年》里我得到了爱人类爱世界的理想……在《夜未央》里,我看见了在另一个国度里一代青年为人民争自由谋幸福的战争之大悲剧,我第一次找到了我的梦境中的英雄,我找到了我的终身事业……"展览中展示的早期《夜未央》等书影,都是近年巴金文献资料整理出的珍贵图书。

与以往巡展不同的是,展览"秋"的部分展示重点放在巴金《随

开幕式上，上海大学青鸟剧社表演了曹禺改编的话剧《家》的片段。

想录》的写作。在这部重要的作品中，巴金对于历史自我反省与反思，在三十多年前就提出了"讲真话"的主张。在《随想录》中有《说真话》、《再论说真话》、《写真话》等多篇文章涉及"真话"问题，《随想录》第三集更是以"真话集"命名。他说："我所谓'讲真话'，不过是'把心交给读者'，讲自己心里的话，讲自己相信的话，讲自己思考过的话。"当年巴金的这些主张还常为一些讳疾忌医者所不理解，而今"讲真话"的价值和意义越来越为人们重视，逐渐成为了全社会的广泛的共识，由此可见《随想录》的思想解放和开风气之先的功绩。展览通过大量的文献资料，通过对《随想录》写作的描述，展示了一个作家在晚年的精神追求。

巴金是"五四"新文学拥有读者最多的作家之一，尤其是一代代的青年学生，更是他的忠实读者，曾经有许多年轻人写信给他诉说自己生活上的苦恼与困惑，巴金成为青年读者的知心朋友。伴随着巴金一部部作品的问世，他的青年读者群体也在不断壮大，截至1951年，《灭亡》在开明书店印刷发行28版次，《家》则达到了33次。巴金用他激情而真挚的文字使当时处于时代洪流中的青年人认识到了更多的社会现实，他们总能在他的作品中寻找

上海大学师生在观看展览

到自己的身影,而书中人物的命运则让青年人寻求到了反抗与斗争的勇气。到了现代社会,巴金的作品以其真实的笔触,让更多的现代青年从书中追忆到了逝去的岁月,字里行间凝聚的蓬勃朝气、对人生信仰的追求,让他在新时代的青年读者中依旧享有盛誉。"人的一生应是奋斗的一生";"人如果要成功,必须自立自强,靠自己的双手去创造";"要执著地去进行自己要做的事";"要有勇于去追求光明、真理的向上精神"。正如有的学生所说:"正由于巴金热爱人生、热爱生命,注重生命价值、生活态度和人生观的探讨,其作品才会像磁石那样吸引着成千上万的青年读者。"巴金故居希望经由展览这一种方式,让巴金的作品更贴近当代,让青年学生在确立自己的人生选择、价值观和人生实践中有更多的参照和精神支持。

展览开幕式由上海大学的学生社团全程参与,震雅诗社朗诵了巴金作品选,青鸟剧社表演了曹禺改编的话剧《家》的片段。展览开幕当天还有部分难得一见的珍贵实物展出,包括巴金收藏的俄文版普希金《小悲剧》、英文版罗曼·罗兰《米开朗琪罗的生活》,以及上海大学博物馆(筹)藏民国时期《家》、《春》、《秋》的演出戏

开幕式后,作家祝勇为上海大学师生作了一场精彩的讲座。

单,1959年初版的由著名海派画家刘旦宅配图的巴金《家》英文译本等。开幕式后,作家、学者祝勇为上海大学师生带来了题为《从巴金的真话到刘心武的自剖——当代中国作家的忏悔历程》的讲座。

(来源:巴金文学馆网站)

文坛佳话,细节传递温暖
——巴金藏名家书画杭州展出

今天,由巴金故居、江南文学会馆、上海印刷(集团)有限公司共同主办的"巴金藏名家书画展"在西子湖畔亮相。一幅幅书画,见证了一段段鲜为人知的文坛故事。

巴金先生是我国一代文学巨匠,祖籍嘉兴,与杭州、与西湖有

巴金藏名家书画展在江南文学会馆开幕

着不解之缘，其晚年有许多重要作品是在杭州写的，亦曾表示西湖是他第二个家。《收获》杂志社社长、曾在杭州工作过的巴金女儿李小林介绍，本次书画展首度展出沈尹默、茅盾、冰心、张乐平、黄永玉等名家书画作品，均为巴金故居悉心收藏的巴老与师友、晚辈间的馈赠精品，承载着他们之间的深厚情谊。

1963年8月19日，巴金和夫人萧珊陪同冰心拜访沈尹默，在当天日记中巴金写道："冰心请沈老为新刊《儿童文学》题字，我请他写扇面，沈老夫妇好客、健谈。他不但给刊物题了字，为我写了扇面，还替我们四个人写了单条。楼外大雨不止，室内谈笑甚欢，沈太太还以点心和冰淇淋待客。"

在巴金的《一封信》发表后，教育家叶圣陶不但几次来信，而且写诗祝贺。巴金的第一部小说《灭亡》是由叶圣陶介绍给读者的，巴金说："我常常这样想，也仿佛常常看见那张正直、善良的脸上的笑容，他不是在责备我，他是在鼓励我……我还说他是我的一生的责任编辑……"

老舍爱用朋友的名字作嵌字诗、嵌字联。一幅《云水巴山雨 文章金石声》楹联是他1963年赠巴金的，巴金曾回忆："老舍

巴金藏名家书画展现场

同志在世的时候,我每次到北京开会,总要去看他,谈了一会,他照例说:'我们出去吃个小馆吧。'边吃边谈,愉快地过一两个钟头。"

1977年,李小林去北京,巴金委托女儿看望臧克家等在京老友。臧克家手书一首自寿诗送给巴金。巴金在给臧克家的信中说:"我常常想念老友,只是我杂事太多,时间不够,没有办法写信,许多话都只好放在心上。偶尔休息片刻,默默地祝愿老友健康长寿。"1977年,巴金重返文坛,很多师友纷纷祝贺,茅盾录1963年旧作赠巴金。张乐平画《微笑的三毛》送给巴金。1995年10月,海盐县建张乐平纪念馆,年逾九旬的巴金题写了馆名。

展厅里,巴金故居常务副馆长、巴金研究会常务副会长周立民深情地回忆道,在这里,除了能寻觅到名家的书香文脉外,更能体会到巴老所言"在这个世界上我并不是孤独的,我有朋友,我有无数的散处在各地的朋友"的温暖。巴老并非收藏家,却通过这样一种特殊的表达情谊的方式,抒发着"友情这个东西在我过去的生活里,就像一盏明灯,照彻了我的灵魂的黑暗,使我的生存有了一点点光彩"的想法。正如其所说:"在我的胸膛里跳动的也不止是我

开幕当天，藏书家陈子善为观众讲述"现代作家和他们的收藏"

一个人的孤寂的心，而是许多朋友的暖热的心。"同时，愿将这份温暖通过本次展览传递给每一个人。

（来源：2013年7月12日《浙江日报》第13版　刘　慧）

"生命的开花——巴金文献图片展"昨开幕

五十三年前的十月，著名作家巴金来到西安。在柯仲平和胡采的相伴下，两天的时间内，参观了西安很多知名景点，然后经秦岭回到四川老家，这是巴金唯一一次来到西安，这里给他留下过深刻的印象，他说西安的朋友真热情。明天是巴金诞辰一百零九周年，昨天下午，由陕西省作协和巴金故居联合主办的"生命的开花——巴金图片文献展"在西安荟客馆开幕。

陕西省作协主席、作家贾平凹在展览开幕式上发言

贾平凹忆西湖访巴金

这是巴金图片文献展首次在西安展出，著名作家贾平凹，巴金生前好友索非之子、四医大退休教授鞠躬等参加了开幕式，而曾长期研究巴金的传记文学作家李辉也特意从北京赶来。

记者在现场看到，虽然展室不大，但内容丰富，分为"家"、"春"、"秋"三部分，有巴金老人很多珍贵的图片、资料，还有大量手稿，包括巴金译作《薇娜》手稿，这是迄今为止所能见到的巴金最早的手稿之一；以及《家》的前身《春梦》手稿、《怀念萧珊》手稿等。

沈从文、张兆和夫妇结婚时的请柬，巴老爱妻萧珊很多珍贵的留影都给人留下了深刻的印象，展出中还有大量照片展现了巴金与沈从文、叶圣陶、黎烈文等人的真挚友情。贾平凹告诉记者，当年巴金病重期间在西湖疗养，他曾去拜访过老人："他是一位伟大的作家，对中国文学意义重大，他留下了不朽的文字，更具有伟大的人格。他是我最崇拜的作家之一，他的作品会千秋万代流传下去。"

西安市民在观看展览

巴金在西安有个世交

虽然只有五十三年前来过一次西安,但巴老和陕西却有着很深的缘分。早在上世纪二十年代,巴金曾借住在好友索非家中,可见二人交情匪浅。索非的长子名叫鞠躬,是四医大退休教授,目前也生活在西安。昨日,八十四岁高龄的鞠躬冒着冬雨特意赶来参观展览。鞠躬多年前写给巴老的信也在展品当中,如今看到自己当年的书信,鞠躬感触很深。他告诉记者,两家是世交,巴老更是他非常崇敬的长者。

除鞠躬的书信外,贾平凹在巴老去世后写的悼念文章、作家叶广芩当年写给巴老的信等也展出了。此外,主办方还特意选了一部分陕西普通读者写给巴老的信展出。巴金故居常务副馆长周立民说:"巴金是在1960年10月5日半夜到达西安,停留了两天后,10月8日离开西安。这是巴金写给他夫人萧珊的信中的记录,信中讲述了巴金曾游览了西安的名胜古迹,大雁塔、碑林、华清池等。巴金说西安的朋友真热情,他还深感打扰到朋友!在他诞辰一百零九周年之际,在西安举行这样一场展览,真的很有意义。"据悉,此展将持续到12月2日。

(原刊2013年11月24日《西安晚报》08版　张　静)

巴金研究会召开第三次会员大会

2014年1月17日,巴金研究会第三次会员大会在上海市作家协会大厅举行。巴金研究会会员代表,上海市作协党组书记、副主席汪澜,副书记兼秘书长马文运,党组成员孙甘露出席会议。

会上,陈思和会长代表巴金研究会第二届理事会,从开展巴金学术研究、出版巴金研究丛书、宣传巴金精神和人格三个方面向大会报告了四年来的工作。会议审议通过了巴金研究会章程的修改条款。李存光、辜也平、曹树钧、陈子善、朱晓江、梁艳丽等会员在会上作了发言。李存光教授回顾巴金学术研讨会走过的二十五年历程,他认为,研究会自成立以来,始终坚持开放的心态和姿态,始终坚持埋头苦干、辛勤耕耘,始终坚持有益社会、有益于大众的价值取向,这是非常值得称道的;曹树钧教授批评了当前学术界的浮躁之风,赞扬巴金研究界的踏实之风;陈子善教授强调了在巴金研究中资料收集、整理这项基础性工作的重要性。

汪澜书记代表主管单位讲话。她高度评价了研究会多年来对巴金研究所作的重要贡献,充分肯定专家、学者所起的主导性作用。她说,巴金是一座丰碑,几十年来,专家、学者做了大量的、深入的研究工作,但是远还没有穷尽。作为主管单位,上海作协将一如既往地从精神上、财力上、物力上支持研究会开展研究和活动。今年是巴金先生诞辰110周年,有关巴金的研讨和纪念活动也是作协今年最重要的工作之一。汪澜还透露,作协党组目前正在积极推动巴金文学馆的调研和立项工作。

会议通过无记名投票的方式,选举产生了巴金研究会第三届

陈思和会长代表巴金研究会第二届理事会报告四年来的工作。汪澜（左一）、马文运（右二）、孙甘露（右一）在主席台上。

理事会成员。在随后召开的理事会会议上，理事会成员选举产生了巴金研究会新一届领导成员：陈思和再次当选为会长，马文运、李存光、李辉、陈子善、栾梅健、周立民当选为副会长（其中周立民为常务副会长），梁燕丽和陆正伟分别当选为秘书长和副秘书长。理事会还决定聘请冯骥才、李济生、李致、杨苡、金炳华担任巴金研究会顾问。

（朱银宇）

两万余册巴金藏书无处展示封存纸箱
——市政协委员呼吁建立上海文学馆展示申城文学财富

作为一座文学重镇，上海有着丰富厚重的现当代文学资源优势，却无处安放展示，或流散丢失，或深居闺中。今年上海"两会"

由于巴金故居空间有限,巴金留下的书籍资料只能堆积在三楼藏书室内。图为周立民在翻阅藏书室内的资料(陈龙 摄)

上,有市政协委员提出,上海近年来大力推动建设一批重大文化设施项目,门类中有艺术、影视、戏曲,也有历史文化遗存项目,但唯独缺少文学,作为国际大都市的上海迫切需要一个公共文学场馆,完整立体地展示上海文学百年来所取得的辉煌成就。

委员足迹　奔走各地搜集文学馆建馆经验

上海是中国新文学的发祥地和策源地,鲁迅、茅盾、巴金等大多数现代文学史上公认的杰出作家都曾在上海从事文学活动。市政协委员、市作协副主席孙甘露与多位市作协成员曾探访过上海文学代表巴金的故居,故居内大量的文献资料与局促的布展空间让他们焦虑:上海积累的丰富文学资源,因场地局限无法发挥功能和效用。为此,孙甘露等人奔赴位于北京的中国现当代艺术馆取经,并分别搜集了大量各地文学馆的建馆情况,构想了一个上海文学馆的雏形。

今年上海"两会",孙甘露提交提案,建议建立一个上海文学馆,收藏、展示上海文学财富,可以以文学巨匠巴金先生命名,以收藏展示、文学研讨、对外交流、文学研究中心、文学教育培训、公众文学活动平台等为基本功能,打造一座现代化、国际化、专业化、符合上海国际大都市地位的城市文学公共设施。

至于上海文学馆坐落何处,提案认为,位于人民广场的上海美术馆旧址为最佳选择。

记者调查　　巴金大量藏书封存区级图书馆

武康路113号是巴金故居,逢公众开放日,馆内会迎来至少200人的参观人群,最高峰值是一天1700多人。文学爱好者们参观完总会热情地提出意见,意见最集中的是:在故居内能感受到巴金的生活原貌,但对于巴金的生平、文学成就、思维轨迹等展现得太少。

并非藏品不够。巴金故居常务副馆长周立民提起收藏口若悬河:图书近四万册,书信塞满三四个柜子,其中不少来自茅盾、冰心、沈从文、曹禺等名家,此外还有不计其数的手稿、校样……在这完整保存巴金四十多年生活轨迹的地方,藏品不是问题,问题是没有地方展出。

故居一层二十多平方米的临时展厅内,参观者们能浅尝辄止地看到一点巴金的藏书、手稿等。这间展厅曾是次卧,也是故居开放区域内唯一一个改变原陈设的房间,因为"实在找不到其他地方展示文献史料"。

展厅内不到二十个展台,记者参观时,工作人员总会作些补充旁白——

一个展台里展示着十多种语言的《家》译本,"整理资料时,我们发现巴老家中有四十多种译本,如果全都摆出来,会铺满整面墙"。

火柴盒大小的字典放在另一个展台,"巴老的工具书有390种,这是最小的,大的有整套大英百科全书"。

此外,有着巴金推敲痕迹的《怀念萧珊》、《我与读者》手稿,场地不够只能叠放,仅以首页示人,一些巴金作品的校样也是如此,"巴老的收藏每类都能拿出来作独立主题的展览,但囿于场地,我们只能零碎地展示。"周立民说。

目前,故居拥有巴金藏书近四万册,收藏中不少文献价值极高,其中有两册完整的《世界》画报,出版于1907到1908年,被认为是"亚洲画报之鼻祖"。这些书刊,故居整理出多份,但大约2/3的藏书藏画却只能寄存在普陀区图书馆,封在纸板箱里不见天日。

因资料多场地小,人手又不够,巴金故居三楼非开放区域塞得满满当当。巴金藏书丰富,又保留着与许多诗人、作家来往的书信,研究价值很高,一些学者慕名来求文献参阅,周立民只能让他们留下纸条写明所需材料留到以后回应。

周立民记忆里一直装着几件特别遗憾的事:曾有巴金友人将几百箱藏书送到位于北京的现代文学馆,其中一个原因是上海找不到地方接收;还有一位对上海文学很有研究的学者,其收藏资料最后被甘肃一图书馆整批接收。

"巴老故居算是大的了,但还是不够放,其他作家的藏书、手稿又会如何?"周立民见过有人搬家,不得已处理掉的图书汗牛充栋,"有的还会拍卖,再度公开就非常难,作为文献的价值微乎其微"。周立民认为,上海是个文学家荟萃的地方,巴金一代的文学家几乎都在上海留有足迹,即使不在上海,书也极有可能是在上海出版,许多人也是通过文学了解上海,这是属于上海的文化财产,可以撑起一个城市的精神,继续任其流散只有可惜,"对于上海文学研究来说,如果能有一个集中展示上海文学资源的文学馆,供研究者寻踪,该多好"。

他山之石　许多城市都建有文学馆

北京的中国现代文学馆成立于1995年,集博物馆、图书馆、档案馆等功能于一身。现代化的新馆拥有五十二个文库,藏有巴金、冰心、丁玲、周扬等众多现代作家的著作、信件和收藏书籍,有藏品三十余万件。馆内设有四个展厅,配有先进的管理、检索、复制和阅读设备,实现信息网络化,是世界上最大的综合性文学馆。

在青岛,老舍故居内建立了骆驼祥子博物馆,是我国第一个以文学专著命名的专业性博物馆。博物馆共有三层,其中创作厅对当年老舍书房进行了部分还原。

台湾文学馆,主要搜集、整理、典藏与研究台湾近代文学史料,此外还通过展览、活动、推广教育等使文学亲近大众。

(来源:2014年1月22日《文汇报》第3版 刘力源)

"激流人生·巴金的故事"文献图片展举行

由巴金故居、上海市闸北区文化局主办的"激流人生·巴金的故事"文献图片展日前在沪开幕。此次展览是巴金文献图片展"走入社区"系列的启动展,展期为一个月。今年8月起还将进入虹口区社区巡展,由此拉开在整个上海地区巡展的序幕。

系列展览主题是通过大量的珍贵图文,向老百姓讲述巴金的故事。展览从巴金人生的不同侧面,撷取生动活泼的事例,通过大量的文献资料、珍贵图片还原历史氛围,让参观者能够了解巴金先生创作、为人为文的诸多方面,了解一代知识分子所走过的不凡道路。展览形式富于亲和力、互动性,以期参观者能够真正"走近"巴金,感受到巴金先生作为平凡人的喜怒哀乐和作为一个不平凡者的人格光辉。

展览的主体分为家的故事、创作的故事、爱的故事三大部分。第一部分通过"家"贯穿起巴金的生活和人生追求,显示了一个知识分子的个人情趣、生活氛围和家国之思。第二部分是巴金所创作的一部部文学名著的诞生记,展示了一个作家的成长与探索。第三部分展示的是巴金对朋友、读者、社会的大爱,是一个大写的人的侧影。

作为"走入社区"系列展览之一,除了展览本身之外,主办方还将根据具体社区的特点,组织专家讲座、读书会、朗诵会、影片欣赏会、巴金足迹寻访、市民互动等多种样式的辅助活动,以立体的、丰

无锡钱桥中心小学的学生在开幕式上朗诵巴金的散文名篇

富多彩的形式活跃市民的文化生活。

(来源:2014年5月8日《文学报》第2版　张滢莹)

《随想录》是八十年代的"百科全书"

巴金研究会会长、复旦大学图书馆馆长陈思和5月10日在《随想录》新书品读会上发表演讲,评价《随想录》是上世纪八十年代的"百科全书"。

2014年正值巴金先生诞辰110周年。为了纪念巴老,铭记他对中国文学所作的贡献,人民文学出版社编辑出版了《随想录》(巴金诞辰110周年纪念版)。巴金故居、人民文学出版社在上海特为此举行新书品读会,尽管下雨,但众多读者,尤其是"90后"的在读大学生前来赴会。会场四周布置了《随想录》各种中外主要版本的

陈思和教授与现场读者分享阅读《随想录》的感受

展板,有的读者捧来各种珍贵版本,讲述购书的经过和对他们的影响。

陈思和在上世纪七十年代末和八十年代初求学期间就已研究巴金先生,当时也正是巴老开始《随想录》写作的时候,因此,陈思和对所有篇目诞生的背景都十分清楚。他还给复旦的本科生和研究生专设了《随想录》精读课。当天他演讲时带来的《随想录》,就是当年巴老所赠150本编号特装本中的一本,他一直放在案头,因为他认为《随想录》是一部知识分子的良心大书,是他修身养性的必读书。

"巴老当年是发表在香港《大公报》上的,老人家对《随想录》能否进大陆是有顾虑的,现在巴老去世已近九年,他的《随想录》还一版再版,还有那么多读者在看,说明我们的社会进步了、开放了,说明一代一代的年轻人都在成熟。"陈思和说。

陈思和说,读《随想录》不能仅读纸面上的文字,一定要知道《随想录》是和当时的政治、经济、文化非常紧密地联系在一起的。巴老的《随想录》总序是在十一届三中全会召开前半个月所写,他写道:"这只是记录我随时随地的感想,既无系统又不高明,但它们却不是四平八稳、无病呻吟、不痛不痒、人云亦云,说了等于不说的

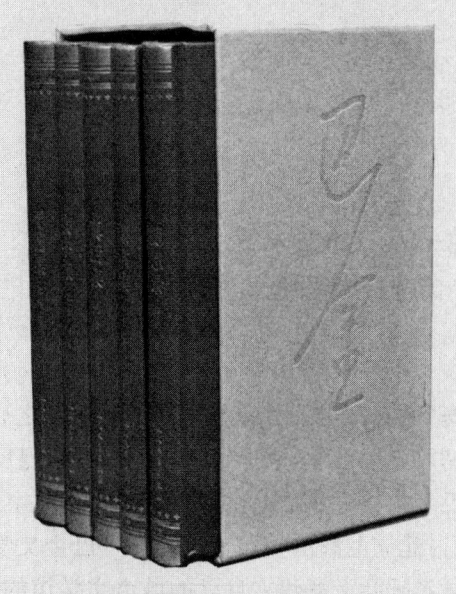

《随想录》（巴金诞辰110周年纪念版）
人民文学出版社2014年3月出版

话，写了等于不写的文章，那么，就让它们留下来，作为一声无力的叫喊，参加伟大的'百家争鸣'吧。这是一个宣言。"读者若联系到那时的情景，就可以读到很多掌故、很多信息，无一遗漏。因此，陈思和认为《随想录》是上世纪八十年代的百科全书。现在一般认为《随想录》是对"文革"的控诉，但陈思和认为并不仅仅如此，是对上世纪八十年代这个伟大而又复杂的时代的忠实记录。

人民文学出版社副总编应红和《随想录》纪念版的责任编辑赵萍专程到沪参加品读会，她们介绍了纪念巴金诞辰110周年《随想录》独家珍藏版，五部精装，用牛津布做封面，镏金刷边，压凹的函套，大气、精致，第一次印6000套，其中1000套内有设计者的编号藏书票。她们说：《随想录》堪称一本伟大的书。这是巴金用全部人生经验来倾心创作的。没有对美好理想的追求，没有对完美人格的追求，没有高度严肃的历史态度，老年巴金就不会动笔。他在《随想录》中痛苦回忆，他在《随想录》中深刻反思，他在《随想录》中重新开始青年时代的追求，他在《随想录》中完成了一个真实人格的塑造。

（来源：2014年5月12日《深圳商报》C02版　楼乘震）

展现上海独一无二的文学气质
——专家呼吁建立巴金文学馆

今年上海"两会"期间，作家孙甘露继赵丽宏之后，再次提出建立巴金文学博物馆。该提案得到社会各界的强烈反响。近日，上海市作协和巴金故居邀请了一批文学、文博界专家学者召开专家咨询会议，探讨建立上海的城市文学馆——巴金文学馆的可能性。与会的专家学者呼吁上海建立自己的城市文学馆的必要性和紧迫性，但同时也认为，上海的城市文学馆可以以巴金文学馆命名，但需要跟巴金故居区别开来，巴金文学馆不应只是巴金故居藏品无法充分展示而作的场地扩充，其最重要功能应当是展现上海文学历史整体面貌。

上海近年来大力推进建设一批上海市重大文化设施项目，包括中华艺术宫、上海当代艺术博物馆、上海电影博物馆、上海儿童艺术剧场等一批文化设施已建设完成，这些文化设施有艺术、影视、戏曲，也有历史文化遗存项目，唯独缺少文学。上海市作协和巴金故居拿出的"关于建设巴金文学馆的提案"认为，"缺少文学板块的城市公共文化服务体系显然是不完整的，何况上海具有独一无二、丰富厚重的现当文学资源优势，作为国际大都市的上海更是迫切地需要一个公共文学场馆，来完整立体地展示上海文学百年来所取得的辉煌成就，这也是上海优化公共文化基础设施体系建设的现实要求和新课题"。上海市作协副主席汪澜在咨询会上表示，"关于建设巴金文学馆的提案"受到主管部门和市政府机关的重视，中国作协党组领导不久前来上海调研，也非常认同这份提案。

"我们提议上海建设巴金文学馆，将以文学巨匠巴金先生命名，以收藏展示、文学研讨、对外交流、研究中心、文学教育培训、公众文学活动平台等为基本功能，努力打造一座现代化、国际化、专业化,符合上海国际大都市地位的城市文学公共设施。"

在收藏方面,巴金文学馆将借鉴博物馆功能,将收藏和展示上海文学发展的文献资料、作家档案和创作成果。"常设展览以上海现代文学展为中心,集中展现上海文学二十世纪文学成就、文学出版及文人生活的综合文学成就,向前上溯至近代和古代文学,向后延伸到当代文学,以作家生活、作品创作、文学出版和文学活动等为核心,全面展示上海文学的发展历史和成就。"此外还可以设立巴金等重要作家专题展厅;同时,根据资料征集、研究的需要,每年度安排相应的作家纪念专题展,并且与世界各地文学馆展开交流和合作展览,扩大上海文学的世界影响。

复旦大学图书馆馆长陈思和认为:"作为一座国际大都市,作为一流的经济中心,上海建立文学馆是天经地义的事情。"但他认为巴金文学馆首先应是来展示上海文学历史整体面貌,而不是解决巴金故居目前藏品不够放的瓶颈问题。"从上世纪二三十代开始,上海就占了整个中国文学的半壁江山,因此在上海建立一个内容丰富的文学博物馆,对发展整个中国当代文学都是非常重要的。在我的理解中,巴金文学馆应定位于为展示上海文学的发展,所以我觉得整个规划要做足、做大,一定要跳出'巴金'这个思维,要把它作为上海的城市文学博物馆来打造。"华东师大中国现代文学资料与研究中心主任陈子善说:"建立巴金文学馆,实际上要给国内和国际上对文化、文学感兴趣的人,来上海后有一个指南,它的意义不仅仅是展示巴金,而是整个上海文学的历史。"巴金故居常务副馆长周立民也热切期盼建立巴金文学馆。武康路上的巴金故居开放两年多来,观者如云,但由于资料多、场地小,故居三楼的非开放区域成了仓库。"上海需要一座文学馆来承载这座城市的文学记忆。"周立民说,"将来文学馆若建成,镇馆之宝中必定有巴金藏品。"

(来源:2014年6月27日《文汇读书周报》第2版 朱自奋)

编后记

今年六月底,在北京的炎日中,我躲进灯市口的中国书店翻旧书。偶然看到吴组缃先生的《宿草集》(北京大学出版社 1988 年 4 月版),在《小序》中,他说:"一九三五年,巴金兄主持上海文化生活出版社。他把我随后发表的作品搜辑成帙,写信给我说,你的近作又可以出个本子了。我感谢他的关爱;这第二个集子名叫《饭余集》,意谓为吃饭而忙的业余之作。"《饭余集》收在巴金主编的"文学丛刊"的第一集,1935 年 12 月由文化生活出版社初版,在该书的《代序》中,吴组缃也提到了巴金:"谢谢巴金兄,不是他一片热心,我就没有勇气把它们编集成册。"仅凭这个"谢谢",很像是作者对编者礼节性地表示谢意。倘若没有后来在《宿草集》中回忆,我想,很难看出巴金为这本书的出版所做的幕后工作,而吴先生后来的回忆,特别是说到"他把我随后发表的作品搜辑成帙,写信给我说,你的近作又可以出个本子了。"可见,从这本书的策划到最初的稿件搜集和编辑,巴金都参与了。

这样的事情,在巴金的编辑生涯中也不知道有多少。当年的年轻诗人郑敏在巴金去世时,曾回忆巴金主动为她出版诗集的往事:"巴金的夫人是我的同学,但我只是远远看见过巴金。上世纪四十年代,我在南京的中央通讯社做翻译时,经常会写一些诗发表在《大公报》的副刊上,1947 年,巴金托人找我整理自己的诗歌,我把稿子邮寄给他,后来这些诗歌被收入巴金所编的文学丛刊第十辑,书名为《诗集 1942—1947》。""1948 年我就出国了,在国外的七年间一直没有写诗的心境,有一天却突然收到他们从国内邮寄来的《诗集1942—1947》,感到特别惊讶,但是我知道巴金一直都是特别扶持年轻人的。"(周文翰等采写:《后辈文人追忆巴老出版〈随想录〉、倡立现代文学馆等事迹》,上海巴金文学研究会编《巴金纪念集》第31页,上海文艺出版社2006年10月版。)我查了1949年4月出版的《诗集》,该书并无前言和后记,因此作者连向巴金表达谢意的机会都没有。倘若作者后来不谈起的话,我们同样不清楚巴金在该书出版过程中所起到的作用。

由此,我想到本卷集刊中,所刊发的一组关于巴金编辑的研究文章。尽管在二十世纪八十年代初,便有人关注巴金的编辑生涯和它对五四新文学的影响,近年来也有李济生、孙晶、蔡兴水等人的专书讨论这个问题,但我认为对于巴金编辑工作的研究远不充分,或者还没有达到相应的理想状态。原因也很简单,尽管近年来大家越来越高度评价巴金先生编辑的工作,但是这方面的研究,不仅仅是凭着对书目研究可以解决的,这只是浮现在水面的一部分,而大量的编辑活动和过程却是在纸面背后,这在文献、资料上就为研究者增加了难度,常常难以深入下去,于是人们只好泛泛地谈一些最基本的原则、方针和价值、意义。为此,我非常羡慕能够有一本像《启蒙运动的生意》(罗伯特·达恩顿著,叶桐、顾杭译,生活·读书·新知三联书店2005年12月版)这样的书,它通过大量的实证材料,勾勒出《百科全书》的出版史,揭示了启蒙运动的影响、传播情况。作者说:"纳沙泰尔印刷公司的文件在瑞士城市纳沙泰尔幸存下来。这个公司是18世纪最重要的法文图书出版商之一,这些文件中包含了图书史各个方面的信息。如何对待作者,如何生产纸张,如何处理文稿,如何排版,如何印刷,如何装箱运输,如何讨好当局,如何计取警察,如何给销售商供货,以及如何满足1769到1789年间遍及欧洲各地的读者,一切都展现在文件中。信息多到令研究者不知所措。一个销售商的几封信所揭示的就远远超过一整部关于图书交易的专著,而纳沙泰尔的文件中有50000封信,它们出自以各种方式靠图书交易维生的形形色色的人之手。"他简直是躺在一座宝库中啊!巴金的编辑生涯的研究能否达到这样的程度呢？

　　虽然，好多当事人都不在了，很多文献的搜集、辨正工作有了极大的难度，但未必就一无所为，比如本卷中李秀芳的文章，便是充分利用了档案馆所藏的档案材料，展开对平明出版社研究，这甚至比依靠当事人回忆更客观和准确。我们应当提倡这种研究精神，少说空话，多找实据，一些事情先弄清楚了，再去判断、下结论，而不是本末倒置。从这个角度来看，我觉得巴金研究中尚有大量的工作期待着我们去做，而不是像某些人想象的差不多了。李存光老师这几年来苦心孤诣搜集巴金研究资料不就是这样吗？那么多研究文献沉睡在图书馆里没有人认真梳理，而不掌握相应的既往研究史和最基本的文献，我们却在高谈阔论"新观点"、"新角度"、"新方法"，你不觉得这个幽默有些苦涩吗？

　　大量的实证文献的发现，不仅为了验证某个观点，而且也会让我发现另外一个"巴金"。即如，他在为推动新文学作品的流布和推介外国文学翻译中所做的大量工作，如果能够充分地研究，完全可以重新认识巴金对于二十世纪文学的重要贡献，甚至可以说，这个贡献不下于他的创作。创作，毕竟还是个人的活动，而他的编辑工作，则泽被文坛，甚至在今天，我们仍然在享受着这一工作带来的好处。古人云有"立德"、"立功"、"立言""三不朽"的说法，我想巴金编辑工作就是"立功"，这将与"立言"、"立德"一起，成为他不朽功业的一部分。

　　酷暑中，想到这些，觉得天虽热，但也不敢懈怠。

周立民

2014年7月29日傍晚

图书在版编目(CIP)数据

珍藏文学记忆/陈思和,李存光主编.—上海:上海三联书店,2015.
(巴金研究集刊;9)
ISBN 978-7-5426-5293-5

Ⅰ.①珍…　Ⅱ.①陈…　②李…　Ⅲ.①巴金(1904~2005)—人物研究—文集
②巴金(1904~2005)—文学研究—文集　Ⅳ.①K825.6-53　②I206.7-53

中国版本图书馆 CIP 数据核字(2015)第 203619 号

珍藏文学记忆(巴金研究集刊卷九)

主　　编　陈思和　李存光

责任编辑　钱震华
特约编辑　黎　迦
装帧设计　鲁继德
责任校对　童蒙志

出版发行　上海三联书店
　　　　　(201199)中国上海市都市路 4855 号
　　　　　http://www.sjpc1932.com
　　　　　E-mail:shsanlian@yahoo.com.cn
印　　刷　上海昌鑫龙印务有限公司

版　　次　2015 年 10 月第 1 版
印　　次　2015 年 10 月第 1 次印刷
开　　本　787×1092　1/16
字　　数　360 千字
印　　张　25.75
书　　号　ISBN 978-7-5426-5293-5/I·1062
定　　价　48.00 元